蛋糕经济学

如何实现企业商业价值和社会责任的双赢

GROW THE PIE

[英] 亚历克斯·爱德蒙斯·著

(Alex Edmans)

阎 佳·译

中国人民大学出版社

·北京·

图书在版编目（CIP）数据

蛋糕经济学：如何实现企业商业价值和社会责任的双赢／（英）亚历克斯·爱德蒙斯（Alex Edmans）著；阎佳译．—北京：中国人民大学出版社，2022.5
书名原文：Grow the Pie：How Great Companies Deliver Both Purpose and Profit
ISBN 978-7-300-30299-7

Ⅰ.①蛋… Ⅱ.①亚… ②阎… Ⅲ.①企业经济—研究 Ⅳ.①F27

中国版本图书馆CIP数据核字（2022）第021741号

蛋糕经济学

如何实现企业商业价值和社会责任的双赢

[英] 亚历克斯·爱德蒙斯（Alex Edmans）著

阎佳 译

Dangao Jingjixue

出版发行	中国人民大学出版社			
社　址	北京中关村大街31号		**邮政编码**	100080
电　话	010-62511242（总编室）		010-62511770（质管部）	
	010-82501766（邮购部）		010-62514148（门市部）	
	010-62515195（发行公司）		010-62515275（盗版举报）	
网　址	http://www.crup.com.cn			
经　销	新华书店			
印　刷	北京联兴盛业印刷股份有限公司			
规　格	148 mm×210 mm　32开本	**版　次**	2022年5月第1版	
印　张	16　插页2	**印　次**	2022年5月第1次印刷	
字　数	374 000	**定　价**	99.00元	

推荐序

找寻经济学棱镜下的价值生计

田　轩

清华大学五道口金融学院副院长、金融学教授

2022年春季学期刚开始，我收到了《蛋糕经济学》这本书的中文译稿，出版社编辑请我为之写一点自己的感想。翻开伦敦商学院金融学教授亚历克斯·爱德蒙斯的这本书，关于理论、模型以及一切学术外延内容的论述风格是如此熟悉。文字流转间时光倒回，我不由得想起十几年前我与爱德蒙斯初识的场景。

我第一次见到爱德蒙斯是在 2007 年，彼时我还在波士顿学院攻读金融学博士，正在工作市场（job market）上找工作的他来到我所在的学校做校园访问并进行学术交流。这位当时从麻省理工学院斯隆管理学院而来、年纪不大、一身正装、一副 100% 华人面孔却操着一口浓重英式英语的年轻学者，给人以努力、敏锐、博学和充满活力的印象，引起了我的注意。更令我惊喜的是，爱德蒙斯的研究方向虽然与我不完全相同，但他行走于投资学和公司金融两个领域之间的诸多见解，与我最初决定踏上金融与科技创新这个交叉学科研究之路时的一些洞见不谋而合。之后的日子里，我们在学术之路上各自前行，经常在看似没有太多交集的路途中相互切磋。这也是为什么经过这么多年，在

诸多仅有数面之缘的学者之中，爱德蒙斯在我心中一直有着独特的印象。

博士毕业后，每次在学术论文投稿之前，我都愿意将自己论文的初稿发给学术界的同人们审阅。十多年来，我发出去的邮件很多，但是收到的回复邮件大都是礼貌性的。唯有爱德蒙斯很独特，对于我发出的论文邮件，他不仅进行了完整阅读，还以极其详尽的文字说明他的意见与建议。在我 2014 年一篇名为 "*Does Stock Liquidity Enhance or Impede Firm Innovation?*" 的论文发表之前，爱德蒙斯在长达数页的邮件中对于论文里一个模型的论述提出了不同意见。他的提点，对于我这篇最终发表于《金融杂志》（*Journal of Finance*）上的论文产生了不小的影响。

对于学者来说，经世济民是完成学术使命很重要的一个方面。对于现实问题，爱德蒙斯在多年的研究中也始终保持关注。神奇的是，在这个方面，不同于传统意义上的学者，爱德蒙斯更像是一位学术圈的"艺术家"。他的很多研究都是出其不意，却意义非凡。比如"听开心的歌，就能赚更多的钱吗？"，在这样一个看似不严肃甚至有些可爱的论题中，爱德蒙斯与他的合作者用严谨的方法，收集了 40 个国家在 Spotify 上收听积极歌曲的数据，并将这些数据与各国股市在同一时期的表现进行了比较，最终得出了一个严肃的结论：情绪显然会影响决策，包括与投资有关的决策。他的一系列研究，诸如"球赛输赢和夏令时是否影响以及如何影响投资者的表现？"，选题角度和研究方法同样非常巧妙。以最小的切角研究最大的议题，在如何使学术金融专业变得更具影响力、相关性、合议性和富有趣味方面，爱德蒙斯做出了诸多有益的探索，为同行的学者们提供了全新的思路，也成为学术后辈们探寻学术研究"so what"意义的榜样。

回到这本书本身。关于本书所涉及的ESG（环境、社会和公司治理）的话题，学术界一直存在争议。20世纪20年代，西方宗教教会通过选择性投资来规避某些"有罪"的行业，这种伦理道德投资理念可以被认定为ESG的诞生形态。之后一直到20世纪六七十年代，随着发达国家绿色消费和环境保护倡议的兴起，在新世界成长起来的"千禧一代"用脚投票，推动了责任投资的发展进程。即便有着持续增强的外部推动力，ESG的最终效果和实现路径也一直是各界争论的焦点。特别是在ESG的前身CSR（企业社会责任）阶段，以"股东价值论"和"利益相关者论"的争论为核心，在利益和效益的十字路口该向左转还是该向右转，学界、业界没有找到最优解。很显然，仅凭道德的判断和约束，无法构成经济规则的底座。

20世纪90年代以来，随着社会责任投资开始由道德层面转向投资策略层面，越来越多的公司治理实践开始拥抱ESG，在投资决策中综合考量公司的ESG绩效表现，衡量ESG投资策略对投资风险和投资收益的影响。特别是最近十年来，随着世界形势在贸易冲突与逆全球化苗头的迷雾中蹒跚前行，越来越多的人开始反思世界经济运行的底层逻辑。始于2020年初的一场全球疫情，更是将"以可持续发展为宗旨"的ESG推到聚光灯下：经济学是否还可以提供一种全新的理性范式，对现实状况做出新的诠释，并提供更好的决策方案？

爱德蒙斯的这本书，正是基于新经济世界的治理逻辑，给出了一整套逻辑自洽的解决方案。比起传统的企业社会责任理论中着眼于事后的"分蛋糕"思维，爱德蒙斯构想了一种优先选择在事前"做大蛋糕"的思维方式，这是一种全新的通过为社会创造价值来创造利润的商业方法。这本书的主角既不是微观的治理机制，也不是宏观的经济形势与政策，而是脱胎于爱德蒙斯以及相关领域学术同人们多年严谨扎实的学术研究成果。顺应作者这种以社会的净现值为衡量标准的新发展思维，我们再去看待有关 ESG 的诸多争议以及现实世界中已经、正在和将要发生的诸多争端，或许就能跳出零和游戏的视角，以更大的格局俯瞰公平与发展和谐共生的"大同"。

当然，对于世界上的大多数问题，正确答案未必只有一个。同样，对于环境、社会与公司治理和谐共生的路径，你也可以拥有不同的观点。无论你是支持 ESG 议题，还是反对这一理念，对于可能存在的分歧，爱德蒙斯在书中也为你提供了一些批判性思考的线索。或许，根据他的提示和证据，你可以找到通往逻辑自洽的捷径。

尽管至今学术界仍无法完全证实 ESG 投资与企业的股票表现存在明确的因果相关，但已经发生的无数案例，让 ESG 对于企业绩效的正效用逐渐变得明显。这种以"责任感"为关键词并具备可持续发展能力的治理模式，毋庸置疑将成为人类通向未来的必经之路。特别是对于已全身进入"碳中和"及"共同富裕"语境的中国来说，寻找到适合中国国情的 ESG 发展模式至关重要。中国经济经历了近 40 年的高速发展，已经将经济蛋糕成功"做大"，成为世界第二大经济体。在如今面临的内需收缩、供给冲击与预期减弱三重压力下，在"做大蛋糕"与"分好蛋糕"之间找到最优平衡方案，比以往任何时候都更显迫切。

晚起步、快发展，中国 ESG 投资在近年来的增长趋势的确十分亮眼。据不完全统计，截至 2021 年底，国内存续的"泛 ESG"公募基金约 200 只，总规模突破 2 600 亿元，较上一年末近乎实现翻倍增长，新发产品数量接近过去五年的总和。借鉴全球 ESG 基金的发展趋势，有机构预计中国 ESG 投资规模于 2025 年将达到 20 万亿～30 万亿元，约占资产管理行业总规模的 20％～30％。尽管如此，目前仍处于实践初期的中国 ESG 依然需要跨越成长路上的诸多考验，特别是：包括产权治理、市场竞争监管、法治建设、资本市场完善、市场结构优化等一系列关键问题在内的 ESG 治理底层基础设施还需要进一步健全。并且，中国的政治经济现象非常复杂，也无法用西方发达经济体的成熟经验来完全验证和指引。当下，构建适合中国国情的 ESG 体系，也将成为中国经济"行稳致远"的关键变量。

不同理论和信息都只能反映现象的不同侧面，至于哪个侧面有用，恐怕无法以一种固定的理论寻求到唯一的答案。从这个意义上来说，对于阅读此书的建议，我更希望中国读者能够更多地关注此书中"是什么"和"为什么"的部分。当然，当不可避免涉及我们"怎么办"的时候，通过《蛋糕经济学》这面全新的棱镜，也能够在一定程度上帮助我们更快速地直达 ESG 和企业社会责任的底层逻辑，继而在诸多现实约束条件下拨云见日，找到适合我们自己的最优方案。这也正如爱德蒙斯在其社交媒体上所说的，"If a weather forecaster predicts rain, it doesn't mean she/he hates the sun."（如果天气预报员预测下雨，这并不意味着她/他讨厌太阳。）对于这本书中的观点，我更希望大家能以一种开放的思维进行阅读、理解和自我消化，从而得出自己关于"经济学如何让世界更美好"的自洽式见解。

我相信，即便世界步入寒冬，在漫长的冬夜之后，那些努力探寻美好并愿意贡献出热量的人们一定能最终看到春光。

赞 誉

在本书的英文版刚出版时，我就建议爱德蒙斯出版中文版。因为这本书的理念与当今社会和商业潮流是一致的：追求社会价值而不只是利润；相较于将利润作为目标，追求社会价值往往能带来更大的收益，等等。我相信，本书的理念以及将这些理念付诸实践的详细讨论，有助于构建一个美好的社会，而政府、商界人士、学者都可以从中获得很多启发。爱德蒙斯的《蛋糕经济学》很精彩，很高兴促成了这本书的中文版在中国人民大学出版社出版。

——姜付秀，中国人民大学商学院教授

爱德蒙斯的《蛋糕经济学》以严谨的证据为基础，用通俗易懂的语言为我们介绍了一个新的思维转折：从"分蛋糕"到"做大蛋糕"。读完本书，你会了解到，这不仅是一个充满正能量的口号，而且是一种可执行、可操作的商业模式，从长远来看，还将带来更多利润，造福世界。在当今资本主义处于危机的时代，这样的探讨是一股清流。有理想的年轻人，如果你想参与经济金融和商业，但又不甘心只为公司或自己谋求利益，这本书可以给你带来全新的启示。

——潘军，上海交通大学上海高级金融学院金融学教授、
高金讲席教授

我不知道资本主义是否处在危机当中。但我确实知道，亚历克斯·爱德蒙斯的这部精彩作品，令人信服地、全面地对企业的运营方式及企业存在的目的进行了一场彻底的反思。它基于真实的商业经验，对负责任企业的分析案例做了权威说明，同时也兼顾实用性。这是一部力作。

——安迪·霍尔丹（Andy Haldane），英国央行前首席经济学家

这是一部重要的开创性作品，有助于改变企业对自己以及我们对企业的认知。亚历克斯·爱德蒙斯在《蛋糕经济学》一书中热情倡导，邀请我们所有人接受如下心态和宗旨：所有的商业行为都要为做大蛋糕而有所贡献。这一呼吁的影响激进而深远。读一读它吧，它将挑战你的思维方式。

——威尔·哈顿（Will Hutton），《观察家报》（*The Observer*）前主编，《我们所处的世界》（*The State We're In*）的作者

政界人士正在呼吁对大公司进行监管或拆分。在这本扣人心弦的书里，亚历克斯·爱德蒙斯认为，企业行为的确存在问题，但解决办法可能比监管或拆分更简单：改变企业宗旨，让企业专注于做大蛋糕，而不是攫取更多的蛋糕。相较于大多数关于企业发展的传统智慧，爱德蒙斯的论证是一剂极具说服力的强效解毒剂。

——奥利弗·哈特（Oliver Hart），2016 年诺贝尔经济学奖得主

这是一本精彩且及时的书，将负责任企业的商业案例提升到了一个全新的高度。爱德蒙斯采用基于证据的严谨方法，从多个角度探讨了企业怎样将追求商业价值和社会责任结合起来（如他所示，企业不

仅能够而且必须这么做），以及投资者和其他利益相关者在推动真正的
双赢中能扮演怎样的角色。他直面反对意见，勇敢地揭露了错误地诋
毁负责任企业的"美德标语"。本书引用了数十年来的案例研究，还提
供了许多远超通常臆想的迷人例子，是一本极好的读物。《蛋糕经济
学》确实有着说服怀疑论者的力量，还鼓励支持者思考可以采用怎样
的新方法，并将这种方法进一步嵌入其业务。

> ——海伦娜·莫里西（Helena Morrissey）夫人，金融家，
> 30％俱乐部创始人

亚历克斯·爱德蒙斯给出了严谨的证据，证明"选人还是选利润"
是一种错误的二分法。现在，他面向全世界的读者，解释了领导者和
企业可以怎样跳出过去羁绊自己的权衡取舍，向前迈进。

> ——亚当·格兰特（Adam Grant），《离经叛道》（*Originals*）和
> 《给予与索取》（*Give and Take*）的作者，
> TED播客"工作生活"（WorkLife）主持人

对于任何有意改革现代企业，尤其是关注它们如何为广大社会提
供服务这一议题的人来说，这是一本必读书。本书基于学术论证，但
具有高度实用性。它认识到企业既需要营利，也需要心怀宗旨。大多
数公司都有着鼓舞人心的使命宣言，而爱德蒙斯提出了一套具体框架，
能将它们转化为实际行动。他并未回避运营这样一家心怀使命的公司
需要面临的挑战。他直面这些问题，给出了明确的指导方针来引导决
策，并辅之以有说服力的例子加以说明。

> ——鲍达民（Dominic Barton），麦肯锡公司前董事长兼全球总裁

本书中，亚历克斯·爱德蒙斯帮助我们思考企业怎样成为一股造福社会的力量，对当代思想做出了宝贵的贡献。长期以来，我一直主张要看到企业、员工、供应商、社区、政府和其他利益相关者之间的共同利益。爱德蒙斯用坚实的证据证明了我们许多人出于直觉认同的信念：创造社会价值是优秀的生意。他的观点发人深省，不随大流，逻辑严密，对我们常常看到的流于表面、故意用相关性暗示因果的分析做了深入的挖掘。爱德蒙斯讲述的引人入胜的故事，把"蛋糕经济学"的原则与商界人士的案例生动地结合起来——不仅包括做大蛋糕能带来益处的案例，还有与之恰好相反的例子。

如今正值商业世界需要提升与利益相关者的信任关系的时候，我很高兴看到这部令人难忘的优秀作品问世。这不仅意味着我们要呼吁企业造福社会，更意味着企业要切实地交付这些益处。这意味着态度上的潜在转变：从"我们与他们的对抗"，转向共同努力做大企业价值的蛋糕并广为分享。

——詹姆斯·G. M. 威茨（James G M Wates）爵士，威茨集团主席

亚历克斯·爱德蒙斯提出了强有力的证据，反对企业必须在股东价值和社会责任之间做出选择的主张。权衡固然存在，但并非只有一种权衡。对股东有利的事，对社会也可能是有利的：证据事关重大。

——奥诺拉·奥尼尔（Onora O'Neill），哲学家，

英国国家学术院前院长

亚历克斯·爱德蒙斯为社会做出了巨大的贡献。他向人们揭示，如果我们更多地专注于做大蛋糕，而不是从蛋糕里分到最大一块，商

业就不必是一场零和博弈。这是有着人性化面孔的资本主义。

——罗闻全（Andrew Lo），麻省理工学院斯隆管理学院教授

我历来是一个热情地相信企业能够有力地促进社会更广泛福祉的人，我衷心地向各位推荐这本书。它很重要，也来得很及时，还提出了丰富的证据。对我来说，书中有三点很突出：健康的企业有助于创造健康的社会；企业和社会应该视彼此为合作伙伴，而不是对手；企业以长期的社会责任为宗旨，而非以短期的利润最大化为动力，是一种符合其自身利益的开明之举。

——丽芙·加菲尔德（Liv Garfield），
塞文特伦特公司（Severn Trent）首席执行官

亚历克斯·爱德蒙斯鼓励读者超越许多公共政策背后的传统智慧，向我们介绍了蛋糕经济学的概念。本书中，他对自由企业制度正在大范围地损害社会利益这一流行论调提出了挑战。他借助许多不同的例子，提供了另一种视角，我们可以通过它来阐释什么是负责任的企业。在这本可读性非常强的书里，爱德蒙斯揭穿了有关企业行为的神话，给出了一套新的词汇，我们可以使用它们对企业在社会中扮演的角色展开有原则的讨论。这是政府领导、企业管理者和媒体领导者的必读书。

——葆拉·罗斯普特·雷诺兹（Paula Rosput Reynolds），
通用电气、英国石油公司、BAE系统公司董事

当代讨论往往集中在投资者、董事会和高管的权力行使上，通常涉

及对抗和争议。诚然，有力的决策往往是企业成功所需要的，也至关重要。但企业成功首先需要的是植入广泛的影响力，以促进长期可持续发展。股东怎样履行自身义务是基本要素之一。这些义务，与股东作为企业所有者的特权与权利密不可分。本书是资产管理者、基金经理、领导企业的董事与高管的必读之作。它提供了基于证据的分析和指导，说明精心设计的尽责管理所产生的影响力不光能为储蓄者和投资者带来经济回报，还能为所有利益相关者带来回报，进而造福于整体。

——大卫·沃克（David Walker）爵士，巴克莱银行及摩根士丹利

国际银行前董事长，《沃克评估报告》（*Walker Review*）作者

这本振奋人心的书提供了强有力的例子和证据，表明具有社会责任感的企业产生的长期利润甚至高于专注于短期利润最大化的企业。特别是在新经济企业中，员工宗旨、品牌塑造和声誉提升驱动了消费者的偏好，进而创造出价值。我自己在全球生命科学产业中努力追求商业卓越的真实经历，印证了这些发现。

——大卫·皮欧特（David Pyott），艾尔建（Allergan）

医疗公司前首席执行官及董事长

金融学教授亚历克斯·爱德蒙斯将他的人生宗旨定义为"用严谨的研究影响商业实践"。本书展示了他正成功实现这一宗旨。爱德蒙斯运用证据而非轶事来说明一个简单而令人信服的观点：企业的政策和实践，要为所有利益相关者增加价值，而不仅仅是单纯地追求利润最大化。爱德蒙斯的重要贡献在于，他为有关企业和资本主义的争论重新搭建了一套框架，使之从流行一时的"短期零和博弈"转化为长期

造福所有人的协作游戏。

——比尔·简威（Bill Janeway），华平投资（Warburg Pincus）合伙人

这是一本重要的、有思想的、及时的作品。它是围绕企业的商业价值及其社会责任之间的冲突这一主题写就的，这向来是个引发激烈争论的主题。亚历克斯·爱德蒙斯以清晰的洞察力，为这场重要辩论做出了宝贵的贡献。任何对这一重要主题感兴趣的人，都能从《蛋糕经济学》中找到许多值得学习或钻研的内容。

——卢西安·贝布查克（Lucian Bebchuk），哈佛法学院教授

中文版序

中国的政策制定者、企业和投资者现在非常重视 ESG（环境、社会和治理）及企业社会责任（CSR）问题。习主席宣布，中国力争 2030 年前实现碳达峰，2060 年前实现碳中和。这样的宣言并非空洞的承诺，更被辅以法规和激励措施。中国出台的政策也远远超越了碳中和事宜，还扩展到社会公平等其他 ESG 问题上。各企业本身也正积极采取行动。截至 2020 年中期，共有 1 021 家中国 A 股上市公司自愿发布 ESG 报告，而 2009 年仅有 371 家。

但 ESG 同时也存在争议。传统观点认为，公司创造的价值是固定的，相当于一块蛋糕，有待在投资者和社会之间进行分配。而 ESG 增加了社会所得的部分。如果蛋糕的大小是固定的，那么，流向投资者的份额——利润——似乎就减少了。既然 ESG 有损于投资者的利润，那么，企业似乎就应尽量少关注，达到法律规定的最低限度即可；它们似乎应当聚焦于容易量化的 ESG 问题（如碳排放），而对难以量化的定性问题（如企业文化）置之不理，因为前者易于上报和被看到。

本书提出了一种积极的全新视角，即：ESG 提升了利润，而非以牺牲利润为代价。这一观点的核心在于，蛋糕不是固定不变的。一家为社会创造价值的公司，并不是在牺牲利润，而是做大了蛋糕，最终提升了利润。故此，遵循 ESG 的投资理念和企业评价标准，不光有道德和伦理上的缘由，也有商业和利润增长上的缘由。公司应该将 ESG

问题放在首要和中心位置，哪怕法律未作要求，哪怕外人看不到。有人认为，达成双赢的梦想美得不够现实。本书就是要给出严谨的证据，表明为社会创造价值的公司在做大蛋糕方面同样能表现出色。但本书也指出，企业很多时候的确需要在商业价值和社会责任上进行权衡。为此，书中提供了一套有助于权衡取舍的行动框架。

本书还颠覆了 ESG 实际涉及的内容。我们通常认为 ESG 就是"不作恶"（确保公平地分配蛋糕）——减少碳排放、减少工伤、进行产品召回。相反，本书主张，ESG 是"积极做好事"（做大蛋糕）——积极地为社会创造价值。例如，MYBank 正利用人工智能的力量，帮数千家从前绝不可能获得商业贷款的企业融资，尤其是那些由女性创办、可能会遭到传统贷款评估系统歧视的企业。

市面上还有许多关于 ESG 的优秀作品，我自己也从其中一部分学到了很多。不过，这些书里有不少是聚焦于怎样改变美国法律，强迫公司推广 ESG。本书希望能真正面向全球读者，而不是仅仅针对美国或其他任何具体的国家。它的见解已经被世界上的很多国家采纳。我希望，本书的中文版能够帮助中国的政策制定者、企业、投资者、学生和公民了解这些设想。

关于中国 ESG 的推广情况，可参见网址：

https：//www. china-briefing. com/news/what-is-esg-reporting-and-why-is-it-gaining-traction-in-china/＃：～：text＝China's％20ESG％20investment％20market％2C％20while，funds％20also％20surged％20in％202021.

目　录

导　言

企业的责任是什么？不同的人与组织有不同的看法。

诺贝尔经济学奖得主米尔顿·弗里德曼说："企业的社会责任有且只有一个，那就是增加利润。"

商业圆桌会议企业宗旨宣言是："我们对所有利益相关者都有一个基本承诺。我们致力于为客户带来价值，对员工进行投资，以公平和道德的方式对待供应商，并且为我们所在的社区提供支持。"

哈佛法学院教授卢西安·贝布查克说："提高董事会绩效的最有效方法是增加股东的权力。"

瓦赫特尔、利普顿、罗森与卡兹律师事务所创始合伙人马丁·利普顿（Martin Lipton）曾说："股东优先从根本上就考虑不周，完全不能满足所有利益相关者的需求。"

美国第 46 任总统乔·拜登说过："自 1978 年以来，首席执行官的薪酬增长了 940%，而普通美国人的薪酬仅增长了 12%。这是不对的。现在到了我们奖励工作而不仅仅是财富的时候了。"

法国经济与财政部长布鲁诺·勒梅尔表示："如果法国航空公司不付出必要的努力来保持竞争力，它就会消失……我呼吁每个人——要求不合理加薪的机组人员、地勤人员和飞行员——都负起责任。"

当下，种种迹象表明资本主义正处于危机当中。

世界各地左右两翼的政治家、普通个人乃至高管，都有着普遍的共识：企业不再为普通人服务了。2007 年的金融危机让 900 万美国人失去了工作，1 000 万美国人失去了住房。[1]经济虽然复苏了，但大部分收益流向了老板和股东的口袋，而工人的工资停滞不前。2019 年，

I

世界上最富有的 22 位男性享有比非洲所有女性都多的财富。[2] 新冠肺炎疫情的蔓延只会加剧这种不平等。在 1 亿人陷入极端贫困的同时，科技业亿万富翁的财富却突飞猛进。[3]

企业不仅仅是全球趋势的被动承受者，它们还主动地促成这些趋势。为榨出每一分钱的利润，许多企业想方设法地压低员工工资，逼着他们卖命工作，无视健康和安全规定。全世界每天有 7 500 人死于与工作有关的疾病和事故。一家企业的影响深远至极，甚至会波及客户或员工之外的人。[4] 2020 年 6 月，因设备故障引发加利福尼亚州野火，美国电力供应商太平洋燃气电力公司（PG&E）对 84 项过失杀人指控认罪。

受到损害的不光是人类，还有地球。2010 年，英国石油公司"深水地平线"钻井平台的爆炸导致 490 万桶石油泄漏入海，威胁到 8 家美国国家公园，危及 400 个物种，并破坏了约 1 600 千米的海岸线。5 年后，大众汽车公司承认在其汽车上安装了"减效装置"，在排放测试中作弊，仅在欧洲就涉嫌引发 1 200 人死亡。[5] 2020 年 5 月，力拓公司引爆了澳大利亚朱坎峡谷——普乌图·昆蒂·库拉玛人（Puutu Kunti Kurrama）和皮尼库拉人（Pinikura）两大原住民族的圣地，这个地方自 4.6 万年前就一直是他们的定居之处。除了这些个别案例，企业每年造成的环境成本估计为 4.7 万亿美元。[6]

人们发起了反击。2019 年 4 月 15 日，激进组织"反抗灭绝"（Extinction Rebellion）在 33 个国家的 80 个城市组织了示威活动，封锁道路、桥梁和建筑，抗议气候变化。占领运动、英国脱欧、民粹主义领导人当选、限制贸易和移民、反对首席执行官薪酬，都是类似的回应。尽管具体的反应各不相同，但情绪是相同的："他们"获益，是以牺牲"我们"为代价。

反过来，企业也在做出回应——或者说，至少看上去是在做出回应。"利益相关者资本主义"（即企业应该服务于更广泛的社会）已成为当今企业界的流行语，亦是 2020 年达沃斯世界经济论坛的主题。2019 年 8 月，由一群有影响力的美国首席执行官组成的商业圆桌会议，从根本上重新定义了"企业宗旨"，不光将股东，也将利益相关者包括在内。

但目前尚不清楚这些领导者说的是不是真心话。批评者认为，达沃斯世界经济论坛更多的是在表面上做善事，而不是真正做善事。怀疑论者声称，商业圆桌会议的声明是一场旨在避开监管而进行的公关活动。事实上，一些签署方在新冠肺炎疫情严峻期间裁减了数千名工人，同时却向投资者支付了巨额分红。

企业剥削社会，人们发起反击，企业又用所谓的宣传噱头来充当回应，欺骗监管机构，继续剥削。这种循环已经持续了好几百年。19 世纪中期，马克思描绘了资本与劳动力之间的斗争。从那时起，我们便看到钟摆在两头摆荡：一边是高管和股东，一边是工人和客户。想想 19 世纪末的强盗大亨，是他们创造了诸如标准石油公司等垄断巨头；政策制定者对此的回应是将部分企业分拆，打破垄断。我们也可以想一想 20 世纪 70 年代工会的鼎盛时期，而紧随其后的立法导致了工会的衰落。还有 20 世纪初大银行崛起并在 1929 年的金融危机中达到顶峰，随后是《格拉斯-斯蒂格尔法案》对大银行的监管——20 世纪 80 年代以来，该法案被部分推翻，促成了 2007 年的另一场危机。除非我们能想出另一种方法，否则这样的场景就会反复重演。

但好消息是，的确还有一种方法。

通过运用一种不同的商业方法，企业既可以为投资者创造利润，也可以为社会创造价值。所以，对上述这些冲突，本书从根本上持乐观态度。然而，这种乐观态度并不是建立在盲目的希望之上，而是以严谨的证据为基础，证明这种方法的确有效，既适用于不同的行业，也适用于所有的利益相关者。本书还提供了一套将它变为现实的可行框架。

这种新方法的核心在于思维的转变。冲突来自本书所称的"分蛋糕"思维，即把企业创造的价值看成大小固定的蛋糕，认为企业与社会如何分配是一场零和博弈。如此一来，让"我们"能分到更大一块蛋糕的唯一方法，就是减小分给"他们"的那一块。为了让利润最大化，首席执行官通过提高价格或削减工资来向社会索取。反过来说，为了确保企业为社会服务，我们必须压低利润。

虽然公平地分配蛋糕很重要，但对企业进行改革不能仅仅是重新分配蛋糕，因为这样做会降低利润。这会导致两个问题。第一，如果改革让企业的盈利减少，许多首席执行官就不会主动追求改革——他们可能会签署声明，但不会付诸实施。之后还必须通过监管强迫企业"分蛋糕"，但监管只能保证企业举措合乎规范，而无法让企业做出承诺。一家企业会遵守最低工资法，但并不提供有意义的工作或技能发展机会。

第二，利润减少对股东不利。许多商业评论家并不在乎——投资者经常被描绘成没有名字、面目模糊的资本家。但本书所称的投资者不是"他们"，而是"我们"。投资者包括为孩子的教育进行储蓄的家长，为退休人员进行投资的养老金计划，为未来索赔提供赔偿金的保险公司。只有当有望获得回报时，投资者才会为企业提供资金。故此，企业的任何改革，都必须在提供社会价值的同时提供利润。

这就是本书的用意。"做大蛋糕"思维强调，蛋糕的大小并不是固定的。通过投资利益相关者，企业不会减小投资者分到的蛋糕块。相反，它做大了蛋糕，最终让投资者受益。一家企业出于对员工的真正关心而改善工作条件，结果，员工们变得更有动力，生产效率更高。一家企业在开发可缓解新冠肺炎疫情的新药时，并未考虑患者是否具备支付能力，但它最终将成功地把新药商业化。一家企业或许会因保护环境的责任感而大幅减少碳排放量（寻常企业只会减排到不会招致罚款的水平，而这家企业的减排幅度远远超过法定最低水平），但同时，它也因为这样的价值观吸引来了客户、员工和投资者而最终受益。

　　至关重要的是，蛋糕代表的是社会价值，而不是利润——利润只是蛋糕的一部分。做大蛋糕的企业的主要目标是社会价值，同时将利润看成社会价值的副产品。出乎意料的是，相较于将利润作为最终目标，这种方法往往能带来更大的收益。这是因为，它能让许多投资最终获得可观的长期回报，但由于这些回报在刚开始时是无法预见到的，故此，如果将利润作为唯一标准，这些项目永远得不到批准。"股东价值最大化"原则在理论上很有吸引力，实际上却不可行，因为很难计算出有多少重要决策会影响长期利润（哪怕是粗略地估算都很难）。"做大蛋糕"思维的力量在于，它用原则取代了计算，为不确定情况下的决策制定提供了实际指导。

　　综上所述，一家负责任的企业只通过为社会创造价值来创造利润。此举给利润带来的积极影响，解决了上述两个问题。它意味着投资者和利益相关者同样受益。它还意味着，改变运营方式，认真对待自己对社会的影响，符合企业本身的利益。事实上，企业也迫切需要这么做。服务社会不是一件奢侈或者可有可无的事情，而是企业长期成功的基础。

　　蛋糕能够做大，不仅意味着，跟一些高管或投资者所设想的不同，追求宗旨并不会以牺牲利润为代价；它还意味着，跟一些商业评论家所说的不同，获得利润并不会以牺牲宗旨为代价。这里的潜台词含义深远。高额利润，甚至首席执行官的高薪，并不会自动变成"点名批评"一家企业的理由。利润往往是把某些东西变得更好所带来的副产品，是人类世世代代进步的根源。投资者不应总是受到打压：他们/它们是对资本主义进行改革的盟友——让资本主义受宗旨引领，进而实现更强的可持续发展。企业和社会不是对头，它们可以为同一团队效力。一个组织的所有成员为了共同的宗旨团结在一起，专注于长期发展，就能创造出共同的价值，为各方——股东、员工、客户、供应商、环境、社区和纳税人——做大蛋糕。因此，是为投资者服务，还是为

V

利益相关者服务，就不再是一个非此即彼的问题了，而是兼而有之，两手抓。

这种双赢思维是本书的核心。在第一部分，我们将从"为什么"开始：企业存在的原因，以及为什么它们应专注于创造社会价值而不仅仅是利润。我们解释了"做大蛋糕"的思维，它不仅与"分蛋糕"的思维不同，还与"开明股东价值"等更宽泛的商业观点不同。第一部分还讨论了针对"做大蛋糕"思维的潜在反对意见，以及在实施过程中的细微差别。"做大蛋糕"并不意味着忽视利润，也不意味着不受约束、不计成本地进行投资——它是专注的，讲究原则的。实际上，我将提供一套原则来指导是否拒绝某一项目，怎样处理令人不适的权衡取舍。哪怕是面对不确定的情况，我们也可以应用这些原则。重要的是，投资者可以评估一位领导者是否遵循了这些原则，缓解人们对"背离股东价值计算是否会让其变得不负责任"的担忧。我所介绍的原则，结合了判断的实用性和计算的责任性。

接下来，我提出证据表明，通过服务社会来创造利润，并不是好得令人难以置信的白日梦，而是现实的、可实现的。投资者和社会有可能同时受益。故此，为利益相关者创造价值不再只是一个值得追求的理想——它也是良好的商业意识。在我和从业者探讨宗旨的重要性时，受众听说我是金融学教授时简直不敢相信自己的耳朵。搞金融财务工作的人，往往是使命导向举措的敌人，他们认为这些举措会让企业的注意力从创造利润上分散开来。短期而言或许的确如此，尤其是在进行权衡取舍的时候。但长期证据表明，任何持有这种思维的财务部门都将不能把自己的工作做得更好。

第二部分讨论了是什么做大了蛋糕，指出许多常见的改革提案实际上并不奏效，因为它们的着眼点仍然放在分固定大小的蛋糕上。我们将从做大蛋糕而非分蛋糕的视角进行观察，颠覆部分有关企业最具争议性方面的传统观念。我们将看到，高管薪酬、股东激进主义和股票回购这些通常被视为牺牲股东利益以造福首席执行官和投资者的举动，能为所有人做大蛋糕。但这里的重要字眼是"能"。按照当前的实践，往往无法做到这一点，我将讨论怎样做出改进。

第三部分将转向怎样做大蛋糕的实践问题。该部分突出了宗旨的力量，即企业存在的理由，以及宗旨在世界中扮演的角色。宗旨解答了如下问题："贵公司的存在怎样让世界变得更美好？"可等到要见真章的时候，面对短期利润目标，首席执行官要怎样把宗旨付诸实践呢？这一部分强调的是企业、投资者、监管者和个人分别实现宗旨的能力与责任，以及各方携手合作时所具备的能力与责任。

分蛋糕的思维很普遍，而且也不仅限于企业与社会之间的关系。罗宾汉劫富济贫的故事比《小精灵和鞋匠》中的故事（精灵帮鞋匠做鞋子，不从别人手里拿走任何东西）更为人所津津乐道。在第四部分，我们将讨论怎样把做大蛋糕的概念应用于更广泛的情境，如人际关系动态、为他人服务和个人领导力。

这种思维的转变以什么作为支撑呢？这是关于驱动企业内部长期价值创造的证据的仔细研究。这种以证据为基础的方法否定了有关企业的常见观点。一些观点来自案例研究或故事。故事生动形象，能赋予主题以活力，便于日后反复讲述；商学院、书籍和 TED 演讲里都可以见到故事的身影。但正如我在 TED 演讲《在后真相世界应该相信些什么》中所做的解释：故事透露出的实情很少，因为你总是能够刻意挑选一个故事来支持任何观点——而且，你还有动机选择最极端的故事，最为直白地表明你的观点。只关注利润的支持者可能会用杰克·韦尔奇领导下的通用电气的故事来证明只关注利润能够成功。反对者可能会用安然的故事来表明只关注利润会失败。诚然，通用电气和安然都是商学院的主要案例研究对象，但这两个故事并没有告诉我们，以逐利为目的来经营企业是否普遍可行。

我以青涩的博士研究生身份进入麻省理工斯隆管理学院，就此开始学术生涯时，世界对我来说一片灰色。此前，我很幸运地靠着助学金进入了伦敦的一所私立学校，但我发表的一些评论太过激进，经济学老师托伊先生听完之后甚至唱起了英国工党党歌《红旗》。在校外，我曾因撰文大力反对足球的商业化和球员工资过高而当选年度甲级青年足球记者。但大学毕业之后，我却到了投资银行摩根士丹利工作。但在这团令我困惑的迷雾中，我侥幸看到了一丝曙光，我应该根据证据的强度来形成观点，不必在意前人曾用同一证据支持过什么样的观点。这样做教会我两件事：几乎任何争论都存在两个方面；从蛋糕整体（而不仅仅是从大蛋糕中切出去的一块）的角度来思考问题十分重要。正是靠着对证据的探索，本书的观点——做大蛋糕——诞生了。

与故事不一样，证据是从数十年来数十个行业的数千家企业身上总结出的见解。它试图将因果关系和相关性区分开来，寻求不同的解释。正如医学诊断先于治疗，在提议进行改革之前，准确评估资本主义的问题至关重要。

但是，证据的质量存在很大的差异。"研究表明……"是最危险的一个短语，因为同样可以故意挑选研究来"表明"几乎任何你想要表明的东西。在英国下议院 2016 年对公司治理的聆讯中，在我之前出席的证人援引的证据，即"发现公司生产率与高管和低层员工之间的薪酬差距呈负相关"，出自 2010 年 1 月一份尚未完成的研究草稿。而该研究的最终版本实际上是在聆讯 3 年前发表的，经同行审阅并改进研究方法之后，所发现的结果恰与上述说法相反：

- "我们并未发现薪酬比率与员工生产率之间存在负相关关系。"
- "我们发现，公司价值和运营绩效都随着薪酬比率的增大而提高。"

考虑到确认偏误（即人们总是倾向于接受支持自己此前观点的证据，而无视其是否可靠、是对还是错），人为挑选研究的做法就变得极其危险了。因此，一个有充分证据支撑的观点，其证据应主要源自最权威的期刊，因为这些期刊上的文章经历过最严格的同行审阅（此类期刊的拒稿率高达 95％，这便是它们严格标准的体现）。上面的例子表明，研究的严谨性不仅仅是一个"学术"问题，而且能够完全颠覆它对现实世界实践的影响。

本书中的证据将揭示许多出人意料的结果，它们否定了常见的商业神话，提出的解决办法也跟普遍倡议的有所不同。我们将看到，降低首席执行官的薪酬水平（哪怕他们的薪酬高得令人咋舌），实际上并不是改革薪酬以造福社会的最有效方式。我们将理解，投资者短期出售股票的行为如何能鼓励企业采取更长期的行动。我们还将知道，一家企业如何使用现金回购股票，而不是进行投资，从而不仅为股东，而且为整个经济创造长期价值。

采用基于证据的方法，并不意味着正确答案只有一个。就算我们都认同事实，不同的人也可能对事实有着不同的看法。即使高工资率与更高的生产率相关，一些人也或许认为这不可取，因为较之效率，他们对公平看得更重。证据的作用是将事实摆在桌面上，以便政策制定者、从业者和选民充分了解到涉及的种种权衡取舍，能够做出明智的决定。所以，我能预见到你们会反对我的一些立场。事实上，我还希望你们发出反对的声音，因为我更乐意本书能提供新鲜的观点（故此也可能存在争议），而不是充当一间回音室，强化你们既有的想法。

我将站在批判的角度，罗列出反对本书关键主张的证据，从而在通常被视为黑白分明的议题中探索有趣、复杂且微妙的灰色区域。我将承认社会责任投资基金的平均绩效不佳，烟酒等"罪恶"行业的利润有多么高。我将认真对待人们对负责任企业以及股东价值最大化主张的普遍担忧。我也认识到，后者远比对它的常见讽刺要微妙许多。我将强调，哪怕从长远来看，仍然存在一些外部因素，虽然对社会有影响，但无法体现在企业的利润当中。

这种平衡至关重要。世界经济论坛 2020 年关于"衡量利益相关者资本主义"的报告宣称，"宗旨导向型企业在股东价值方面优于同行"。

这句话指向一篇文章，该文章开篇这样写道："尽管有无数的研究，但从来没有确凿的证据表明，根据社会责任感进行筛选，能帮你选出业绩最高的'头羊'企业。"也就是说，这篇文章恰恰要说明跟世界经济论坛报告相反的观点。倡导负责任的企业，不能为了迎合我们想要讲述的故事而错误引用证据，因为这样做会适得其反：可能会误导首席执行官们，让他们以为每一项对社会负责的行为都能带来回报。事实并非如此，证据能指导心怀宗旨的首席执行官辨别哪些行动能真正做大蛋糕、哪些不能。

本书所涉及的学术研究是跨学科的——不仅包括经济学和金融学，还包括组织行为学、战略学、市场营销学和会计学。有关经济学的见解不是单纯地进行理性假设，也取自行为经济学，并考虑到不确定性和导致标准模型失效的其他原因。除了学术研究，本书还会用来自不同行业与国家的具有前瞻性的企业及投资者的实际案例作为补充，让证据更加生动。我们不光从成功中学习，也会从失败中学习。

我曾经就"将宗旨植入企业"这一议题，与董事、高管、投资者、政策制定者等共事并向他们学习。我也从这些经历中收集了信息，包括在这么做时碰到的不少实际障碍。事实上，我将学术理论和从业者的见解相结合的目的在于，希望本书在保持严谨的同时，也可以指导实践。许多伟大的学术观点十分"学术"，很难付诸实践。为社会服务似乎是一个不错的理想，但与目前用于实现利润最大化的框架相比，它过于模糊而难以实现。本书揭示了，"做大蛋糕"的商业方法与基于利润最大化的商业方法同样具体，既可执行也可操作——最终，从长远来看，还将带来更多利润。

在我们开始正文之前，先简单讨论一下术语。用来描述企业的词汇有可能传达了一种先入为主的观念，即它们不为或者不需要为社会做贡献。

· 如果研究者认为企业是剥削性的垄断机构，他可能会使用

"corporation"一词。本书有时用"enterprise"一词来强调。不管是老牌企业还是年轻企业，都能够通过进取精神做大蛋糕——构思出新产品、新服务，以及调动员工积极性的新方法。①

·企业管理者，通常被称为高管，他们被动地执行常规活动。如果只会执行的管理者能拿到数百万美元的薪酬，也就难怪公众会反对首席执行官的薪酬了。有时候，我们会用"领导者"一词来强调他们怎样追求新的战略方向，鼓舞员工。

·高管获得的是"compensation"②。人们假定高管没有服务社会的内在动机，因此，高管会为服务社会而索取"补偿"。只有人受了伤，或者经历了不愉快的事情，才会获得"补偿"。领导者获得的是"奖励"。人们会因为做某件内在可取的事情而获得奖励，比如找到了一名失踪者。

·"雇员"（employees）暗示，工人听命于雇主，是根据合同作为生产要素而受雇的。"员工"（colleagues）③是企业的合作伙伴，为企业的成长做出贡献，分享企业的成功。

·消费者（consumers）意味着一次性交易：一旦你消费了某种产品，它就消失了。客户（customers）长期光顾企业。

·股东（shareholders）意味着被动持有一家企业的股票。投资者（investors）凸显其责任：通过积极监督或参与，投资于企业的长期成功。

进取、领导者、奖励、同事、客户、投资者——这些词语强调了企业的人性方面，以及支撑企业的各种关系。我们会看到，它们对做大蛋糕、造福整个社会至关重要。

---

① "corporation"和"enterprise"都有企业、公司的意思，但前者暗含"大企业""大公司"之意，后者有"创业""进取"之意。——译者注
② 既有"报酬"之意，也有"补偿"之意。——译者注
③ colleagues也有"同事"之意。——译者注

怎样阅读本书

我从宗旨和利润这两个角度来展示观点，锁定了各种目标受众。受众包括认为利润十分重要、哪怕并非唯一目标的读者，比如投资者和高管；也包括强调服务社会的读者，比如工会或利益相关者代表。不光高层管理者可以将这些设想付诸实践；能够向团队灌输社会导向的中层管理者，以及能够激发创意、向上管理的员工，也都可以进行尝试。还有的读者来自商界之外，他们希望在一场日益两极分化的辩论中，了解围绕资本好与坏的争论。

鉴于读者广泛，本书收录了不同类型的读者可能会感兴趣的各类素材。故此，阅读本书时可选择不同的阅读路线。最好的方法当然还是按顺序阅读各章，它们依照内在逻辑组成了一个整体，每一章都建立在前一章的论述的基础之上，章节之间相互交叉引用，一些例子贯穿始终。不过，读者如果时间有限，也可以按目的有选择地重点阅读部分章节。

第一章介绍了做大蛋糕的思维，第四章罗列了做大蛋糕可以为投资者和社会创造价值的证据，想必所有读者都会感兴趣。除此之外：

• 兴趣广泛的读者，包括那些想要初步了解资本怎样运作及其在社会中扮演什么样的角色的商界外部人士，以及对企业持怀疑态度的人，可能会认为第三章、第八章、第十章和第十一章很有价值。

• 旨在寻找框架，从而将这些设想付诸实践，解决诸如应该拒绝哪些项目、怎样进行权衡取舍等问题的企业领导者，应该阅读第二章、第三章和第八章。

• 投资者和董事会，如果对股东怎样参与企业、怎样设计治理结构等从而为长期发展奠定基础的主题感兴趣，或许会觉得第五章、第六章、第七章、第九章有价值。第九章对那些有意进行负责任的投资的人尤其有用。

· 政策制定者、企业领导者、学者和其他对关于创造长期价值的质量最高的研究感兴趣，以及探索如何将相应研究应用于实践的人，应当特别关注第五章、第六章、第七章，以及第十章的"政策制定者"部分。

· 对真实案例研究感兴趣的读者，比如商学院学生、教授，正在为演讲寻找素材的演讲者，以及想要效仿的实践者，应该阅读第二章、第三章和第八章，以及第五章、第六章、第七章中开篇的例子。

第一部分

为什么要做大蛋糕?

第一章　做大蛋糕的思维

——一种对投资者和社会都有用的全新商业方法

朱迪思·阿伯格（Judith Aberg）走出地铁，本以为迎接她的不过是一个寻常的工作日。她的办公大楼横跨纽约市第五大道的六个街区，俯瞰中央公园。然而，占据如此令人垂涎的地段的并非阔绰的投资银行，而是全美最大的教学型医院之一——西奈山医学院。

阿伯格的工作很辛苦。她担任传染病科主任，不仅要亲自治疗患者，还领导着数百名研究人员、临床医生和工作人员。她的工作也很有意义。2014 年，在她领导下，高级医学研究所成功创办起来，该研究所联合了多个学科的医生，为纽约市超过 1 万名艾滋病患者提供护理。

但 2015 年 8 月 25 日这一天不是个寻常日子。医院一名弓形体病患者正服用达拉匹林（化学名称为乙胺嘧啶）进行治疗。弓形体病源于一种寄生虫感染，会导致发烧、肌肉疼痛和疲劳。此时，达拉匹林的库存所剩无几，于是药房想再订购一些。照理说，重新订购药品是例行公事，但药房的工作人员却迎来了一个意外的消息：供应商说医院剩余的信用额度不够。这立刻引起了阿伯格的注意。

"一定是搞错了！"她心想。医院的信用额度是 4 万美元，足够买一瓶 100 片装的达拉匹林。然而，她打电话给达拉匹林的供应商图灵制药时震惊地发现，达拉匹林的价格刚刚从每片 13.50 美元猛涨到 750

美元，上涨幅度几乎达 5 500％。所以，一瓶 100 片装的达拉匹林涨到了 75 000 美元，这价格几乎是医院信用额度的两倍。

图灵制药创办于 2015 年 2 月，得名于英国计算机科学之父艾伦·图灵（Alan Turing）。图灵因在第二次世界大战中破解了德国使用的英格玛密码而名噪一时。尽管图灵以创新和开辟新领域为毕生使命，图灵制药却恰恰相反，无意创新。它的战略并非开发新药，而是买下现有药物，大肆炒作以提高其价格。

这样的策略看上去就显得贪得无厌，但对图灵制药 32 岁的首席执行官马丁·谢克雷利（Martin Shkreli）来说却分外自然。谢克雷利是个初代移民看门人的儿子，17 岁时，他在 CNBC《疯狂金钱》（*Mad Money*）节目主持人吉姆·克莱默（Jim Cramer）创办的对冲基金克莱默-伯科维茨（Cramer，Berkowitz & Co.）找到了一份实习工作，起初只是在收发室跑跑腿，但时间来到 2003 年初，他发现了一家叫"再生元"（Regeneron，这是一家开发减肥药的生物科技公司）的公司，并认为它过度炒作，股价过高，他建议老板做空该公司的股票。几个月后的 3 月 31 日，"再生元"公司承认药物的临床试验失败。该公司的股票当天就跌去一半，克莱默-伯科维茨基金一举赚到了数百万美元。谢克雷利一战成名。

但在谢克雷利看来，为别人赚上几百万美元还远远不够，他更想为自己赚上几百万美元。2006 年，年仅 23 岁的他创办了自己的对冲基金——埃利亚资本管理公司（Elea Capital Management），同样以做空为主，押注于股价的暴跌。在一轮对赌失败的影响下，埃利亚破产了，但这并未阻挡谢克雷利的发财野心。2009 年，他从头来过，跟儿时好友马雷克·比斯特克（Marek Biestek）创办了另一家对冲基金，并以各自名字的首字母为公司命名，即 MSMB 资本管理公司。

跟埃利亚一样，MSMB 的尝试并不成功。只不过这一回谢克雷利试图掩盖真相。2010 年 12 月，他声称 MSMB 价值 3 500 万美元，但实际上公司连 1 000 美元都拿不出来。他打着"对冲基金有再多钱也不够"的幌子[1]，把自己从反生物技术的投机者变成了一家生物技术公司的首席执行官——这真是件充满讽刺意味的事情。2011 年 3 月，他先创办了雷特龙芬（Retrophin），接着又创办了图灵制药。

谢克雷利的赚钱策略是把对新药的投资抛诸脑后，转而以便宜的价格购买现成药品，大幅提高其价格并限量供应。图灵制药从三种药物入手——分别是治疗抑郁症的氯胺酮、用于引产的催产素、一种治疗高血压的神经节阻断剂。所有这些药物的知识产权都是雷特龙芬收购来的。2015 年 8 月 10 日，图灵制药用 5 500 万美元买下了达拉匹林这种药物，并在第二天将它提价约 5 500％。

这是桩一本万利的买卖，但对整个社会却是一场灾难。弓形体病是一种对孕妇、老年人和艾滋病患者而言尤其危险的疾病。如未能及时治疗，它会导致癫痫、瘫痪、失明、出生缺陷甚至死亡。它危害极大，世界卫生组织早就把乙胺嘧啶列入了"基本药物清单"。但价格疯涨，意味着人们再也无法负担这种基本药物。阿伯格不得不将这种药的使用量从每月 5 次减少到最多 1 次，她在接受《纽约时报》采访时还说，有时她不得不"换用其他可能达不到同样效果的治疗方法"[2]。这些替代药物接受过的测试较少，副作用未知。"它无法带给患者信心，也不会带给我们信心。"她接受美国有线电视新闻网采访（CNN）时说。[3]

限量销售与勒索式的高昂价格同样具有破坏性。尽管达拉匹林是一种基本药物，图灵制药却只通过沃尔格林（Walgreens）这一家药店出售，而且仅在非常规药店的"专卖店"出售。[4] 这就阻止了竞争对手染指它来开发更便宜的替代品。要想获得它太难了，艾滋病医学会甚至不得不建立专门网页，方便医生分享经验。有人报告说，在图灵制药买下达拉匹林之前，自己需要用药时立刻就能买到，如今却要花 4 天半才能到手。

蛋糕：为社会创造的价值

我们可以用蛋糕的比喻来阐释谢克雷利的策略。蛋糕代表企业为社会创造的价值——对图灵制药来说，这一价值来自自己手里握有的药物。社会包含许多不同的成员，如图 1.1 所示。谢克雷利的策略使得这些成员分到的蛋糕块可能有着极大的差异。

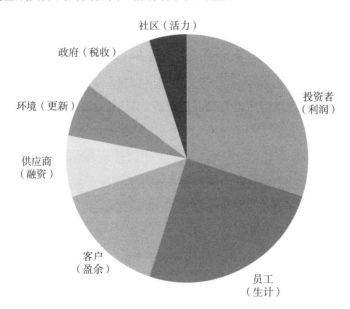

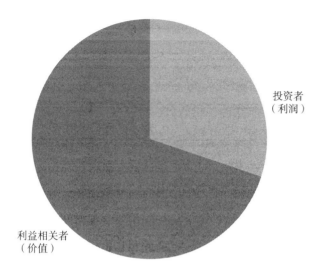

图 1.1　社会的构成

　　谢克雷利聚焦的成员是喜欢利润的投资者。一如导言中所强调，投资者不是"他们"，而是"我们"。企业如果未能满足投资者的要求，就有可能在整个社会引起动荡。据报道，英国高校退休金计划因出现175亿英镑的赤字，不得不在2018年宣布削减退休金福利。这导致4.2万名教职员工罢工[5]，12.6万名学生因教职员缺课而要求退还学费[6]。一些大学不得不将未能授课的内容从考试中删除。故此，利润很重要。投资者是社会的重要成员，但他们并非唯一成员。

　　因为蛋糕包含的远远不只利润。

　　蛋糕包括一家企业给予员工的价值，其中包括薪酬，也包含培训、晋升机会、工作与生活的平衡，还包括这样一种能力——不懈追求事业，对世界产生深远的影响。我们把这称为"价值生计"，以反映职场环境和企业对员工家庭生活的影响。

蛋糕包括客户在支付价格之外享受到的长期价值，我们称之为盈余（surplus）。发明一种能够实质性改善客户生活的产品、提供免费售后服务、不使用误导性营销手法，都是企业创造盈余的方式。

蛋糕包括供应商从稳定收入来源所获得的价值。我们称之为融资（funding），其中重要的不仅仅是供应商获得多少资金，还涉及它们是否能够及时地获得资金。

蛋糕包括对环境产生的价值，通过企业减少资源消耗和碳排放，采取植树造林和鼓励循环利用等积极行动来实现。我们称之为价值更新（renewal）。[①]

蛋糕包括社区所享有的价值，通过企业提供就业机会、改善用水和医疗卫生条件、向当地科普相关知识或捐赠产品等举措来实现。我们称之为活力（vibrancy）。

最后，蛋糕包括通过税收收入向政府提供的价值。

故此，一家企业不仅为投资者服务，还要为员工、客户、供应商、环境、社区和政府服务。后者统称为企业的利益相关者（stakeholders），他们共同享有价值。成员（members）指投资者或利益相关者，个人（citizens）指生活在社会中的人。[②]

---

① 常见的说法是"环境保护"或"环保"。我们用"更新"一词来强调保持现状（如并不提高污染水平）远远不够。

② 一些研究者把"投资者"放到了"利益相关者"当中。为清晰起见，我们用"利益相关者"来指非投资者的成员，用"社会"来统称投资者和利益相关者。我们并未把企业的领导者作为一个单独的类别，因为他们也是员工（通常还是投资者）。有时，"成员"仅指投资者，英国公司法中就是如此。我们使用的定义更为宽泛，因为我们不明白，为什么员工就不能跟投资者一样是企业的成员。

分蛋糕的思维

谢克雷利的思维是分蛋糕。这种思维认为蛋糕的大小是固定不变的。那么，要想增大一个成员获得的蛋糕份额，就要用不同的方法来切蛋糕，减少其他人分到的份额。其他成员就是你的对头，你要跟他们斗争，以抢夺尽量多的蛋糕。

谢克雷利最想维护的、给予其最大块蛋糕的是投资者。他本人是图灵制药的大股东，如果他不能使企业产生足够的收益，可能会面临来自其他投资者的压力。他认为自己的目标只有一个（"我的投资者希望我实现利润最大化"[7]），为实现这一目标，他必须从利益相关者那里抢蛋糕，如图1.2所示。

到目前为止，谢克雷利的主要利益相关者是客户——患者和医疗机构。但谢克雷利同样也从自己的员工那里得到了好处——他们兴许以为自己加入了一家生物技术初创企业，为发明新药感到兴奋，结果企业却要他们整天忙着从现有药物中榨取更高的利润。他也从供应商那里获取了好处，因为限制达拉匹林的销售（进而也就限制了其生产）使得对达拉匹林生产原料的需求大幅下降。他还从社区获取了好处，因为减少达拉匹林的获取途径伤害了患者及其亲友。

在对利润的不懈追求下，谢克雷利很少关注通过开发新药来提高利润。更糟糕的是，他的举动还让蛋糕变小了。限制对达拉匹林的获取，也减少了造福社会的机会。但如果投资者的蛋糕份额增加得足够

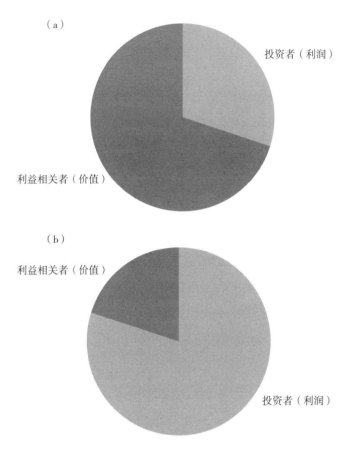

（a）

投资者（利润）

利益相关者（价值）

（b）

利益相关者（价值）

投资者（利润）

图 1. 2　分蛋糕思维图示——蛋糕大小固定

多，哪怕蛋糕本身变小，其切取的部分也会变大，如图 1.3 所示。①

————————

　　①　我们使用"份额"（share）指代相对价值，也即成员获得的百分比；用"切取的部分"（slice）指代绝对价值，也即份额乘以蛋糕的总体大小。

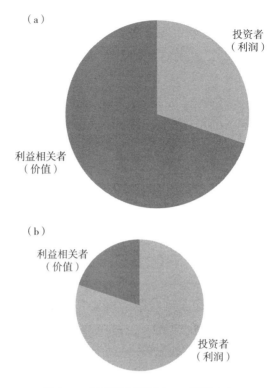

（a）

投资者
（利润）

利益相关者
（价值）

（b）

利益相关者
（价值）

投资者
（利润）

图 1.3　分蛋糕思维图示——蛋糕变小

这种分蛋糕的思维很有吸引力。分蛋糕是一件立刻就能完成的事情，而且成本为零。谢克雷利没花一分钱就把达拉匹林的价格提高了近 5 500％。跟开发新药、获得美国食品和药物管理局批准、营销上市相比，分蛋糕不需要付出大量的费用和时间，也不需要承担太多的风险。它还完全合法。谢克雷利厚颜无耻地宣称，"我们所做的一切都合乎法律"，"我会把自己比作强盗大亨"（也就是 19 世纪末以同样不道德但合法手段致富的美国商人）[8]。尽管谢克雷利后来被判处 7 年监禁，但他的罪名是用自己的对冲基金进行证券欺诈，而与图灵制药哄抬价格无关。

在导言中，我们讨论过，不管你想说明什么样的观点，总能找到一个合适的故事。可悲的是，图灵制药远远不是极少数的例外。企业不仅可以通过哄抬价格，还可以通过向客户推销其不需要或不理解的产品来获利。从 1990 年到 2010 年中期，英国的银行向申请贷款和信用卡的客户出售付款保护险。这种保险承诺在客户失业或生病时替其偿还债务。但这是欺骗性销售——银行欺骗性地告知 130 万客户，只有购买了该保险申请才获得批准；还向 200 万客户出售了一份永远无法索赔的保单（例如，因为他们是自雇就业者）。银行很少透露这种保险的价格，哪怕它一般会使贷款成本提高 20%，有时甚至高达 50%。[9]

企业还可以剥削工人。据称，英国体育用品零售商 Sports Direct 付给工人的工资低于法定最低水平；工人如果请病假，就会遭到解雇；该企业还跟工人签订无雇佣保证的"无固定时限"合同，并以次日不让工人上班作为威胁，强迫签订这种合同的工人免费加班。[10]新冠肺炎疫情暴发后，英国政府下令，公民如无必要不得上班。Sports Direct 却堂而皇之地宣称，运动设备在疫情中至关重要，并试图迫使员工继续到门店上班——罔顾他们有可能感染并传染给其他人的风险。2020 年 6 月，德国肉制品生产商通内斯（Tönnies）旗下一家工厂的 1 500 多名员工因被迫在拥挤和不安全的条件下工作和睡觉，感染了新型冠状病毒。这导致该地区暴发疫情，并迫使附近两个地区进入封锁状态。

企业还可以利用自身庞大的规模要求获得最低价，同时尽量推迟付款，压榨供应商，或是直接放弃合同，全然不怕遭受报复。爱炫耀的亿万富翁菲利普·格林爵士（Sir Philip Green）持有的英国服装零售集团阿卡迪亚（Arcadia），在疫情期间取消了价值 1 亿英镑的订单，尽管部分商品已经生产出来。[11]订单中有900万英镑来自对服装行业极度依赖的孟加拉国。一家供应商损失了价值200万英镑的许诺销售，该供应商负责人称，阿卡迪亚的断然违约让他的企业濒临崩溃，2 000名员工面临赤贫。截至2020年5月底，全球时尚品牌纷纷取消订单，要求降价并推迟付款，孟加拉国服装厂损失了37亿美元的销售额，全球成衣工人被拖欠工资达58亿美元。[12]

在所有这些案例中，企业都把社会看作砧板上的肉——任人宰割。就算它们不主动剥削利益相关者，也有可能直接忽视利益相关者，专注于利润最大化，对利益相关者是否也能受益毫不在乎。正如导言提到的，通用电气的韦尔奇是历史上最受尊敬的一位首席执行官，他靠的就是不屈不挠地追求利润，并实现成功。韦尔奇只有一个目标——让通用电气成为全球股东价值最大的企业。他认为，为利益相关者服务会让人分心，导致效率低下。

如果企业剥削社会，人们会向政策制定者施压，要求他们通过监管来保护自己的那份蛋糕。作为回应，企业则会试图绕过法律。冲突仍将持续。

但还有另一种方法。

罗伊·瓦杰洛斯（Roy Vagelos）迫切需要钱。

1978年，默克公司的科学家威廉·坎贝尔（William Campbell）提出了一项可能具有突破性的建议。伊维菌素是默克公司开发出来用于治疗家畜寄生虫感染的药物，它兴许也能治愈人类的盘尾丝虫病。

盘尾丝虫病是一种残酷的疾病，通过黑蝇传播。黑蝇在河边繁殖，而河边土壤肥沃、水源充足，它同时也是人们生活、玩耍和劳作的地方。黑蝇在叮咬时会向人体内带入盘尾丝虫的幼虫，幼虫在人的皮肤下长成蠕虫，最长可长到60多厘米。幼虫会引起严重瘙痒，甚至导致部分患者自杀。一旦幼虫侵入眼睛，往往会导致失明——因此，盘尾丝虫病俗称河盲症。

盘尾丝虫病是一种严重的流行病。已感染者达到 1 800 万人，还有 1 亿多人面临感染危险。[13] 它即将在 34 个发展中国家（主要在西非，部分在拉丁美洲）流行开来。[14] 在受影响最严重的村庄，所有人口到 15 岁时就会被感染，到 30 岁时失明。一旦失明，他们就需要孩子们来带路——而出于这个原因，孩子们相信失明只是成长的必经环节。如果为了降低染病风险搬离肥沃的河岸，受波及的家庭又无法种植出足够多的粮食。不愿失明就得挨饿，这样的两难选择让社区变成了空壳子，无法实现任何真正的经济发展。

因此，威廉的建议有着重大的意义（他后来与其他人共同获得 2015 年的诺贝尔医学奖）。但在 1978 年，这仍然只是一个设想，需要进行严格的测试。抗寄生虫药物通常无法用于不同的物种。继威廉的实验室研究之后，默克公司的另一位研究人员穆罕默德·阿齐兹（Mohammed Aziz）于 1981 年在塞内加尔启动了伊维菌素的首次人体临床试验。试验证明伊维菌素的药效惊人——只要一粒药就能完全治愈该疾病，没有任何抗寄生虫药物常见的副作用，世界卫生组织甚至认为数据肯定存在记录错误。但接下来的几年，默克公司又在其他非洲国家开展了试验，也取得了类似的成功。1987 年，伊维菌素获批用于人类，品牌名为"异阿凡曼菌素"（Mectizan）。

但还有最后一个挑战——钱。默克公司需要花费 200 万美元，建立通往西非的分销渠道，每年还要另外再花 2 000 万美元进行生产，这还没算上默克公司已经投入的数百万美元研发费用。受盘尾丝虫病折磨的西非人是世界上最贫穷的人群之一。他们住在用泥土修筑的小屋里，穿的是草编裙子。他们无力支付异阿凡曼菌素的费用，债台高筑的政府也掏不出这笔钱。默克公司当时的首席执行官罗伊请求世界卫生组织为异阿凡曼菌素提供资金，但世界卫生组织拒绝了。他向美国国际开发署和国务院求助，结果还是被拒绝。这就是罗伊迫切需要钱的原因。

随后，罗伊找到了最后一个（也是最为激进的）资金来源——默克公司本身。1987 年 10 月 21 日，罗伊宣布默克公司将向世界各地任何有需要的人士免费提供异阿凡曼菌素，"需要多少就给多少，需要多久就用多久"。默克公司发起了异阿凡曼菌素捐赠计划，该计划打算借助世界卫生组织、世界银行、联合国儿童基金会、几十个国家的卫生部和 30 多个社会组织的力量，监督和资助异阿凡曼菌素的分发工作。

表面看来，捐赠药物是个疯狂的想法。异阿凡曼菌素捐赠计划将让默克公司的投资者耗费数百万美元，而这些投资者大多是对客户（也即储蓄者）负有责任的机构。投资者可能会抛售手中的股票，拉低股价，或是向默克公司董事会施加压力，要求解雇首席执行官。

但这个看似棘手的决定，对罗伊来说却是必然之举。他的动力不在于利润，而是实现科学为社会服务的愿望。罗伊是希腊移民的儿子，从小就在家里开的"艾斯特"餐馆削土豆、擦桌子和洗盘子。餐馆的主要顾客是附近默克实验室的科学家和工程师，罗伊时常能听到他们兴奋地谈论正在开发改善人健康的药物。他回忆道：

"他们有了不起的想法，热爱自己所做的事情。[15] 他们对自己的工作充满热情，这感染了我……他们鼓励我从事化学研究。"[16] 罗伊最在乎的不是异阿凡曼菌素捐赠计划将花费数百万美元，而是它将改变数百万人的生活。

事实证明，异阿凡曼菌素捐赠计划非常成功。这是目前同类项目中运行时间最长的特定疾病药物捐赠活动。它已向 29 个非洲国家、6

个拉美国家，以及地处中东的也门提供了 34 亿次治疗，现在每年惠及
3 亿人。在异阿凡曼菌素捐赠计划的帮助下，世界卫生组织已经认证 4
个拉美国家（哥伦比亚、厄瓜多尔、墨西哥和危地马拉）消灭了盘尾
丝虫病。盘尾丝虫病也不再是西非大草原地区的主要公共健康问题。

捐赠异阿凡曼菌素的决定做大了蛋糕。最初，蛋糕的增加部分，
大多分给了西非和拉美国家、社区和个人。但默克公司随后也受益了，
尽管这些利益并不是公司做出这一决定的主要原因。异阿凡曼菌素捐
赠计划提升了默克公司在企业责任方面的声誉。1988 年 1 月，《商业周
刊》称默克公司提供了"最佳公共服务"，并称异阿凡曼菌素捐赠计划
展现出"不寻常的人道主义姿态"。从 1987 年到 1993 年，《财富》杂志
连续 7 年将默克公司评为美国最受尊敬的企业，这项纪录目前而言可
谓空前绝后。

这种服务社会的声誉，反过来又吸引了投资者和利益相关者。尽
管投资者承担了异阿凡曼菌素捐赠计划的财务成本，但正如我们在第
二章中的讨论，许多投资者不但关心财务回报，也关心社会回报。发
起异阿凡曼菌素捐赠计划 10 年后，罗伊报告说，他没有听到任何来自
股东的抱怨[17]——相反，他还收到了无数来自员工的信件，说自己正
是因为该计划才加入默克的。为默克公司效力，有望解决世界上最严
重的健康问题，这让他们感到兴奋。[18]如今，部分地依靠这一声誉，
默克公司已成为世界上最大的制药公司之一，市值超过 2 000 亿美元。
它仍然是一家极受员工欢迎的雇佣机构，也仍然位列《财富》杂志美
国最受尊敬的企业名单。投资者也从中受益。自 1978 年以来，他们享
受到了 13％的年均回报率，几乎是标准普尔 500 指数回报率（9％）的
1.5 倍。

做大蛋糕的思维

罗伊是个要把蛋糕做大的人：他有着做大蛋糕的思维。这种思维认为，蛋糕是可以变大的。这种思维渴望把蛋糕做大——为社会创造价值——因为这样做既能让投资者受益，也能让利益相关者受益。利润不再是最终目标，而是创造价值的副产品，如图1.4所示。由于企业经营成了正和博弈，投资者不会想着跟利益相关者争抢，利益相关者也无须保护自己的份额以免被投资者抢走。他们站到了同一阵营。

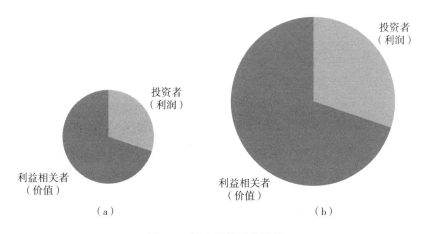

图1.4 做大蛋糕思维图示

我们使用"蛋糕经济学"这个术语来形容本书要讲的做大蛋糕的行为。蛋糕经济学是一种只通过为社会创造价值来创造利润的商业方法。毫无疑问，蛋糕经济学认为投资者很重要。但企业为投资者服务，不是要从现有的蛋糕里切出更大的一块给他们，而是要把蛋糕做得更大。在蛋糕经济学下，领导者会不断追问自己：是通过创造价值来增加利润，还是从利益相关者那里重新分配价值来增加利润？新产品能真正改善用户福祉，还是导致其上瘾？价格高是因为产品质量好，还是市场力量使然？企业是否致力于提供健康的工作场所，哪怕随着技术的发展，某些领域注定会出现岗位的流失？利润的提高，是因为企业忽视了对环境的影响吗？

其他的商业方法，如企业社会责任等，同样意识到了企业需要服务社会。但蛋糕经济学超越了企业社会责任的范畴，它意味着在企业的责任是什么、领导者应该如何经营企业、企业及其领导者应该如何承担责任等问题上转变观念。关键转变有以下四项。

从附属到核心

在早期的天主教会，富人可以随意犯罪，并通过购买（或做善事换取）"赎罪券"免除惩罚。实践企业社会责任往往也遵循类似的方式。一家企业可以在不改变核心业务的情况下承担社会责任，它仅通过企业社会责任活动——如慈善捐赠——来抵消其核心业务造成的损害。但沃达丰前集团企业事务总监马特·皮科克（Matt Peacock）在我的课堂上说过，企业社会责任就像是企业对村民说："没错，我们砍伐了你们那片承载着文化意义和宗教意义的森林。但别担心，我们用原木给你们修了个青年俱乐部。"

相比之下，蛋糕经济学嵌入核心业务当中，并确保其主要宗旨是服务社会。在蛋糕经济学下，如果企业的核心业务造成了社会性损害，那么，企业再做多少慈善都于事无补了——一家烟草公司进行慈善捐赠，只是在承担社会责任，而非做大蛋糕。类似地，正如我们在第八章中强调的，企业服务社会的主要方式是在核心业务中不遗余力地追求卓越，或是创造性地将核心竞争力应用到新的挑战上（例如，奔驰汽车公司就把自己的精密工程专业知识应用到了制造呼吸机上），而不是参与一些与企业比较优势无关的附属活动。

这一见解的力量在于，蛋糕经济学随时可由任何企业加以实践，它不仅仅适用于经济上行时期资金充裕的大企业，也适用于小企业，我们将在本章最后部分（身陷危机）讨论。以不同的方式分蛋糕，开展引人注目的社会责任行动，都需要花钱。但卓越的核心业务，或是出色地利用你的比较优势来解决社会问题，通常不涉及重大的财务支出。它只需要一种态度上的转变——以为社会创造价值的渴望为动力，哪怕还看不清利润这一直接的利益。

从胡作非为之过到疏忽不作为之过

企业社会责任的一个常见口号是"不作恶"，也即不通过不公平地分蛋糕（如通过价格勒索），从其他利益相关者那里攫取利益。[19] 而蛋糕经济学强调，对一家企业而言，更重要的是通过做大蛋糕来"主动行善"——类似默克公司开发出异阿凡曼菌素供人类使用。企业行动不负责任的主要表现，并非胡作非为之过（向领导者或投资者分配了大块蛋糕），而在于疏忽不作为之过（未能主动做大蛋糕）。

1981 年，索尼发布了电子相机的原型产品"马维卡"（Mavica）。[20] 柯达完全有能力采取应对举动——毕竟，它在 1975 年就发明了数码相机，并拥有相关专利。但固守现状（使用胶片）实在太诱人了。柯达是市场的领先者，当年的销售额突破了 100 亿美元，几乎全部来自胶片。干吗要改变呢？柯达市场情报负责人文斯·巴拉巴（Vince Barabba）在一项研究中预测，数码产品将取代胶片。但取代过程很漫长，会花 10 年时间，没必要特意采取任何举措。于是，柯达什么也没有做，而它的竞争对手爱克发把自己的胶片业务卖掉了，富士则将数字业务放到了战略优先地位。

柯达的惰性就属于疏忽不作为之过，这导致它在 2012 年宣告破产——在鼎盛期，柯达的市值达 310 亿美元，员工多达 15 万人，这一下可谓从巅峰跌入谷底。然而，跟如今首席执行官高薪、股票回购等胡作非为之过遭到媒体猛烈抨击不同，柯达从未遭到过媒体的强烈批评。大多数人并不认为柯达是不负责任的企业，因为不管是高管还是股东，都并未从中受益。投资者固然同样蒙受了损失，但这并不会让被裁的工人感到些许安慰。柯达高管让蛋糕变小了，人人都受到了损害。他们的自满和不作为，让这家曾经伟大过的公司惨遭失败。

胡作非为之过和疏忽不作为之过的区别，暗示我们应该对商业信任这一概念重新定义。这一概念如今正受到审视。信任通常的定义是"说到做到"——履行合同义务，信守默契。但这主要是围绕胡作非为之过来说的。按照这个定义，短期小额现金贷的放贷人是值得信赖的。放贷人说自己能以高利率提供紧急资金，而且自己也这么做了。类似地，如果一家企业坚守现有产品，不推出任何存在失败风险的创新举措，也会被视为值得信赖。但不违背承诺并不足以赢得公众的信任。一家值得信赖的企业，要利用自己的专业知识和资源，解决社会所面临的挑战。

从榨取价值到创造价值

尽管蛋糕经济学认为，不作为是在破坏社会价值，但它也强调，追求高利润不需要以牺牲社会利益为代价。新闻标题总是突出一家企业一天（甚至是一分钟）之内赚了多少利润，如同这是一件需要道歉的事情。《时代》杂志曾刊登专栏文章，题为《每 60 秒，苹果公司赚的钱比你一年都要多》。[21]

这就是分蛋糕的思维。至关重要的是，这种思维不仅被剥削利益相关者的企业高管奉为圭臬，也存在于评判企业的个人和政策制定者身上。高利润兴许的确是价值榨取的结果。但在批评高利润之前，我们必须首先调查它从何而来。特别是从长期来看，它很可能来自生产出改善了客户生活的产品、为员工提供了健康而适宜的工作场所、为后代更新了环境。如果社会持有的是分蛋糕思维，那么，领导者的首要目标就不再是精于业务。事实上，如果利润高到让别人觉得太多，成功就成了一种负债。[22] 然而，获取高利润不一定是可耻的。未能通过创造社会价值来创造利润，才是可耻的。

同样，秉持此种分蛋糕思维，政策制定者的目标就成了确保企业不会赚取过高的利润。2019 年 2 月，亚马逊放弃了在纽约市皇后区建造第二个北美总部一半园区的决定。新总部原本有望创造 2.5 万至 4 万个就业岗位，每个岗位的平均工资为 15 万美元，并带来 275 亿美元的税收。它还能促进当地企业的发展，再创造 10 万个就业岗位，促进经济发展，产生诸如减少犯罪等连锁效应。但由于当地一些政客和居民在分蛋糕思维驱使下强烈表示反对，亚马逊选择了退出。这些人反对皇后区政府为亚马逊提供 30 亿美元的税收优惠，认为这牺牲了社区利益。国会议员亚历山德里娅·奥卡西奥-科尔特斯（Alexandria Ocasio-Cortez）对亚马逊的退出表示庆祝，称这 30 亿美元现在可以用于维修地铁和发放教师工资。

可情况根本不是这样。税收减免并不是提前把资金从其他用途上抽走。所减免的是未来的税款，只有当亚马逊把蛋糕做大了，它才需要支付相应的税款。皇后区仍然能分到比之前大得多的蛋糕块，所收税款可能是税收优惠额的 9 倍多。奥卡西奥-科尔特斯发表推文说："一切皆有可能：今天是一群敬业的纽约人和他们的邻居击败贪婪的亚马逊的日子。"但击败亚马逊，并不意味着皇后区赢了。所有人都输了，因为蛋糕小了。

蛋糕的分配当然很重要，我们很快就会讲到它，但分享战利品的前提必须是最开始的时候获得了战利品。拿着丰厚薪酬的领导者，有时会遭到指责说从企业里偷钱，但领导者不作为带来的损失要大得多。丰厚的薪酬有时被称为价值榨取，但价值毁灭却是一个恶劣得多的问题。2019 年，标准普尔 500 指数成分股企业首席执行官的平均薪酬为 1 480 万美元。跟全美平均工资相比，这是个很可观的数字，但跟 240 亿美元的企业规模中值相比，它就微不足道了。哪怕高管多拿了一倍的薪酬，也不过是 1 480 万美元。但要是他未能让企业创造出 1% 的价值，社会就会损失 2.4 亿美元。

这种对利润的积极看法表明，我们应该重新思考"利益相关者资本主义"这一概念。这一术语如今非常流行，但在任何词典或维基百科上都找不到正式定义。[23] 通常，人们将它阐释为给予利益相关者与股东同等的优先权，牺牲利润，让利益相关者获得更大块的蛋糕——跟"反股东资本主义"类似。但这仍然建立在分蛋糕的思维上。一家负责任的企业绝对需要确保公平地分享价值，但更加重要的是，它首先创造出了价值。我们需要的既不是对股东资本主义也不是对利益相关者资本主义的常见解释，我们需要的是一种对投资者和社会都有效的商业方法。因此，在本书中我们不会使用"利益相关者资本主义"这个说法。但如果在实践中使用它，我们建议将其定义为"仅通过为社会创造价值来创造利润"，跟我们所提的蛋糕经济学定义相同。

同样，利润只是"蛋糕"中的一块，这跟"去增长经济学"形成了重要对比。支持"去增长经济学"观点的人认为，经济体不应该增长过快或创造太多价值，否则，我们将超出地球的承载力，如资源限制或温度阈值等。但这是从纯粹的财务角度来看待增长和价值。相反，做大蛋糕需要创造社会价值——尊重员工，发展员工技能，解决全球健康问题，开创性地解决气候变化问题，或是发明生产技术，从更少的资源中获得更多。这样的增长是没有限制的。

从事前到事后

除了怎么分蛋糕，蛋糕的大小还跟另一点重要区别挂钩：事前激励与事后结果。默克公司的抗癌药物可瑞达（Keytruda）为患者、员工、供应商创造了价值。然而，投资者也受益颇丰——2019年，可瑞达的销售额达到了111亿美元。这是因为，专利禁止其他企业在2028年之前生产同类药物。或许，在可瑞达发明出来之后，为确保更公平地分配收益，任何企业都应该获允生产并销售——其他企业的投资者、员工和供应商也可分享蛋糕，患者和医疗机构将享受到更低的价格。但这样做会削弱开发药物的事前动机。一种新药的开发和获批平均要花费30亿美元[24]，而且，绝大多数的新药开发都以失败告终。如果连极少数成功者都看不到盈利前景，它们就永远找不到理由去探索新设想。默克公司首席执行官肯尼斯·弗雷泽（Kenneth Frazier）指出："一种成功新药的价格，要为90%以上失败的项目买单。如果我们没法为输家买单，就不可能出现赢家。"[25]

事前和事后的对比，远不只专利这一领域。提供事前激励以扩大蛋糕，或许需要向这么做的人提供事后奖励。如果蛋糕能否做大并不确定，一旦失败可能要承担巨大的损失，那么，或许有必要拿出较大的份额作为奖励。我在第五章中会强调，这部分应该分给所有出力做大蛋糕的人——除了领导者，还有员工。如果不能用成功后的奖励来平衡失败的风险，领导者有可能会停滞不前，安于现状——这就是疏忽不作为之过。分配不平等，总比什么都没得分要好。

表 1.1 强调了蛋糕经济学和企业社会责任之间的一些关键区别：

表 1.1　蛋糕经济学与企业社会责任的比较

	蛋糕经济学	企业社会责任
领导者思维	做大蛋糕 积极为善	分蛋糕 不作恶
受影响的活动	核心	附属
务必避免	疏忽不作为之过	胡作非为之过
把利润视为	价值创造	价值榨取
视角	事前	事后

权衡取舍和蛋糕变小

蛋糕经济学的关键吸引力之一在于，做大蛋糕能让每个成员分到更大块的蛋糕。但这里有个关键词："能"。就算做大了蛋糕，一名成员分到的蛋糕块也可能变小，因为价值创造往往涉及权衡取舍。新技术可能会为客户带来更好的产品，为投资者带来更高的利润，为留岗员工带来更轻松的工作——但其他员工却遭到了裁减。

诺贝尔经济学奖得主、经济学家罗纳德·科斯（Ronald Coase）提出了著名的科斯定理。[26]该理论认为，如果蛋糕变大，总是有可能找到一种方法补偿那些没法再分到蛋糕的人，这样就不会有成员遭受损失，同时至少有一名成员受益。这种和谐的结果，叫作帕累托改进，得名自意大利经济学家和政治学家维尔弗雷多·帕累托（Vilfredo Pareto）。[27]

帕累托改进不会自动发生，所以，领导者必须采取积极的举措，确保该定理成为现实。一家做大蛋糕的企业，首先要做大蛋糕，其次要努力保证没有成员分到的蛋糕块变小。采用新技术的企业可以投资于再就业和再培训，以减小裁员的影响，哪怕这样做会降低技术带来的利润增长。修建新工厂的企业可以把钱花在减少排放和噪声污染上。但重要的是，投资者分到的蛋糕块也不应该变小。如果一家企业完全通过牺牲利润来为利益相关者提供价值，那么这并不是在做大蛋糕，而是在采用不同的方式分蛋糕。

现在，一家企业哪怕是倾尽全力仍无法达到第二项标准。即使有再就业和再培训举措，一些被淘汰的工人可能也找不到其他工作。许多权衡取舍是真实存在的，无法规避。尽管企业社会责任要求企业"不作恶"，但做大蛋糕的不少行为至少会伤害一种利益相关者。

领导者怎样才能知道该不该采取行动做大蛋糕，同时减小一些成员分到的蛋糕块呢？第三章将介绍三条原则，帮助领导者在投资者和利益相关者之间进行权衡取舍。第八章强调的企业宗旨（企业存在的理由以及它特别渴望服务的成员）有助于指引在不同利益相关者之间进行权衡取舍。

做大蛋糕的企业能分享蛋糕变大带来的收益；如果蛋糕变小，它也承担相应的损失。2009 年初，在金融危机的余波中，制造商巴里-韦米勒（Barry-Wehmiller）短短几天就损失了 40％ 的订单。为避免破产，董事会认为需要节省 1 000 万美元，并开始讨论裁员。通常而言，这份痛苦将由员工承受，高管毫发无损。但公司的首席执行官鲍勃·查普曼（Bob Chapman）另有打算——他想分摊负担。所有人，不管是秘书还是首席执行官，都必须休 4 周的无薪假期。奖金暂停发放，领导们承受额外的损失。查普曼说："我们每个人都吃点苦，总比让一个人受很多苦要好。"

次年，巴里-韦米勒没有裁掉任何一名员工。它不仅保住了员工的饭碗，还通过在自家开办的大学里开设课程，确保员工在无薪休假阶段的空闲时间得到有效利用。还有的员工在假期当志愿者，或是花更多的时间陪伴孩子。最终，巴里-韦米勒省下了 2 000 万美元（这是最初目标的两倍），而且员工士气高涨。

金融危机是一场严重的冲击——但经济后来复苏了，这就是巴里-韦米勒能够撑过难关的原因。相比之下，新冠肺炎疫情永久性地损害了整个行业。例如，就算现在已经有了疫苗，旅游业也不大可能完全恢复——人们逐渐习惯了远程会议和虚拟会议。因此，2020 年 5 月，爱彼迎做出了裁员 1/4 的艰难决定。我们将在第三章中强调，蛋糕经济学并非回避做出艰难决策的借口。保障所有岗位是不负责任的，因为这将危及爱彼迎的长期生存和所有员工的生计。然而，爱彼迎以一种人性化的方式，做出了这一商业上必要的决定。公司向所有解聘员工发放了至少 14 周的遣散费（尽管美国并无这一要求），保证他们在疫情期间享有全年的健康保险，让他们保留公司发放的笔记本电脑来帮助自己找到新工作，并将其招聘部门的一部分工作调整为替被裁员工介绍新工作。

对比来看，不共同分担损失，有可能造成严重的后果。桑德拉·舒切尔（Sandra Suche）和莎琳娜·古普塔（Shalene Gupta）描述了芬兰电信公司诺基亚的案例。[28] 2008 年，诺基亚面临着来自亚洲低成本竞争对手的激烈竞争，短短几年时间，后者将手机价格压低了 35％。同一时期，诺基亚在德国波鸿工厂的劳动力成本上涨了 20％。诺基亚决定关掉波鸿工厂。此次关闭本有可能做大蛋糕：不采取这一措施，诺基亚的长期生存可能会受到威胁。但 2 300 名工人丢掉了饭碗。诺基亚没有采取任何措施来减缓冲击，这次失败最终伤害了自己。关闭工厂的消息宣布一周后，15 000 名德国公民在波鸿抗议，德国政界人士要求诺基亚退回政府提供的补贴，工会也呼吁抵制诺基亚手机。员工哭泣和抗议者砸碎诺基亚手机的照片，在新闻和社交媒体上大肆传播。2008 年到 2010 年间，这些负面宣传让诺基亚损失了大约 7 亿欧元的销售额和 1 亿欧元的利润。即便这样，仍可能低估了长期后果。大多数企业会跟踪自己的客户净推荐值（有多少客户会推荐其产品），而员工往往是企业最大的净推荐者（员工会向未来的客户或同事推荐）。无情地抛弃员工，可能会妨碍未来多年的招聘工作。

所以，2011 年，当诺基亚因为手机业务困难而需要裁撤 18 000 名员工时，它吸取了教训。该公司发起了转职安置计划，为这些员工提供了五条潜在的前进道路：在诺基亚内部寻找另一岗位；通过再就业项目在诺基亚以外的企业找到工作；创业；参加商业或贸易课程；或者选择一条新道路，如志愿服务工作等。如员工选择后三条道路，诺基亚均提供资金支持。转职安置计划耗资 5 000 万欧元，较之 2011 年至 2013 年 13.5 亿欧元的重组预算，简直是小菜一碟。此举带来的结果是：18 000 名员工中有 60％的人在被裁的当天就知道接下来要做什么；在裁员波及的 13 个国家中，没有一个国家出现抗议活动。

集体责任

我们已经讨论过企业的"做大蛋糕"和"分蛋糕"思维。但企业并非空泛无实的模块。它是投资者、领导者和利益相关者的集合体。"做大蛋糕"并不光是领导者的责任——每一个利益相关者都能出力做大蛋糕。没错,只有罗伊·瓦杰洛斯才掌握着免费分派异阿凡曼菌素的权力。但哪怕没有明确要求或合同奖励,员工也有能力多走一千米。巴里-韦米勒宣布全员休假计划时,由于部分员工无法承受损失4周薪酬的打击,另一些员工选择了无薪休假两轮。客户有能力承担风险,从新进入市场的商家处购买商品,提供反馈以帮助商家实现改进,或在网站上进行评价,帮助其他客户,而不是出于稳妥考虑,从市场领导者手里购买。社区有能力向考虑进入该区域的企业建设性地表达其担忧,而不是参与"只要别在我家后院就行"的抗议。

努力想瓜分蛋糕的,不只有投资者和领导者。员工们可能不愿改变工作惯例,而改变工作惯例有助于保障企业的长期生存能力。如果一家企业的首席执行官获得丰厚的报酬(哪怕这是因为他创造了价值),可能会招来消费者的抵制。消费者还有可能因为怕麻烦而不愿意参加循环再利用计划。做大蛋糕或许主要是领导者的责任,但要是所有个体都不愿发挥自己的作用,做大蛋糕也不可能实现。我们将在本书第十章再次讨论这一问题。

为什么如今迫切需要蛋糕经济学

企业意识到承担社会责任的迫切感,可以说比以往任何时候都更强烈。企业的庞大规模、雇用的庞大劳动力，以及流经企业的数十亿美元，使得企业有力量解决社会问题，为员工提供令他们满意的职业生涯，为公民创造回报。但人们同时特别担心的是，企业反而利用这种权力加剧社会问题，剥削员工，只为精英阶层创造回报——2020 年爱德曼全球信任度调查报告发现，56％的受访者认为资本主义在这个世界上作恶多于行善。[29]快速增长的人口群体感到自己被排除在经济增长带来的利益之外。普通民众的收入停滞不前，而利润和高管薪酬却在飙升。

不光企业影响社会问题的能力增强了，问题本身也在加剧。从社会的角度看，我们正面临着规模和复杂性所带来的挑战，而面对这些问题，我们所熟知的资本主义制度解决起来也十分纠结。一些问题部分甚至主要是企业所导致的——如收入不平等、资源过度使用、气候变化，以及机器取代工人。企业对社会施加影响但并不反映在其利润上的结果，叫作外部性。如果企业不大幅减少其负外部性，它们便将失去经营的社会许可——日益增长的民粹主义已经展示了这种前景。这可能会导致反商业监管，进而影响其长期生产力。

人们早就认识到，企业应该"不作恶"——克制其负外部性。这是企业社会责任的典型实践方式。而蛋糕经济学强调，企业应该积极做好事。诸如人口增长、老龄化和新冠肺炎疫情等全球性问题，并非企业之过。一家只关注利润、很少考虑到这些挑战的企业，并没有作恶。但光不作恶还不够。一家企业如果有着强大的力量可以解决社会问题，但却对它们视若无睹，这是不可接受的。相比之下，承诺只通过为社会创造价值来创造利润，做大蛋糕的企业就在帮忙重建对资本的信任——回忆一下，一家值得信赖的企业，会利用自身的专业知识和资源来应对社会挑战。

如今迫切需要蛋糕经济学（而非企业社会责任）的原因之二在于，许多企业负担不起践行社会责任。人们常常把企业社会责任看成在解决问题上砸钱——例如，印度有一项法律要求大企业至少将其利润的2％用于企业社会责任。类似地，面对疫情，许多良好的举措都涉及更公平地分配蛋糕。一些首席执行官接受了零报酬；联合利华向地方社区捐赠了价值1亿欧元的食品和消毒剂，保住了15.5万名工人的就业岗位（包括清洁工和餐饮服务员等外包员工）。

这些行动值得高度赞扬，绝不应遭到低估。但仅仅将责任视为分蛋糕带来的问题是，许多企业没有蛋糕可分，尤其是在新冠肺炎疫情仍在大规模流行的情况下。如果你并不来自食品和消毒剂行业，你没有相关的产品可供捐赠，那怎么办？如果你是一家小企业，没有数百万美元的闲置资金，又或者，你是一家收入直线下降的大企业，比如航空公司，那该怎么办？你知道，保住所有员工的饭碗、让他们拿全薪是"一件正确的事"——但这将是商业自杀行为。

把责任视为做大蛋糕的价值在于，它让所有企业将发挥作用的潜力释放了出来。一位负责任的领导者会问自己："我手里有些什么？"我的企业掌握着哪些资源和专业知识？我应该怎样创新性地配置它们为社会效劳？

这样的思维可以激发出一些伟大的设想——一如默克公司将用于牲畜的伊维菌素转用到人类身上。切尔西足球俱乐部跟新冠肺炎疫情没有任何明显的关联。对于疫情，足球票和纪念品几乎没有价值。但俱乐部的产业包括酒店，它让医护人员免费入住，省去了他们在前线奋战一天后长途通勤的辛劳。路易威登的奢侈香水在新冠肺炎疫情期间的确是奢侈品。但路易威登手里掌握着一家使用酒精的工厂，便把酒精重新用于生产洗手液。由于乘客数量骤降，捷蓝航空的许多飞机停飞。于是，该公司与红十字会和无国界医生等合作，依靠这些飞机，把医护人员、医疗设备和物资运送到最需要的地方。这种思维也适用于社会组织——英国国家歌剧院推出了一个项目，向从长期的新冠病毒感染中康复的公民传授呼吸技巧。

有时候，企业掌握的是自己跟其他组织的关系。由于业务受到严重打击，澳洲航空公司无法继续支付停工员工的薪酬。但它跟沃尔沃斯超市有关系，顾客在沃尔沃斯购物便可换取公司航空里程。利用这一关系，它将员工全部重新部署到沃尔沃斯超市，不光保障了他们的收入，也满足了消费者对日用品的需求。奔驰汽车公司通过校园一级方程式赛车等项目，与伦敦大学学院建立了合作关系。它将自己的专业工程知识与伦敦大学学院的医学知识结合起来，对持续气道正压（CPAP）呼吸辅助设备进行逆向工程，这是一种侵入性比呼吸机要小的替代解决方案。① 接着，奔驰汽车公司把原本用于制造一级方程式赛车发动机活塞和涡轮增压器的机器，用来大规模生产这种改良版的呼吸辅助设备。此举不仅利用了奔驰汽车公司的人际关系，还应用了它的技能。精英赛车运动所需要的精密工程（几乎无犯错余地），对医疗设备来说同样是必不可少的。伦敦大学学院和奔驰汽车公司还在一

---

① 呼吸机还有一个问题是，它们需要训练有素的人员进行操作。而在英国，此类人员匮乏。新冠肺炎疫情刚开始时，伦敦大学学院的麻醉顾问戴夫·布里利（Dave Brealey）医生，在博物馆展柜里发现了一台叫 WhisperFlow 的老式 CPAP 呼吸机。他记得这种机器在 20 世纪 90 年代使用过，未经过严格培训的人员也能操作。于是，他把机器带到了学院的机械工程车间，看看能否对其进行逆向工程。学院的蒂姆·贝克（Tim Baker）教授给他在奔驰汽车公司的长期合作者致电。由于一级方程式赛车项目处于暂停状态，合作者立刻开着车，带上了计算机辅助设计设备来到伦敦大学学院。第一次会面后不到 100 个小时，来自奔驰汽车公司、伦敦大学学院机械工程和医疗工程专业的联合团队就做出了第一台原型机。对从前使用过的设备进行逆向工程还有一个额外的好处：它迅速获得了监管部门的批准。

个星期内，将其设计免费分享给 25 个国家的 1 300 支团队。

把责任看作做大蛋糕，对那些没有蛋糕可分的小企业来说尤其重要。以精品健身工作室巴里（Barry's）为例。它手里掌握的是健身专业知识，这些知识曾用于提供免费观看的健身直播——在疫情期间，人们困在家里时，这尤其可贵。现在看来，健身工作室提供健身课程（哪怕是在网上）并没有特别的创新之处。真正的创意来自它怎样重新部署办公场地和办公人员。他们中有些人曾做过演员；由于表演工作并不稳定，他们为巴里工作以获得稳定的收入。如果你是个演员，那么，你手里的东西就是你能提供娱乐。这在危机中有什么帮助呢？巴里推出了"巴里照料"项目，包括让员工在 Zoom 上为孩子朗读故事提供娱乐——从而减轻了学校停课导致孩子们待在家里时上班族家长的负担。

这些鼓舞人心的例子，哪怕在至暗时刻也给我们带来了希望。如果说这场危机透出了一线希望，那就是它将带来一种思维上的永久改变：让人们重新思考负责任企业应该是什么样的——从花钱分蛋糕到创新性地运用手中资源来做大蛋糕。不管是大企业还是小企业，不管是经济景气还是经济萧条，后者都是可以实践的。我们将在第十章和第十一章强调，公民和普通员工就可以做大蛋糕，而只有高管控制着钱袋子，可以决定把企业的钱花到哪里。

此外，需要蛋糕经济学的紧迫性不仅仅来自新冠肺炎疫情，也不会在疫情结束后就消失。尤其是，新生代认为为社会服务特别重要。市场调研公司凯度和美国运通在疫情暴发前所做的一项调查发现，62％的千禧一代（1980 年至 1996 年出生的人）认同"因为对世界产生积极影响而为人所知，这对我来说很重要"。相比而言，X 一代（1965 年至 1979 年出生的人）对此观点表示认同的仅有 52％。[30]然而，千禧一代也认识到利润的重要性，58％的人同意"未来成功的企业将使股东价值/利润最大化"，而 X 一代中只有 51％的人这么认为。普华永道和国际经济学商学学生联合会（AIESEC）联合开展了一项研究，把普华永道对首席执行官的调查结果与国际经济学商学学生联合会对年轻领导者的调查结果相结合。[31]只有 32％的首席执行官认为股东比利益相关者重要，67％的首席执行官认为利益相关者比股东重要。相比之下，年轻领导者的回答中认为股东比利益相关者重要的比例和认为利益相关者比股东重要的比例几乎相同（分别为 46％和 48％）。故此，为了激励新一代的工作者，并为他们提供职业而不仅仅是工作，未来的企业必须为社会创造价值——在做大蛋糕的同时交付利润。

就算我们承认做大蛋糕很重要，企业的所有成员都有责任帮助企业创造价值，但这个想法似乎失之笼统模糊。我们怎么知道一种行为能不能做大蛋糕？一家具体的企业为社会创造价值，这到底是什么意思？零售商为社会创造价值，自然有别于制药企业。我们将在第三章讨论这些问题，并在第八章再次谈及。但首先，在第二章，我们要讨论蛋糕经济学跟其他强调企业为利益相关者效力的方法有何不同。

本章小结

• 蛋糕代表企业为社会创造的价值。社会不光包括投资者，还包括员工、客户、供应商、环境、政府和社区。企业如果只考虑投资者，忽视利益相关者，就将失去经营的社会许可——许多企业已经走在这条路上了。

• 分蛋糕是减少其他人分到的部分，增加某一成员分到的部分。最常见的情况是，企业对客户哄抬价格，或是剥削工人，以增加利润。

但利益相关者也可能有分蛋糕的思维，认为削减利润是增大自己所获份额的最佳途径。

• 做大蛋糕增加了企业为社会创造的价值——开发更好的新产品，培育和发展劳动力，或是更新环境。

• 蛋糕经济学追求只通过为社会创造价值来创造利润。这么做可能会比直接追求利润带来更多的利润，比牺牲利润能为利益相关者带来更多的价值。

• 蛋糕经济学和企业社会责任的不同之处在于：

它嵌入核心业务当中，确保其主要使命是为社会服务，而非通过附属活动抵消企业核心业务造成的损害。

它意识到疏忽不作为之过（因为惰性未能创造价值）有可能比胡作非为之过更严重。

它承认利润不一定是榨取价值的标志，也有可能是创造价值的副产品。

它认为，做大蛋糕的事前激励比事后的蛋糕再分配更重要。

• 做大蛋糕涉及权衡取舍。做大蛋糕的企业首先以做大蛋糕为目标，其次尽量保证任何成员分到的蛋糕块不会变小。第二个目标不见得总是可行，领导者的判断和企业的宗旨对进行此种权衡取舍十分重要。

• 鉴于社会问题的规模，以及企业缓解或加剧这些问题的能力，全社会迫切需要以蛋糕经济学为指导。解决这些问题的创新和卓越之举，往往涉及态度的转变，而非大笔的财务支出，所有的企业（不管是小企业还是财务拮据的企业）都能够实践。

第二章　做大蛋糕并不以利润最大化为目标，但结果往往如此

——让企业自由地进行更多投资，最终能推动它的成功

企业应以社会价值为最大驱动力，其次才是利润，这一理念听起来很有吸引力，但也存在争议。弗里德曼可以说是历史上仅次于凯恩斯的具有重大影响力的经济学家，曾为尼克松、里根和撒切尔等政治家提供建议。他的思想构成了当今全球央行思维的基石。主要因为对货币政策做出的贡献，1976年，他获得了诺贝尔经济学奖。

然而，弗里德曼被引用最多的文章不是关于货币政策的，甚至并不建立在研究的基础上。它只是1970年在《纽约时报杂志》上发表的一篇评论性文章，题为《企业的社会责任是增加利润》。[1]文章的引用次数多达21 000次，比弗里德曼的任何一篇研究性文章都高出5倍。但这些引用大多带着轻蔑和嘲笑的态度，强调资本主义何以处在黑暗时代，迫切需要推翻。宣称自己拒绝弗里德曼，几乎已经成了被文明社会接纳的必要条件。

但很多人引用弗里德曼的文章时只看了标题。他们认为不需要细读内容，因为这个标题已经表明了他的立场：企业应该通过剥削客户、让员工超负荷工作、污染环境来实现利润最大化。2020年是弗里德曼这篇文章发表50周年，许多批评者宣称弗里德曼主义已经"死亡"——然而，他们的不少文章显示了对弗里德曼实际言论的严重误

解。尽管我并不同意弗里德曼的观点，但必须承认，他的观点比乍听上去微妙得多（它频频遭人引用，也恰恰是因为它足够微妙），原因有三。

第一个原因是它并未假定投资者只关心利润。假设安德里亚和米格尔都是苹果公司的投资者。安德里亚关心种族平等，米格尔关心环境更新。如果苹果公司给"黑人的命也是命"运动捐一大笔钱，安德里亚会很高兴，但米格尔不会。相反，苹果公司应该创造尽可能高的利润，支付尽可能高的股息。然后，安德里亚可以把她的股息捐给"黑人的命也是命"运动，米格尔则捐给"绿色和平"组织。或者，安德里亚和米格尔可以把各自的股息用于其他对社会有益的方面，比如自己孩子的教育。①

故此，弗里德曼确实认识到，个人除了追求利润之外还肩负着社会责任。他主张，企业的社会责任是增加利润，因为这样做给了安德里亚和米格尔等个体最大的灵活性，使其能选择自己希望履行的社会责任。首席执行官没有权力剥夺他们的决定权。弗里德曼写道："如果他这么做，他一方面实际上是在征税，另一方面又是在决定怎样使用税收收入。"巴菲特用过一个类似的论点来解释为什么伯克希尔·哈撒韦公司反对慈善捐赠："这是股东的钱。许多企业管理者都不满政府分配纳税人的钱，但却满心热诚地相信自己应该分配股东的钱。"

但弗里德曼的论点是建立在分蛋糕思维的基础上。它假设苹果公司从投资者那里拿走 1 美元，也只能为社会创造 1 美元的价值。对于

---

① 弗里德曼认为，如果安德里亚和米格尔是员工、供应商或客户，同样的逻辑也成立。如果苹果公司向慈善机构捐款，会降低它所支付的工资或价格，或者提高它必须收取的价格，使得安德里亚和米格尔可供捐赠的股息减少。

慈善捐赠来说，这可能是正确的。不管苹果公司还是安德里亚捐赠 1 美元（不考虑税收），对"黑人的命也是命"运动来说价值是相同的，故此，苹果公司在慈善捐赠方面并不具备比较优势。然而，对直接影响社会的大多数行动来说，这种假设并不成立，因为这些行为旨在把蛋糕做大。如果苹果公司在减少塑料包装方面投入 1 美元，它对环境的帮助将远大于把这 1 美元作为股息支付给米格尔，米格尔再把它捐给"绿色和平"组织，游说对塑料袋征税。

因此，弗里德曼认为企业通过利润最大化来服务社会的主张并不总是正确的，因为他的假设（企业在服务社会方面并没有比较优势）有时不成立。但弗里德曼框架的价值在于，它强调，只有在他的假设不成立的情况下，企业才应该偏离利润最大化——有时确实如此。许多企业会向慈善机构捐款；印度不限于此，甚至要求大企业至少将利润的 2% 用于企业社会责任，捐款也计入其中。但苹果公司的专长是制造苹果手机，而不是选择哪项慈善事业最值得尝试。在乔治·弗洛伊德（George Floyd）悲剧性死亡事件发生后，向"黑人的命也是命"运动捐款的企业应该明智地听取弗里德曼的建议。它们应该把钱投资于在企业各层级招募弱势少数族裔，杜绝晋升和评估流程中的歧视现象，确保企业文化鼓励思维多样化——这些，都是它们可以控制，也具备了比较优势的行动。因此，与其嘲笑弗里德曼的文章，倡导企业责任的运动家们可以将它作为指导——企业应该采取哪些对社会负责任的行为，不应该做哪些事情。

弗里德曼的观点甚为复杂的第二个原因在于，他确实认识到，个人无法解决所有的社会问题——领导者必须采取行动。但这里的领导者，指的是国家而不是企业的领导者，也就是批准法律、制定税收政策的政治家。这是因为，政治家是公众选出来的，必须向公众负责。

如果公众关心气候变化，他们可以投票给承诺要控制气候变化的政党。如果政府不能反映公众的偏好，就会被投票淘汰出局。相比之下，首席执行官不是公众选出来的，也就不需要对公众负责。如果允许他偏离利润最大化，他兴许会支持自己钟爱的社会事业，而不是国家最关心的事情。

但是，我们将在第十章讨论把一切付诸监管的做法存在的几个问题。我们在此强调其中的三个问题。第一，企业可能会通过游说来扭曲监管。2017 年，全球最富有的实体中有 69 家是企业，而非政府。[2] 这就使得企业握有很大的权力，可通过政治捐款来影响监管。

第二，监管在解决可衡量的问题上最有效。最低工资法有威力，这是因为检查企业是否遵守规定很容易。但监管一些定性问题（比如创造人人平等的、充满活力的企业文化，为员工提供有意义的工作和技能培训）就困难得多了。

第三，监管行动迟缓。选举通常每四五年才举行一次。相比之下，首席执行官对公众负责就及时多了。他们由董事会任命，通常每年都由投资者投票决定。有人反驳说，只有富人才是投资者。事实上，大多数公众都通过养老金计划参与投资，我们在第十章将强调养老金计划应该如何向受益人征求意见。

尽管弗里德曼关于有效监管的假设并不总是成立，但他的框架仍然有价值，因为在某些情况下，它的条件是得到满足的。如前所述，监管对执行最低工资法是有效的。因此，如果一家企业希望支付高于最低工资水平的工资，哪怕市场力量并未规定这一点，也不存在我们在第四章中将讨论的生产效率问题，那么，它需要有充分的理由来说明为什么政府设定的最低工资是错误的。只有在有理由相信监管并未正确反映公众偏好的条件下，一家企业才应该偏离股东价值，扮演政府的角色。

为弗里德曼辩护的第三个原因，也是最有力的一个原因是，只有为社会服务，企业才能赚到利润（至少从长期来看是如此）。因此，利润最大化对社会而言是可取的，因为它会引导企业对利益相关者进行投资。和常见的误解不同，弗里德曼对此类投资大开绿灯：他指出，"如果一家大企业是一个小型社区的主要雇主，那么，将资源投向该社区的各项设施，或用于改进社区管理工作，很可能符合其长期利益。这兴许会让它更容易吸引到合适的员工"。

为什么 2018 年 8 月苹果公司能突破 1 万亿美元大关，成为世界上最有价值的公司之一？因为它通过提供高质量产品为客户服务。iPhone X 的面部识别功能和摄像头是苹果公司斥资 4 亿美元收购 PrimeSense（3D 传感器）、LinX（多孔径摄像）、Faceshift（面部动作捕捉）、Emotient（表情识别）与 RealFace（面部识别）等多项技术的结晶。苹果公司的售后服务远近驰名——客户可以免费预约苹果公司专卖店的"天才吧"来解决问题。

苹果公司努力培养员工，后者则到职场评论网站 Glassdoor 上报告了苹果公司作为雇主的诸多吸引力。他们可以对世界产生积极的影响，从聪明的同事那里学到东西并获得鼓舞，享受创业文化（哪怕苹果公司规模庞大）。跟一切大企业一样，苹果公司在各个维度上并不完美。在第四章，我们会涉及对它工作实践的批评。2018 年，领英的一项调查将苹果公司评为美国最受欢迎的第六大雇主。自 Glassdoor 建立以来，只有三家美国公司连续 10 年跻身百佳雇主之列，苹果公司是其中之一。这使得苹果公司得以吸引那些具有创新精神、战略思维和以客户为中心的员工，正是他们推动了苹果公司的成功。

苹果公司投资于长期供应商关系。它设立了规模达 50 亿美元的先

进制造基金，用于支持供应商的创新。该基金向玻璃供应商康宁投资
2 亿美元，以保持其最先进的玻璃加工技术，还向菲尼萨投资 3.9 亿
美元，以帮助其开发面部识别激光器。

苹果公司有着良好的环保记录，其办公室、专卖店和数据中心使
用的是 100％可再生能源，纸质包装 100％来自可持续来源。公司的新
机器人黛西可以拆卸 9 代苹果手机，并将它们的零部件分类回收。公
司承诺，到 2030 年整个业务将实现 100％的碳中和，包括其制造供应
链和产品生命周期。

苹果公司通过实施全球志愿者计划，帮助员工组织志愿者活动，
并与（RED）计划合作推出（RED）产品，以其销售额支持艾滋病毒/
艾滋病项目，为当地社区做出贡献。

由于利润丰厚，到 2017 年 12 月的《减税与就业法案》（*Tax Cuts
and Jobs Act*）出台之前，苹果公司是世界上规模最大的纳税人，在
2015 年至 2017 年向各国政府缴纳了超过 350 亿美元的税款。它于
2017 年的实际税率为 25％，此前 4 年均为 26％。[①]

的确，增加利润的最快方法是用不同的方式来分蛋糕。谢克雷利
在一夜之间就提高了达拉匹林的价格。但长远来看，通过分蛋糕带来
的利润是有限的。哪怕图灵制药能从利益相关者那里分到整个蛋糕，
它的利润也永远不能超过蛋糕最初的大小。但如果它通过向利益相关
者进行投资来做大蛋糕，潜在利润就会高很多了，如图 2.1 所示。

---

① 　与大多数跨国企业一样，一些批评人士认为，苹果公司在某些国家开展业务是为
了减轻税负。苹果公司的回应请参阅其网站上的"关于苹果公司纳税的事实"。我们对何
谓"公平"税率并无立场，相反，我们认为，不管税率多高，利润提高便会增加纳税。

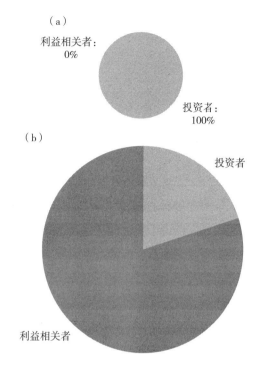

（a）

利益相关者：
0%

投资者：
100%

（b）

投资者

利益相关者

图 2.1 对利益相关者进行投资做大了蛋糕

弗里德曼的第三个论点是，关注利润会迫使企业对利益相关者进行投资，这是一种更宽泛的利润最大化方法（也即所谓的开明股东价值，ESV）的基础。开明股东价值认同分蛋糕思维，认为企业的目标就是利润最大化。但它的开明之处在于，它意识到，长远来看，追求利润最大化需要对利益相关者进行投资。批评者认为，股东价值最大化是一种短视行为，但股东价值在本质上又是个长期概念：它包括一家企业现在和将来为股东创造的所有利润。商业圆桌会议就"企业宗旨"发表了新宣言，人们称赞它具有革命意义，"为客户带来价值……

对员工进行投资……以公平和道德的方式对待供应商……支持我们在其中工作的社区"，这些仅仅是好的想法——并非心怀宗旨的企业的专属领域。任何最大化股东价值的企业都应采取这些行动。没能做到这一点，不是因为过分关注股东价值，而是因为过度关注短期利润，对股东价值的关注不足。

股东价值的最大化，并不意味着短期利润的最大化。诚然，人们常常把聚焦于利益相关者的企业形容为"可持续的"，但"可持续"仅仅意味着"长期"。人们可以把开明股东价值称为"可持续的"，因为它采用的也是长期方法，尽管它最大化的是利润，而非社会价值。我们在本书中不会用"可持续"一词来形容一家做大蛋糕的企业，我们会用"有使命的"或"负责任的"。①

一些批评股东价值的人士把股东价值描绘成一幅讽刺画（鼓吹剥削利益相关者，贪婪地追求短期利润），然后便轻松地毁掉它。接着，他们自己拿出一套关于怎样经营企业的理论，由于相左的意见已经被他们描述成了稻草人，要证明他们的理论更优越也就不太难了。通过声称现在处于黑暗时代，批评者可能提出一些极端举措，比如抛弃企业应该对股东负责的概念——故此被视为激进改革者，鼓动民众支持。这种对股东价值的片面描述不光不准确，还具有很强的破坏性，因为它助长了分蛋糕的思维。它把投资者视为社会公敌，从而引出了对投资者加以限制的提议。然而，股东是参与做大蛋糕的伙伴——第六章的证据将表明，股东为利益相关者创造价值，而不是从后者身上榨取价值。

---

①　我们只在第五章提及奖励计划时使用了"可持续"的说法，因为"长期"确实是十分重要的维度。

所以，蛋糕经济学实际上跟开明股东价值有很多相似之处。两者都强调企业对利益相关者进行投资的重要性。两者都强调利润的重要性。它们都主张，股东价值和利益相关者价值长期而言是高度相关的，如第四章的证据所示。

但这里有一点关键的区别。开明股东价值主张企业的终极目标是提高长期利润——并且，在这么做的过程中，它的副产品是为社会创造价值。蛋糕经济学主张企业的终极目标是为社会创造价值——并且，在这么做的过程中，它的副产品是利润得以提高。利润是结果，而非目标。

这是一种根本性的差别，不仅仅是在句子里调换词语顺序。它事关企业为什么存在，是什么推动了它的日常决策，以及它对什么负责。开明股东价值的倡导者也承认两者存在区别。实际上，他们会说，这就是开明股东价值比蛋糕经济学更好的原因。开明股东价值有且仅有一个明确的、可衡量的目标：长期利润。蛋糕经济学似乎有一个基本问题：你没法衡量蛋糕。蛋糕由若干不同部分组成，其中很多（比如社区活力和环境更新）都无法量化。它们就算能量化，也没有明确的公式加以权衡。蛋糕经济学有多个不可衡量的目标。这意味着，至少从理论上说，开明股东价值有两项关键优势。

首先，开明股东价值是具体的。由于它有唯一一个清晰的目标，故此，它也就有唯一一种清晰的方法可据此做出决定：这能提高我的长期利润吗？如果存在多种目标，也就没有明确的方法可据此做出决定了。如果一种行动增强了社区活力，但减少了环境更新，那它是在帮助还是在伤害社会呢？

其次，开明股东价值是专注的。践行开明股东价值的企业，只有在一项行动能提高利润时才实行它。如果排放量已经低于会招致政府处罚的水平，企业就不会再花费数百万美元来减排。但做大蛋糕的企业有可能会这么做，只是为了有利于环境——但结果损害了利润。

这两点反对意见我都认可。但我认为，同样的原因也解释了为什么做大蛋糕的思维在本质上更优越——不仅对社会更好，还出人意料地对投资者也更好。我想把两个原因都颠倒过来。做大蛋糕的思维兴许不够具体，但它是内在的，而非工具性的。做大蛋糕的思维可能不够专注，但它考虑了外部性，而不仅仅是利润。开明股东价值与蛋糕经济学的比较见表 2.1。

内在动机可取是因为，长远来看，追求社会价值往往比直接追求利润更有利可图。考虑外部性可取是因为，投资者的福祉不光与利润挂钩，也跟企业的社会影响挂钩。

表 2.1　开明股东价值与蛋糕经济学的比较

	开明股东价值	蛋糕经济学
动机	工具性的	内在的
目标	利润	社会价值

让我们依次讨论这两点不同。

工具性动机与内在动机

开明股东价值认为，企业创造利润是出于工具性动机。而蛋糕经济学认为，企业创造社会价值是出于内在动机。

在开明股东价值模式下，企业只有在收益超过成本时才应对利益相关者进行投资。每一项行动都是达到目的的手段。著名经济学家、开明股东价值的主要倡导者迈克尔·詹森（Michael Jensen）明确地阐述了这一动机：“变革的努力应该以增加股东价值为唯一目的。”[3]

根据这样的观点，应该每天都驱动苹果公司的领导者和员工思考怎样让公司的利润尽可能提高。财富的诱惑激发苹果公司设计师不断创新，敦促门店员工提供卓越的客户服务，推动领导者发展新的战略合作伙伴关系。这种观点虽然看似狭隘，但有一种关键的吸引力。它提供了一种具体的方法来评估几乎每项决策中都存在的权衡取舍。吸引最优秀的员工、在“天才吧”提供免费咨询、开发用于回收零部件的机器人黛西，这些都花费不菲。

苹果公司怎样评估每一个决定呢？答案是通过计算。它建立了一个电子表格，计算所有影响当前和未来利润的因素，接着使用贴现率（也即考虑到未来的1美元价值低于当前的1美元），将未来的利润转换为当前的等价利润。电子表格汇总了所有当前和未来的利润，给出了最终答案，即决策的“净现值”。当且仅当净现值为正，苹果公司才应该继续往下做。

工具性利润最大化的设想，在理论上听起来很合理。它在实践中经常发挥作用，特别是对可以粗略估计成本和收益的有形投资。如果苹果公司正在考虑开办一家新工厂，它可以预测这家工厂将生产多少部苹果手机，以及它们可以卖多少钱。尽管现实世界存在风险，但净现值能够处理风险。你可以做一轮“敏感性分析”，对苹果手机的销售价格输入不同的假设，看看结论会发生怎样的变化。

但在实践中，净现值对无形投资的用处要小得多，因为很难估计无形投资的成本和收益。乔纳森·哈斯克尔（Jonathan Haskel）和斯蒂安·韦斯特莱克（Stian Westlake）在《无形经济的崛起》（*Capitalism without Capital：The Rise of the Intangible Economy*）一书中解释说，一家企业最重要的资产已经从有形资产转向了无形资产，也即如专利、品牌和知识等非实物资产。到 2020 年，无形资产占标准普尔 500 指数市值的 90％，而 1975 年这一比例为 17％。[4] 其中最重要的一种无形资产是利益相关者资本，即企业与其利益相关者关系的强度。这包括客户对企业品牌的信任、企业在监管机构眼中的声誉，以及员工对企业使命的承诺。

依据开明股东价值甚至难以计算有着无形利益的有形投资。以苹果公司是否为员工提供免费健身房的决定为例。第一步是计算健身房的成本。修建健身房、安装设备和雇用教练（或外包）的成本，相对来说比较容易量化。但收益就很难量化了，因为它是无形的。这家健身房能吸引并留住员工吗？他们对苹果公司的价值是什么？健身房可以避免多少员工因生病而缺勤的时间？苹果公司原将为此损失多少？健身房能促进多少不同部门员工之间的互动？这些问题都太难回答了。所以，你没法计算出健身房的净现值。而没有净现值，你就无法依据开明股东价值证明健身房的合理性。

无形结果的问题倒不在于风险，而是在于不确定性。面对一个有风险的问题，只要对它的参数有个粗略的概念，你就可以分析它。在 21 点扑克牌游戏中，再抽一张牌有风险，因为你不知道它会是什么，但因为你知道 52 张牌里有些什么，你可以计算出再抽一张牌对你有利的概率。就算从中已经抽出了一些牌，你也可以使用不同的假设进行敏感性分析。可对于不确定性，你甚至不知道问题的参数是什么。你不知道健身房会鼓励什么样的互动——你甚至没有基线可用于敏感性分析。用美国前国防部长唐纳德·拉姆斯菲尔德（Donald Rumsfeld）的名言来说，风险是已知的未知，而不确定性里包含未知的未知。

无形资产的回报不光不确定，而且很遥远——就算它们真的出现了，也会是在遥远的未来。一台机器几乎能立即生产出各种小部件，但如果健身房能避免一名员工 10 年内患上糖尿病，苹果公司的经济效益也不会在这 10 年里显现出来。证据显示，领导者对长期利益使用的贴现率远远高于应该使用的贴现率。[5] 所以，净现值的计算，是由短期效应驱动的。

如果决策是工具性的（受达成结果的愿望所驱动），它就只能建立在以特定准确度进行量化的结果上。但大多数重要的结果都无法量化。这凸显了"开明股东价值是具体的"这一论点的缺陷，因为它只有利润这一个标准可以衡量。只有往后看才能衡量利润；朝前看是很难估计利润的。你可以在做出决定后几年再衡量利润，但这不能帮助你在做决定的时候就预测利润。"股东价值最大化"在理论上很有吸引力，实际上却很难行得通。

开明股东价值可能会导致苹果公司放弃对员工的许多投资。不光是建造健身房等较大的投资，还包括（尤其是）许多小规模的投资，如允许员工休假参加志愿者活动或延长育儿假。这些举措中的每一个，可能只对员工的生产力产生很小的影响。但不采取任何措施的集体效应，将显著降低生产率。利润来自不可预测的来源，故此，追求利润最大化的思维很难最大化利润。

这就是蛋糕经济学的作用所在。一家做大蛋糕的企业会出于内在动机（为社会创造价值）做出决定，而不是工具性地增加利润。利益相关者就是目的本身，而非达成目的的手段。这就会让企业进行许多最终有利可图但无法通过计算证明其合理性的投资。苹果公司投资健身房仅仅是因为它关心员工的健康。为此，它将能够招来、留住和激励优秀员工，增加利润是这一过程的副产品，哪怕这种增加一开始无法量化。更宽泛地说，苹果公司并不是一开始就打算成为市值达 1 万亿美元的公司，而是在创新和设计上不断突破——正是靠着这么做，才成就了它的巨大价值。[6]

利润很重要，但利润是结果，而不是目标——直接追求利润可能会适得其反。打个比方，找工作的一个原因是为了挣钱。但根据个人目标选择一份事业，实际上可能会带来更好的经济保障，因为如果一个人做自己喜欢的工作，他会获得成功，并拥有一份优渥的薪酬。亚里士多德写道，"幸福是人生的意义和目标"，但直接追求幸福，会导致自我放纵的行为，最终有害于长期的幸福。反过来说，诸如为他人服务或寻求挑战等不同的目标，可能会触发短期内竭尽全力但最终增加长期幸福的决定。

"做大蛋糕"原则比"增加利润"原则提供了更清晰的实践指导，因为与利润相比，看到投资对利益相关者的影响要容易得多。以健身房为例，它对员工的作用不那么确定——良好的健康状况显然对他们有利，而对利润的影响很难计算。而且，这也不太遥远——健康的成效几个月内就能显现出来，而健康受损对将来生病休假进而对生产力的影响，兴许在几年内都不会显现出来。

本着做大蛋糕的思维，苹果公司不光决定要在总部设健身房，更要让它拥有顶级的质量。它占地近 9 000 平方米，有运动生理学家监控数据，设有 3 间控温室，并且模拟北极和撒哈拉的气候条件。从净现值的角度看，能证明这么重大的投资是合理的吗？不能。苹果公司现任首席执行官蒂姆·库克（Tim Cook）说："我坚信人们应该保持活跃。这是一件能让他们感觉更好、精力更充沛的事情。这都是出于对客户的重视，而这里的客户，就是我们的人、我们的员工。"[7]（当然，一家企业不应该不计成本地开展一切有利于利益相关者的投资。第三章会提供一套原则，指导投资者应进行哪些投资、拒绝哪些投资。）

我们故意举了健身房这个简单的例子，因为众所周知，健身房可以改善员工的健康。但有时，为社会创造价值的最佳方式是未知的，而刺激创新又是"做大蛋糕"思维的一项额外优势。哪怕这些创新主要是为了让利益相关者受益，但其好处可能会出人意料地溢出到投资者身上。

出于对环境的关心，沃克斯薯片（Walkers Crisps）希望减少碳足迹。2007年，该公司与碳信托（Carbon Trust）合作，研究了一包薯片在整个生命周期（从土豆的种植到扔掉薯片包装）的碳足迹。调查发现，大部分碳足迹来自土豆的干燥。经深入挖掘，沃克斯了解到，干燥成本这么高是因为公司按毛重购买土豆，这给了农民保持土豆湿润、增加其含水量的动机。因此，沃克斯转而按干重购买，这不仅降低了公司自己的干燥成本，也避免农民使用能源来给土豆加湿。两年内，沃克斯将一包薯片的碳足迹减少了7%，减少了4 800吨碳排放，每年为公司节省了40万英镑的能源开支。一项旨在造福环境而进行的探索，最终帮助了投资者。

实际上，历史上一些最伟大的创新是在令人啧啧称奇的巧合下诞生的。哪怕威廉·坎贝尔提出伊维菌素的假说，它也不太可能安全、有效地适用于人类。在临床前环境下测试的1 000种化合物中，只有1种能够进行人体试验，其中又只有1/5最终可获得批准。[8]仅仅根据利润预测来做出决定，会扼杀冒险，因为收益太不确定，无法通过书面的方式证明决定的合理性。但如果以社会价值为目标，成功创新带来的回报就高得多，而这会激励人们展开探索，哪怕成功的概率不大、困难重重。如果成功将伊维菌素进一步开发并使之可用于人类，它对人类生活的影响将大大超过其对利润的潜在冲击，这激励默克公司投资展开研究。发现新冠病毒疫苗的经济效益是有限的，因为成功的开发商应该让民众负担得起疫苗——事实上，阿斯利康和强生已经承诺以成本价格销售疫苗。世界各地的企业都投入巨大的努力开发疫苗，这是为了人类的利益，而不是为了追求利润。

到目前为止，我们讨论了做大蛋糕的行为为什么往往最终增加了利润。另外，提高短期利润的行为往往会使蛋糕变小，减少长期回报。20 世纪 70 年代，雀巢公司积极向孕妇和婴幼儿的母亲推销母乳替代品，特别是在发展中国家。该公司让销售代表装扮成护士，说服新妈妈们使用婴儿配方奶粉，并向医院产房提供免费样品。这使得新妈妈们停止哺乳，最终只能购买奶粉。

雀巢公司并未提前警告说，配方奶粉不是无菌的，可能含有有害细菌。此外，由于缺乏清洁的水来混合配方奶粉，故此必须采用严格的卫生方法来确保婴儿安全食用。然而，发展中国家的许多母亲看不懂消毒说明书——就算看得懂，她们也没有消毒设施，比如烧水的燃料。雀巢公司并没有强调严格遵守说明书的重要性。为了延长配方奶粉的使用时间，许多母亲对奶粉过度稀释，导致婴儿营养不良。

这些行为在当时并不违法，但肯定不道德，是在破坏而不是创造社会价值。它最终摧毁了雀巢公司本身的价值。1977 年，婴儿配方奶粉行动联盟（Infant Formula Action Coalition）在美国发起了一场抵制雀巢的运动，这场运动迅速蔓延到澳大利亚、加拿大、欧洲和新西兰。这场抵制运动于 1984 年暂停，此时已经让雀巢公司损失了大约 10 亿美元的销售额[9]；而到了 20 世纪 80 年代末，抵制运动在爱尔兰、澳大利亚、墨西哥、瑞典和英国再度掀起。时至今日，仍有一些客户不信任雀巢公司。2015 年，《道德消费者》（Ethical Consumer）的读者投票将雀巢公司评为“过去 25 年最缺乏道德的公司”。

总而言之，如果一家企业只是为了得到回报而采取行动，它就不会采取不求回报的行动，哪怕一些行动能出人意料地带来利润。要创造竞争对手不曾创造的价值，一家企业必须进行竞争对手都没有进行的投资。当今世界常常把投资决策简化为数学计算，但这些是没办法简化成数学计算的投资。

利润与外部性

开明股东价值认为，企业应该以创造利润为工具性动机，而蛋糕经济学认为企业应该出于内在动机来创造社会价值。

我们刚刚论证过，许多提高社会价值的行为同时也带来了长期利润增加这一副产品。但如果认为每一种做大蛋糕的行为都能增大投资者的蛋糕块，那就过于天真、不切实际了。许多做大蛋糕的行为并未提高利润，哪怕长期来看也是如此。有一些东西是看不见的，故此不太可能增加客户需求，比如餐馆食物里的营养成分。哪怕是看得见的行动，很多对利润的影响也远小于其对成本的影响。异阿凡曼菌素捐赠计划确实改善了默克公司的声誉，但没有办法计算这种改善是否超过了成本。

同样，许多缩小蛋糕的行为并不会减少利润，哪怕长期来看也是如此。达拉匹林价格的上涨恶化了图灵制药的声誉，但医生开出一种药的处方，或病人从柜台购买一种药，他们主要关心的是药物的有效性，而不是制造商的道德。或者这么说，市场力量和游说可能让有的人在蛋糕变小的同时仍能赚取利润。尽管患癌与吸烟有关的第一批证据早在 1950 年就已经公布，烟草公司仍然赚取着巨额利润。从 2007 年到 2016 年，它们的利润率增长了 77％[10]，2016 年，五大烟草公司共实现利润 350 亿美元。[11]

开明股东价值只考虑利润，而蛋糕经济学还将外部性考虑在内。一家做大蛋糕的企业专注于创造社会价值，确信大多数创造价值的行动会增加长期利润（有时是出人意料的），但同时也意识到少数行动不会。以图 2.2 所示权衡取舍为例。顶部的饼图代表现状。一家企业可以在两种策略间做出选择。A 策略可适度做大蛋糕，投资者获得全部收益。利益相关者分到的蛋糕大小并无变化——他们在更大的蛋糕中分到的份额较小。B 策略则明显把蛋糕做得更大，同时两者的份额不变，因此投资者和利益相关者都获益。然而，投资者获得的收益少于 A 策略。

正如第四章的证据所示，长远来看，这些权衡取舍是例外而非常规。然而，对蛋糕经济学来说，重要的是承认这些例外，并说明怎样处理它们。

领导者应该选择哪种策略呢？乍看上去，这似乎取决于法律规定他们应该为什么人经营企业。最常见的观点是，董事的首要责任是对投资者负责，其次是对利益相关者负责，所以他们应该选择 A 策略。这是英国公司法所包含的内容，也是美国公司法的普遍解释。此外，从现状到 A 策略是一种帕累托改进，因为有一名成员获益，而没有人遭受损失。

尽管帕累托改进似乎是理想的结果，但蛋糕经济学认为领导者应该更进一步。蛋糕经济学看重的不是有人赢、没人输，而是双赢。重要的是，这种方法并不由法律驱使。的确，在一些国家，尤其是欧洲国家，董事的职责是针对整个企业；即使在美国，股东至上原则也曾在法庭上被成功挑战。[①] 但这强调，基于法律制度的方法是徒劳

---

① 美国 35 个州有"利害关系人规定"，要求董事考虑股东以及利益相关者的利益。然而，在几乎所有情况下，利害关系人规定都是宽松而非强制性的——在有限的指导下，董事可以考虑利益相关者的利益，但并不一定非要考虑。此外，即便是在没有利害关系人规定的州，股东至上原则也已经被成功挑战。在 Shlensky 诉 Wrigley 一案中，伊利诺伊州上诉法院维持了一个考虑到利益相关者利益的决定，尽管当时伊利诺伊州没有利害关系人规定。芝加哥小熊棒球队决定不在瑞格利场（Wrigley Field）安装照明灯，也不参加夜间比赛，尽管这可能会带来更高的收入，但会对当地社区造成负面影响。

的——各国的法律制度不尽相同，因此不可能制定出一般的指导方针，而且，法律制度不断变化，有阐释余地。

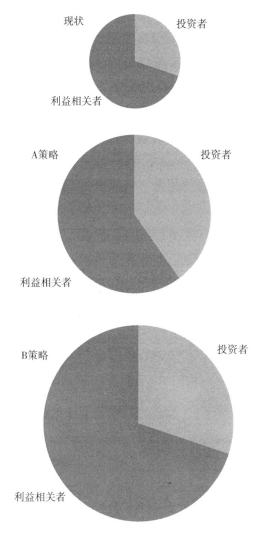

图 2.2 两种做大蛋糕的策略

蛋糕经济学不是关于单纯地遵守法律，而是关于创造社会价值。它强调，对图 2.2 中的权衡取舍，法律制度并不重要。哪怕投资者是法律意义上的优先考虑对象，企业仍然应该关注外部性，选择利润较低的 B 策略。

因为投资者从来不只是投资者。他们往往还是员工、客户和社区成员。他们受环境影响，他们纳税，他们可能拥有供应商的股份。[12] 因此，投资者关心一家企业提供的就业机会、尽责管理、资金、活力、更新价值和税收——而不仅仅是利润。

人们为什么要投资一家企业呢？为未来做准备。人们在乎钱的实际价值（他们的钱能买到什么）而非名义价值（他们有多少钱），这是一条基本的金融原则。他们兴许更喜欢在蒙大拿州挣一份低工资，而不是在纽约挣一份高工资，因为前者的生活成本更低。同样，人们投资不仅仅是为了增加银行账面余额，也是为了获得更高质量的生活，为自己和家人。如果一家企业在提高利润的同时也增加了污染，投资者的货币回报可能会更高，但他们的生活水平却降低了。外部性甚至可能对投资者产生财务影响。如果一家企业以不可持续的方式经营农场并抬高食品价格，那么，长期而言，投资者会蒙受财务损失，因为他们也是客户。

哪怕投资者并非受到外部性影响的利益相关者，他们仍可能会关心外部性——因为他们也许关心那些受到影响的人；哪怕投资者并不住在工厂附近，他们仍可能会关心工厂产生的噪声和当地的空气污染；哪怕投资者并不在某家企业工作，他们仍可能关心它怎样对待员工；哪怕投资者并不打算去看珊瑚礁，他们仍可能关心全球变暖对珊瑚礁造成了怎样的破坏。经济学家奥利弗·哈特（Oliver Hart）和路易吉·津加莱斯（Luigi Zingales）强调，股东福祉不仅包括股东价值，也包括外部性，哪怕股东享有最高地位，一家企业也应当同时考虑两者。[13]

这些外部性对投资者正变得越来越重要。2018 年，在美国，专业人士管理着 12 万亿美元，而每 4 美元中就有 1 美元用于社会责任投资（SRI），其根据社会标准而非单纯的财务标准选择股票。这比 2016 年高出 38％，是 1995 年的 18 倍。[14] 这个现象并不仅仅局限于美国。加上欧洲、日本、加拿大和澳大利亚，2018 年这一数字为 30.7 万亿美元，较 2016 年增长 34％，其中日本增长最快，达到 360％。[15] 例如，2018 年，全世界规模最大的养老基金——日本政府养老投资基金将其社会责任投资从股票投资组合的 3％增大到 10％——增加了 90 亿美元。此外，许多主流投资者（并未归类在"社会责任"之下）非常重视外部性。截至 2019 年 3 月，代表 86.3 万亿美元资产的共计 2 372 名投资者签署了《联合国负责任投资原则》，承诺将环境（E）、社会（S）和公司治理（G）问题（ESG）纳入投资决策。这远远高于该原则在 2006 年确立时的 63 名投资者和 6.5 万亿美元的资产。

以上统计数字兴许并未使你信服。或许，SRI 基金的增长是由于它们的财务表现而不是社会表现——所以这并不能确切证明它的驱动力来自投资者对外部性的担忧。萨姆·哈茨马克（Sam Hartzmark）和艾比·萨斯曼（Abby Sussman）巧妙地利用了此类基金社会绩效的变化（不受财务回报信息所影响），将社会绩效对储蓄者需求的影响单独剥离了出来。[16] 2016 年 3 月，评级机构晨星根据研究机构永续研究分析（Sustainalytics）对每只基金所持有的标的股票的 ESG 评级，出人意料地发布了 2 万多只共同基金的社会绩效排名。

2016 年 3 月之前，社会绩效与资金流量之间只存在十分微弱的关系。但此后的 11 个月里，差距就很可观了——排名靠前的基金享有的资金流入占基金规模的 4％（240 亿～320 亿美元），而排名靠后的基金所流出资金占基金规模的 6%（120 亿～150 亿美元）。引人注目的是，这 2 万多只基金中的绝大多数并未打着可持续基金的旗号进行营销——然而，储蓄者仍然关心它们的社会绩效。

此外，就算一家企业认为其决策产生的"外部性"不会反映在利润上，它们最终也可能以意想不到的方式出现。"工具性动机与内在动机"一节讨论了一些结果难以预测但属于企业内部的行为，如对员工健康的投资。如果它们影响到整个社会，比如气候变化，其结果就更难以预测——故此，领导者兴许更容易将其视为外部性。可哪怕这些结果是大范围分摊的，对个别企业的影响仍可能很大。2006 年下半年，美国部分地区因为卡特里娜飓风和丽塔飓风降低了石油和天然气产量，雪佛龙公司损失了 14 亿美元。力拓公司在澳大利亚的业务受到台风、洪水和暴雨的冲击，2011 年上半年的利润减少了 2.45 亿美元。2011 年底，泰国暴发的洪水淹没了本田的装配厂，造成超过 2.5 亿美元的损失。[17]更广泛地说，碳披露项目（Carbon Disclosure Project）的一项调查发现，全球规模最大的 215 家企业估计，气候变化造成的潜在价值损失总计达 1 万亿美元。[18]

现在你或许认为，企业忽略外部性是合理的。一家企业仅仅是成千上万家企业中的一员，它对环境的影响微不足道，没有动力为更新环境做出贡献——这是"搭便车"问题的一个例子。但个别案例可能会产生广泛的影响，比如导言中讨论的"深水地平线"钻井平台爆炸事故。这些企业或许最终要为自己造成的损失买单——英国石油公司支付了 650 亿美元的清理费用，以及处理该事故的法律费用，美国电力供应商太平洋燃气电力公司因加利福尼亚州野火引发的债务而申请破产。此外，大多数客户和员工相信，企业有责任解决外部性问题，抵制诺基亚和雀巢的事件就表明了这一点。成本-收益分析固然认为单独一家企业采取环保行动不具合理性，但客户和员工恐怕很难被说服。事实上，公众的购买行为取决于他们多相信一家企业对社会有所贡献。一份对多项学术研究的综述发现，60%的顾客愿意为具有社会责任感的产品支付额外费用，平均而言，顾客愿意多支付17%。[19]有时被领导者轻视为"外部性"的东西，往往会反弹，最终殃及企业本身。

第二个反馈渠道是，如果公众不认为企业在为社会服务，他们可能会向政策制定者施压，要求后者通过限制企业的法律法规，或者减少向企业提供的支持性补贴（如研发信贷）。同样，个别企业可能会持有"搭便车"的心态，但实际情况并非如此。尽管公众的看法受个人轶事的影响，而非受普通企业的影响，但一家企业的行为也会给公众对企业的看法造成重大影响。

达拉匹林涨价后不久，2016年美国总统候选人希拉里·克林顿在推特上发文称，"特种药品市场上的这种价格欺诈行为令人愤慨"，并提议，如果自己当选，将为处方药设定每个月250美元的价格上限。这条推文一夜之间让纳斯达克生物技术指数蒸发了150亿美元。大众汽车公司尾气排放丑闻所造成的损害波及整个德国汽车行业，损害了德国汽车的国际声誉。次年，宝马、奔驰和Smart在美国的销售额下降了37亿美元。[20]欧盟在车辆审批和排放测试方面实施了若干新规定，这可能会降低整个行业的利润率。[21]更普遍地说，在《连接：企业怎样激进地参与社会而获得成功》（Connect：How Companies Succeed by Engaging Radically with Society）一书中，约翰·布朗（John Browne）、罗宾·纳托尔（Robin Nuttall）和汤米·施塔特伦（Tommy Stadlen）援引麦肯锡的研究称，企业价值有30%与监管息息相关。这包括如果一家企业未能服务于利益相关者，惩罚性监管带来的负面风险，以及如果该企业对社会做出积极贡献，解除管制带来的正面收益。

外部性对公众认知有着至关重要的影响。在许多国家，投资者说了算——董事是由投资者选出的，董事的法定义务主要是对投资者负责。投资者可能会反对蛋糕经济学，因为它并不总是追求利润最大化。但如果投资者不立即接受一种为全社会效劳的商业形式，公民将推动监管改革，投资者不再能发号施令。①

请注意，外部性的重要性并不意味着它们与利润同等重要，领导者可以只关注蛋糕的大小，而忽略它的分配。如果一家企业把蛋糕做大了，但只给投资者一小部分，那么它最初就不太可能获得资金。第三章将提供三条原则，指导首席执行官在投资者和利益相关者之间进行艰难的权衡取舍。这些原则将表明，在某些情况下，领导者确实应该牺牲利润来创造更大的蛋糕——选择图 2.2 中的 B 策略。在其他情况下，利益相关者的收益不足以抵消投资者的损失，因此不应做这样的权衡取舍。

三重底线

本章将蛋糕经济学与开明股东价值进行了对比，在最后这一部分，我们再把它与三重底线这一框架做一番简要的比较。开明股东价值假设企业只有一个单一的财务"底线"或目标，三重底线框架则认为企业还有社会和环境底线。这三个目标通常被称为人、地球和利润。

---

① 由于政策制定者对破坏信任的行为所做出的反应可能最终会降低利润，人们或许会想，既然这些行为最终会"内部化"，它们真的产生了"外部性"吗？但这更多的是一种语义区别。不管我们是否将破坏信任的行为定性为外部性，企业都应该严肃认真地赢得公众的信任。即使外部性最终被内部化，它也非常难以预测，故此，开明股东价值会忽略它们。此外，还存在一些不太可能影响未来监管的真正外部性，开明股东价值不会考虑它们，蛋糕经济学却会。

为比较蛋糕经济学和三重底线框架，我们使用在比较蛋糕经济学和开明股东价值时用过的两重维度：目标和动机。目标是最相似的地方。蛋糕经济学和三重底线框架都以社会价值为目标，开明股东价值只关心利润。事实上，自约翰·埃尔金顿（John Elkington）于1994年首次提出这个说法以来，三重底线框架已成功地鼓励企业认真思考并衡量自己对社会所做的贡献。但两者的动机存在不同。蛋糕经济学的动机是内在的，但三重底线框架普遍实践的是工具性动机。

2018年，埃尔金顿提出要废除三重底线概念。他认为，它成了一种用于衡量企业对社会和环境贡献的会计框架，而不是像最初设计时打算的那样改变思维模式。[22]这就导致了工具性动机。如果采取行动能为社会或环境底线带来可量化的影响，领导者就会做。这兴许会让投资朝着短期或定量回报倾斜，因为它可以立即报告。企业可能会创造更多的工作岗位，而不是改进现有工作岗位，因为前一种做法更容易衡量。在利益相关者身上投资同样是达到目的的一种手段——尽管并非出于财务目的，而是短期和定量目的。蛋糕经济学将领导者解放出来，为利益相关者创造价值，不受制于结果是否可以计算出来、多快能计算出来。这是一种思维方式和运营方法，而不是一种会计框架。

在第八章，我将强调企业报告为社会创造的价值十分关键。但是，改善利益相关者指标，跟提高利润一样仅仅是副产品，而非最终目标。企业应该对利益相关者进行投资，并在事后报告结果，而不是以能否改善可报告的指标为基础进行投资。

蛋糕经济学和三重底线框架的最大区别在于，蛋糕经济学的核心是"做大蛋糕"思维。它强调蛋糕大小的重要性，避免因错过了做大蛋糕的机会而犯下疏忽不作为之过。相反，埃尔金顿指出，"许多早期采用三重底线框架的人把这个概念理解为一种平衡行为，并采用了权衡取舍思维"。三重底线框架通常用于确保宗旨和利润之间的平衡，与蛋糕大小固定相符。它可能会把财务评分高、社会和环境评分低视为胡作非为之过——仿佛要实现利润，就必须牺牲地球和人。相比之下，蛋糕经济学强调蛋糕大小不是固定的，并认为增长优先于平衡。尽可能确保没有人分到的蛋糕块变小，这很重要，但分配不均总比完全没有增长好。

本章小结

• 米尔顿·弗里德曼的观点，即企业的社会责任是增加利润，比通常描述的要微妙得多。它认为，企业应该关注利润，因为这要求它们对利益相关者进行投资，而增加利润给了股东最大的灵活性以支持其喜欢的社会事业。然而，它提出了三个关键假设：

1. 一家企业在解决社会问题方面并无比较优势。对某些活动来说（如慈善捐赠）的确如此，但另一些活动不然。

2. 政治家在通过的法律中反映了公民的偏好。然而，监管在解决定性问题方面并无效果，政治过程既慢又不完善。

3. 领导者可以预测对利益相关者进行投资会对利润造成什么样的影响。然而，在一个充满不确定的世界里，做出这样的预测很难。

• 开明股东价值认为，企业应该对利益相关者进行投资，因为如果不这么做，长期而言就无法获利。它同意蛋糕经济学秉持的利润和社会价值互相关联的观点，但强调企业应该把利润放在第一位、把社会放在第二位。蛋糕经济学的主张恰好与之相反。这带来了两点关键的区别。

• 开明股东价值相信，企业是工具性的——只有当能增加利润的时候，才为社会创造价值。利益相关者也是达成目的的手段。蛋糕经济学认为，企业出于内在原因为社会服务，哪怕企业无法计算由此带来的利润增长。长远来看，这种方法通常会产生更多的利润，因为它把企业解放出来以进行投资，尤其是无形投资。这是因为，投资对利益相关者的影响，往往比对利润的影响更不确定、更遥远。

• 开明股东价值关注的是利润。蛋糕经济学关注的是包括外部性在内的社会价值。哪怕投资者拥有首要地位，他们也并不仅仅是投资者——他们往往也是员工、客户和社区成员，会受到外部性的影响。此外，如果企业持续产生外部性，它将受到监管，失去客户的信任。

• 利润和外部性比人们通常想的更为一致——为社会创造价值的行为，往往会通过意想不到的方式最终增加利润。然而，真正的外部性仍然存在。哪怕增加利益相关者的价值会减少利润，投资者或许也愿意做出这样的权衡取舍。

• 三重底线框架与蛋糕经济学同样认为，企业的首要目标是社会价值。然而，三重底线框架主要是一种会计框架，它的动机主要是工具性的（鼓励其社会效益可以报告的活动），而非内在的。它强调平衡，而蛋糕经济学强调价值创造。

第三章 做大蛋糕并不意味着做大企业
——用于权衡取舍项目的三条原则

蛋糕经济学关注的是为社会创造价值。投资者尽管远非社会的唯一成员，但仍然是重要的成员。故此，本章讨论了在实践蛋糕经济学时必须注意的两点：做大蛋糕并不意味着忽视利润，做大蛋糕并不意味着做大企业。之后，我们提供了三条原则，为领导者应对这些注意事项提供指导。

做大蛋糕并不意味着忽视利润

人们常常把投资者看成企业中最不值得拥有的成员，尤其是相较于员工、客户或环境而言。但正如第二章所强调的，投资者绝不仅仅是投资者，利益相关者也不仅仅是利益相关者——不少人本身也是投资者。员工和客户直接或间接地通过共同基金或养老基金持有股票。就连经常被斥责为贪婪资本家的对冲基金，也常由养老基金或大学捐赠基金所持有。

利润是社会良好运转的关键因素。没有利润，公民就无法负担退休生活，保险公司就无法兑现赔偿，捐赠基金和养老基金就无法向受益人提供收益。哪怕很多投资者愿意牺牲一些回报来实现社会目标，牺牲仍然是有限的。2018 年 10 月，警察杰森·佩雷兹（Jason Perez）取代了普里亚·马图尔（Priya Mathur）担任加利福尼亚州公务员养老系统董事会主席。他认为，马图尔过于关注 ESG，忽视了投资回报，为提升自己的公众形象而危及数千名员工的财务安全。当时，加利福尼亚州公务员养老基金只有 71％的资金到位，成员面临着养老金缴费大幅增加的可能性，于是，他们把票投给了佩雷兹——凸显了承担责任不意味着忽视利润。

利润不仅对投资者很重要，对利益相关者也很重要。没有利润，对客户而言，企业就无法负担产品创新费用，或对员工而言，企业就无法支付培训费用。默克公司的肯尼斯·弗雷泽主张："我们尝试在消费者负担得起的价格和为股东提供良好回报这一最终目标之间取得平衡——因为股东一直在为药物研发提供资金。"[1]如果默克公司没有从其他药物（包括动物用伊维菌素）中赚到利润，它就无法启动异阿凡曼菌素捐赠计划。没有利润，一家企业最终就会倒闭，为社会创造的价值为零。在疫情当中，一家负责任的企业会做出艰难的决定（如爱彼迎裁员）以保护利润，确保自己能够长期生存。

产生利润不仅在企业成立之后（事后）很重要，在企业成立之前（事前）有产生利润的前景也很重要。利润是股东拿自己的钱在企业里冒险所得，这些钱本来可以花在其他地方或投资到其他地方——一如员工的付出会收获工资、供应商的投入会收获营业收入一样。如果投资者担心一家企业随后会忽视自己，那么，他们一开始就不会投资给这家企业。这样一来，一个创意永远无法吸引到启动资金并变成现实；一家成熟的企业永远无法吸引额外的资金来发展壮大，从优秀走向卓越。

把利润考虑在内，有助于确保企业关注利益相关者的需求——利润是反映社会需求的宝贵信号。① 消费者越来越重视网上购物的便利性和安全性，因此网店比实体店更有利可图。这鼓励零售商对电子商务进行投资，这正是许多消费者所希望的。反过来，由于普通门店的产品基本上被电子商务所覆盖，零售商现在可以对门店进行改造，提供个性化的购物体验，如"耐克现场"（Nike Live），耐克公司利用数据科学来确保其产品满足当地客户的确切需求。或者，零售商可以出售这些门店，让黄金地段得以重新分配给其他个性化用途，如餐厅、咖啡馆和健身俱乐部，一旦疫情消退，这类场所应该会有很高的需求。

利润的重要性就是我们把蛋糕经济学定义为"只通过为社会创造价值来创造利润"的原因。为社会创造价值是首要目标，所以蛋糕经济学仍然跟开明股东价值存在重大分歧。然而，创造利润仍然是一个重要的次要目标。

如果定义忽略利润，比如"为社会创造价值"，会变得更加激进，并得到来自某些方面更大的支持。但忽视利润不现实，也太随意。说它不现实，是因为企业不会得到大多数投资者的资金资助。说它太随意，是因为它几乎无法为给领导者提供指导，还妨碍社会对领导者进行问责。由于几乎所有决策都会使至少一方利益相关者受益，领导者可以辩称该利益相关者最为重要，故此，相关决策做大了蛋糕。任何事情都可以这么说。

正如我们所强调的，企业不能通过计算实现利润这一次要目标。诚然，蛋糕经济学为许多没有明显收益的投资提供了理由，比如异阿凡曼菌素捐赠计划。有时候，更高的利润会表现为一种意外实现的副

产品，但另一些时候不会——而这就是利润来得出乎意料的含义。做大蛋糕的企业需要明白，不是每一项决策都能增加利润，哪怕长期来看也不是这样。但总体而言，在所有决策中应用做大蛋糕的思维，会比开明股东价值带来更多的利润。本章后面的三条原则将指导说明一项行为是否有可能最终增加利润，哪怕增加利润的源头无法预测。

做大蛋糕并不意味着做大企业

蛋糕经济学着眼于为社会创造价值。因此，人们很容易认为，企业越壮大，创造的价值就越多。如果默克公司开发出一种治疗高血压的新药，它将为客户（高血压患者）、供应商（新药的投入）、员工（通过提供新的就业岗位）等创造价值。事实上，许多政策制定者认为，企业应该尽量投资。马萨诸塞州参议员伊丽莎白·沃伦（Elizabeth Warren）宣称，"提高一家企业价值的真正途径是投资未来"[2]。

这种主张其实并不正确。蛋糕经济学着眼于创造价值。只有当投资的收益超过成本时，才创出了价值。投资资源的成本，是资源本可以配置到的次佳用途，也就是所谓的机会成本。在开明股东价值下，企业最关心的是内部资源的其他用途——私人机会成本。蛋糕经济学的视角不是企业，而是社会，故此相关的机会成本是社会内部资源的其他用途——社会机会成本。如果默克公司修建了一家生产高血压治疗药物的新工厂，它会使用原材料和劳动力两种资源，而这两者本可以用于修建一所学校。不投资建厂，有可能会让社会中的另一家企业用同样的资源实现更大的成就。

蛋糕经济学强调，只有一家企业利用资源后交付了比资源用于别处时更多的价值，才真正创造了价值——社会收益超过了社会机会成本。① 单纯地投入资源，可能无法创造价值。面包师可以使用大量的面粉，但如果面粉没有落进盆里而是掉到了地上，蛋糕并不会变大。

这意味着，与普遍看法相反，企业的责任不是提供就业岗位，而是让公众被分配到能够发挥才干为社会服务、让个人不断进步的职业上。这些职业可能来自企业之外，并需要企业遣散部分员工。在日本，大规模裁员是社会禁忌。因此，据报道，日立、索尼、东芝和松下等公司不会解雇那些岗位被撤的员工（比如之前生产录像带和磁带的工人），而是把他们派到"放逐室"（banishmeat rooms）。在那里，公司要求员工从事一些毫无价值的任务，如查看监控录像，阅读大学教材，每日提交所做事情的报告。[3]

这样的安排既没有为员工提供有意义的工作，也没有使之获得人的尊严，更没有为社会创造价值。如果公司内没有其他工作岗位，将员工派到"放逐室"的私人机会成本很低，但社会成本很高，因为他们的才干本可以用到其他地方。裁员可以通过让个人在企业以外的地方不断发展来做大蛋糕。但正如第一章所强调的，企业不能依靠市场力量来实现这种再分配，而是应该投资于再就业和再培训（哪怕以牺牲利润为代价）来催化这一过程，并通过遣散费为员工提供安全网。

一家企业在投资时所使用的资源不限于原材料和劳动力等实际资源。它还利用了本可以用来资助其他企业的金融资源（钱）。现在，让我们把伊丽莎白·沃伦说的话补充完整。她的完整观点是："股票回购

---

① 这一观察并不要求一家企业计算其他企业用同样的资源能创造多少价值。在竞争激烈的市场中，资源的价格将反映其他企业可以用它们创造的价值。第十章讨论了竞争在促进价格机制有效运行中所发挥的作用。

给企业带来了一时的兴奋。短期内，它提升了股价，但提高一家企业价值的真正途径是投资未来，而他们并没有这么做。"股票回购是指企业将利润返还给投资者，让投资者返还股票，我们会在第七章详细介绍。仅就此刻而言，我们注意到，通过选择不发展，而是向投资者支付利润，一家企业可以让另一家企业获得资金并实现发展。

重要的是，领导者会出于自身利益考虑发展所在企业，哪怕这种发展既没有为股东创造价值，也没有为社会创造价值。价值破坏性发展有三种类型。

核心业务过度发展

首席执行官有动力过度发展企业的核心业务，因为他的薪酬跟企业规模紧密挂钩。此外，大企业的领导者享有声望和地位——市场领军企业的首席执行官最有可能在行业会议或世界经济论坛上发表主题演讲。这种声望甚至可能延续到首席执行官的任期结束之后。在几乎任何一家大企业内部，都流传着有关前任领导者的传奇故事。在企业外部，公众对那些如今占据主导地位的企业的前首席执行官的了解，远远超过了那些遭到合并的企业的首席执行官。故此，领导者也可能为了保护自己的遗产而发展企业。

首席执行官安吉罗·莫兹罗（Angelo Mozilo）决心让国家金融服务公司（Countrywide Financial）成为美国抵押贷款市场的领军企业。他经常把公司称为自己的（而非投资者或社会的）"孩子"。[4] 把成为市场领军企业作为创造价值的副产品，是一个值得奋斗的目标。然而就像利润一样，市场领导地位本身不应该是目标。

不过，莫兹罗认为它是。2002 年，国家金融服务公司以 10％的市场份额排名第三，富国银行以 13% 的市场份额排名第一。[5] 将国家金融服务公司的市场份额提高到 14% 还不够；莫兹罗渴望它遥遥领先，能保持数十年的市场领导地位，以保证自己的名字载入史册。因此，莫兹罗公开宣布，他将把国家金融服务公司的市场份额扩大两倍，达到 30%，远远超过业内任何人所取得的成绩。他并未强调这种增长必须为社会创造价值（提供客户负担得起的抵押贷款），甚至也没强调为投资者创造价值（保证抵押贷款能得到偿还）。因此，国家金融服务公司鲁莽、不计后果地扎进次级抵押贷款市场，使它在金融危机中变得特别脆弱。2008 年 1 月，该公司濒临破产，被迫由美国银行收购。

扩张到不相关的非核心业务

首席执行官可能会扩张到不相关的新市场，为自己建立一个帝国。这方面最典型的例子是大宇公司，它于 1967 年 3 月由前造船工人金宇中创办。大宇最初专注于劳动密集型服装和纺织品业务——考虑到韩国庞大而廉价的劳动力，这是一个明智的举措。1972 年之前，它只收购了三家企业（两家纺织品生产企业和一家皮革加工企业），都与自己的核心业务有关，有助于巩固自身优势。

但金宇中很快就想涉足新领域了。仅在 1973 年这一年，他就从机械、造船和汽车等与纺织无关的行业里收购了八家企业。较之这些企业保持独立的情况，大宇并不清楚收购后要怎样让它们创造价值。到 1978 年，金宇中拥有 41 家企业；20 年后，他又增加了 589 家国际子公司。金宇中是个壮大帝国的人，但规模是大宇表现优于同行的唯一方面。它在产品质量、技术、生产率和利润率方面都落后，估值也垫底，因为市场意识到，就很多业务而言，大宇都没有持有的理由。

1993 年，大宇进入越南汽车市场。很快，又有 10 个竞争对手相继进入，再加上 1997 年亚洲金融危机爆发，1998 年全年大宇仅卖出了 423 辆汽车。但由于大宇已经为这一冒险行为投资了 3 300 万美元，它拒绝砍掉亏损业务。这种态度蔓延到整个企业。当其他韩国企业集团在金融危机后缩减规模时，大宇反而在 1998 年罔顾当年亏损 4.58 亿美元的事实，收购了 14 项新业务。

次年，负债 500 亿美元的大宇濒临破产，被迫分拆。韩国银行和政府为此付出了数十亿美元的代价。7 000 多名员工遭到解雇[6]，至今只有五家企业继续保留大宇品牌。

除了建立帝国，不相关的扩张也可能是受逃避主义的驱使——为了避免解决核心业务上的问题而开拓新的行业。柯达没有接受开发数码相机的挑战，而是在 1988 年斥资 51 亿美元收购了药企 Sterling Drug。但把化学物质覆盖在胶片上，与用它们来制造阿司匹林和镁奶（斯特林的旗舰产品）有很大的不同。摄影器材公司在制药方面并没有比较优势。

打造帝国、逃避现实会摧毁社会价值，国家金融服务公司、大宇和柯达绝不是孤例。萨拉·莫勒（Sara Moeller）、弗雷德里克·施林格曼（Frederik Schlingemann）和勒内·施图尔茨（René Stulz）进行的一项研究表明，仅在 1998 年至 2001 年的 4 年时间里，美国企业就因收购而让投资者损失了 2 400 亿美元。[7]收购活动让首席执行官们得以建立自己的帝国，但机会成本是被收购企业此前自行产生的实质性价值。[8]

过度追求社会事业

浪费投资的最后一个源头是支持要么与企业比较优势无关、要么分散对核心业务关注的社会事业。在《开明资本家：想靠行善办企业的商业先驱者的警示故事》（*The Enlightened Capitalists：Cautionary Tales of Business Pioneers Who Tried to Do Well by Doing Good*）一书中，詹姆斯·奥图尔（James O'Toole）介绍了几家因过度关注社会绩效而误入歧途的企业。例如，控制数据公司（Control Data Corporation）首席执行官威廉·诺里斯（William Norris）因过度专注于服务社会（还尝试说服其他商业领导者追随自己），未能足够重视技术变化和来自日本与硅谷的竞争。该公司最终被迫分拆。

达能公司是年代更近的一个例子。首席执行官艾曼纽·费伯（Emmanuel Faber）反复宣传达能的社会使命，还为法国一项法律争取支持，希望公司把社会使命写进公司章程。它大张旗鼓地成为第一家这样做的法国企业，还宣称自己"推倒了米尔顿·弗里德曼的雕像"（尽管我们已经看到，弗里德曼主义比讽刺它的漫画要微妙得多）。如果达能自身的长期绩效良好，这样的行动值得称赞，费伯也有空间可将注意力转向其他问题——事实上，我们将在本书的后面讨论达能的社会倡议。然而，在他 6 年半的任期内，达能的股价毫无起色，而其竞争对手雀巢的股价却上涨了近 50%，法国股市指数的同期涨幅也大致相同。糟糕的绩效使得达能不得不在 2020 年底削减 2 000 个职位。2021 年 3 月，费伯也遭到解雇，达能的股价在这一声明发布后上涨了4%。正如该企业的一位顾问对英国《金融时报》所说："推倒米尔顿·弗里德曼的雕像是件好事。如果你的财务绩效优于竞争对手、公司治理无可指摘，你完全可以这么做。但如果情况并非如此，那就会出现问题。"[9]

首席执行官对社会事业有着很大的私人动机，即使这样做会因使用企业资金而直接伤害股东，或因偏离核心业务而间接伤害股东。首席执行官可以以发表演讲或撰写回忆录，讲述自己怎样拯救了企业资本，被媒体吹捧为商业革新者，在英国受封为骑士或爵士。同样的道理也适用于那些通过追求社会事业来提升自身形象的投资者，即便这些社会事业对其受益人来说并不重要，甚至对财务回报造成重大损害。一如佩雷兹在加利福尼亚州公务员养老基金的选民手册上所写："马图尔脱离现实，认为自己的职责是全世界到处飞，敲响伦敦证券交易所的钟声，与联合国官员亲切交谈。"

首席执行官或投资者绝对应该服务社会，赞美这样做的人往往也理所应当这么做。但动机应该是内在的，而不是出于提升个人公众形象的目的。这就要求领导者能够分辨出所在企业最擅长解决哪些社会问题，而不是随便扑到任意一个社会问题上，只因为它最有可能提高自己的声誉。这种分辨力正是本章的目的。

在蛋糕经济学指导下做决策

结合以上这两点注意事项，企业在做决策时应该考虑投资者和六种不同的利益相关者。这似乎是一项非常棘手的平衡行动。预测每一种利益相关者会受到什么样的影响很难，怎样权衡不同的利益相关者就更难了。故此，你无法衡量整个社会价值进而估计一项决策将对它造成怎样的影响。①

　　然而，在现实生活中，几乎每一个决定都涉及多个无法权衡的标准。房主选择购买哪套房子时，不仅要最大化转售价值，还会考虑房子是否满足自己的家庭需求，离自己的工作地点和孩子的学校有多近，以及自己是否喜欢这个社区。工人选择一份工作时，不仅要让自己的收入最大化，还要考虑自己对工作的热情、工作时间长短和灵活性，以及跟同事的感情。

　　任何电子表格都不可能计算出一个决定会对各项标准产生什么样的影响，也没有公式告诉人们怎样权衡每一个决定。然而，这并不重要。人们每天都能轻松地做出有多个目标的决定，他们借助的不是计算，而是判断——他们自己对每项标准重要性的内部评估。

　　但把复杂的权衡掩盖起来，说它们要靠领导者的判断来解决，这似乎是一种逃避。尽管几乎做出每一项日常决策都会用到判断，但这对企业来说并不是一个令人满意的解决方案。人们选择一份工作时，会将自己对薪酬、工作热情、工作时间、灵活性和同事关系的评价作为衡量标准。但领导者应该服务社会，而不是看他们青睐哪方利益相关者的个人偏好。诉诸领导者判断，给了领导者为所欲为的自由。如果领导者关闭了一家污染性工厂，他可以辩称环境最重要；如果他坚持让这家厂运转，他也可以声称就业最关键。领导者可以根据自己的判断为几乎任何决定找理由，因为他的判断犹如一个黑盒子，没办法对他进行问责。

――――――――――

　　① 倡导开明股东价值的人认为，单一目标（利润）消除了多重目标产生的权衡需求。如第二章所述，这对开明股东价值来说是个蹩脚的理由。举例来说，开明股东价值必须包括员工健康对利润的影响，这实际上就是要权衡健康对利润的重要性。但由于开明股东价值只考虑可以预测的东西，它干脆忽略了这些影响，抹杀了权衡问题的存在。

本章的其余部分将提供三条相互关联的原则，指导领导者在这些复杂的情况下做出判断，见表 3.1。倍增原则确保一项活动的社会收益超过其私人成本，向社会交付价值。比较优势原则与倍增原则相结合，确保一项活动的社会收益超过其社会成本，为社会创造价值。实质性原则与前两条原则相结合，使创造的社会价值最终有可能增加利润。接下来，一项活动通过为社会创造价值来创造利润——正如蛋糕经济学的定义。

表 3.1　指导领导者做出判断的原则

原则	满足	结果
倍增	社会收益＞私人成本	活动交付价值
倍增＋比较优势	社会收益＞社会成本	活动创造价值
倍增＋比较优势＋实质性	社会收益＞私人成本，且活动为实质利益相关者带来收益	活动通过创造价值创造了利润

让我们依次看一看这些原则。

倍增原则

倍增原则提出的问题如下：如果我花 1 美元在利益相关者身上，它会给利益相关者带来超过 1 美元的收益吗？换句话说，这项活动是否成倍增加了我对它的花费？如果不是，那么该活动的社会收益就会小于成本——社会净现值为负——因此该活动不能交付价值。企业可以将钱直接支付给利益相关者（如给员工更高的工资，或者给客户更低的价格），让他们更有效地使用这笔钱。

让我们把这一原则应用到苹果公司设置健身房的决策上。我们怎样评估对利益相关者（本例中为员工）的好处呢？我们可以看看当地健身房的收费，然后估计有多少员工会使用自家公司的健身房。两者相乘，可得到健身房给员工带来多少好处的下限，然后与成本进行比较。这只是下限，因为员工会更看重内部健身房，原因在于它便于使用，能够与同事进行社交。所以，能量化的东西是有局限性的。但这种计算仍然有用，因为它表明，不可量化的好处必须多大才能推翻该决策。假设苹果公司健身房的收费是每位员工每月 500 美元，而当地最好的健身房的收费是每人每月 100 美元。不可量化的收益不太可能高达 400 美元，因此这就违背了倍增原则。较之设置健身房，苹果公司可以支付更高的工资，一些员工就可以把这笔钱用来购买外部健身房的会员服务。

但这样一来，我们不是又回到计算了吗？是，但也不是。倍增原则提供了一套框架，所以，蛋糕经济学并不含混。但其计算方法与开明股东价值有很大的不同。开明股东价值者会问：如果我花 1 美元在利益相关者身上，它产生的利润会超过 1 美元吗？——这里问的不是给利益相关者带来 1 美元的收益。它追寻的是投资的私人净现值，而非社会净现值。私人净现值的计算要困难得多，因为很难估计健身房对苹果公司利润的影响——我们不知道健身房能避免多少人请病假，也不知道苹果公司会为此付出多少代价。但我们可以通过考察其他健身房的收费情况，估计自家健身房给员工带来的好处。重温第二章所介绍的术语，去另一家健身房的成本较为确定（我们可以获得相关数据），也并不太遥远（如果苹果公司没有健身房，员工现在就会花钱健身，所以我们无须假设贴现率）。

健身房是一个简单的例子，因为我们可以通过考察当地健身房的收费情况来估计它的社会收益。在更复杂的情况下，计算社会净现值仍然可行。在附录 A 中，我们借用了社会影响咨询公司布利吉斯潘

(Bridgespan）和影响力投资者睿思基金（Rise Fund）开发的框架，计算了两个假想项目（酗酒和性侵犯）的社会净现值。类似地，影响力加权会计倡议（The Impact Weighted Accounts Initiative）正在设计一套框架来估计企业外部性的美元价值。

不过，并非所有投资都能这样计算。如果一家企业允许一名员工休假一天从事志愿者工作，那么，从财务角度计算给员工或慈善机构带来的价值很困难。这里，倍增原则提供的是一套框架而非计算。经理应该考虑员工和慈善机构的（非经济）收益是否超过给员工放假一天给企业造成的成本。人们随时都在做这样的非经济决定。经理兴许会考虑自己也花一天当志愿者，权衡一下类似的收益和成本。尽管这些收益和财务无关，但与对长期利润的影响相比，它们仍然没有太大的不确定性，也并不太遥远。员工立刻就能从休息日中受益，还可从为自己关心的事业做贡献中获得成就感；慈善机构从该员工的志愿服务中获益。反过来说，志愿者活动对员工的生产力有多大的影响、他辞职的可能性有多大，就很难估算了。

重要的是，倍增原则不仅适用于创造社会价值的活动，也适用于减少社会危害的活动。新比利时啤酒公司（New Belgium Brewing Company）网站上的能源栏目名称为《我们是新比利时，我们污染环境》，这就是个认可倍增原则的突出例子。它接着称："我们酿造啤酒。这意味着我们使用能源并排放温室气体。由于新比利时的核心业务对环境有多重影响，投资 1 美元减少污染可能带来的环境收益，远远超过 1 美元。"因此，该公司在位于科罗拉多州柯林斯堡的打包厂厂房屋顶上安装了 1 235 块太阳能电池板，为员工提供自行车，方便他们在50 英亩的厂区内出行。该公司还采取了不同凡响的措施，引入了征收能源税的做法。每从外部购买 1 千瓦时的能源，它就会抽出资金用于提高能效和可再生能源项目——考虑到该公司的能源使用量，所有这些都有倍增效应。

比较优势原则

虽然倍增原则可以指导领导者拒绝一些活动，但它本身是相当薄弱的，条件很容易满足。向慈善机构捐款往往符合这一原则。如果绿色和平组织资金紧张，又有一项重要行动需要资金支持，那么1美元对 ACS 来说比对苹果公司来说更有价值。因此，仅以倍增原则来看，苹果公司应该将大部分利润捐赠给 ACS。同样，苹果公司应该允许无家可归者在员工食堂免费用餐（主餐时间以外），因为食物给无家可归者带来的好处超过苹果公司付出的成本。故此，领导者需要额外的原则来指导决策。

比较优势原则（我们之前接触过）提出了以下问题：我的企业通过这一活动是否比其他企业交付了更多的价值？如果是这样，也只有在这样的情况下，在企业内部开展活动才能做大蛋糕。比较优势原则比倍增原则更严格，因为它要求利益相关者的收益不是超过1美元（1美元投资的私人成本），而是超过其他人用1美元能交付的价值（社会成本）。换句话说，一家企业需要比其他企业更好地满足倍增原则。只有这样，它才能创造价值，而不仅仅是交付价值。

慈善捐赠虽然能满足倍增原则，但不符合比较优势原则。即使企业的1美元捐赠对 ACS 来说值2美元，但不管是投资者还是员工捐赠，它也值2美元，所以他们的捐赠同样有效。事实上，正如第二章所讨论的，个人捐赠会更有效，因为他们可以支持自己选择的慈善机构。

那苹果公司允许无家可归的人到员工餐厅吃饭呢？苹果公司花费1

美元购买的食物，可能会为饥肠辘辘的无家可归者提供 1.5 美元的收益。但施粥处可能会把 1 美元变成 3 美元，因为它在为无家可归者提供食物方面具有比较优势。它确切地知道什么食物最能满足无家可归者的营养需求，而且，施粥处厨房离他们睡觉的地方很近。苹果公司在为无家可归者提供食物方面没有比较优势，所以它不应该这么做。相反，它可以向员工支付更高的工资，或向投资者提供更高的利润，由这两者自行向施粥处捐款。

但如果公司食堂有多余的食物，而这些食物本来最终会被处理掉，那么，捐赠这些食物确实具有比较优势。这时，1 美元的食物实际上的成本是 0 美元，因为没有机会成本。如果苹果公司花费 0.30 美元将食物分发给无家可归者将给他们带来 1.5 美元的收益，那么花费 1 美元将产生 5 美元的收益，所以苹果公司应该捐赠剩余的食物。事实上，三明治连锁店 Pret a Manger 每天营业结束时都会这么做。企业在服务社会方面可能具有比较优势，这是弗里德曼所忽视的，他认为企业应该专注于利润增长，让投资者来支持社会事业。

应用比较优势原则并不要求一家企业计算自己用某些资源所创造的价值，并跟其他企业可能创造的价值进行比较。相反，它只需要认清自己的比较优势是什么。有两种情况通常满足这一原则。首先，一家企业在它直接控制的任何活动中一般都具有比较优势。虽然慈善机构可以资助癌症研究、为无家可归者提供食物，但只有苹果公司能对其塑料包装施加影响——所以，苹果公司在减少塑料包装方面具有比较优势。松下公司在缩短员工通勤时间方面具有比较优势，因为只有它才能决定员工办公地点。故此，它把办公楼选址定为离员工家更近的地方，通过减少开车出行来保护环境，通过减少通勤时间使员工受益，通过让员工住得离学校、亲朋好友和日常活动场所更近，也使社区受益。

其次，一家企业可能因为它的专业知识而具有比较优势。许多慈善机构成功地将药品运送到发展中国家，但更棘手的挑战是，把这些药品送到有需要的家庭或医生那里。这就是可口可乐公司所着手的地方。它的核心竞争力之一是发达的物流和供应链管理，可以将产品分销到世界上所有国家的几乎任何地区。通过"最后一英里"项目，可口可乐公司与几个非洲国家的卫生部分享了这方面的专业知识，让后者能够最有效地提供药品——包括通往农村家庭或医院最艰难的最后一英里。该公司为什么不利用自己的物流优势，向学校发放书本呢——这是另一项有价值的事业？原因在于它的相对优势来自冷藏运输（因为它出售饮料），而这一专业背景对疫苗至关重要，因为疫苗必须冷藏。"最后一英里"项目的使命声明说明了该公司的目的："如果你能在非洲几乎任何地方找到可口可乐的产品，为什么不能找到救命药？"①

现在，让我们来看看，如果有几项活动都满足倍增原则，怎样运用比较优势原则来确定企业应该从事哪些活动。食品饮料公司达能在包装方面产生的废料，对环境产生了倍增影响。它在改进包装材料方面也具备比较优势，因为它直接控制包装材料。由于这两项原则都得到了满足，达能承诺，到2025年让每一件包装都可重复使用、可回收或可堆肥。

但这还不足以让达能减少其对环境的影响。它必须确保包装真正得到了回收。这包括两个步骤。首先是鼓励客户发挥自己的作用。由

---

① 除了分销之外，"最后一英里"项目还利用可口可乐公司的营销专长，增加对艾滋病预防、治疗和护理等保健服务的需求。

于其强大的品牌和客户参与度，达能在这方面具有比较优势。例如，2019 年 4 月，达能矿泉水品牌依云发起了一项"扔得好"（Flip it For Good）的参与活动，让顾客在社交媒体上发布一段自己将瓶子"扔"进回收桶的视频。其次是建立有效的回收系统。达能在这方面没有比较优势，因为回收系统超出了它的专长和控制范围。所以，它成立了达能生态系统基金，与地方社区和政府合作，投资于回收基础设施，确保垃圾收集人员在安全的环境中工作，并获得公平的报酬。

实质性原则

比较优势原则仍可能过于薄弱。一如前文所讨论，企业在它直接影响的每一项活动中几乎都具备比较优势，因此，它可以对自己所控制的一切无限制地投资，不给投资者留下利润。由于专业知识是比较优势的来源，一家拥有高质量劳动力的企业在许多外部活动中也会具备比较优势。苹果公司可以让自己的工程师指导当地的大学生进行设计和创新来创造价值。稍微改动一下蛋糕经济学的定义：它将为社会创造价值，但并不是在为社会创造价值的同时创造利润这一副产品。

这就是实质性原则发挥作用的地方。它提出以下问题：活动所造福的利益相关者对企业具有实质性意义吗？实质性有两个来源。其一，我们称之为业务实质性，指的是利益相关者对企业业务具有怎样的重要意义。实质性最初是一个法律概念，强调企业需要披露的风险。例如，环境对能源企业是有实质性意义的，因为如果能源企业不减少碳足迹，客户、员工和投资者将会离开，它们的利润率可能会受到碳税的打击。但蛋糕经济学除了强调"不作恶"之外，还强调"积极行善"的重要性，因此业务实质性也体现了利益相关者对企业未来价值创造的重要性。像康宁和菲尼萨这样的供应商对苹果公司来说尤其重要，因为它们提供定制的高科技零部件——故此，苹果公司通过先进制造基金（Advanced Manufacturing Fund）来支持它们。但对一家使用化学品作为原材料的塑料或涂料制造商来说，供应商就不那么重要了。对总部位于新加坡的农产品综合企业奥兰（Olam）来说，当地社区和环境至关重要。奥兰公司的产品包括可可、咖啡、坚果、香料和大米。社区提供工人和顾客，土地和水是重要的生产资源。因此，奥兰公司确立"负责任种植"的核心宗旨，以保护环境、革新自己所在的社区为目标。相比之下，社区和环境对在线票务服务商天巡（Skyscanner）等在线服务公司来说就不那么具有实质性意义。它可以从世界各地雇用员工，在世界各地提供服务，使用很少的自然资源。

此外，实质性不仅可以从利益相关者层面定义，还可以从利益相关者议题的具体层面定义。环境对饮料行业和矿业都具有实质性意义，但水的消耗对前者尤为重要，颗粒生产对后者尤为重要。员工对很多行业来说都具有实质性意义，但在科技等创新行业，思维的多样性尤为重要。客户对任何企业都很重要，但在金融服务和社交媒体领域，数据隐私尤其重要。

可持续会计准则委员会（Sustainability Accounting Standards Board）设计了一份实质性导图，指出不同的利益相关者和利益相关者议题的实质性在各个行业有怎样的不同。图3.1是一份摘录。当然，即使在同一行业，实质性在不同企业也不一样。一家企业可以把可持续会计准则委员会的实质性导图当作起点，然后根据自己所处的独特环境加以优化。

虽然一家企业对所有成员都有责任，但它优先考虑的必然是最具实质性意义的成员，因为对其进行投资最终更有可能提高利润。事实上，我们将在第四章展示，证据表明，只有对实质性利益相关者进行投资，才能提高股票长期回报。蛋糕经济学并不是要一视同仁地投资

		日用品行业	采矿及加工业	金融行业	食品饮料行业	医疗保健行业
维度	一般性议题分类					
环境	温室气体排放		■		■	▨
	空气质量		■			■
	能源管理	▨			■	■
	水及废水管理		■		■	▨
	废料及危险品管理		■			
	生态效应		■			
社会资本	人权及社区关系		■			
	客户隐私	▨				
	数据安全				■	
	获取及支付能力			▨		▨
	产品质量与安全	■			▨	■
	客户福祉				▨	▨
	销售实践和产品标签			■		
人力资本	劳动实践	▨	▨			
	员工健康与安全		■		▨	
	员工参与、多样性和包容度	▨				▨

■ 该议题对该领域超过50%的行业可能具有实质性意义。
■ 该议题对该领域不到50%的行业可能具有实质性意义。
□ 该议题对该领域任何行业可能都不具有实质性意义。

图 3.1　可持续会计准则委员会实质性导图

所有利益相关者，为各方提供所有东西，而是要展现出洞察力和克制力——知道哪些利益相关者具有实质性意义，哪些没有。

　　请注意，业务实质性与计算有些微妙的区别。它不需要计算投资将提高多少利润，甚至不需要确定投资通过什么渠道实现这一点——只要认识到，如果一种利益相关者具有实质性意义，那么，为该利益相关者创造的价值可能会回流到利润当中。考虑到员工实质性，苹果公司建健身房最终可能会提高利润。苹果公司不需要仔细审查每个健康项目的财务影响；它只需明白，健康对员工有着实质性意义，员工对苹果公司也有着实质性意义，出于这样的原因，苹果公司把健康项目视为做大蛋糕的活动。

　　综合这些原则，如果一项活动让利益相关者获得收益，且其收益大于企业付出的成本，企业在该活动中具有比较优势，而且这些利益相关者具有高业务实质性，那么，一家企业应该进行该活动。这三条原则都应该得到满足，因为满足其中一条并不意味着自动满足另外一条。如果一家企业在某项活动中每投入 1 美元便创造出 1.1 美元，另一家企业则创造出 1.2 美元，说明前一企业满足了倍增原则，但并不满足比较优势原则。如果上面的数字分别改为 0.9 美元和 0.8 美元，那就说明，前一企业满足了比较优势原则，却不满足倍增原则。[①] 如果一项活动同时满足倍增原则和比较优势原则，企业也只应该在它造福了实质性利益相关者的条件下开展它。这提升了在创造社会价值的同时获得利润这一副产品的概率。

　　满足这三条原则可产生正反馈循环。如果遵循倍增原则和比较优势原则，那么，股东投资的每 1 美元，企业都能利用它来为利益相关者创造实质性价值。如果满足了业务实质性原则，则为利益相关者创造的价值更有可能回流到公司，并最终创造利润。

　　除了指导企业是否进行一项需要投资者花钱、造福利益相关者的投资之外，实质性原则还有助于对利益相关者进行权衡取舍。2016 年11 月，法国电力公司 Engie 宣布关闭位于澳大利亚维多利亚州拉特罗布山谷的黑兹尔伍德发电厂。这一决定导致 Engie 的 450 名员工和 300名承包商失去工作。消费者也受到了影响——黑兹尔伍德发电厂提供了维多利亚州 1/5 的电力，家庭平均电费在接下来的一年里上涨了16％。[10] 但 Engie 之所以做出这个决定，是因为当年早些时候，该公司宣布了一项环保优先的转型计划。时任首席执行官的伊莎贝拉·高珊

---

　　① 例如，目前还没有经济有效的方法可回收聚苯乙烯，所以企业不应该这样做。

(Isabelle Kocher) 说:"我们希望把投资完全集中在生产低碳能源上……我们正在重新设计公司的整个投资组合。"黑兹尔伍德发电厂是澳大利亚污染最严重的工厂,温室气体排放量占全国的 3%,也是世界上污染最严重的工厂之一。2005 年,世界自然基金会将其评为经合组织(OECD)成员中碳效率最低的发电厂。

回顾第一章,蛋糕经济学也包括补偿那些在行动中蒙受损失的人。因此,运用实质性原则做出关闭发电厂的决定后,Engie 划拨了 1.5 亿澳元的遣散费,平均每名员工 33 万澳元——差不多是最近城镇房价中值的两倍。它还参与了维多利亚州政府的拉特罗布河谷工人转移计划,帮助 150 名工人在拉特罗布河谷的其他发电厂找到工作。

实质性的第二个维度是内在实质性。利益相关者对企业来说可能是具有实质性意义的,因为企业关心他们,哪怕他们对企业的利润没有贡献。例如,无家可归者对 Pret a Manger 的业务实质性很低,但内在实质性很高,这就是为什么 Pret a Manger 会把卖剩下的食物提供给他们。另外,企业通常会对因其核心业务受损的利益相关者承担责任。可口可乐公司意识到自己大量消耗水资源会对环境产生不利影响,因此,除了降低用水量外,它还积极支持水利项目。2009 年,它发起了非洲水润行动计划(Replenish Africa Initiative,RAIN),投资 3 000 万美元,计划到 2015 年帮助 200 万非洲人改善获得安全饮用水的条件。[①]

内在实质性在蛋糕经济学中扮演的角色,与业务实质性有着微妙的不同。业务实质性原则结合倍增原则和比较优势原则,有助于确保创造社会价值的行动也能增加长期利润。因此,我们得到图 1.4 中的

---

① 这一目标现已实现。2016 年,该计划启动第二阶段,承诺提供 3 500 万美元,到 2020 年再帮助 400 万非洲人。

结果，其中整个蛋糕和每个成员分到的蛋糕块都变大了。但图 2.2 承认，在某些情况下，即使从长远来看，哪怕分到的蛋糕块更大，也会降低利润。内在实质性有助于领导者在存在权衡取舍的情况下辨别何时选择利润较低的项目。特别需要指出的是，如果收益将由企业深切关注的利益相关者获得，那么，哪怕利润下降得再多，这部分收益也更重要。①

故此，实质性原则是一条双向道路。即使利益相关者对你并无帮助（业务实质性低），你兴许也希望帮助他们。罗伊·瓦杰洛斯向西非人免费捐赠异阿凡曼菌素，是出于对他们生存的关心，哪怕他们对默克公司的利润并不产生实质性影响。然而，内在实质性也可能会出人意料地转化为业务实质性。我们在异阿凡曼菌素捐赠计划中看到，将价值交付给具有内在实质性的利益相关者，会激励投资者、员工、客户和供应商。最终，这可能会提高利润，哪怕利润从来都不是主要目标。所以，我们回到了图 1.4。

由于作用不同，内在实质性原则有时可能会单独使用，而不是与倍增原则和比较优势原则结合使用。后两条原则影响的是企业为利益相关者创造多少价值，但内在实质性原则衡量的是企业对利益相关者的关心程度。较之粉刷当地学校或保护河流，苹果公司的工程师在给大学生上课方面具备比较优势。但苹果公司可能更关心当地的学校和河流，因此选择启动支持它们的项目。与能源或制造业企业相比，投资银行在减少碳足迹方面没有比较优势。或许投资银行的高管们应该搭乘

---

① 为了解释这些罕见的案例，可将蛋糕经济学重新定义为"通过为社会创造价值来为投资者创造价值"，因为股东价值并不只包括利润。我们在整本书中采用了更简单的定义，因为如果股东价值包括社会价值，那么后者带来前者就显得重复了，故此，此处提出的这种定义所带来的实际指导意义较小。

飞机去赢下价值数百万美元的合同，并将收益投资于社会影响债券，以减少其他企业的碳排放。但是，投资银行有可能出于关心环境而制定减少航空出行的政策，它认为自己应该发挥作用，无论作用多么微小。

谁有权选择哪些利益相关者有着内在实质性呢？是投资者、领导者还是员工？理想而言，三者都应包括。我们将在第八章讨论，首席执行官不应在企业宗旨上独断专行，而是与员工一起构思。接着，他可以当面跟投资者讨论，就企业宗旨发起投票。这样一来，只有认同该企业宗旨的投资者才会持有该企业的股票。通过调动这些人，企业获得了它应有的投资者。

综上所述，本章的三条原则强调，一家负责任的企业必须具有洞察力和纪律性。责任不是一张"为所欲为"、罔顾利润的许可证。这一观点虽然似乎具有挑战性，但也令人放心。一些领导者可能乐于承担责任，但又担心由此一来就必须去解决世界上所有的问题，或是需要把利润放在次要位置。但事实并非如此，一家负责任的企业专注于自己最力所能及、对自身长期成功最重要的问题。

这些原则和洞察力的重要性凸显出蛋糕经济学是一套框架，而非一套计算工具。在做决策时，领导者不需要把蛋糕画出来，量化每一块将增长多少，再对每一块进行加权，以评估蛋糕是否整体有所增大。相反，做大蛋糕是首席执行官们的心智地图——我们后面会看到，它也基于证据。领导者应该寻求通过为社会创造价值来创造利润，这些原则帮助他们评估一项决策是否有可能做到这一点。

原则与问责

一如第二章的解释，支持开明股东价值的常见观点之一是，股东价值是一个明确的目标，能让领导者承担责任。只要背离了它，就有可能失去明确的准绳。例如，由美国各养老基金、基金会和捐赠基金组成的机构投资者理事会（Council of Institutional Investors）在商业圆桌会议发表宣言的同一天下午发表声明称："我们心怀敬意，但不能认同商业圆桌会议今天早些时候发表的宣言……对所有人负责，意味着对任何人都不负责。"

第一章讨论了"利益相关者资本主义"为什么通常意味着给予利益相关者与股东同等的优先权，它们内部彼此之间也有着同等的优先权。例如，欧盟委员会在 2020 年的利益相关者资本主义研究中提出，领导者应该"恰当地平衡"员工、客户、环境、社会与股东的利益。[11]同等听起来很诱人，但在实践中到底意味着什么并不清楚。Engie 关闭黑兹尔伍德发电厂，是否"恰当地平衡"了员工、客户和环境呢？如果关厂和不关厂都能找到理由，那么在利益相关者资本主义下就不存在问责制，因为任何决定都可以与利益相关者资本主义保持一致。把一切都交给首席执行官判断，既不会带来股东资本主义，也不会带来利益相关者资本主义，而是"管理资本主义"，也即领导者出于个人利益做决定，让股东和利益相关者分到的蛋糕块都变小了。

但这一章向我们揭示，在蛋糕经济学下，董事会、投资者和利益相关者仍然可以让领导者负起责任——但这靠的是运用原则，而非进行算计。他们可以仔细检查一项投资是否真的遵循了倍增原则、比较优势原则和实质性原则。这些原则强调，领导者并不是"对每个人都负责"，而是有责任解决对企业最重要的利益相关者议题，而且，该企业在解决相关议题方面具有倍增效应和比较优势。如果同类企业已经采取了满足上述这些原则的举措，但本企业的领导者并没有这么做，董事会、投资者和利益相关者便可以追究他的疏忽不作为之过。蛋糕经济学原则，介于开明股东价值具体但不可行的计算和利益相关者资本主义灵活但武断的判断之间。

此外，在蛋糕经济学下，问责还可能更为有力。股东价值包括一个项目的所有未来利润，其中一些可能要过很长一段时间才能显现出来，只能通过回头审视来衡量。因此，在评估一个决定之前，你可能要等上几年——这反过来又会让领导者变得不负责任。此外，很难区分有多少未来利润来自新的项目，而非企业现有业务或外部性。理论上，你可以在新项目启动时进行净现值分析。但第二章讨论过，哪怕是内部人士也很难估计无形投资的未来收益；对外部人士来说，这更难。任何计算都对假设高度敏感，而这些假设往往来自高管的预测——所以，高管会亲自挑选证明项目合理性的假设。我还在投资银行工作的时候，业内流传着这样一个笑话：委托人问我们应为一项收购出价多少，我们会回答"这么说吧，你愿意出多少?"——因为我们总能拿出分析，不管是什么样的收购价格，我们都能证明它的合理性。相比之下，评估一项投资是否满足上述三条原则时所需的假设就少得多了，降低了领导者反过来倒推投资合理性的自由度。

本章小结

• 做大蛋糕并不意味着忽视利润，因为利润在社会中扮演着关键角色。投资者包括退休人员和储蓄者（或代表他们投资的共同基金）、保险公司和捐赠基金。没有利润前景，企业就无法吸引资金；不产生利润，企业就无法为未来的投资提供资金。

• 做大蛋糕并不意味着做大企业。一家企业只有在产生的价值超过所用资源的机会成本时，才创造了价值。投资不应该不受约束，这就需要考虑成本和收益，以及它的社会（而非私人）影响。蛋糕经济学采取的是社会视角。不投资兴许反而会让社会上的另一家企业利用同样的资源创造出更多的价值。

• 评估为社会创造价值是否也创造了利润，不能靠计算，而要靠判断。我们提供了三条原则来指导领导者进行判断：

1. 倍增原则问的是，较之企业所付出的成本，一项活动是否为利益相关者创造了更多的价值（不是为投资者带来了更多的利润）。

2. 比较优势原则问的是，一家企业是否通过该活动创造了比其他企业更多的价值。

3. 实质性原则问的是，利益相关者是否对企业具有实质性（业务实质性指的是影响企业业务，内在实质性指的是企业对他们的关心）。

• 上述三条原则允许董事会、投资者和利益相关者对领导者进行问责。事实上，这些原则可能会引发比开明股东价值更有力的问责，因为它们对假设的依赖性较小。

第四章 蛋糕经济学奏效吗？

——数据表明，企业既可以行善事，也可以经营得好

虽然蛋糕经济学作为一个概念听起来合情合理，但它在现实世界中不免显得太过美好，有些虚幻。要是一家企业真能在做大蛋糕的同时创造利润这一副产品，那它就太实用了。但许多企业似乎都忽视了利益相关者这样的事实就是在暗示蛋糕经济学在实践中并不奏效。就算蛋糕可以做大，但说不定需要太多投资，导致利润下降。图 2.2 可能是规律，而不是例外。

第一章中默克公司的故事，看起来像是支持蛋糕经济学的例子，其实并不一定。我完全可能研究过上万家企业，从中选出一个做大了蛋糕又赚到了钱的最合适的例子。一如导言中所说，对任何观点，你都能找到故事来加以支持。如果默克公司并未发起异阿凡曼菌素捐赠计划，它说不定更赚钱。

所以，我们还是看看证据吧（贯穿本书，我会时不时地喊出这句咒语）。做大蛋糕最终会让投资者受益吗？换句话说，利益相关者价值（也叫"社会绩效"）是否会提高股东价值（也叫"财务绩效"）？这就是我们将在本章中探讨的主题，我们将运用来自多个学科的严谨研究——不仅是金融和经济学，还包括战略学、市场营销、组织行为学和会计学。

任何研究的出发点都要先确定怎样衡量社会绩效。社会中包含各种各样的利益相关者，所以你通常会选择聚焦到一种利益相关者身上，比如说环境。接着，你可以选择绩效的输入指标（企业在环保倡议上花费了多少，或者企业是否有节能政策）或输出指标（企业减少了多少能源消耗，或者外部机构对其环保记录的评估）。再接下来，是确定怎样衡量财务绩效——市场份额、收入或利润。最后，你计算社会绩效与财务绩效之间的相关性。

这一相关性非常重要，已经有数百项研究对此做了调查。不同的研究人员会得出不同的结果，你要怎么找出整体共识呢？这里要用到的是元分析，它是指"对研究展开研究"，汇集各项研究的结果。约书亚·马戈利斯（Joshua Margolis）和詹姆斯·沃尔什（James Walsh）分析了 1972 年至 2002 年间的 127 项研究，得出这样的结论："出现了一个明确的信号……企业的社会绩效和财务绩效之间正相关，当然，很少有负相关的证据。"[1] 马克·奥里茨基（Marc Orlitzky）、弗兰克·施密特（Frank Schmidt）和萨拉·莱恩斯（Sara Rynes）进行的一项独立元分析得出了同样的结论。[2]

但这些元分析涵盖的研究只记录了相关性，并未记录因果关系。可能存在反向因果关系——高市场份额、收入或利润可能导致社会绩效，因为高市场份额、收入或利润使企业能够对利益相关者进行投资。或者，还有一些变量遭到了忽视——是第三个因素（如良好的管理）共同改善了社会绩效和财务绩效。除了相关性和因果性，还有其他许多考量：

• 一些研究使用了可疑的社会绩效衡量指标。早期的研究会直接询问管理层对某一种利益相关者有多么关心，但管理者哪怕并不关心，也会说自己关心。另一些研究使用了企业自己披露的信息，但它们可以假装善良，哪怕它们实际上并不——这种做法，叫作"漂绿"。还有一些研究使用了输入指标，也即为利益相关者支出了多少，但这难以说明此类支出能带来多少输出。一如第三章中的讨论，光是花钱并不能做大蛋糕。

• 一些研究使用了可疑的财务绩效衡量指标。市场份额、收入和利润全都未将风险考虑在内。聚焦于利益相关者资本的策略存在风险，因为如果企业陷入财务困境，它无法利用自己的环保记录来筹集资金。投资者在乎风险，这就是为什么他们要求股票投资比银行储蓄获得更高的回报。

• 一些研究着眼于短期，因此可能靠的是运气——这就好比，一个主张投资债券的人说，1999 年至 2009 年债券表现优于股票。这的确不假，但通常情况下，股票表现是优于债券的。

• 一些研究只考察了单一行业，并不清楚这些结果是否适用于其他行业。

深入挖掘

由于社会绩效对财务绩效的影响尚无定论，我决定自己研究一下。我首先要决定的是怎样衡量社会绩效。我选择了员工满意度（也即一家企业怎样对待员工），因为这方面存在一个特别好的产出衡量指标，那就是美国 100 家最值得效力的企业名单，由加利福尼亚州最佳职场研究所（Great Place to Work Institute）评选，1998 年开始每年在《财富》杂志上公布。这份榜单是最彻底的分析。它调查了 250 名各级员工，向他们提出 57 个问题，涉及诚信、公平、尊重、自豪和同事情谊。最佳企业分布在不同行业——1998 年，最具代表性的行业是金融服务（服务业)、消费品(低技术制造业)和制药(高科技制造业)。

这份榜单从 1984 年开始就可以查阅到,当时以独立发行的形式公布,后于 1993 年更新,最后才交由《财富》杂志代为公布。故此,我最初的研究覆盖到 2009 年,共有 26 年的数据[3];后来,我又把它延长到 2011 年[4]。其间包括两次大规模经济衰退:2001 年互联网泡沫的破裂和 2007 年的金融危机。由于 ESG 投资近年来才成为主流,其他大多数衡量社会绩效的产出指标也都是直到 21 世纪头 10 年才出现——而同期是历史上持续时间最长的牛市。因此,说社会绩效在 21 世纪头 10 年改善了财务绩效恐怕难以叫人信服,因为它或许暗示蛋糕经济学只有在经济上升期才能发挥作用。新冠肺炎疫情期间,处境艰难,企业兴许需要把每一分钱都存起来。

数据挖掘与伪相关

研究员工满意度还有第二个原因——有关它为什么可转化为财务绩效是存在清晰的逻辑关系的。在许多现代企业中,员工是最重要的资产:企业依靠员工赢得客户关系,研发新产品。更高的员工满意度,可以让企业招到和留住最优秀的员工,让他们更有动力,生产力更强。社会绩效的其他维度与财务绩效的联系就不那么清晰了,尤其是在不满足实质性原则的情况下。例如,在许多行业中,动物权利恐怕并不重要。

我们之所以期待社会绩效转化为财务绩效存在明晰的联系,在逻辑上有一个很重要的理由,那就是要避免数据挖掘问题。发现一项揭示了重大结果的研究能带来很大的回报。如果教授发现一个变量能预测股票回报率,那么,他有很大的概率发表新论文。

如果一家新成立的共同基金在发行说明书中宣称满足了该变量，便能吸引到投资者。故此，人们有动机去挖掘数据，进行上百次回归分析，将股票绩效与大量变量关联起来，努力找到一些有意义的东西。

其中一些变量兴许是合理的，比如首席执行官的奖金或教育程度。但如果是一些毫无意义的变量，哪怕是对它们进行 100 次回归分析，比如首席执行官的鞋子码数、姓氏中的字母数量或最喜欢的颜色，总会有 5 次回归分析纯属偶然地达到 5% 的显著性水平。这种偶然结果叫作伪相关性。你可能会发现喜欢红色的首席执行官表现更好——这是一种伪相关性，因为喜欢红色就能提高绩效是没有原因的。可一旦揭示出了关系，你总是可以编造故事来加以解释。你可以挖掘心理学文献，找到一项研究声称红色能激发支配能力，进而提高绩效——事实上，罗素·希尔（Russell Hill）和罗伯特·巴顿（Robert Barton）的确做过这样的研究。[5]还有可能，你发现喜欢红色的首席执行官表现更差，你会搜索相关研究，表明红色与失败的风险相关，并导致恐惧——这样的研究也存在，是由安德鲁·埃利奥特（Andrew Elliot）、马库斯·迈尔（Markus Maier）、阿伦·莫勒（Arlen Moller）和约尔格·迈因哈特（Jorg Meinhardt）进行的。[6]一些伪相关性已经出了名，比如"超级碗效应"。该效应指的是，如果美国橄榄球联合会（AFC）的一支球队赢得了超级碗，市场往往会下跌；如果赢得超级碗的是国家橄榄球联合会（NFC）的一支球队，市场就会上涨。一些顾问甚至建议利用这一效应进行投资。[7]但超级碗冠军何以会影响股市，完全找不到理由。

> 在当今的"大数据"世界有着无穷无尽的数据来源，计算能力也没有极限，挖掘数据的能力尤其令人担忧。金融学教授罗伯特·诺维-马克斯（Robert Novy-Marx）便戏仿这种能力，利用曼哈顿的天气、全球变暖、厄尔尼诺现象（太平洋的温度异常）、太阳黑子和行星的排列来预测交易策略的表现。[8]他诙谐地说："其他人似乎可以复制我的成功，尤其是考虑到……候选解释变量能很便利地获得、机器可读的候选解释变量数据呈指数增长，以及运行这类回归特别容易。"
>
> 因此，在查看数据之前，必须选择一种与财务绩效存在合理关联性的社会绩效衡量指标，这可以降低伪相关性的出现概率。

决定好怎样衡量社会绩效后，我接下来要决定的是怎样衡量财务绩效。此前的研究着眼于市场份额、收入或利润，它们会遇到如前所述的因果关系问题。所以，我研究的是未来的股票回报率。这很有帮助，因为股票回报率指的是股票价格从当前到明年的变化（加上股息）。要使股票回报率高，不光需要明年的股价高，还需要当前的股价低。股市在考虑财务绩效方面做得相当好——事实上，一种普遍的批评是，它过分关注财务绩效。如果公司当前的股价很低，这可能意味着当前的财务绩效也低。

那么，这怎么让我们更接近因果关系呢？假设虚构的企业"超级超市"出现在今年的最佳企业榜单上，再假设这是一个员工满意度高会带来未来更高财务绩效的世界。超级超市当前的财务绩效并不突出，所以股价仅为100。接下来的一年里，动力十足的员工们提高了公司的利润，将股价推高至120。假设市场回报率只有7%，而超级超市的股票回报率是20%，那么，它战胜了市场。

现在再来假设一个因果关系反过来的世界——员工满意度仅仅是

本就强劲的财务绩效带来的结果。由于超级超市利润高，当前它的股价就已达到 112，那么，股价涨到 120 的回报率是 7%，和市场没什么区别。因此，只有当员工满意度提高了财务绩效，而非反过来时（财务绩效提高了员工满意度），最佳企业才会打败市场。

因此，关注未来的股票回报可以减少因果关系颠倒问题，但此时仍然存在遗漏变量的问题。超级超市的股票回报率达到 20%，也可能是由于许多其他原因，而不是由于动力十足的员工。兴许，整个超市行业绩效都很好。兴许，超级超市是一家小企业，有证据表明，小型股往往强于大型股。[9]有可能，该企业近来绩效都很好，只是市场对此认识迟钝。还有可能，我认为市场长于整合利润的假设做得太草率——也许超级超市的股价当前就应该是 112，但市场错了，只给出了 100。

为分离出员工满意度的影响，我做了两件事。首先，我不光研究了超级超市，还研究了上市的每一家最佳企业。如果超级超市打败了市场，可能是因为它规模较小或近期绩效强劲。但如果许多家最佳企业（有着不同的规模、有着不同的近期绩效、来自不同的行业）都跑赢了市场，那么很可能是因为它们有着一个共同的因素——员工满意度。

其次，我控制了遗漏变量。只有当最佳企业分布在不同的行业、有着不同的规模、过往绩效不同的时候，研究它们的做法才奏效。但如果很多最佳企业都是科技公司，而科技行业本身就击败了市场，那么，哪怕员工满意度是个不相干的因素，最佳企业同样表现出色。

因此，我不光将超级超市与整个股市进行了比较，还比较了超市行业的其他企业，或其他近期绩效良好的小企业。我对每一家最佳企业也都做了同样的比较。如果最近绩效不佳的大企业"自动汽车公司"也在名单当中，我就把它与其他汽车企业或其他近期绩效不佳的大企业进行比较。因此，每一家企业都有了专门定制的对照组。除了行业、规模和近期绩效外,我还控制了其他几个因素,如股息、当前估值和股票交易量。重要的是,我还可以控制风险。目前还没有既定的方法来根据风险调整市场份额、收入或利润,但数十年的金融研究已经提出了调整股票回报的工具。最著名的是资本资产定价模型。我使用的是一个更复杂的版本,叫作卡尔哈特模型(Carhart model)。

我用了 4 年时间完成这项研究,以验证结果的稳健性,并排除了其他解释——包括这里没有考虑的另外几种解释。付出了这么多努力,研究了 1 682 个公司年之后,得出了什么样的结论呢?我发现,在 28 年的时间里,美国最值得效力的 100 家企业的股票回报率平均每年超过同行 2.3%~3.8%。这累积起来是 89%~184%。

幅度可信吗

研究人员通常都想要发现重大结果,因为这会让他们的研究结论更引人注目。每年 2.3%~3.8%,持续 28 年,这是不容小觑的数字。如果一位基金经理连续 5 年超过市场表现 2%,人们就会认为他技术高超。故此,在更长的时间段里实现了更高的绩效,显然很扎眼。

但我们还必须检查这些结果是否太大以致失去了可信性。一项研究发现,如果有一种交易策略每年都超过市场 20%,任何投资者都会惊讶得咖啡杯掉到地上,而且推特上人们会铺天盖地地转发这种策略。尽管有理由相信有些交易策略每年能产生 2.3%~3.8%的超额回报,但在任何合理的时间段之内,你不太可能每年超过市场表现 20%。该研究可能只考虑了很短的时间段,或并未控制其他因素。如果一种商业实践真的让一家企业每年超过同行 20%,那么,凡是不采用这种实践的企业,很快就会被逐出市场。

> 很少有人做过这种诉诸现实世界的理智核查。大多数人都明白，对于那些看起来"好得难以置信"的交易——特价旅游、汽车或电视机——需要谨慎对待。但对于证据，人们往往欠缺同样的谨慎态度。研究结果越惊人（声称能带来极高回报的交易策略或商业实践，或是说能减掉多少磅的减肥药），就越能吸引注意力。尽管赚钱和减重的机会的确存在，但每年赚 20% 或一夜之间治愈肥胖症的事情，是不太可能发生的。

同行审阅

你兴许好奇为什么我花了 4 年时间才发表论文，而媒体、咨询公司和投资机构随时都在发布说明商业实践或交易策略回报情况的研究。这是因为，我经受了严格的同行审阅，使得这篇论文在严谨程度上远远超过单靠我一个人的努力所能达到的地步。这也解释了为什么本书主要借鉴的是顶级学术期刊所发表的研究。

我寄去的论文被第一份期刊拒绝了，相关人员说我的研究结果"有趣但令人费解"。编辑和同行审阅人员都不相信市场是低效的，也不相信会产生一种有利可图的交易策略。哪怕你能打败市场，他们也很怀疑员工满意度这样缥缈的东西是否靠得住。因此，我必须更清楚地解释为什么员工满意度可能会提升企业价值，而不是浪费开支。我必须澄清为什么哪怕员工满意度有价值，也可能遭到市场忽视。

一旦遭到期刊拒稿，你就没法把这篇论文再寄给同一刊物了。于是，我又把它提交给了第二份期刊，但也遭到了拒绝。当时，我只研究了截至 1998 年《财富》杂志公布的最佳企业榜单。副主编担心，数据的时间跨度太小，无法得出概括性结论，尤其是同一时期还包含了互联网泡沫。而且，他还担心，我的结果可能是由少数表现异常的个股推动的，这些个股使得"最佳企业"投资组合整体表现优于市场，哪怕大多数个股表现不佳。同行审阅人员还说，我需要查明员工满意度高会带来更高股票回报的机制——是什么导致最佳企业的股价上涨？有可能员工满意度实际上并没有价值，但市场错误地认为它有价值，因此对员工友好型企业会给出更高的估值。

所以，我又重新开始，查阅了1984年和1993年以图书形式发布的名单，将研究追溯到1984年，并针对副主编的担忧，消除了异常值的影响。为了提供关于这一机制的进一步证据，我研究了最佳企业的未来利润——如果员工满意度改善了招聘、留任和激励，这应该能提升绩效底线。但仅仅研究利润还不够。如果一家最佳企业公布了创纪录的利润，但股市已经预期到这一点，股价应该就不会变动。因此，我将最佳企业的季度利润与高盛、瑞士信贷等机构股票分析师事先预测的利润进行了比较。[①] 我发现，最佳企业系统性地超出了分析师的预期（也叫"盈利超出预测"），导致它们的股价大幅上涨。事实上，2.3%～3.8%的年涨幅中，有很大一部分出现在财报发布日。

我只剩最后一次机会了，因为只有三份金融期刊被视为顶级期刊，可凭借在它们上面发表的研究，在沃顿商学院获得终身教职。第三份期刊的同行审阅人员也有很多担忧，但他至少没有径直拒绝，而是给了我"修改并重新提交"论文的机会，尝试解决这些问题。我必须让他相信，这种战胜市场的幅度是可信的（参见"幅度可信吗"专栏），

---

① 股票分析师，也叫股票研究分析师，负责撰写股票评估报告。股票评估报告通常包括买进、卖出还是持有股票的建议，以及对未来收益的预测。

并反驳股票回报率上升的其他三种解释：第一种，社会责任基金购买了最佳企业的股票，因为它们将员工满意度作为选股标准，而它们的购买推高了股价。第二种，员工满意度高的企业具有良好的公司治理，正是后者带来了较高的回报。第三种，员工满意度可能在任何方面都无关紧要，但市场错误地认为这是一种浪费，并按折扣价对最佳企业做了估值，较高的后续回报只是把折扣又添补了回来。

我解决了这些问题，对论文做了重大修改，并给同行审阅人员写了一封长达 17 页的信，解释自己是如何回应这些问题的。但他仍然不满意，并要求再次修改。我需要将一直留在榜单上的企业与后来新增或除名的企业进行比较，以确保结果并不主要受 1984 年的最初榜单所推动。如果近年来的榜单主要受原始榜单所推动，那么，结果可能不光不具备普遍性，还很令人费解：为什么最佳企业榜单上的企业 20 年后仍能产生更高的回报？我还得研究最佳企业的优异绩效能持续多长时间——这个话题我稍后会再讨论。除了所有审阅人员的具体担忧，由于距离我最初撰写这篇论文已经过去了 4 年，所以我必须更新最近这 4 年的数据，保证结果仍然有效。

终于，论文通过了。

这一切意味着什么

经受了持怀疑态度的编辑和同行审阅人员这么多年有凭有据的考问，我终于发表了一项研究，表明善待员工的企业绩效也很好。这看似有点缺乏冲击力。快乐的员工比不快乐的员工更有效率，这不是显而易见的吗？我真的有必要浪费 4 年时间来揭示一些人们凭常识就能猜到的事情吗？

事实上，这一结果远没有听起来那么显而易见。以好市多超市为例。[10]2014 年，好市多给员工的工资是每小时 20 美元，几乎是美国零售业员工平均工资（11.39 美元）的两倍。[11]它为其中 90％的人提供医疗保险——部分原因是兼职员工在入职 6 个月后就有资格获得医疗保险，而在其竞争对手沃尔玛工作则需要 2 年。好市多在美国所有的主要公共假日都闭店不营业，哪怕这些日子的营业利润特别高（因为顾客不用上班，有时间出门购物）。但好市多关闭门店，让员工也能与家人一起放假休息。所有这些政策导致的成本很高，甚至把一些股票分析师和投资者逼到发狂。《商业周刊》援引一位股票分析师的牢骚："（好市多的）管理层专注于……员工，损害了股东利益。在我看来，我干吗要买它的股票呢？"[12]还有人抱怨说，"分给员工的东西，都是从股东口袋里掏出来的"。[13]

这就是分蛋糕思维。它假设好市多能产生的价值量是固定的，故此，多分给员工的部分必然是牺牲了投资者的部分。《华尔街日报》一篇文章的标题[14]也表达了这种思维：《好市多困境：是善待员工，还是善待华尔街》。关键词为："是……还是……"

但蛋糕大小不是固定的。以工资、医疗保险或假期的形式分给员工的每 1 美元，都可以提高他们的生产力和士气，增大他们留下来的可能性。于是，员工可能会付出 2 美元的劳动把蛋糕做大，因此，投资者获得了收益，并不是损失了 1 美元。好市多首席财务官理查德·加兰蒂（Richard Galanti）在同一期《华尔街日报》上说："从第一天起，我们经营企业的理念就是，如果我们的薪酬高于平均水平，提供一份能维持生活的薪酬，拥有积极的环境和良好的福利，我们就能够聘用到更好的员工，他们也会在企业工作得更久，工作效率也更高。"事实上，组织行为学学者英格丽德·史密斯·富勒默（Ingrid Smithey

Fulmer）、巴里·格哈特（Barry Gerhart）和金伯利·斯科特（Kimberley Scott）发现，在最佳企业工作的员工的确更乐意留下来。[15] 在我着手研究前后，好市多的员工流动率是17%（入职一年后即降到6%），相比之下，沃尔玛为44%。[16] 由于更换一名员工的成本大约是其年薪的1.5～2.5倍[17]，故此，减少人员流动成本对股东来说是件好事。正如好市多的首席执行官吉姆·辛内加尔（Jim Sinegal）所说，"我们的薪酬比沃尔玛高得多。这不是利他主义，而是一桩划算的生意"。

说到生产力和士气，组织经济学家丹尼尔·西蒙（Daniel Simon）和杰德·德瓦罗（Jed DeVaro）发现，客户满意度也更高，这可能是因为干劲足的员工会设计出更好的产品，在与客户的互动中更加主动积极。[18] 这或许可以解释为什么我发现，不管是在制造业、服务业、高科技行业还是在低技术行业，成为一家最佳企业都能带来类似的回报。[19] 起初，我认为员工满意度在苹果这样的公司更重要，因为它们的员工通过创新，会对公司绩效造成显著影响。然而，在诸如零售业等行业，员工同样是实现积极客户体验的关键，同样有价值。

所以，我们可以把"是……还是……"变成"既……也……"将员工视为企业的合作伙伴，而不是一种可以利用的资源或一种需要最小化的成本，这对员工和华尔街都有好处。做大蛋糕并非不可能之事——投资员工，也是在为投资者考虑。

员工之外

我的研究表明，善待员工从长远来看会让投资者受益，但这项研究并未讨论其他利益相关者是否会受影响。幸运的是，有一些研究使用了类似的方法加以检验。市场研究人员克莱斯·福内尔（Claes Fornell）、苏尼尔·米萨斯（Sunil Mithas）、福里斯特·摩根森（Forrest Morgeson）和 M. S. 克里希南（M. S. Krishnan）调查了客户满意度和股票回报之间的联系。1997 年至 2003 年间，美国客户满意度指数排名前 20％的企业获得的回报几乎是道琼斯工业平均指数的两倍。[20] 同样，这个结果并不像表面上那么显而易见。如果提供更低的价格、更量身定制的产品和免费的售后服务，客户满意度会提高，但这些措施可能会降低利润。事实上，现在让我们把前述《商业周刊》上股票分析师的牢骚补充完整。该分析师的完整抱怨是，"（好市多的）管理层专注于客户和员工，损害了股东利益"。

在环境方面，创新投资战略价值咨询公司（Innovest Strategic Value Advisors）推出了一项"生态效率"指标，用于表示一家企业产品和服务的价值与其产生的废料之比。杰伦·德瓦尔（Jeroen Derwall）、纳迪亚·京斯特（Nadja Guenster）、罗伯·鲍尔（Rob Bauer）和谢斯·考迪克（Kees Koedijk）发现，1995 年至 2003 年间，该指标排名靠前的股票每年比排名靠后的股票高出 5％。[21]

还有一种方法不是聚焦于某个利益相关者群体，而是将覆盖多方利益相关者的企业绩效进行汇总。KLD 是一家顶尖的 ESG 数据供应商（现为摩根士丹利资本国际所有），根据 51 个利益相关者问题对企业进行打分，这些问题涉及 7 个主题：社区、治理、多样性、员工关系、产品、环境和人权。会计教授莫扎法·汗（Mozaffar Khan）、乔治·塞拉菲姆（George Serafeim）和亚伦·尹（Aaron Yoon）研究了 1992 年至 2013 年间的 2 396 家企业。他们发现，在 ESG 方面得分高的企业，绩效仅比市场高出 1.5％，在统计上不显著（换句话说，这个幅度太小，可能纯属偶然）。[22] 这项研究似乎并未有力地支持蛋糕经济学。

但这里有个转折。回想一下实质性原则，只有向具有实质性的利益相关者交付价值，最终才会使投资者受益。上述研究者根据本书第三章的可持续会计准则委员会设计的实质性导图，根据每家企业所在的行业，将这 51 个问题分为实质性问题和非实质性问题。在实质性问题上得分高的企业，绩效比市场高出 4.83%。因此，对一家企业来说，只在少数几项上做得好，并在其他方面表现出克制，实际上比全面做得好更好。不加区分地投资于利益相关者不能为投资者带来长期价值，但有针对性地投资于实质性利益相关者则可以。

有必要停下来思考一下上面的结果。一些投资者用打钩的方式对企业进行评估。如果一只股票获得的肯定多，满足了更多的利益相关者的需求，它将被视为更好的投资。但如果一只股票优先考虑各方利益相关者，那么，它可能就不会更优先考虑股东。想为所有人做所有事，一家企业最终可能变得对任何人都不值一提。

上述所有研究针对的都是股东回报，而迈克尔·哈林（Michael Halling）、余锦（Jin Yu）和约瑟夫·策希纳（Josef Zechner）则针对企业的债务利率做了调查。[23]人们普遍认为，负责任的好处是，企业能以更低的成本筹集资金，这可能是因为，在人们眼里，心怀宗旨的企业是更稳妥的投资对象。虽然你无法观察到股东在投资一家企业时期望获得多高的回报，但你可以观察到债券持有人在这方面的期待——因为这一期待跟他们收取的利率相符。这三名研究者发现，更高的整体社会绩效拉低了利率，这似乎是负责任企业的一场漂亮仗。

但深入挖掘后，他们发现，与产品相关的维度才是最重要的。环境、社区和人权得分其实反而与更高的利率有关，尽管结果在统计上并不显著。此外，随着时间的推移和行业的变化，能对绩效产生积极作用的特征会有所变化。随着时间的推移，员工关系在经济衰退期间失去显著性。但在工人稀缺的繁荣期，良好的员工关系确实会降低利率——或许是因为这有助于留住员工和开展招聘。从行业来看，在农业、林业、渔业和采矿业（环境在这些行业可能有着实质性意义），环境得分和低利率相关。但在交通、通信和贸易领域，社区得分高反而会提高利率，这或许暗示企业把焦点放到了不重要的问题上。

请注意，最后两项研究并不意味着企业应该只聚焦于具有高业务实质性的利益相关者。企业永远都可以选择优先考虑对自己有着内在实质性的其他利益相关者。研究仅仅表明，这样做或许不会提高长期回报。如果股东愿意牺牲长期回报来追求社会目标，这没问题——正如第二章所强调的，股东福祉不仅仅包含股东价值。然而，领导者和投资者应该意识到，这是一种权衡取舍——而不是像通常所说，社会绩效总能提高财务绩效。

还有一种方法考察的不是对利益相关者投入进行投资所实现的产出，而是着眼于以利益相关者为导向的政策的使用情况，这是一种投入指标。这方面的例子包括支持员工技能培训、提高用水效率或根据人权标准选择供应商的政策。鲍勃·埃克尔斯（Bob Eccles）、扬尼斯·约安努（Ioannis Ioannou）和乔治·塞拉费姆（George Serafeim）精研了企业的年报和可持续发展报告，并采访了 200 多名高管，调查企业是否真的采纳了相关政策（而不是单纯地宣布有这方面的意图）。1992 年之前就采取了政策的企业，在 1993 年到 2010 年间，比那些说到没做到的企业业绩要好 2.2%～4.5%。[24] 引人注目的是，在 1992 年，负责任的企业还远远没有成为主流——哪怕 10 年后，也只有十来家《财富》500 强企业发布过可持续发展报告。企业不会因为来自监管机构、投资者或公众的压力而被迫采取以利益相关者为导向的政策。

相反，它们这么做是出于自愿，因为它们希望自己的业务能为社会服务。

这一观察很重要。目前，负责任的企业在一些国家仍处于萌芽状态——当地投资者忽视社会绩效，也少有公众监督。这些国家的情况跟 1992 年的美国类似。因此，那些特别具有前瞻性，并自愿持有"做大蛋糕"思维的企业，可能成为未来的赢家。由于大多数企业不关注社会价值，故此，关注社会价值的企业应该享有独特的竞争优势。

掌握了这些证据，我们再回过头去看第二章中企业应该追求利润还是社会价值的讨论。确实存在一些不太可能反映在利润上的真正的外部性。但研究结果表明，真正的外部性比人们通常认为的要少。企业一般认为的外部性长期而言实际上会影响利润。综上所述，研究得出以下结论：为了实现利润，要沿着宗旨的道路走下去。

着眼于长期

上述研究的第一点含义是，一家企业的成功跟它向利益相关者交付的价值有关。因此，服务社会是首席执行官级管理层应该重视的问题，它是企业怎样经营的基础，并不是可有可无的额外任务，可以交给企业的社会责任部门。

第二点含义更发人深省，而且带来了一个重要的转折。做大蛋糕对投资者有利，但仅限于长期。这些研究使用的所有指标都来自公开信息。例如，拥有近 2 000 万线下和线上读者的《财富》杂志，每年的 2 月号都会大张旗鼓地发布"最佳企业"榜单。如果股市有效（也即，如果它能很好地将信息纳入考量），那么，《财富》杂志 2 月号在 1 月中旬刚一出现在报刊售卖点，所有最佳企业的股价都应立刻猛涨。

等到 2 月 1 日我开始计算股票回报率的时候,股价应该已经很高了,那么,在此之后,最佳企业的表现不应继续优于市场。故此,研究暗示,市场并未对榜单做出充分回应。

而且,市场的低迷不仅仅持续两个星期(从 1 月中旬到 2 月 1 日)。我发现,它持续了 4 年多。这一出人意料的结果表明,只有当最佳企业公布更高的季度收益时,市场才开始注意到该企业。结果还表明,即使是专业的股票分析师也没有意识到员工满意度会提高生产力——这就是为什么他们会低估最佳企业的收益。

这一结果揭示了股市对什么进行估值、不对什么进行估值。市场并不直接对诸多无形资产进行估值,而是等它们日后显现出有形成果(如利润)。故此,做大蛋糕的思维需要长远眼光——善待其他利益相关者的确有利于投资者,但仅限于长期。对于社会绩效的其他指标也是如此。客户满意度、生态效率和以利益相关者为导向的政策都是公开信息,只是要过很长时间才会影响股价。我们在第二章中强调,股东价值最大化并不意味着短期利润最大化。在这里,我们还想强调,股东价值最大化并不意味着短期股价最大化——由于市场效率低下,股价忽略了一些对长期利润和股东价值至关重要的因素。巴菲特说过,"你支付的是价格,你得到的是价值"。这是股东价值不可能"最大化"的另一个原因——我们可以研究一项决策对股价有怎样的影响,但这并不能反映它对股东价值有怎样的影响。

市场反应迟钝给企业带来了挫败感。领导者能够在不从股市获得任何直接回报的条件下做大蛋糕。但这种迟钝对聪明的投资者来说颇具吸引力。优秀的企业不见得总是划算的投资。如果一家企业很优秀,而且人人都知道它优秀,投资者得到多少东西,就会花多少钱。光因为"元"(原名为脸书)是社交媒体的领导者而购买它的股票毫无意义，因为人人都知道这一点，所以它的股票很贵。划算的投资指的是，一家企业比其他所有人想到的都更优秀。利益相关者资本就是这种隐秘宝藏的典型例子：它最终会带来利润，但市场并没有意识到这一点。一些投资者（比如在《商业周刊》上刊文的分析师）沉迷于分蛋糕思维，认为利益相关者价值是牺牲股东回报换来的。又或者，他们懂得利益相关者资本的重要性，但认为它难以考量。你兴许知道一家企业有一支敬业的员工队伍，但不知道这些信息会怎样改变你估值电子表里的"利润"栏。

这一结果对社会绩效指标的重要性具有深刻影响。传统观点认为，社会标准和财务标准是冲突的。为了追求社会目标，如改进职场惯例，股东必须牺牲财务回报。因此，只有兼具社会目标和财务目标的"对社会负责的投资者"才应考虑社会标准。然而，研究结果表明，哪怕是单纯以财务为目标的投资者，也应该这样做——虽然通常会把社会绩效称为"非财务因素"，但从长远来看，它往往会变成财务因素。因此，《联合国负责任投资原则》将"对社会负责任的投资"与"负责任的投资"进行了比较：后者是利用社会标准来实现纯粹的财务目标。

但我希望更进一步。我们不仅可以去掉形容词"对社会"，还可以去掉形容词"负责任"。考虑社会绩效等财务实质性因素并不是"负责任"投资的专属领域——它就是简单明了的投资。事实上，投资原则——不仅仅是负责任投资——指的是，你只能通过选择尚未被市场充分定价的因素来战胜市场。出于这个原因，社会标准恐怕应该优先于财务标准，因为前者更有可能遭到忽视。

这一观察对投资者教育也有影响。资产管理公司、商学院和专业机构通常专注于教导投资者怎样分析资产负债表和损益表，但它们有责任使这种培训覆盖社会绩效——否则，它们的员工、校友和会员将失去工作。用计算机基于财务绩效选择股票的"智能贝塔"基金近年来规模大幅增长，到 2017 年 12 月突破了 1 万亿美元。[25] 如果基金经理和投资分析师希望免遭人工智能取代，就必须培养新的能力，去分析机器无法分析的东西。

为避免混淆，本书仍将使用社会标准进行投资的行为称为"负责任投资"，因为这是标准术语。但我希望，将来再不必这么做——只有当这个概念消失了，我们才能宣称负责任投资已经成为主流。没有"财务投资"这样的术语，因为人们理所当然地认为投资决策应该考虑企业的财务绩效。总有一天，企业的社会绩效也将成为理所当然的考量因素。

在实践中，帕纳萨斯奋进基金是负责任投资的一个例子（它的前身为帕纳萨斯职场基金）。它创办于 2005 年，当时只有一项投资标准——员工满意度。米尔特·莫斯科维茨（Milt Moskowitz）是该公司的顾问之一，也是 1984 年和 1993 年最佳企业榜单的共同作者。到 2017 年，该公司的年回报率为 12.2％，而标准普尔 500 指数的年回报率为 8.5％。同一年，投资研究提供商晨星发现，在所有投资于大型成长型股票的基金中，帕纳萨斯奋进基金在每一个时间段里（从第 1 年到第 10 年）都是绩效最佳的基金。[26]

危机中的负责任投资

人们对负责任投资的普遍担忧是，它可能只在经济上行时才能带来回报；一旦形势艰难，资金吃紧，企业就应专注于短期生存。但另一种观点认为，在危机中，责任也许更有价值，因为人们对企业的信任度较低，而通过服务社会建立起了信任的企业可能会获得独特的优势来抵御风暴。

为判断哪种观点正确，我们再次来看看证据。卡尔·林斯（Karl Lins）、亨利·塞尔瓦斯（Henri Servaes）和阿内·塔马约（Ane Tamayo）考察了 2007 年到 2013 年间的 1 673 家企业。跟莫扎法·汗及其合著者的实质性研究一样，他们发现，KLD 得分高的企业通常并不能跑赢市场。[27]但当他们深入研究金融危机时，发现得分高的企业比得分低的同行绩效要高 4%～7%。有趣的是，利益相关者资本的影响，仅为现金持有和杠杆的影响的一半，而现金持有和杠杆可以说是决定一家企业能否度过危机的最重要因素。得分高的企业还有着更高的利润率、销售增长率和人均销售额。在另一个不同的危机时期（安然和世通欺诈丑闻曝光期间），它们的表现同样出色。

那么，新冠肺炎疫情期间的情况又是怎样的呢？疫情暴发后不久，多项研究预示了 SRI 基金或 ESG 得分高的企业表现多么出色。这些研究得到了媒体的广泛报道，读者们也欣然接受——但这里确认偏误恐怕发挥了作用。一项研究发现，负责任企业在 2020 年 2 月底至 3 月底期间表现出色，一时间大获称赞。然而，要是研究发现的结果恰好相反，负责任企业的倡导者就会抨击该研究太过短视——一个月的时间太短，不足以评估业绩。因此，哪怕研究结果对支持者有利，我们也应该采取同样的怀疑态度。另一些分析发现，ESG 的强劲表现完全是由于行业效应（ESG 投资组合侧重于科技，对能源依赖小），或是未能控制其他变量。

在撰写本书期间，判断负责任企业是否在疫情中表现出色还为时过早。一些学者认为此类企业确实表现出色，但还有学者得出了相反的结论。[28]不过，我们确实知道，在此前的经济低迷时期，利益相关者资本获得了回报，跟人们的担忧（也即认为利益相关者是只在经济繁荣时期才有意义的奢侈品）并不吻合。但金融危机、安然和世通欺诈丑闻冲击了公众对企业的信任，因此，值得信赖的企业表现优于其他企业是合乎情理的。相比之下，新冠肺炎疫情并非企业所造成的，故此它不应该使得人们丧失对企业的信任。当然，一些企业的反应是不负责任的，可另一些的反应却是十分英勇。说新冠肺炎疫情期间社会绩效必定有益于财务绩效，显然还为时过早，但目前也没有证据表明社会绩效对财务绩效有害。

进一步确定因果关系

将社会绩效与未来的股票回报（而非市场份额、收入或利润）联系起来，让我们更接近因果关系。但这并不能完全证明因果关系。虽然我控制了许多其他因素，如行业、规模和近期绩效，但我只能控制可观察到的东西。一些观察不到的东西，比如管理质量，是无法控制的。这里，盈利意外检验能帮上忙。我们有理由假设，分析师在预测盈利时考虑了管理质量——他们一直在跟企业领导者交流，并不断进行评估。既然最佳企业能够战胜这些预测，那么，一定是管理质量之外的东西提高了它们的盈利能力。但这仍然是一个假设，无法直接验证。

了解因果关系的另一种方法是考察当企业社会绩效的消息传出时，它的股价会发生什么样的变化。这种消息是企业社会绩效的突然变化，因此不太可能与管理质量、财务绩效或其他任何方面的变化相关。事件分析的另一个好处是，这些事件既可能是正面的，也可能是负面的，前一节中的研究大多使用的是社会绩效的正面指标（如最佳企业榜单），此类指标表明良好的绩效有帮助，但并不能说明糟糕的绩效会造成伤害。

菲利普·克鲁格（Philipp Krüger）研究了 1 542 起负面利益相关者事件，发现这些事件使股价平均下跌了 1.31%，即 9 000 万美元。与社区或环境有关的负面事件影响最大，降幅超过 3%。[29] 战略学教授卡洛琳·弗莱默（Caroline Flammer）关注的是环境事件。正面消息，如某企业推出回收计划，平均能抬高股价 0.84%；而负面消息，如排放有害废物，平均将拉低股价 0.65%。[30] 实际上，有数不清的例子表明，负面利益相关者事件会损害哪怕是全球最顶尖企业看似不可撼动的声誉，反过来也损害投资者的利益。大众汽车公司在排放测试中作弊、元与剑桥分析公司分享用户数据、富国银行创建虚假银行账户的消息，使得这几家公司的市值分别蒸发了 280 亿欧元、950 亿美元和 350 亿美元。[31]

但事件研究仍然不能完全确定因果关系。即使消息与社会绩效明确相关，它也可能是更普遍的管理能力信号，而市场可能会对此做出反应。如果一家企业排放了有害废物，也许是首席执行官几乎无法控制企业内部情况。所以，弗莱默在另一篇论文中进行更深入的挖掘，并使用了一种完全不同的方法。她研究了投资者提案，即股东要求企业采取特定的行动方案。这种行动有可能事关财务——如支付更多的股息——但弗莱默关注的是与社会绩效有关的提案。2018 年，43% 的美国股东决议涉及此类问题。所有投资者都要在公司的年度股东大会上投票表决。这种提案并不具备约束力，哪怕提案通过，公司也可以选择对它置之不理，但在通过的提案中，有 52% 最终得以实施。

这里有两个最近的例子。以下提案是针对汽车座椅和电子系统供应商李尔（Lear）的：

　　股东们要求公司承诺在其国际供应商和自己的国际生产设施中执行基于上述国际劳工组织人权标准和联合国《跨国公司人权责任准则》的行为守则，并承诺采用外部独立监督程序来促进对上述标准的遵守。

另一份提案是针对 HCC 保险公司的[32]：

　　股东要求管理层在上述原则的基础上实施平等就业机会政策，禁止基于性取向和性别认同的歧视。

提案是企业社会导向的突然变化，不太可能与（比如说）管理质量的突然变化吻合。但仅考虑这一点，并不能解决因果关系的问题。提案有可能来自一家大型投资者的参与——并且正是这一投资者更普遍的参与（并超过了提案的要求）改善了绩效。所以，弗莱默使用了一种叫作断点回归的方法。她比较了以微弱优势通过的提案（得票率略高于 50%）和因微弱劣势未获得通过的提案（得票率略低于 50%）。李尔公司的提案因 49.8% 的得票率未获得通过，HCC 保险公司的提案以 52.2% 的得票率通过。一份提案是以微弱优势通过还是因微弱劣势未获得通过，实际上是随机的。这不太可能是由积极参与的投资者造成的，因为这样的投资者会将得票率从 49.8% 提高到（比如说）70%，而不是 52.2%。

　　弗莱默仔细研究了 1997 年到 2012 年间的 2 729 份提案。她发现，较之因微弱劣势未获得通过的提案，以微弱优势通过的提案能让股票回报率提高 0.92%。由于通过的提案有 52% 的概率得以实施，采纳提案能将股东价值平均提高 1.77%（0.92%/52%）。重要的是，这种增长来自做大蛋糕，而非分蛋糕——运营绩效、劳动生产率和销售增长率也在提高，这表明社会导向既能鼓舞员工，也能鼓舞客户。

根据原则进行投资的重要性

尽管蛋糕经济学主张对利益相关者的投资最终会让股东受益，但它也强调，进行此类投资需要依据相关原则。第三章介绍了三条原则，以指导领导者了解应该进行哪些投资、拒绝哪些投资。

有什么证据表明这些原则事关重大呢？莫扎法·汗及其合著者、迈克尔·哈林及其合著者的研究，凸显了实质性原则的重要性。由于外部研究人员很难估计一项投资所创造的社会价值，故此，考察倍增原则和比较优势原则十分棘手。然而，我们可以研究一种明显违背了比较优势原则的常见投资（慈善捐赠）带来的影响。

在第二章，我们讨论了慈善捐赠会使得领导者选择自己喜欢，而非受投资者、员工或客户青睐的社会事业。事实上，罗恩·马苏里斯（Ron Masulis）和瓦利德·雷扎（Walid Reza）发现，62%的企业向其首席执行官担任受托人、董事或顾问的慈善机构捐款。而且，在美国，企业以高管或董事名义进行的捐赠被认为是薪酬的一种形式，因此必须对此信息进行披露。这让马苏里斯和雷扎得以研究这种捐赠的价值影响。如果一家企业首次宣布进行了此种捐赠，并且捐赠对象是与该企业董事有关联的慈善机构，该企业的股价会下跌 0.87%。如果套用到 104 亿美元的上市公司平均规模上，这就相当于 9 000 万美元。[33] 有趣的是，平均捐赠额在 100 万美元左右。哪怕投资者预料到每年都会有这样的捐赠直至首席执行官离任，捐赠额也不可能达到 9 000 万美元。那么，为什么企业价值下跌这么多呢？因为捐赠只是冰山一角。

如果首席执行官向跟自己有关联的慈善机构捐赠，他很可能还会在其他诸多不符合原则的方面花钱，从而破坏企业价值。

蔡晔（Ye Cai）、徐瑾（Jin Xu）和杨珺（Jun Yang）单独考察了对与企业独立董事有关联的慈善机构的捐赠。[34]独立董事理应让领导者对绩效负责，但领导者向与他们有关联的慈善机构捐赠，或许会博得他们的好感。蔡晔、徐瑾和杨珺发现，这会让首席执行官的薪酬增长9.4%。如果慈善机构跟薪酬委员会（董事会决定薪酬的小组）的成员有关联，该增幅会更大；如果慈善机构跟薪酬委员会主席有关联，增幅是最大的。更糟糕的是，如果领导者向与董事会大部分成员有关联的慈善机构捐赠，那么，他因绩效不佳而遭解雇的概率会变小。这种自利行为是以牺牲投资者为代价的——股票回报率每年下降2.4%。

这些研究强调了董事会和股东仔细审查企业对利益相关者进行投资的重要性，特别是，这些投资是否符合三大原则。领导者有私人动机进行某些投资，哪怕它们并不满足三大原则，而这么做会使蛋糕变小。

硬币的另一面

那么，为什么蛋糕经济学并未在更大的范围内获得采纳呢？因为有必要承认，证据并不全都是对它有利的。

在前面，我提到过帕纳萨斯奋进基金，它是负责任投资成功的一个例子。但这仅仅是一只基金，算不上证据。最具挑战性的不利证据之一是，ESG基金总体上并没有跑赢市场。卢克·雷内布格（Luc Renneboog）、任克·特·霍斯特（Jenke Ter Horst）和章辰迪（Chen-di Zhang）发现，在美国和一些欧洲与亚洲国家，ESG基金每年的绩效比市场要差 2.2%～6.5%，尽管在控制了风险后，这些差异并不明显。[35]同一组研究人员进行了一项独立的元分析，得出的结论是：在英国和美国，ESG 基金的表现与非 ESG 基金类似，但总体而言在欧洲和亚洲绩效欠佳。[36]从公共投资转向私人投资，"影响力基金"指的是既有社会目标又有财务目标的基金。布拉德·巴伯（Brad Barber）、阿代尔·莫尔斯（Adair Morse）和保田彩子（Ayako Yasuda）研究了过去 20 年的 159 只此类基金，发现它们每年的绩效比传统风险投资基金差 3.4%。[37]

一些 ESG 倡导者隐瞒了这些发现。有人在《金融时报》上声称："ESG 策略绩效出众是毫无疑问的。"[38]遗憾的是，这一说法并不正确，但人们往往由于确认偏误不加批判地接受它。我们希望生活在一个道德投资行之有效的世界里——我们希望好人赢，我们可以假装不需要处理第二章和第三章中讨论的一切令人尴尬的权衡取舍。[1]《福布斯》上的一篇文章提及一项未发表的元分析，该分析发现 ESG 策略绩效更佳[2]，并解释说："通过与对更好的业务、更佳的公司治理和可持续发展的未来感兴趣的人进行多次对话来做出判断，这份新报告的前提是准确的。"[39]但一份报告准确与否，取决于它的科学严谨性，而非那些"对更好的业务感兴趣"（故此也就倾向于更喜欢这样的结果）的人认为它准确。1963 年，女歌手曼迪·赖斯-戴维斯（Mandy Rice-Davis）曾在

---

① 值得称道的是，英国《金融时报》随后公布了一封信，凸显了证据的模糊性：David Tuckwell, 'Case on ESG Investing is Far from Closed', Financial Times（28 November 2017）。

② 这项元分析研究了社会绩效和股票回报之间的联系，和本章之前提到的约书亚·马戈利斯和詹姆斯·沃尔什，以及马克·奥里茨基、弗兰克·施密特和萨拉·莱恩斯 2003 年所做的元分析不同，后两者研究的是财务绩效的其他指标。

英国首相哈罗德·麦克米伦（Harold Macmillan）政府名誉扫地的审判中作证，她的证词常被转述为：“他们就会这么说，不是吗？”

那么，我们必须认真对待这一事实：大多数 ESG 基金表现不佳。但大多数 ESG 基金或许并不是在实践蛋糕经济学。许多基金利用筛选来评估一家企业是否为社会创造了价值。如果某只股票不符合某一标准（如董事会多样性不足），或落到了错误的范畴（如属于石油和天然气行业），它就会被筛选出来。事实上，我们在第二章提到过，在采用 ESG 策略投资的 30.7 万亿美元中，筛选是最受欢迎的方法（占 19.8 万亿美元）。该方法有三点不足之处，可以解释 ESG 基金平均绩效为何不佳。

首先，打钩式指标是肤浅的：往好了说，不够完整；往坏了说，易于操纵。说它不完整，举例来说就是，有时人们会用董事会中少数族裔的比例来衡量多样性，但这往往并不能反映董事会思想的多样性或支持发表不同意见的文化，更不能反映出这些因素在企业上下是否普遍存在。说它易于操纵，举例来说就是，一家不关心多样性的企业，也可以任命一位属于少数族裔的董事来打钩评判。

其次，按标准打钩筛选是一刀切的方法。它假设更好的社会绩效总是对投资者有利，但这忽视了蛋糕经济学的核心原则——实质性。莫扎法·汗及其合著者的研究表明，投资于非实质性利益相关者问题并不会提高回报。

打钩筛选法最重要的缺点或许在于它失之零碎，缺乏整体性——如果一家企业不符合一种标准，不管其他方面绩效有多好，其也会遭到自动排除。特别是，大多数标准强调的是“不作恶”（而非“积极行善”），这可能会排除掉整个行业。排除能源股是一种常见的筛选方法，但劳伦·科恩（Lauren Cohen）、乌米特·古伦（Umit Gurun）和阮越国（Quoc Nguyen）发现，较之其他所有领域，能源股产生了更多的和更高质量的"绿色专利"（解决环境问题的创新）。[40]能源企业是"棕色"化石燃料资产和"绿色"可再生能源投资项目的组合，后者的前景有望超过前者带来的负面影响。

即使所在的行业并未被排除在外，"不作恶"的条件也会导致一家创造出了巨大价值的企业遭到筛选。在第二章中，我们讨论了苹果公司怎样提供具备增长和发展机遇的激励性工作环境，但许多社会绩效指标都没有将这一方面反映出来。相反，这些指标往往还聚焦于员工争议。而苹果公司在这方面表现不太好，人们批评它工作时间长、工作文化紧张、向"天才吧"的员工支付最低工资、供应商工厂里的劳工关系恶劣（据说曾逼得一些员工自杀）。[41]诚然，这些争议是负责任投资者应该大力关注的严重问题，但不应该在不考虑积极因素的条件下对其进行评估。没有一家企业能在每个方面都完美无缺：同样的企业文化，对一些员工来说是有助于自己扩展能力的激励文化，对另一些人来说可能是高压陷阱。评估员工满意度的复杂性意味着，不能把它简化为打个钩就能搞定的选择题。我们将在第六章讨论，正确地评估社会绩效，必须亲自下基层——如果你考察的是一家零售连锁企业，你必须去看看它的门店。但一些投资者持有太多股票，没有能力这么做，只能在办公桌上做出这些判断。

衡量一家企业对一方利益相关者的贡献已经很难了，更何况蛋糕分配还涉及多方利益相关者。亚马逊是一家做大蛋糕的企业吗？它对客户来说是福音：以低廉的价格提供成千上万种产品，其在线平台让客户能够比较产品的规格和其他客户的评价。它有助于环保：缩减了开在黄金地段的实体店（而是在土地不太稀缺的地方修建仓库），还允许客户转售二手货（而不再是直接丢弃）。但它对员工的态度就好坏参半了。亚马逊的仓库工作时间长，劳动强度大，工伤发生率高，技能培训少。据称，一些工人不敢上厕所，因为距离太远，可能会使他们因怠工而受到处罚，所以他们改用瓶子以备不时之需。[42]与之相对的是，2018年，领英的一项调查显示亚马逊为美国最受欢迎的雇主。亚马逊对环境的整体影响也同样不清楚，因为前述益处必须跟大量使用纸板包装和运输资源这两点相互权衡。

蛋糕经济学包括权衡取舍。做出权衡取舍需要领导者的判断，评估权衡取舍则需要投资者的判断。贴有"社会责任"标签的基金绩效不佳，或许不是因为社会绩效有损财务绩效，而是因为这些基金未能恰当地评估社会绩效。从概念上说，对社会责任投资使用筛选或排除法永远不会带来更好的绩效，因为这只是限制了投资者的可选范围。我们在第九章会介绍一种新的社会责任投资方法，把社会绩效和财务绩效综合起来加以考量。由于综合考量拓宽了投资者用到的信息集合（尤其是将通常遭到市场忽视的信息包含在内），它有可能产生显著的超额绩效。

所以，社会责任投资者的绩效并不能说明社会责任投资的绩效，因为很多投资者可能没有正确地执行。"社会责任投资行之有效"或者"社会责任投资不管用"这类说法没什么意义，因为社会责任投资意味着许多不同的东西，一如"食物对你有好处"和"食物对你有害处"这种说法没有太大意义，因为这取决于食物的类型。同样，社会责任投资者的绩效也不能说明社会责任企业的绩效。ESG基金不光评估社会绩效，还会着眼于领导力和战略等传统标准。它们当然应该这么做，但这些评估可能会出错，一如传统基金经常在这些方面犯错。实际上，传统基金的绩效也逊于市场，但这并不意味着投资者在选股时应该忽视领导力和策略。

另一个让人难以忽视的事实是，"罪恶"行业的绩效优于其他行业。哈里森·洪（Harrison Hong）和马辛·卡珀奇奇（Marcin Kacperczyk）发现，在长达 42 年的时间里，酒精、烟草和游戏行业的绩效每年都比最密切相关的非"罪恶"行业（汽水、食品、娱乐和餐饮）高出 3.2%。[43]但这并不是由于分蛋糕，也即这些"罪恶"行业通过销售让人上瘾的产品从非"罪恶"行业抢走了客户。如果是这样的话，它们应该会赚到更高的利润，而上述研究者并未揭示这一点。相反，他们发现，养老基金和大学等机构投资者会避开"罪恶股"，因为这些机构可能由于社会规范无法持有这些股票。由于只有少数投资者（即那些持有高风险头寸的投资者）可以不受社会规范约束持有"罪恶股"，因此，较高的回报只是对风险的补偿。

最后，即使是支持蛋糕经济学的研究，或许也不能得出普遍性结论。本章提及的所有论文都研究上市公司，因为它们有股票回报——它们减少了人们对反向因果关系的担忧，还可以对风险进行调整。然而，大多数研究还表明，盈利能力有所提高，所以这一结果很可能也适用于私营企业（非上市公司，它们没有股价）。此外，蛋糕经济学的概念性争论并不专门针对上市公司，比如它怎样促成原本有可能遭到否决的长期投资。但私营企业社会绩效和财务绩效之间的联系尚未严格得到证明，希望未来的数据集能够做到这一点。

此外，前述结果或许无法扩展到其他国家。我与卢修斯·李（Lucius Li）和章辰迪一起，把我对美国最值得效力企业的研究扩展到全球范围。[44]全球 45 个国家都评出过最佳企业榜单。我们找到了另外 13 个国家，它们都有着足够多在当地设有总部并上市的最佳企业（也即不仅仅是美国企业的子公司），方便对其进行研究。在美国得出的最初结果基本能站住脚——在 13 个国家中的 9 个，最佳企业的回报率甚至高于美国最佳企业。

但它们并不总是站得住脚。在法国和德国等劳动力市场监管严格的国家,最佳企业的绩效并不出色。这也有其道理。在这些国家,法律已经保障工人享有体面的福利,如提供解雇保护。如果普通企业已经对员工很好,那么在榜单上最靠前的企业可能会在员工满意度上过度投资。

这一结果很重要,原因有二。首先,它强调即使是证据(本书的基石)也有局限性。证据不是证明。证明是放诸四海而皆准的。当阿基米德证明圆的面积是圆周率 π 乘以圆半径的平方时,他所证明的不仅适用于公元前 3 世纪古希腊的圆,也适用于现代希腊的圆乃至全世界的圆。但证据可能只适用于数据被收集的国家或行业,也就是说,能证明美国最佳企业绩效出色的证据,并不意味着它们也能用于证明法国企业绩效也出色。证据还可能存在适用的时间段。未来,股市可能会更快地意识到员工满意度的好处,因此投资者无法在榜单公布后再购买相应企业的股票以获得更高的回报。其次,一如第三章所强调的,研究结果表明,追求社会价值也不应该不受约束。如果投资超过了社会收益大于所支出成本的平衡点,这就是在缩小蛋糕,而不是在做大蛋糕。

这些研究的结论是什么?蛋糕经济学并不是一个好得令人难以置信的白日梦。为利益相关者服务,确实能为投资者带来更高的长期回报,但不是在所有情况下都能做到。所以,尽管企业的首要目标应该是为社会创造价值,但以一种有辨识力的方法来实现也很重要。这种方法的基础是第一部分介绍的概念和原则,我们将在第二部分基于证据讨论可行的改革方向,在第三部分介绍行动计划。

本章小结

• 许多研究发现，社会绩效和财务绩效之间存在正相关关系。然而，也可能是反向因果关系——后者导致了前者。研究股价未来的变化，可以削弱反向因果关系，因为财务绩效应该已经包含在当前股价中。

• 在长达 28 年的时间里，"美国最值得效力的 100 家企业"的股票回报率每年比同行高出 2.3%～3.8%（复合回报率为 89%～184%）。它们产生的未来利润也超出了分析师的预期。

• 客户满意度、生态效率、利益相关者导向的政策，以及在实质性利益相关者议题方面的绩效，也跟卓越的长期股票回报相关。然而，不顾实质性，在所有利益相关者议题方面表现良好，跟卓越的长期股票回报无关。

• 即便一家企业为利益相关者产生的价值现在就可以衡量，但这一价值需要几年的时间才能体现在股价上。故此，投资者和社会在评价领导者时须用长远眼光。

• 如果改善社会绩效的股东提案得以通过，股票回报率会提高。对比那些以微弱优势通过和因微弱劣势未获得通过的提案，可以发现一些遭到忽视的变量——这些因素既可推动股东提案，也可拉动社会绩效。

• 社会责任投资（SRI）基金的绩效通常并不优于市场，但这可能是因为社会绩效很难衡量，而不是因为它是一项糟糕的投资标准。这凸显了在评估社会绩效时按标准打钩这一方法的危险性。

• 即便社会绩效在一个行业或国家与财务绩效相关，或许也并不适用于其他行业或国家。这也不意味着，无限制地提高社会绩效就一定能提高财务绩效。

第二部分

是什么做大了蛋糕？

这一部分研究做大蛋糕方式方法的证据。现在，有几乎无限种做法可增加企业为社会创造的价值，更优秀的领导力、先进的生产技术和敏锐的营销无疑是有益的。我们在这里并不研究此类机制，因为蛋糕经济学并不能从独特的角度去考察它们。在阅读本书之前，你已经知道优秀的领导力、生产和市场营销非常重要。考虑到它们为投资者和利益相关者都创造了价值，你不需要用做大蛋糕的思维来理解它们是否值得。

相反，我们将专注于蛋糕最具争议性的三个决定因素——高管薪酬、投资者尽责管理和股票回购，因为在人们眼里，这些能让领导者和投资者受益，却牺牲了利益相关者。这也是为什么它们成了世界各地重大改革倡议的主题。但我们会发现，从蛋糕经济学的视角来看待这些因素（意识到蛋糕的大小并不是固定的），会改变我们对它们的看法。领导者和投资者受益，并不需要以牺牲利益相关者为代价，只需要本着为所有人的利益做大蛋糕即可。这不是一厢情愿的想法，而是已经由大规模的严谨证据所证实。仔细审视数据还会发现，许多关于薪酬、投资者和回购的常见观点，当前正塑造着具有影响力的改革设想，实际上却并不正确。

第五章讨论的是高管薪酬问题，有人认为它牺牲了工人的利益，喂肥了高管。第六章讨论的是尽责管理（投资者的监督和参与），有人认为，尽责管理会迫使企业将短期利润置于长期增长之上。第七章分析了股票回购，据说，股东们利用它来榨取本可投资于利益相关者的资金。

我承认，一些担忧确有根据，这些机制有可能遭到不当利用。但我也将提出证据，证明如果设计和执行得当，它们可以做大蛋糕。这里的关键词是"设计和执行得当"——当前的情况并非总是如此。我会提出一些方法，可大大改善高管薪酬、尽责管理和股票回购的现行做法。也就是说，我认同普遍的看法，即它们需要改革。但如果我们意识到蛋糕可以做大，我们应该进行的改革就变得完全不同了。

第五章　奖励措施

——奖励长期价值创造，阻止短期博弈

2010 年 4 月，巴特·白克（Bart Becht）成为英国人头号公敌，这不是因为他在担任利洁时（Reckitt Benckiser）首席执行官期间犯下了什么欺诈、伤害客户或虐待工人的罪行（在许多人眼里，他的罪行要严重得多）。有新闻爆料说，2009 年，他拿到了 9 200 万英镑的薪酬，打破了此前英国高管的薪酬纪录。

媒体迅速表达了愤慨。一家报纸认为，巴特的薪酬"把人惊得必须躺下好好休息一阵"[1]。如果高薪能让你变成外星人，那么"巴特·白克就是《神秘博士》里的皇帝戴立克"。该报还打出了一张制胜王牌，把巴特的薪酬跟据称导致了 2007 年金融危机的银行家高额奖金联系了起来（这必定会激起读者的愤怒），担心"银行家所享受到的过高待遇……正蔓延到其他行业"[2]。该报认为，银行家拿高薪甚至有可能比巴特更合理，因为"至少银行家会做一些能把你脑袋搞晕的事情"[3]。利洁时出售的不是担保债务凭证（CDO）或流动收益期权票据（LYON），而是有着实际名称（而不是那种只有令人费解的首字母缩写的代号）的家用产品——如滴露消毒液、使立消润喉糖和渍无踪去污剂。所以，经营这样一家企业"不需要高深科学"。

巴特是个不愿抛头露面的工作狂，讨厌哪怕只是一丁点的不体面。一年后，2011 年 4 月 14 日，他毫无征兆地辞职了。然而，他的离开并没有引发胜利游行。一年前曾抨击他是一个脱离现实的外星人的记者，现在却并未主动邀功，说是自己的批评逼得他辞了职。人们也没有庆祝英国朝着更平等的收入前进了 9 200 万英镑的距离。

因为事实是无可辩驳的。巴特离职使利洁时的市值蒸发了 18 亿英镑，几乎是他 2009 年薪酬的 20 倍。失去巴特给蛋糕带来的大范围损失，比能够重新分配给其他利益相关者的那一份蛋糕要高出几个数量级。一些股票分析师现在建议卖出利洁时的股票。天达银行称巴特辞职是一起"极为负面的事件"，因为"他的影响怎么说都不过分，我们认为利洁时现在面临着不确定的未来"[4]。

分析师们明确表达的担忧和市值下跌 18 亿英镑并不能证明巴特的价值。或许，巴特的高薪欺骗了市场，让市场误以为他很特别。但利洁时随后的绩效验证了这些担忧。2011 年之前的 5 年里，销售额、营业收入和净利润分别以每年 14.0%、21.4% 和 21.0% 的速度增长。可之后的 5 年，上述数字分别降为 0.0%、−1.1% 和 −0.2%。从人的角度来看，衰退更加具体——雇员人数每一年都低于 2011 年。

巴特与利洁时呼吸与共，执掌帅印 15 年。1995 年，他先是担任了班克瑟（Benckiser）的首席执行官。1999 年，班克瑟与利洁时科尔曼（Reckitt & Colman）合并，他领导了合并后的公司。[5]他并不是个待在象牙塔里的首席执行官，而是一个愿意把自己的手弄脏的人——从字面意思来说，他仍然会自己打扫房间，因此被戏称为"男仆白克"；从比喻义来说，他会跟基层客户打交道。巴特解释说："我会跟店里的客户交谈。我问他们为什么要选择这些产品，接着去他们家里，看看他们为什么会那样洗衣服。如果你不喜欢干这一行，你就不应该从事这份工作。"[6]

他的领导显然是成功的。自 1999 年合并以来，利洁时的股价从 7

英镑飙升至他薪酬曝光那天的 36 英镑以上。这代表哪怕抛开股息，公司也为投资者创造了 220 亿英镑的价值，利洁时成为过去 10 年富时 100 指数中表现排第四的公司。更重要的是，巴特是个做大蛋糕的人。这些股东的收益并非来自价格欺诈，而是来自为所有利益相关者创造价值。

客户在巴特的领导下受益。尽管家用产品看上去平平无奇，利洁时却因创新而广泛得到认可。它获得了 2009 年《经济学人》杂志创新奖，成为哈佛大学和欧洲工商管理学院创新案例研究的主题。利洁时不是简单地把钱到处乱花：实际上，它的研发投入比竞争对手汉高、宝洁和联合利华要少。它也并未大肆宣传新产品——清洁产品奇力洁（Cillit Bang）是巴特在任期间推出的唯一一个新品牌。巴特更喜欢对现有产品进行持续的增量改进。他把自己的方法比作棒球，因为在棒球比赛中，球队靠全垒打取胜的情况很少，更多的是靠一连串安打。

巴特将利洁时的创新集中在 19 个"强势品牌"上——包括滴露、使立消和渍无踪，这些品牌的增长潜力很大，尽管目前市场规模还不大。利洁时的洗衣粉久经市场考验，靠它吃口安稳饭也算件容易事。但这一市场已经饱和，没有尚未满足的客户需求了。于是，巴特把目光转向了自动洗碗机产品，并在简化客户生活方面取得了进步。此前，客户会在洗碗机中使用三种不同产品——洗涤粉、盐和漂洗剂。2000 年，利洁时推出了亮碟二合一洗碗机用洗涤块，将漂洗剂和洗涤粉混合在一起。次年，它推出了含有盐的亮碟三合一洗涤块。2005 年，它新增了一款带玻璃保护盒的亮碟四合一洗涤块。[7] 这些创新无一能像异阿凡曼菌素那样治愈河盲症。但它们确实使日常的家务琐事变得稍微令人愉快了一些，进而也就是让数百万公民的日常生活稍微愉快了一些。

创新的产出让客户受益，而创新的过程让员工受益。利洁时的发明不仅来自实验室，还来自整个公司，这要归功于巴特创造的创业文化和扁平层级制。正如员工对《金融时报》所言，"就像是在经营自己的公司"[8]。利洁时鼓励各级员工提出创意，批准创意并付诸检验的委员会相对较少。巴特希望员工敢于承担风险，他明白这需要容忍失败。带头推出失败产品"滴露易拖"（Dettol Easy Mop）的管理者，事后在公司里仍然干得红红火火。巴特通过员工人数（2000 年以来增长了50％[9]）和技能（鼓励初级管理人员频繁更换工作的国家和职位，以培养创业思维）这两方面对员工进行投资。他看到了观点多样化的力量——2008年，利洁时全球执行委员会的 9 名成员来自 7 个国家——一如美国最顶尖的 10 名高管来自 7 个国家。

环境同样受益。2008 年，利洁时推出渍无踪环保包装，把圆桶换为可重复密封的小袋，减少了 70％的塑料包装。2000 年到 2011 年间，利洁时在加拿大种植了 540 万棵树，减少了 48％的温室气体排放，每单位生产的能源消耗降低了 43％。[10]在巴特的领导下，利洁时在英国"社区企业责任指数"中居领先地位，还在美国环境保护署"更安全洗涤剂管理倡议"中位列榜首。

所以，巴特分到的蛋糕块，并不以牺牲社会为代价。它是十多年价值创造的副产品。然而，关于巴特薪酬的文章很少提到他把蛋糕做大了多少。此外，巴特拿到手的钱，比文章所称的要少得多。虽然头条新闻宣称他一年赚了 9 200 万英镑[11]，但只有 500 万英镑是他 2009年的工作"报酬"。剩下的 8 700 万英镑来自出售他于 1999 年获得的股票和期权。这些股票和期权是他效力 10 年所得，而不是在一年里捞到的油水；哪怕他 2009 年初就辞职，这些股票和期权仍然属于他。巴特仅仅是卖掉了本属于他自己的东西，类似你从自己的银行账户里取出了钱，但这并不是意外之财，也并未让你变得更富有。事实上，早在2003 年，巴特就可以兑现其中的部分奖励。如果他这么做了，他就不会在一年内获得巨额"报酬"了。然而，他持有股票和期权远远超出了必需的时间，以示对利洁时的长期绩效负责。

在 8 700 万英镑的现金价值中，有 8 000 万英镑是在巴特拿到利洁时的股票和期权之后，因股价飙升而产生的。[12]巴特不仅必须工作 10年才能获得这些股票和期权并全部行权，而且，这 10 年还必须是非常成功的 10 年，才能让所持股票和期权升值这么多。如果利洁时绩效不佳，巴特拿到手的钱会少得多——这固然免于招来公众的非议，但却真正让社会付出了代价。诚然，如今股价的上涨并不完全是因为巴特——员工同样为利洁时的成功做出了很大的贡献，同时整个股市也在上涨。我们稍后将讨论这些重要的复杂问题。眼下关键的一点在于，我们不能不先评估领导者把蛋糕做大了多少，就给他贴上"薪酬过高"的标签。

在兑现股票和期权的同时，巴特还给自己的慈善信托基金捐了更多的钱（1.1 亿英镑），该信托基金支持诸如救助儿童会和无国界医生等组织。[13]所以即使是分给巴特的那部分蛋糕也重新注入了社会，可惜媒体一般不会报道此类内容。这并非个案：全球 211 位富豪个人（及夫妇）签署了"捐赠誓言"，承诺将自己一半以上的财富捐出去。这些承诺的总额目前已超过 5 000 亿美元。

巴特的离任让公司和社会付出了代价。在公众的强烈抗议中，巴特"受到了政客的批评，而不是他任何大股东的批评"，这就一点也不奇怪了。[14]尽管 9 200 万英镑的成本由投资者承担，但他们认识到，是巴特帮忙创造了 220 亿英镑的价值。这些严厉的批评可能是导致巴特离职的原因之一，也是一个能说明分蛋糕思维怎样阻碍了做大蛋糕的典型例子。

　　巴特的故事与许多人对高管薪酬的看法一致。薪酬水平兴许是证明企业与社会脱节时一个被引用得最多的证据。在美国，标准普尔500 指数成分股公司首席执行官 2019 年的平均收入为 1 480 万美元，是普通员工的 264 倍——这一比例较 1980 年（42 倍）增长了 5 倍多。[15]在英国，2019 年富时 100 指数成分股公司首席执行官的收入中值为 360 万英镑，是普通员工收入中值的 119 倍，较 1980 年（15 倍）增长了近 7 倍。英国智库"高薪中心"将每年的 1 月 4 日定为"肥猫日"——一年里只要干上这短短 4 天，首席执行官的收入就能超过普通员工的全年收入。[16]高薪酬是最近才出现的现象，这似乎立即反驳了所有认为首席执行官能拿高薪是缘于其卓越才干的观点。如今的领导者显然并不比 1980 年时的领导者拥有更卓越的才干，为什么高管-员工薪酬之比增长了 5～7 倍呢？

　　企业没有任何其他决策，如产品发布、定价策略，甚至是碳足迹，会像高管薪酬一样引起人们这么多的关注（和愤怒）。过去，政客们通过承诺改革医疗保险和教育来争取选民的支持。如今，他们还承诺改革高管薪酬。在 2016 年美国总统大选中，两党各自的候选人特朗普和希拉里仅在几个问题上达成了一致意见，而其中之一就是高管薪酬过高。希拉里哀叹道："美国首席执行官的平均收入是普通美国工人的 300 倍，这肯定是有问题的。"特朗普更直白地表示，首席执行官的高薪是"彻头彻尾的笑话"，是"可耻的"。美国第 46 任总统拜登则强调，首席执行官薪酬飙升一事迫切需要改革。法国左翼党领导人让-吕克·梅朗雄（Jean-Luc Mélenchon）希望将组织中最高工资和最低工资之比限制在 20：1。类似地，2017 年 1 月，时任英国工党领袖的杰里米·科尔宾（Jeremy Corbyn）建议采用最高工资制。

各国不仅提出了改革，还通过了部分改革举措。2013 年，瑞士民众投票赞成对宪法中的反对高薪法案进行改革。此举禁止了签约奖金和遣散费，并给予投资者有约束力的薪酬表决权，允许他们否决高管薪酬方案。违反者最高可判处 3 年监禁。2014 年，欧盟将资深银行家的奖金限制为工资的两倍。2016 年，以色列取消了银行家工资超过最低工资工人工资 35 倍（如果低于 35 倍，则为 250 万谢克尔）的税收抵扣。

首席执行官薪酬备受争议的原因有很多。领导者给自己支付数百万美元的薪酬，拿走了原本可以用于支付员工薪酬或投资于研发的资源。更糟糕的是，为了实现个人的奖金目标，首席执行官可能会削减员工薪酬或投资。他获取的数百万美元直接导致了收入不平等：自 20世纪 70 年代中期以来，这种收入不平等几乎一直在加剧。

这些担忧每一个都很严重。因此，需要用高质量的证据认真对它们进行评估。让我们从第一个问题开始，也即认为领导者的薪酬以牺牲利益相关者为代价。美国最大的工会联盟——美国劳工联合会和产业工会联合会（AFL-CIO）发表了题为《他们更多，我们更少》的文章，其中附有高管薪酬观察数据。《福布斯》杂志发表文章称，"首席执行官牺牲了员工的利益，分走了太多蛋糕"[17]。

但这种观点是建立在分蛋糕思维上的。通过重新分蛋糕带来的可再分配量很小。标准普尔 500 指数的股票价值中值为 240 亿美元。哪怕一位首席执行官愿意无偿工作，重新分配他应得的 1 480 万美元，最多也只能释放出 0.06％的蛋糕。①（在英国，富时 100 指数成分股公司首席执行官的薪酬为 360 万英镑，仅为公司规模中值 83 亿英镑的

---

① 0.06％其实还明显高估了，因为它只是在股东价值中所占的比例。而蛋糕既包括股东价值，也包括利益相关者价值。

0.04％。）即使我们把整个高管团队的薪酬数据汇总起来，并考虑到给较低级别带来的涓滴效应，较之改善社会绩效带来的价值增长（我们在上一章讨论过，这一价值增长可达数个百分点），它仍微不足道。亚伦·布鲁克（Yaron Brook）和唐·沃特金斯（Don Watkins）指出，几个世纪以前，大多数的财富以土地的形式存在，可分配的财富数量是固定的，采取分蛋糕思维有其道理。当今大多数财富都以金融形式存在，而金融财富是可以创造的。[18]领导者薪酬变得更高，并不一定会让员工的薪酬变低。影响公民福祉的非财富因素同样可以得到改善——遏制气候变化对首席执行官和员工都有好处。

这并不是说我们应该对薪酬水平无动于衷。哪怕节省得再多（如减少能源使用），一旦将240亿美元作为分母，都只能得到一个很小的数字。相反，它强调的是，薪酬成本（水平），不如薪酬对行为有怎样的影响（这取决于薪酬结构）重要。你不必像罗宾汉那样劫富济贫，而是要像格林童话《小精灵和鞋匠》的故事一样，直接创造价值就是对穷人最好的馈赠。

薪酬结构既会鼓励价值创造，也会妨碍价值创造，因此第二点担忧（薪酬方案可能扭曲首席执行官的行为）完全成立。1990年，迈克尔·詹森和凯文·墨菲（Kevin Murphy）在《哈佛商业评论》上发表了一篇颇具影响力的文章，其中提道："关键不在于你付了多少钱，而在于怎么付。"所以，我们的底线是：薪酬改革的目标应该是激励领导者为社会创造长期价值，而不是降低薪酬水平。

薪酬结构有三重特别重要的维度，它们各自都能带来理想的社会结果。敏感性带来责任，简便性带来对称，期限带来可持续发展。下面，我们依次对它们展开讨论。

敏感性

首席执行官的薪酬应该与业绩挂钩——领导者不应该仅因为出现在办公室就能拿到数百万美元的薪酬。这就是为什么我们把薪酬称为奖励（reward），而非补偿（compensation）。"补偿"暗含了这样的意思：领导者觉得辛苦工作太令人痛苦了，必须为此获得补偿。这并不仅仅是一种语义上的差异，还影响了薪酬设计背后的理念。补偿是针对努力的，很难说搭乘私人飞机参加会议的首席执行官会比（举个例子）钻井平台的潜水员付出了更多努力。因此，薪酬标准永远无法证明首席执行官的薪酬水平合理。相比之下，奖励是针对价值创造的。薪酬应该是对价值创造的奖励，而不是对做出努力的补偿。

衡量价值创造很难，因为蛋糕能够切成很多块，怎样对其进行加权又不清楚。第四章的证据表明，长期股票回报不仅体现了股东价值，也反映了利益相关者价值的各种衡量指标。分蛋糕会让长期股票回报降低。比如，削减研发或员工培训等举措虽然能在短期内提高股价，但降低了长期股票回报。与（业务）实质性原则一致的是，长期股票回报给予最具实质性的利益相关者最大的权重。出于这些原因，它是蛋糕的最佳可行衡量方法，尽管考虑到外部性它不够完美。

要让领导者对长期股票回报负责，最好的方法是削减他的固定工资（因为这无关绩效），其余的部分以股票的形式支付。请注意，对薪酬水平的常见担忧会忽视这一补救办法。光看 1 480 万美元这个数并不能告诉你这是 1 400 万美元现金加 80 万美元股票，还是 1 400 万美元股票加 80 万美元现金。然而，首席执行官对绩效的负责任程度，会因为这两种方案产生本质上的不同。采用前一种薪酬方案，首席执行官就是个领工资的官僚。采用后一种方案，首席执行官是企业的主人翁，对企业未来的成功进行投资，类似创业公司的创始人。他除非把蛋糕做大，否则挣不了更多的钱；如果蛋糕变小了，他分到的那一块也会变小。敏感性带来责任。

在现实中，领导者的薪酬跟企业所有者一样吗？普遍的看法是，不一样。英国议会议员克里斯·菲尔普（Chris Philp）在 2016 年的一份报告中指出，"有明确的证据表明，首席执行官的高薪不再与绩效紧密相关。两项学术研究清楚显示，实际上，首席执行官的高薪与绩效呈负相关关系"。[19] 所提到的研究使用了美国的数据。2019 年英国下议院《高管薪酬报告》宣称，"企业财务绩效跟首席执行官的薪酬不存在明显的联系。有学术证据表明，在任何情况下，这种联系在统计上都很弱，甚至不存在"。[20] 这里提到的文献使用的是英国的数据。除了上述报告之外，或许是因为它们证实了人们的普遍看法，也即首席执行官不配得到现有的高薪，从业者也广泛引用这三项研究。

但我们在导言中讨论过，一项自称得出结果的研究并不意味着它是正确的，因为研究的质量存在很大的差异。事实上，这三项研究由于犯了一个基本错误，都未曾发表。在计算薪酬和绩效之间的联系时，它们只考虑首席执行官在具体一年里获得的新的薪酬。这一点确实每年都不会有太大的变化——众所周知，不管绩效如何，乔布斯在苹果公司的年薪是 1 美元。但新的薪酬忽略了领导者激励的主要来源——他在公司所持有的股份，有可能相当可观。尽管工资是固定的，乔布斯始终关心公司绩效，因为除了内在动机，到他 2011 年 10 月去世时，他有超过 20 亿美元的财富投资于公司的股票。更宽泛地说，《财富》500 强企业首席执行官平均持有价值 6 700 万美元的股票[21]，因此若股价下跌 10%，他就会损失 670 万美元。这相当于税前减薪 1 000 万美元（如果首席执行官没有资本收益可以抵消这一损失的话）。在英国，上面这两个数字分别是 66 万英镑（损失）和 120 万英镑（税前减薪）。普华永道指出："只使用一年内支付的金额来分析薪酬，而忽略之前授予的股权，就像是在根据股息来分析投资回报，却忽略资本收益。换句话说，这不合理。"[22]

许多引述也自动"删繁就简"。美国参议员伯尼·桑德斯（Bernie Sanders）声称："帮忙破坏经济的华尔街首席执行官们并不会收到警察的罚单。他们的工资反而提高了。"[23]尽管这句话很能激起民愤，但它压根不是真的，也没有援引证据来提供支持。投资银行贝尔斯登的首席执行官吉米·凯恩（Jimmy Cayne）曾持有自家公司价值 10 亿美元的股票，但最终他只能以 6 000 万美元的价格卖掉。雷曼兄弟的首席执行官迪克·富尔德（Dick Fuld）拥有价值超过 9 亿美元的股票，但在公司破产后，这些股票变得一文不值。没错，这些首席执行官依然富有，监管机构是否有权施以额外的惩罚也是个公平问题（我们将在第十章回到这个问题）。但若说他们从金融危机中获益，事实上却并不是这么一回事。

所以说，大多数首席执行官都持有本公司的大量股票。这些股票真的能提高绩效吗？让我们看看证据。乌尔夫·冯·利林菲尔德-托尔（Ulf von Lilienfeld-Toal）和斯特凡·鲁恩兹（Stefan Ruenzi）研究了23 年中首席执行官自愿持股与长期股票回报之间的关系。首席执行官大量持股的公司，每年比首席执行官少量持股的公司股票回报高出4%～10%，远高于换种方式分蛋糕带来的最大收益 0.06%。对首席执行官进行恰当激励所创造出的价值，远远大于削减其薪酬所带来的节约。这些公司还享受着更高的资产回报率、劳动生产率、成本效率和投资收益，所有这些都与蛋糕变大一致。

当然，相关性并不意味着存在因果关系。一种解释是，激励发挥了作用：当前的高持股率会使得首席执行官们提振未来的股价。但也有可能因果关系是反过来的。如果领导者预计之后的股价会很高，他们会要求董事会以股票而不是现金支付自己的薪酬，或是自己购买股票。不管怎样，他们当前都持有了更多的股票。为了验证第一种解释是否属实，利林菲尔德-托尔和鲁恩兹研究了在激励举措更有可能发挥作用的情况下，它的效果会不会变大，因为要是不这样的话，领导者也就不用对糟糕的绩效负责。这些情况就包括：只有极少数机构持有公司股票，行业竞争对手很少，收购防御很强，首席执行官是公司的创办者，最近的销售增长率很高。（在后两种情况下，董事会解雇首席执行官的概率较低。）在所有这五种情况中，股票所有权与长期回报之间的联系都更强，暗示是前者导致了后者。

激励举措能提高绩效的作用，其实并不明显。一种常见的观点是，两者并不相干，因为领导者理应有着足够的内在动机。制药企业的首席执行官应该推动企业发明新的药物改善公民的健康，而不是中饱私囊。2015 年 7 月，约翰·克莱恩（John Cryan）就任德意志银行首席执行官，他说："我不知道为什么要给我一份包含奖金的合同，因为我向你们保证，在任何一年、任何一天，我绝不会因为有人要给我更多的钱就更努力地工作，也不会因为给我更少的钱而有所松懈。"这句话被广泛引用，充当激励举措并无必要的"证据"，但克莱恩的说法（在没有财务责任的情况下他也将同样努力工作）根本无从证实。而且，虽然克莱恩那么说了，他最初仍然接受了合同规定的奖金条款。但由于在其任职期间，德意志银行连年亏损，他感到压力而放弃了奖金。

毫无疑问，内在动机很重要。如果你的首席执行官内在动机不足，那你就选错了人。解决办法是解雇他，而不是给他更多的股权。但利林菲尔德-托尔和鲁恩兹的研究结果表明，除了内在动机（应该已经足够）之外，激励举措仍能产生增量效应。

一旦变成所有者，人们的行为会有所不同。租客应该照看房东的房子，但哪怕是一个诚实和尽责的租客，一旦自己拥有住房，也会更好地照看它。内在动机应该驱动领导者去追求优秀的绩效。但卓越的绩效往往还涉及做出极为艰难的决定，比如承认过去的错误、推翻首席执行官自己提出的战略。即使是诚实的领导者，也不一定总能这么做。利林菲尔德-托尔和鲁恩兹发现，用可观的财富作为赌注，充当对内在动机的补充，可能会使绩效从优秀转变为卓越。

除了鼓励价值创造，激励举措还能抑制价值破坏。回想一下本书第一部分提到的慈善捐赠，有些慈善捐赠并不满足比较优势原则，但首席执行官有私人动机去这么做。罗恩·马苏里斯和瓦利德·雷扎的研究（我们在第四章介绍过）发现，首席执行官的持股比例提高10％，企业捐赠的概率就会降低40％。如果首席执行官自己也是股东，他在花股东的钱时会更三思而行。

反对激励举措的另一种观点不是说它们不相干，而是说它们会对绩效造成负面影响。许多研究表明，由于员工只关注有奖励的绩效指标，激励措施会适得其反。[24] 1902 年，统治越南的法国殖民政府想要鼓励捕鼠人捕杀更多的老鼠。政府因为不想看到处都是死老鼠，要求捕鼠人带着老鼠尾巴来换取报酬。但这使得捕鼠人只截断老鼠的尾巴却不弄死它们，这样老鼠就可以继续繁殖，从而有更多的尾巴可供截断。再举一个更现代的例子：根据考试成绩支付教师工资，这可能会让老师只针对考试进行教学，而不是培养学生对学习的热爱、对权威的尊重。史蒂夫·克尔（Steven Kerr）写过一篇经典文章《论奖励 A 却指望得到 B 的蠢行》，标题一语中的地概括了上述所有问题。[25]

但这些研究往往针对的是普通员工而非首席执行官，而且对于这类员工往往并无全面的绩效衡量标准。考试成绩只能反映社会对教师的一小部分要求。但对首席执行官来说，长期股价就是相当全面的衡量标准——它既包括股东价值，也包括利益相关者价值。

除了表明激励举措很重要外，利林菲尔德-托尔和鲁恩兹的研究还表明，首席执行官同样重要。对高薪的常见批评是，哪怕是在成功的企业里，领导者也只发挥了很小的作用。企业中有上千名员工，在某位领导者接手前企业可能就已经蓬勃发展了。其他因素显然很重要，但利林菲尔德-托尔和鲁恩兹表明，领导者仍很重要。他们只根据首席执行官持股比例比较各家企业，并尽可能保持其他因素不变。首席执行官持股比例越高，长期回报就越高——一如更换球队教练可以大幅提高成绩，哪怕球员不变。

其他证据也指出了首席执行官的重要性。当谭天忠（Tidjane Thiam）宣布从保诚转投瑞士信贷时，保诚的股价下跌了 3.1%（13 亿英镑），瑞士信贷的股价则上涨了 7.8%（20 亿英镑）。但这只是一件轶事，保诚股价下跌或许并非因为谭天忠创造了价值，而是因为他的离开表明公司内部存在隐患（这是一个遭到忽略的变量）。为了从相关性转向因果关系，德克·詹特（Dirk Jenter）、埃戈尔·马特维耶夫（Egor Matveyev）和卢卡斯·罗斯（Lukas Roth）考察了首席执行官去世后会发生什么。[26] 与离职不同，去世并非自愿，所以不太可能是公司内部问题造成的。如果较为年轻的首席执行官去世，股价会下跌 4.2%，而年长的首席执行官去世，股价会上涨 3.6%。就我们在这里的目的而言，关键信息并不在于年轻的首席执行官比年长的首席执行官优秀，而在于首席执行官的选择是件重要的事情。好坏首席执行官之间的差距约为 7.8%（4.2% + 3.6%），远远高于其薪酬水平。雇用一位优秀的首席执行官代价不菲，但雇用一个糟糕的首席执行官代价更大。

你可能仍然心存怀疑。我说，首席执行官去世不太可能是公司内部问题所致。但兴许，是这些问题导致他心脏病发作，故此是绩效差导致其去世，而不是其去世导致绩效差。于是，莫滕·班奈德森（Morten Bennedsen）、弗朗西斯科·佩雷斯·冈萨雷斯（Francisco Pérez González）和丹尼尔·沃尔芬松（Daniel Wolfenzon）调查了首席执行官家人去世的情况，家人的去世不大可能是公司问题丛生带来压力所致。[27]如果首席执行官的配偶、父母、子女或兄弟姐妹去世，他的注意力就会被分散。如果他真的不重要，那么其他高管可以弥补他的分心。相比之下，研究发现盈利能力平均下降了12%。[28]不过，也有例外情况：如果首席执行官的岳母去世，利润会上升（尽管此种效应在统计上并不显著）。

即使领导者是重要的贡献者，他也不是公司绩效的唯一责任人。事实上，目前的薪酬方案也认识到了这一点——美国大公司首席执行官获得的公司价值增量不到0.4%。[29]员工也应该因为绩效改善而得到奖励，我很快会对此加以强调。

简便性

2015年，英国石油公司遭受了自己历史上最大的亏损——65亿美元。较之2014年盈利38亿美元，这是一个巨大的命运转折。英国石油公司认为，另一种衡量指标"基本重置成本利润"更切题，因为它排除了"深水地平线"钻井平台爆炸事故和油气价格下跌等非经常性事件因素。但即便如此，基本重置成本利润也从每股66美分跌至每股32美分。投资者承受了14%的股价下跌损失，5 400名员工失去工作。

　　然而，英国石油公司将首席执行官鲍勃·达德利（Bob Dudley）的薪酬从 1 640 万美元提高到了 1 960 万美元。投资者对此无能为力。尽管59％的人投票反对这一薪酬方案，但此次投票仅有建议性，没有约束力。英国石油公司继续支付薪酬，并表示这无非是遵照了96％的投资者在前一年批准的薪酬政策罢了。[①] 英国石油公司是对的。

　　看上去明明是件很简单的事：既然达德利绩效不佳，何以要给他涨薪近20％呢？因为他的薪酬并不简单，而且非常复杂。达德利的薪酬分为六部分。为了简单起见，我们只讨论其中两个部分。

　　一是绩效股。与迄今为止我们讨论过的标准股票不同，公司"授予"达德利的股票数量（也就是达德利获得的股票数量）取决于几项不同的绩效指标：股东总回报（股价增长加股息）、运营现金流、安全和运营风险、相对储量替代率和主要项目交付。每项绩效指标都有独立的目标，不同的指标通过一个公式进行组合和加权。按照此公式的计算，达德利获得价值710万美元的股票，是达德利有权获得的最高限额股票的78％（哪怕他在关键维度上失败了）。

　　二是达德利的现金奖金，它取决于更多的衡量指标。图5.1是英国石油公司 2015 年年度报告中的一个表格，解释了为什么达德利获得了 140 万美元。

---

　　① 在英国，投资者要进行两种关于薪酬的投票。第一次是对前瞻性政策报告的投票，它规定公司怎样决定未来的薪酬——例如，薪酬将怎样与绩效指标挂钩，以及是否支付离职金。在这里，按照要求，公司至少每 3 年进行一次有约束力的投票。这就是英国石油公司在 2014 年获得96％支持的报告。第二次是对回顾性执行报告进行投票，这一报告描述了董事会在过去一年中怎样决定实现薪酬，该投票每年进行一次，仅带有建议性质。英国石油公司 2015 年有59％的人表示反对的，是这一报告。

指标	安全			价值					总奖金得分
	主要围堵设施失效*	一级流程安全事件	可记录工伤事件率°	运营现金流	基本重置成本利润	净投资（有机）	企业和职能成本	主要项目交付	
权重 达标 最大值	10% 20%	10% 20%	10% 20%	20% 40%	20% 40%	15% 30%	10% 20%	5% 10%	100% 200%
加权结果（%）	20	20	20	36	40	30	20	5	191% = score 1.91
— 目标 ■ 达成 ▨ 未达成 ▨ 小组关键绩效指标	20%	20%	20%	36%	40%	30%	20%	5%	Final score based on committee judgement 1.70
最大值	215 events	20 events	0.235/ 200k hours	$19.7bn	$5.0bn	-24%	11.8% improvement	6 projects	
计划/目标	253 events	29 events	0.261/ 200k hours	$17.2bn	$4.2bn	-18%	5.9% improvement	4 projects	
阈值	291 events	38 events	0.287/ 200k hours	$14.7bn	$3.4bn	-7%	No improvement	2 projects	
结果	208 events	20 events	0.223/ 200k hours	$19.1bn	$5.9bn	-27%	17.6% improvement	4 projects	

图 5.1　执行董事的现金奖金计算，英国石油公司年度报告和表 20-F 2015

一头雾水吗？别着急，跟你一样困惑的人多着呢。社会、媒体甚至大型投资者都搞不懂为什么达德利能拿到这么高的薪酬。皇家伦敦资产管理公司负责任投资主管阿什利·汉密尔顿·克拉克顿（Ashley Hamilton Claxton）就是这样一位投资者。她解释说："拟议加薪既不合理，也欠缺敏感性。今年英国石油公司公布了有史以来最严重的年度损失，可公司却决定大幅提高达德利的薪酬……这表明董事会脱离实际。"

但跟许多问题一样，争论并不完全是单向的。英国石油公司尽管在某些方面绩效不佳，但在其他方面却表现出色。工人的每小时工伤率下降了 23%，在"深水地平线"钻井平台爆炸事故之后，安全成了关键的战略优先事项。英国石油公司股价下跌 14%，实际上已经比同行们表现出色了（后者的跌幅达到 18%）。[30] 这表明，英国石油公司的暴跌在很大程度上是由于油价下跌，而这是达德利无法控制的。

因此，理性的人可能会对达德利的 1 960 万美元薪酬是否合理产生分歧。故此，我们在这里把重点放在他薪酬结构的复杂性上。高管薪酬结构复杂，是许多公司都存在的情况，不只限于英国石油公司。奖金通常是根据若干项绩效指标支付给首席执行官的。有时，这些指标可能要按若干年来计算，此时的奖金称为长期激励计划。对于每一项指标（比如利润），都有一个较低的阈值（如 40 亿英镑），领导者的绩效必须超过它方可获得奖金；如果超过了阈值，我们假设他能得到100 万英镑。由于我们希望绩效卓越（而不仅仅是优秀），如果利润超过 40 亿英镑，奖金会增加。但我们也不希望他的薪酬太高，所以我们会规定，倘若利润达到 60 亿英镑，奖金的上限是 200 万英镑。图 5.2对此做了说明。①

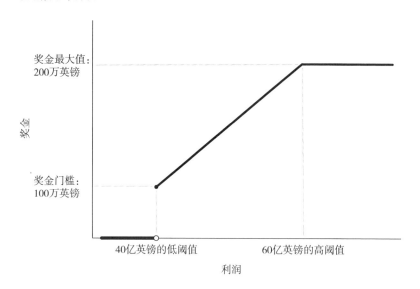

图 5.2　奖金/长期激励计划

---

① 此图的横轴并未按比例缩放。

　　绩效股也以类似的方式派发。在图 5.3 中，如果利润为 40 亿英镑，每股 10 英镑，那么，首席执行官获得 10 万股，价值为 100 万英镑。随着利润的增加，首席执行官可以获得更多的股票，如果利润为 60 亿英镑，他最多可以获得 28 万股。利润超过 60 亿英镑，首席执行官获得的股票数量不再增加，但其价值会上涨（因为利润更高，股价自然更高）。

　　这么复杂的结构似乎有其合理性，因为它需要权衡若干考虑因素。阈值较低，对提供激励似乎很关键，因为这样的话，首席执行官只要做到绩效优秀即可获得奖励。阈值也是在确保公平性——普通员工不会因为达到平均绩效而获得奖金，领导者也不应该。我们需要对较低的目标进行微调，使它既需要人奋力争取，又有着可实现性，否则，它无法提供动力。对达德利来说，工伤率下降 23％ 就足以获得奖金了吗？这并不清楚，那么，或许我们需要进行更详细的校准。

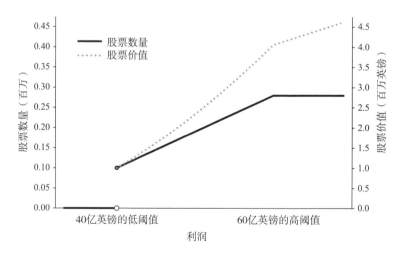

图 5.3　绩效股票

超过 40 亿英镑的目标之后，曲线的斜率必须足够大，以鼓励首席执行官进一步提升绩效，但斜率也不能太大，否则首席执行官获得的收益就太多了。我们还需要设定一个较高的阈值，以免薪酬失去节制。因此，针对给定的绩效维度，我们需要确定两个阈值和一个斜率。

但复杂性不止于此。由于首席执行官的工作是多方面的，不能只用一项指标（比如利润）来衡量其绩效。短期行动可以放大利润，因此我们需要长期的财务指标，如相对储量替代率。^① 一家做大蛋糕的企业应该为更广泛的社会服务，因此我们需要安全等非财务指标。接着，一旦我们确定好一套全面的财务和非财务指标，就需要对其加以权衡。应该是利润占 52％，安全占 27％，替换率占 21％吗？还是采用其他的公式？或许，一个庞大的电子表格可以告诉我们答案。

这个问题复杂到需要董事会成立专门的"薪酬委员会"来提出解决方案。这类委员会反过来聘请薪酬顾问并要求他们提供建议，典型的《财富》100 强企业每年为此一般要花费 25 万美元。[31] 我们已经讨论过，激励举措对企业价值的影响极大，如果复杂的薪酬方案确实能够改进其效力，那么为此花这么多钱和时间也就物有所值。而上述论证表明，应该是这样的。

但事实果真如此吗？让我们来看看证据。本·班尼特（Ben Bennett）、卡尔·贝蒂斯（Carr Bettis）、拉达·戈帕兰（Radha Gopalan）和托德·米尔伯恩（Todd Milbourn）考察了 974 家企业在 15 年里的情况，发现这些企业正好达到较低利润阈值的可能性，明显大于恰好未能达到目标的可能性。这似乎表明激励举措发挥了作用——绩效目标

---

① 这一指标衡量的是新发现的油气储量与在现有储量基础上开采出的油气产量之比。

鼓励领导者实现绩效目标，似乎也没什么好奇怪的。

但绩效目标并不鼓励首席执行官创造价值。用史蒂夫·克尔的话来说，它们奖励 A，但社会和投资者想要的是 B。研究人员考察了首席执行官为达到目标采取的行动。勉强达到目标的领导者所做的研发工作，明显少于那些未能达到目标的领导者，暗示前者是通过削减研发来达到目标。[32] 他们还纳入更多的操纵性应计利润，而这是一种利用会计政策提高报告收益的做法。① 故此，随着评估期的临近，"长期"激励方案实际上会导致急功近利的短期行为。这凸显了一切基于目标的方法存在的一个基本问题：未设定目标的维度遭到了排挤。即便奖金包含了安全等非财务因素贡献，也可能导致其他非财务领域（如企业文化）的绩效不佳。

另一个问题是，首席执行官可能会承担过度的风险。假设原本的利润略低于 40 亿英镑，首席执行官预料拿不到奖金。如果他选择了一个有风险的项目，他有 50% 的概率能实现 45 亿英镑的利润，有 50% 的概率只能实现 30 亿英镑的利润。故此该项目的整体预期利润为 37.5 亿英镑，相较于不做这个项目时的利润仅略低于 40 亿英镑，这个项目显然对企业是不利的。但它对领导者有好处。如果项目成功，利润达到 45 亿英镑，首席执行官将获得 125 万英镑的奖金。如果失败了，他什么也得不到；但如果不做这个项目，他还是什么也得不到。奖金为他提供了一笔单向的赌注——鼓励他冒着蛋糕缩小的可能性去承担风险。这就带来了不对称。

---

① 当产生收益和收入现金之间存在时间差时，就会产生应计利润——例如，一家杂志社预先收取订阅费，但只有在日后每月寄送杂志时才记为收益。应计利润有许多合理的存在理由，但这些理由并不能解释为什么刚好达到利润目标的企业的应计利润会比恰好未能达到利润目标的企业明显更多。

并不只有较低的阈值这端会出问题。如果利润仅略高于 60 亿英镑，没有进一步增加，首席执行官可能会放弃创新，停滞不前，过于保守。如果领导者碰到一个有风险的项目，有 50％的概率能实现 70 亿英镑的利润，有 50％的概率能实现 55 亿英镑的利润，那么整体预期利润是 62.5 亿英镑，项目对企业是有利的。如果成功，领导者将获得最高奖金（200 万英镑），但不管他做不做这个项目，他都将获得奖金。如果失败，他的奖金会减少。因此，他朝着另一个方向单向下注——不再承担风险，哪怕它能做大蛋糕。事实上，本、卡尔、拉达和托德发现，如果薪酬达到既定利润目标之后增长幅度逐渐减小，那么，领导者会刚好交付目标结果，或是略高于此，但不会大幅超过目标。

这些阈值毫无意义。如果企业绩效糟糕（30 亿英镑）而非平庸（40 亿英镑），社会将蒙受损失。如果企业绩效卓越（70 亿英镑）而非优秀（60 亿英镑），社会将会受益。但从拿奖金的角度看，糟糕和平庸、卓越和优秀之间并无区别。[33]

哪怕奖金只采用单一的绩效指标，上述所有问题也会出现。如果企业有多种绩效指标，情况会更加复杂，因为不清楚怎样设定权重。阿代尔·莫尔斯、维克拉姆·南达（Vikram Nanda）和阿米特·塞鲁（Amit Seru）发现，有时候权重会在事后发生变化，领导者表现最佳的维度权重过大。[34] 系统越复杂，作弊越容易，因为有更多的维度可以动手脚。

解决办法是什么呢？是让它变得更简单——把用公式计算奖金换成标准股票，但规定首席执行官数年内不能出售（这种股票叫作"限制性股票"）。这些股票的价值会自动对绩效敏感，并将取决于几年后的股价，因此不需要考虑复杂的绩效状况，也不需要选择特定的衡量指标、权重或阈值。

　　限制性股票带来了三重维度上的对称。首先，绩效对薪酬的影响在所有绩效水平上都是一致的。如图 5.4 所示，虚线的斜率恒定，说明如果我们取消 40 亿英镑的利润目标，并将股票数量减半会发生什么。不管利润处于什么水平，只要它提高，领导者的收益就增加，利润降低时，领导者的收益就下降。如果达到绩效目标，薪酬也没有大幅跳跃，也就消除了削减研发或为了达到目标故意承担风险的动力。领导者获得的奖励随着绩效的增长而增长，而不是达到绩效目标才能获得奖励。

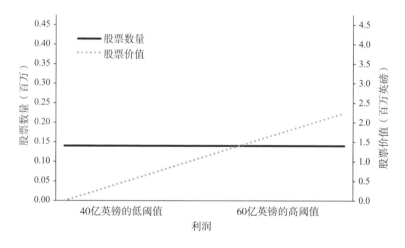

图 5.4　限制性股票

　　其次，限制性股票避免了因强调特定绩效指标而带来的不对称。长期股票回报几乎囊括了所有影响企业价值的行为（包括那些影响利益相关者的行为），并已经根据重要性对其进行了加权，所以我们无须再设定武断的加权方案。决定授予多少股票仍然需要判断，此时，董事会可能会将连长期股票回报都没有考虑到的外部性纳入考量。董事会还需要决定股票应该锁定多长时间（我们很快就会对此展开讨论）。但原本复杂的问题，一下子简化成了两重维度——授予多少股票，锁定多长时间。

最后，限制性股票也可以奖励给员工。这确保了员工能够分享自己为企业出力创造的成功。2018 年，工程公司伟尔集团（Weir Group）在向高管推出限制性股票的同时，也向员工推出了一项全员持股计划。一家企业的成功绝不仅仅取决于首席执行官。利洁时的创新文化固然来自巴特·白克，但全新的亮碟产品是员工所设计，他们还减少了渍无踪所使用的塑料包装量。如果同时授予领导者和员工股票，那么，要是员工一无所获，领导者就不可能有所得。但如果企业领导者拿的是奖金，员工分得的是股票，那么，就算股价下跌，奖金仍可能兑现，这就会叫人担心："他们用一套规则，对我们用的却是另一套规则。"[35]

事实上，有证据表明，非执行股权计划往往与企业绩效具有更高的相关性。金瀚（Han Kim）和佩吉·昆梅特（Paige Ouimet）指出，如果设定非执行股权计划的动机是想要与员工分享成功，而不是保护企业免遭收购或保留现金（因为股票可以用来代替工资）[36]，两者的相关性会更大。雅艾尔·霍克伯格（Yael Hochberg）和劳拉·林赛（Laura Lindsey）发现，在成长机会更多的企业，员工的创意或努力能产生特别大的影响，这种效应就更强。[37]重要的是，只有当股权广泛分布于整个企业，而不是只针对特定群体（如研发团队）时，收益才会产生。这符合如下设想：授予员工股票不仅能鼓励他努力完成自己的任务，还能鼓励他帮助同事，使员工恪守高标准，并在整个组织中培养绩效文化。同样支持上述观点的是，基层持股员工带来的效应在小企业更强，因为在小企业里，个人努力和帮助、监督他人对整体绩效都有着更大的作用。

关于以股票形式支付高管薪酬也存在一些担忧。诚然，完美的奖励计划是不存在的——但正如哲学家伏尔泰所指出的，完美是善的敌人。许多经常被提及的担忧实际上根本没有看上去的那么严重。让我们对其中的一部分略做讨论：

· 哪怕是长期股票回报，也取决于高管控制之外的因素，如股市上涨。故此，高管会因股市整体上涨得到一笔意外之财。

股市上涨对每个人都有利。企业从供应商那里购买更多的原材料，雇用新员工，现有员工如果获得了股票，他们就会受益，而投资者也会受益。领导者所持股票的高价值并不是因为抢了其他成员分到的蛋糕，而是因为在经济景气时期，整个蛋糕会变大。如果一位首席执行官的薪酬是现金而不是股票，他可能会将其投资于股市，故此他仍能从市场上涨中获益。首席执行官对自己所在的企业进行投资要好得多，因为本企业的价值部分受他控制，其他企业的价值则不然。

至关重要的是，这种效应是双向的。如果股市下跌，投资者和利益相关者的利益会受损——如果领导者有可观的财富跟企业捆绑在一起，他的利益同样也会受损。可如果他的薪酬是现金，他就不会有损失。

除了上述争论之外，期权的存在也叫人担心意外之财的问题。2017年12月，英国房地产开发商柿子公司（Persimmon）宣布，首席执行官杰夫·费尔本（Jeff Fairburn）的股票期权价值1.1亿英镑——董事长尼古拉斯·瑞格利（Nicholas Wrigley）因为费尔本的高薪遭到指责并辞职。2012年柿子公司将期权赠予费尔本之后，它的市值上涨了80亿英镑，但这主要是因为低利率和英国政府的"购房帮助"计划提振了房地产市场。实际上，要是费尔本2012年拿到的不是期权而是现金，他将其投资于柿子公司，也能赚到类似的数目。此外，如果利率上涨，房地产市场崩盘，这些期权会一文不值。但这些观点没有人听得进去，毕竟，在不同情况下可能发生的事情，远没有实际已经发生的事情那么碍眼。

如果期权让人很担心，那还有一种解决办法，就是使用指数化股票，其价值取决于与同行相比实现的股东总回报。这能保证首席执行官不会因为自己无法控制的有利行业环境而获得奖励。但这么做也有缺点：他不会受到经济低迷的影响，而经济低迷会导致员工失去工作，投资者损失积蓄，这似乎同样不公平。

- 使用奖金。高管应该做些什么来获得奖金是一目了然的——达到 40 亿英镑的利润目标或 5% 的销售增长目标。长期股票回报太遥远了，高管根本不知道该怎么做才能实现它。

的确如此——而且这正是关键所在。怎样达到短期目标是显而易见的，这也是为什么短期目标会鼓励人对其动手脚的原因。通过工具性手段提高长期股票回报要困难得多——因为提高长期股票回报是做大蛋糕的副产品。取消目标，领导者就不会再只是努力去达成目标，而是专注于价值的创造。他确信自己将在事后得到回报，因为创造价值通常会提高长期回报。有了股票，首席执行官就成了企业的所有者，他就会像主人翁那样去思考和行为，而不再是只顾着赚到最多奖金的局外人。

- 建立在股票基础上的薪酬制度，会让高管的薪酬没有了限制。由于企业的价值可以无限增长，高管的股票价值也可以无限上涨。

蛋糕经济学强调，主要的问题不在于慷慨地向领导者支付报酬（分给他一大块蛋糕），而在于一开始并没有把蛋糕做大。使用以股票为基础的薪酬制度，则只有创造了价值之后，领导者才能获得更高的报酬。他的所得并不是牺牲社会利益带来的，而是创造价值的结果。如果存在上限，首席执行官就会在接近上限时放手一搏，让企业承担更大的风险——一如本·班尼特及其合著者在研究中的发现。

- 如果我们取消绩效股的阈值，那么不管绩效如何，首席执行官都将获得股票。财富与绩效之间的联系将大幅削弱——他实际上免费获得了股票。

高管获得的股票并不是免费的——企业应该降低首席执行官的固定工资水平，让其总薪酬保持不变。但这一观察结果常常遭到忽视。舆论批评巴特·白克的薪酬，这起因于"公司自 1999 年成立以来，就把廉价而自由的股票计划交给他处理"[38]。但授予巴特的股票并不是免费派发的。1999 年，利洁时没有完全以现金的形式支付巴特的薪酬，而是减少了他的现金所得，以股权的形式支付了部分薪酬。实际上，这样做就像完全以工资的方式向首席执行官支付薪酬，再让他购买股票。这是一项经常有人提议的改革，但它允许领导者在股价处于低谷时购买股票。如果从一开始就把股票授予首席执行官，这场博弈根本就没法进行。

而且，目标也不一定需要将财富与绩效挂钩。我曾听到一些投资者反对限制性股票，称其为固定支付，因为这个数字并不取决于绩效。这并不合理，因为限制性股票的价值在很大程度上取决于绩效。想想看，如果股价下跌 10％，哪怕没有绩效条件，一位美国首席执行官也相当于减薪 670 万～1 000 万美元。设定目标之后，他就只对绩效指标负责，而长期投资者并不应该关心绩效指标是什么。如果首席执行官未能达到某个阈值，会使他的薪酬大幅下跌，这只会给他提供短期动力去达到该阈值。

事实上，投资者所持有的就是没有绩效条件的股票（另一个维度的对称），故此，首席执行官与投资者完全一致了。首席执行官所得到的和投资者完全相同。投资者的回报随股价变化而涨跌，并不依赖复杂的公式。投资者不会在利润超过某个阈值时突然获得更多的股份，也不会在利润低于某个阈值时被没收股份，首席执行官也不应该这样。

一如股票不是免费的，目标也不应免费取消。取消目标消除了罚没股份的风险，故此，作为回报，首席执行官接受的股份应当减少。2018 年，伟尔集团从长期激励计划转向限制性股票后，采用了 50％的折扣率。[39]但还有一种更好的做法是增加股票、削减工资。图 5.5 中的实线代表的一揽子计划包括 120 万英镑的工资，外加图 5.3 中的绩效股。虚线代表新的一揽子计划，包括 560 万英镑的工资，以及图 5.4 中新增的直接股权。

首席执行官会接受吗？他应该接受——跟削减总薪酬的改革方案比起来，他尤其应该接受这种调整。首先，预期薪酬不会下降，因为他将得到更多的股份以平衡工资的降低，外加取消绩效条件。代表新的一揽子计划的虚线，在图 5.5 中有些地方高，有些地方略低。其次，他的整体风险财富（虚线斜率）并未增加。首席执行官过去在一个任意设定的阈值（40 亿英镑）上所承担的巨大风险，如今分散到了整体绩效水平上。

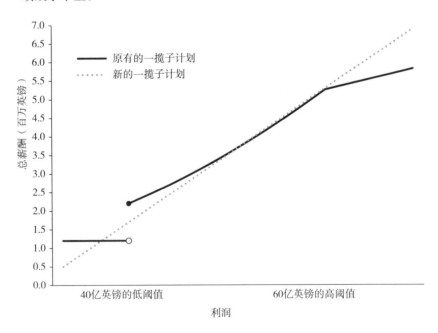

图 5.5　用限制性股票取代奖金/长期激励计划

带保底条件的限制性股票

如果取消绩效目标，首席执行官在绩效不佳时仍能获得股票。这些股票的价值很低。图 5.5 显示，首席执行官的总薪酬将低于设定绩效条件时的股票价值加更高的工资。但有人担心首席执行官在绩效不佳时仍可持股。批评人士可能并未意识到，设定绩效条件时首席执行官的工资是更高的。这就跟发了意外之财差不多：发了意外之财当然很扎眼，可没发意外之财才是常态。

如果仍然对此存在顾虑，可以把股票奖励跟"保底条件"结合起来，也即绩效严重下滑时取消股票奖励。"保底条件"跟绩效目标类似，但要低得多。绩效目标应该是有一定难度的，只奖励优秀的绩效，但这也会导致人们在绩效一般的情况下通过动手脚的方式达成目标。而保底条件应该是正常而言都可达到的，除非绩效糟糕，故此，没必要作弊。例如，伟尔集团的保底条件包括没有重大治理失误、不违反债务契约。当然，由于保底条件很容易达到，如果设定保底条件而不是绩效目标，首席执行官应该接受较低的工资。

用限制性股票（而不是奖金/长期激励计划）来奖励高管的设想，正在蓄积势能。英国下议院 2017 年 4 月的公司治理报告总结称，"长期激励计划对激励绩效的影响，往好了说是无法得到证实；往坏了说，可能会产生不正当的激励，鼓励短期决策"。报告推荐用"到规定时间后方可出售的股票"来作为替代。[40] 当月，挪威主权财富基金发布了一份关于首席执行官薪酬的意见书，建议"年度报酬总额的很大一部分应该以股票的形式提供……所谓的长期激励计划的绩效条件一般是无效的，可能带来失衡的结果"。2019 年 9 月，美国机构投资者委员会全面修改了自己的高管薪酬政策，凸显了单纯的股票形式的优点。若干家英国企业近年来也采用了限制性股票。[41]

但大多数企业还没有这么做。一部分原因在于对限制性股票的概念论证和证据存在误解，而本节正是在努力对此进行澄清。实际上，尽管存在这些误解，执行层面的挑战也并非不可克服。2018 年，伟尔集团薪酬委员会主席克莱尔·查普曼（Clare Chapman）着手协商要用限制性股票代替长期激励计划时，就知道许多投资者会持怀疑态度。于是，她跟伟尔集团几乎所有的锚定投资者，以及机构股东服务公司（ISS）和格拉斯·刘易斯公司（Glass Lewis）——这两家都是为投资者提供投票建议的代理顾问机构——见面或召开电话会议，向其解释，并以证据作为根据。哈佛商学院的一项案例研究解释道："在整个讨论过程中，查普曼都强调数据和证据的重要性：'我们不能依靠人们的看法来工作——我们需要依靠的是相当坚实的事实基础，否则，我们就不太可能在战略上与股东保持一致。'"[42]

但这些会议不仅是为了说服，也是为了倾听。查普曼和集团的其他同事倾听了投资者的担忧，并修改了最初的提案。他们进行了第二轮投资者咨询，听取反馈，又做了进一步的修改。故此，伟尔集团成为第一家从两家代理顾问机构处获得限制性股票积极投票推荐的英国企业。该提案于 2018 年 4 月以 92％的支持率获得通过。

期限

限制性股票的关键论点是，从长期来看，股价包括股东价值，也包括利益相关者价值。这里的关键词是"长期"。短期内，股价是可以操纵的——削减研发增加短期利润，从而提高股价。难道市场不应看穿这种行径，将表面利润打折吗？桑贾娜·宝拉吉（Sanjeev Bhojraj）、保罗·赫里巴尔（Paul Hribar）、马克·皮卡尼（Marc Picconi）、约翰·麦金尼斯（John McInnis）比较了两类企业，一类由于低研发费用、低广告费或高应计利润而超出分析师预期[43]，另一类由于高研发费用、高广告费或低应计利润而未能达到分析师的预期。短期内，超出分析师预期的企业比未能达到分析师预期的企业绩效高 2%～4%，暗示市场的确是按表面价值接受收益增加的。然而，在接下来的 3 年里，前者的绩效会比后者差 15%～41%，暗示这些手段损害了长期价值。

为了阻止此种胡作非为之过，并确保绩效的可持续性，授予的股票必须锁定数年。在第三章，我们介绍了安吉罗·莫兹罗，在他任上，国家金融服务公司进入次级贷款领域。这种业务扩张不仅帮助莫兹罗实现了市场份额目标，还产生了短期收入，推高了股价，从而增加了他的财富。截至 2007 年 8 月，也即金融危机开始之前，他在 9 个月内套现了价值 1.4 亿美元的股票。[44]此后的 5 个月里，国家金融服务公司的股价下跌了 70%，被迫由美国银行收购。尽管莫兹罗私下承认次级贷款有可能违约，但他也知道，自己可以提前兑现股票。

锁定股票还应阻止疏忽不作为之过——因为收益要较长时间才能显现而不进行投资。在第四章，我们看到员工满意度需要 5 年才能完全体现在股价上。要是首席执行官 3 年就可自由卖出股票，大概他就不会费心去做出改进。

最佳锁定期没有一套一刀切的标准，而是取决于企业的具体情况。如果首席执行官的行为有着特别的长期影响（如制药企业），锁定期应该偏长。此外，它还应持续至少一个行业周期，这样，领导者就不能在股价暂处高位时套现。授予埃克森高管的股票，有一半可在5年后兑现，另一半要10年后才能兑现，从而使得他们在整个油价周期内都持有股票。

重要的是，要同时阻止胡作非为之过和疏忽不作为之过，企业必须将锁定时间延长到领导者离任之后。否则，该领导者可能会采取短期行动，把造成的损失留给继任者承担，又或者，他不进行投资，以免自己的工作成果被继任者白捡。吉姆·柯林斯（Jim Collins）在《从优秀到卓越》（*Good to Great*）一书中对优秀领导者和卓越领导者做了区分。优秀领导者指的是，企业只有在他们掌权时才能取得成功，比如乐柏美集团（Rubbermaid）的斯坦利·高尔特（Stanley Gault）。而对于后者，我们绝不会错过，因为企业在他们离开以后仍能长久蓬勃发展（如乔治·默克）。我们想要卓越业绩，但我们也尊敬优秀的领导者——如果一家企业在首席执行官离开后表现不佳，那么，我们认为其才干对企业至关重要。让领导者在离职后仍持有股票，会激励他实现卓越业绩。现在，有人可能会提出反对意见，认为这让领导者承担了太多的风险。但这也是在鼓励他确保企业拥有强大的基本面（包括继任计划），不会因自己的离任而受到影响，以求降低风险。此外，如果允许首席执行官套现，他会把大部分收益投资到股市，而股市的表现完全不受其控制。

越来越多的企业开始设定领导者离任后持股的要求。2019年，联合利华首席执行官保罗·波尔曼（Paul Polman）离任，他在离任第一年必须持有相当于基本年薪5倍的股票（也即要持股500万英镑以上），第二年必须持有相当于基本年薪2.5倍的股票。2018年修订的《英国公司治理准则》规定各企业均应制定正式的政策，要求首席执行官在离职后持股。

回拨机制

另一种让领导者长期负责的方法是推行回拨机制。我们或许会因为领导者达成短期目标而支付领导者报酬——但如果我们后来发现他是采取不当方法达成目标的，就可以收回奖金。在美国的第一起此类和解案中，联合健康集团（UnitedHealth）前首席执行官威廉·麦奎尔（William McGuire）被迫在 2007 年偿还公司4.68 亿美元，原因是他通过所谓的"倒填日期"手法抬高了自己的薪酬。在英国，巴克莱银行因操纵利率和不当销售支付保障保险遭到罚款，随后收回了 3 亿英镑的员工奖金。

"回拨"一词很形象——听起来就像我们在惩罚领导者的恶劣行为。但这就像是马冲出了马厩再去关门。回拨机制指的是，因为领导者取得优秀的短期绩效过早向其支付了奖励，但支付之前并未等待足够长的时间以查明原因，后来当你知道它是操纵带来的结果时，又试图把资金收回来。与其如此，真不如从一开始就不打开马厩的门：几年之内都不允许领导者出售股权。实施回拨机制的代价很高，因为需要采取法律行动。更大的问题在于，它的应用范围十分有限。它可以用于明显的欺诈（如倒填日期），但对于削减研发（这跟欺诈相去甚远）等短期行为，界限就模糊得多了：我们在第三章讨论过，减少投资有时也可以创造价值。而且，几乎可以肯定，它不适用于疏忽不作为之过，如未能改善职场文化等。

说短期股权会导致领导者采取短期行为，有什么证据吗？由于因果关系和相关性容易混淆这一常见挑战，对此很难找到令人信服的证据。你或许可以指出，首席执行官卖出股票时，他削减了投资。但这两者可能都是某个遭到忽视的因素所推动的。如果前景黯淡，这可能会使得首席执行官理性地削减投资，出售所持股份（但后者与前者是彼此独立的行为）。

故此，我和维维安·方（Vivian Fang）、凯瑟琳娜·勒维伦（Katharina Lewellen）采取了一种不同的方法。我们用快到兑现期的股票数量（也即锁定期将满）而不是真正卖掉了多少股票来衡量短期激励。[45]锁定期满后，首席执行官一般会卖掉自己的股票，以实现个人投资组合的多样化。在兑现前，首席执行官可能会提升股价，这样他就能以更高的价格出售所持股份。重要的是，他今天兑现的股票数量取决于几年前授予他的股票数量，故此与如今的市场前景无关。

我们研究了 2 000 多家企业后发现，一个季度中兑现的股权越多，投资增长就越慢。这一结果非常稳健——在 5 种不同的投资指标上都是如此，如果我们排除绩效股（绩效股的兑现取决于达到绩效目标，而不是持有至规定的时限），情况同样如此。

这些结果意味着什么呢？第一种解释是，首席执行官无效地削减了良好的项目，以提高短期收益。但第二种解释是，首席执行官切实有效地砍掉了糟糕的项目。找出不经济的项目并终止要付出努力，而这么做，可能还会让首席执行官吃力不讨好。当他即将卖掉股份时，他愿意做出艰难的决定。如果这是真的，那么短期压力就是激励，而不是分散注意力，有点像论文截止日期即将到来会逼得学生不再拖延。

如果兑现股权能让首席执行官振作起来，你会期待他不光削减糟糕的投资，还能通过削减其他开支或提高销售增长率来改善绩效。我们并未找到这方面的证据，这表明减少投资是短视的，而非整体效率计划的一部分。同样支持第一种解释的是，如果首席执行官有更大的可能性可以逃避惩罚，他会更多地减少投资，例如，要是他接近退休有可能他不太关心放弃良好投资带来的名誉损失。

托米斯拉夫·拉迪卡（Tomislav Ladika）和扎克·索特纳（Zach Sautner）在另一种不同的背景下发现了短期股权导致短期行为的独立证据。为确定因果关系，他们研究了美国财务会计准则第 123 号文带来的影响。这项从 2005 年 6 月开始生效的会计改革，会按未兑现的高管期权价值来减计企业的利润。为避免这种情况，许多企业允许高管提前兑现期权——从而给了首席执行官通过削减投资提升股价的动力。这里存在的潜在问题是，2005 年发生的其他事件也可能会影响企业的投资动机。故此，托米斯拉夫和扎克比较了财年在 6 月到 12 月间结束（故此必须遵守新规定）的企业和财年在 1 月到 5 月间结束（故此到 2006 年才需遵守新规定）的企业。他们发现，兑现期权会导致企业削减投资。

除了像上述两篇论文那样研究短期股权的成本，我们还可以研究长期股权的收益。卡洛琳·弗莱默（她撰写过一篇有关改善社会绩效的股东提案的论文，详见第四章）和蒂玛·班萨尔（Tima Bansal）合作研究了一个相关课题——促进长期激励的股东提案。[46] 两人使用了类似的"断点回归"方法，比较了以略高于 50％ 的得票率通过的提案与因略低于该得票率而未能通过的提案。两人调查了 1997 年至 2012 年间的 800 多项提案，发现以略高于 50％ 的得票率通过的提案提高了长期盈利能力和销售增长率。有趣的是，绩效在短期内略有下降，这说明长期思维需要短期的牺牲。但收益大于牺牲——企业的整体价值上升。

到目前为止，我们使用长期股票回报代表蛋糕的大小。然而，它并未考虑真正的外部性，所以仅仅是跟蛋糕相关，而非完全等同于蛋糕。弗莱默和班萨尔还考察了利益相关者价值指标。环境、客户、社区，尤其是员工，评分均有提高。她们还研究了创新，这对利益相关者和投资者都有好处。长期激励促使企业申请了更多、更高质量、更具创新性的专利。[47]

这三项研究强调了薪酬期限的重要性。降低薪酬水平将赢得更多的成为头条新闻的机会，但延长薪酬期限对社会的影响要大得多，因为它将影响首席执行官的投资动机。事实上，2018 年《英国公司治理准则》将最低期限从 3 年延长至 5 年。回想一下挪威主权财富基金的薪酬原则，该原则主张首席执行官应该持有企业的大量股权。这些原则还建议，"无论辞职还是退休，这些股票至少要锁定 5 年，最好是 10 年"。[48]类似地，机构投资者委员会在 2019 年 9 月修订了其薪酬政策，提倡限制性股票，建议"应该在 5 年后方可兑现，10 年后才能完全兑现（包括雇佣关系终止之后）"。

综上所述，表 5.1 突出了长期股票的 3 个关键维度，以及它们所产生的积极结果：

表 5.1　长期股票的关键维度及其结果

薪酬维度	薪酬结果
敏感性	责任
简便性	对称
期限	可持续性

薪酬比率

我们已经讨论了改革薪酬并做大蛋糕的三种方法：让领导者成为重要的所有者；取消复杂的奖金，简化薪酬；延长薪酬期限。现在，我们来谈谈一项经常有人提到的薪酬改革举措，这项举措尽管用心良苦，但可能会适得其反，因为它建立在分蛋糕的基础上。

这一举措涉及首席执行官薪酬与普通员工薪酬的比率，其基本形式是强迫企业披露这一比率，美国从2018年开始这样做，英国从2019年也走上了同样的道路。2020年，世界经济论坛联合四大会计师事务所（德勤、安永、毕马威和普华永道）发布了一套"利益相关者资本指标"，并推荐所有企业报告这些指标，其中就包括了作为"核心"指标的薪酬比率。一些投资者更进一步，将薪酬比率作为投资标准，或是主动试图降低它。2017年，投资管理公司贝莱德（Black-Rock）致信300多家英国企业，表示只有在员工工资增幅类似的情况下，才会批准首席执行官加薪。媒体经常指责薪酬比率过高的企业，政策制定者也开始对其加以处罚。2016年，俄勒冈州波特兰市议会对薪酬比率超过100的企业额外征收10％的税，如果超过250，则征收25％的税。旧金山在2020年通过了一项类似的法律法规。

披露薪酬比率背后的理念是，高薪酬比不公平。实际上，本书第四章也强调了公平对待员工的重要性。毫无疑问，员工的薪酬仅为领导者的1/264，这跟公平南辕北辙。蛋糕分配不公平，有可能反过来让蛋糕缩小，因为它会挫伤员工士气，破坏企业文化。故此，不管是对政府还是对投资者来说，密切监控薪酬比率似乎都是审慎之举。

可惜公平并不等于平等。公平是由绩效测量出来的。如果我不看成就，直接给所有的学生同样的分数，那是平等，但并不公平。耶鲁大学心理学家克里斯蒂娜·斯塔曼斯（Christina Starmans）、马克·希斯金（Mark Sheskin）和保罗·布卢姆（Paul Bloom）进行了一项综合性元分析，题为《为什么人们偏爱不平等的社会》（*Why People Prefer Inequality Societies*），得出的结论是：民众讨厌的不是不平等，而是不公平。[49]就首席执行官而言，公平是获得与自己贡献相称的薪酬——薪酬应该奖励价值创造。

这就是授予长期股权想要达到的效果。正确的基准线不是员工拿了多少钱，而是首席执行官把蛋糕做大了多少。事实上，媒体在频繁批评薪酬比率高的企业时，一般并不会问领导者的高薪酬是否与绩效指标的测量结果相符。2017 年，摩根大通首席执行官杰米·戴蒙（Jamie Dimon）因 364∶1 的薪酬比率遭到抨击，但过去两年该公司股价上涨了 62%。

薪酬比率衡量的是在首席执行官和员工之间怎样分蛋糕。它忽视了其他利益相关者，更重要的是，它忽视了蛋糕的大小，以及领导者为社会创造价值的主要方式——做大蛋糕。哪怕存在帕累托改进、人人都变得更富有，薪酬比率也有可能扩大。如果一家企业创造了 80 亿英镑的价值，那么首席执行官得到 400 万英镑，一名普通员工得到 32 000英镑，两者之比是 125∶1。如果首席执行官的创新创造了 120 亿英镑的价值，那么，他将获得 600 万英镑，一名普通员工获得 40 000英镑——每个人都受益，但薪酬之比扩大至 150∶1。蛋糕经济学要求领导者对价值创造负责，与此相反，薪酬比率要求他对自己的薪酬不可高于员工太多负责。

这不仅仅是一个假设的例子。萨布丽娜·豪威尔（Sabrina Howell）和戴维·布朗（David Brown）发现，如果美国企业拿下了政府的研发拨款，它们会跟员工分享这一成功中的可观部分。员工平均加薪16%，但创始人得到的更多——因为他对企业的影响更大，他的薪酬对绩效的涨跌都更敏感。[50]因此，即使每个人得到了好处，薪酬比率也会扩大。事实上，在导言中，我们提到了一项研究，研究发现薪酬比率较高时，企业的估值更高、绩效更好。[51]这篇论文的作者是奥卢本米·法莱耶（Olubunmi Faleye）、艾布鲁·雷斯（Ebru Reis）、阿纳德·万卡提斯瓦朗（Anand Venkateswaran），使用的是美国的数据。而另一项来自霍尔格·穆勒（Holger Mueller）、佩吉·昆梅特（Paige Ouimet）和埃琳娜·西明茨（Elena Simintzi）的独立研究发现，在英国，更高的薪酬比率与更高的估值、利润率、长期股票回报和盈利超出预期相关。[52]例如，在控制了股票回报的其他决定因素后，薪酬比率排在前 1/3 的企业比排在后 1/3 的企业每年绩效要好 9.7％～11.8％。有趣的是，虽然德国的社会规范与英美不同，英格夫·迪特曼（Ingolf Dittmann）、毛里奇奥·蒙托内（Maurizio Montone）和朱宇豪（Yuhao Zhu）仍记录下了薪酬比率与企业绩效之间的正相关关系。[53]

另一个问题是，各企业之间的薪酬比率是没有可比性的。高盛（2019 年为 178∶1）比沃尔玛（983∶1）低，不是因为高盛首席执行官的薪酬低，而是因为员工的薪酬优渥。哪怕在同一个行业内，薪酬比率也取决于企业的业务模式。高盛比摩根大通低（393∶1），是因为后者拥有一家零售银行——大通银行。食品连锁店唐恩都乐（Dunkin' Donuts，42∶1）比奇波雷（Chipotle，1 136∶1）低，是因为唐恩都乐的所有餐厅都采用加盟经营的形式，而奇波雷没有加盟店，全是直营，故此需要雇用工资较低的服务人员。如果一家企业雇用了更多的兼职员工，将低薪工作外包或自动化，或是支付的薪酬超过培训、假期和工作条件方面的支出，那么，该企业便可报告说，其全职员工的平均工资更高，故此薪酬比率较低。实际上，领导者甚至可能采取此类行动来操纵薪酬比率。

伊桑·鲁昂（Ethan Rouen）并未预先假设高薪酬比率是好是坏，而是研究了在特定企业所处的环境中薪酬比率应该多高。他根据当地经济条件（如该行业在当地的平均工资）、企业特点（如利润率和销售增长率）、员工构成（如从事研发的员工比例）估计了员工的恰当薪酬水平，再考虑到具体企业的特点，用类似的方法估计了首席执行官的恰当薪酬水平。这使得他将企业的实际薪酬比率分解为可解释和无法解释两部分。在无法解释的部分企业绩效下降，凸显了不合理的不公平具有怎样的破坏性。但薪酬比率的可解释部分增大，说明这是有企业价值作为支撑的，这也跟前述三项总比率研究相呼应。伊桑的研究突出了不考虑环境就比较不同企业（甚至不同时期同一家企业）薪酬比率所暗含的危险性。[54]

那么，出现不平等要怎么办呢？社会福祉不仅取决于蛋糕的大小，还取决于它的分配。但标准普尔 500 指数成分股公司 500 位首席执行官的薪酬，对美国 2.5 亿名成年人的不平等状况影响甚微。史蒂夫·卡普兰（Steve Kaplan）和乔希·劳赫（Josh Rauh）的研究表明，私募股权、风险投资、对冲基金和法律行业的薪酬增长速度快于首席执行官。[55]在《福布斯》400 富豪榜中，对冲基金、私募股权和房地产投资者的人数远远超过上市公司领导者。

就连非企业，薪酬也在上涨。以葡萄牙国家队和尤文图斯俱乐部的足球运动员克里斯蒂亚诺·罗纳尔多（Cristiano Ronaldo）为例。罗纳尔多无疑是一名出色的球员，但很难说他比约翰·克鲁伊夫（Johan Cruyff）在实质上就更优秀。人们普遍认为克鲁伊夫是有史以来最伟大的足球运动员之一，20 世纪 70 年代他曾三夺世界最佳球员金球奖。然而，哪怕不算代言费，罗纳尔多在 2020 年的收入是 3 100 万欧元。他的报酬远远超过了克鲁伊夫在全盛时期的 60 万美元薪酬。[56]（经通货膨胀调整后，这个数约等于 2018 年的 270 万欧元）。两者的薪酬差异来自：在电视广告和全球市场的合力助推下，足球现在是一个量级达数十亿美元的产业。即使罗纳尔多只比第二优秀的中场球员好一点点，天赋上的微小差异也会对尤文图斯俱乐部的利润产生巨大的影响。如果罗纳尔多的进球能让尤文图斯俱乐部进入欧洲冠军联赛，那将价值数亿欧元。所以，向顶尖人才支付高薪是值得的。实际上，在所有存在可扩展性的职业上，我们都看到了薪酬的上涨。显然，J. K. 罗琳（J. K. Rowling）不见得比简·奥斯汀（Jane Austen）更有才华，但由于前者的书在全球畅销，还能改编成电影，用来开发新的周边商品，因此罗琳的收入比奥斯汀要高得多。演员、音乐人甚至电视真人秀明星的影响力都比过去大得多，因此获得的报酬也比过去高得多。

这一观察结果可以解释为什么首席执行官的薪酬上涨了这么多。很难说现在的首席执行官比过去的更有才干。相反，是人才变得更加重要了。一如足球产业变得更大，企业也变得更大。企业还在全球市场上竞争，技术飞速变化，一旦跟不上，它们几乎就会遭到灭顶之灾——想想看黑莓公司和苹果公司的截然对比。因此，和足球一样，向顶尖人才支付高价是值得的。标准普尔 500 指数成分股公司的平均规模为 240 亿美元。因此，哪怕一位首席执行官的才干只比次优人选略高，对公司价值的贡献只比次优人选多 1‰，也值 2.4 亿美元。这么对比的话，首席执行官拿 1 480 万美元的薪酬似乎也就没那么离谱了。

这是经济学家泽维尔·加贝克斯（Xavier Gabaix）和奥古斯丁·兰迪尔（Augustin Landier）在 21 世纪迄今最具影响力的一篇金融论文中提出的观点。这也是泽维尔获得费希尔·布莱克奖（用来奖励 40 岁以下金融经济学家的杰出研究）的一个原因。这并不仅仅是个抽象的理论，你可以亲自检验它。[57] 他们指出，1980 年至 2003 年间，美国首席执行官薪酬的增长完全可以用该时期企业规模的增大来解释。朱利安·索瓦格纳特（Julien Sauvagnat）做了跟进研究，考察了 2004 年至 2011 年的情况，发现这一时期的变化同样跟企业规模挂钩——2007 年至 2009 年，企业规模缩水了 17%，首席执行官薪酬下降了 28%。[58]

对首席执行官来说，市场全球化意味着，哪怕薪酬在普通人眼里看起来很优渥，但如果没有达到市场水平，有时他们也会离开企业。2019 年 10 月 21 日，纳玛尔·纳瓦纳（Namal Nawana）因薪酬过低从英国医疗设备企业施乐辉（Smith & Nephew）辞职。他的基础工资为 150 万美元，如果所有目标都实现，便会升至 600 万美元，远高于员工 5.5 万美元的平均水平。但这么比较并不对。纳瓦纳先前执掌的是诊断企业美艾利尔（Alere），2015 年收入为 1 110 万美元，2016 年收入为 860 万美元。他加入施乐辉时就知道自己的薪酬会减少，但用他的话来说，"我真心喜欢这个机会"。所以，首席执行官愿意减少部分薪酬，接受让自己感到兴奋的工作。但和其他员工一样，他们愿意接受的减薪幅度是有限的。就纳瓦纳而言，董事会要求的减薪幅度太大了。施乐辉的股价，在他任内的 18 个月里上涨了 40%。他的离开导致蛋糕缩小——消息公布后，公司股价下跌了 9%，价值损失达 14 亿英镑。

为什么上述逻辑只适用于首席执行官，不适用于一般员工呢？因为首席执行官的行为带有可扩展性。如果首席执行官实施了一项新的生产技术，或者改善了企业文化，而这些可以在全公司范围内推广，那么，公司规模越大，影响也越大。对一家规模达 24 亿美元的公司来说，1% 相当于 2 400 万美元，而对一家规模达 240 亿美元的公司来说，就相当于 2.4 亿美元。大多数员工的行为，具有较差的可扩展性。无论公司拥有 100 台还是 1 000 台机器，一位能够维修 10 台机器的工程师都只能创造 8 万美元的价值。

我们可以从上面的观察结果中得出两点启示。一方面，它意味着首席执行官的高薪是全社会普遍趋势的一部分。这并不意味着高管薪酬上涨是一项内部工作，由听从领导者吩咐的董事会批准即可——虽说这个故事听起来很能吸引眼球。另一方面，它表明，不平等问题远比首席执行官薪酬飙升所暗示的更为严重和普遍。在任何可扩展性强的职业，薪酬都在上涨，因此，想通过解决公司内部收入不平等问题来解决社会收入不平等问题，是没有用的。社会收入不平等问题应该更系统化地着手解决，比如提高 100 万英镑以上的所得税税率，或是设定更高的遗产税（同时不让税收太高，以免削弱激励作用），而不应只着眼于首席执行官。这样做能解决所有可扩展性职业（而不限于上市公司的首席执行官）带来的收入不平等问题。

鉴于远程工作的增加，这种可扩展性——以及由此产生的不平等——只会在新冠肺炎疫情结束后加剧。由于不再需要出差与客户会面，银行家、律师和顾问可以为更多的客户提供建议。商学院教授可以通过在线课程接触到数千名学生，不再受课堂容量的限制。优秀的健身教练不受工作室规模的限制。在疫情期间，知名教练乔·威克斯（Joe Wicks）在线教授 100 万名观众健身知识。虽然这是免费的，但其可扩展性突出了超级明星的赚钱机会，以及同行业的潜在内卷。

综合上述所有证据，这对高管薪酬改革意味着什么？目前的改革试图压低薪酬水平，但这样做只是在用不同的办法分蛋糕，据我所知，没有证据表明削减首席执行官薪酬能提高投资者或利益相关者价值。薪酬结构（其敏感性、简便性和期限）更重要，它确保只有为了投资者和利益相关者的共同利益而做大蛋糕时，领导者才能得到奖励。改革应该鼓励首席执行官帮忙做大其他利益相关者分到的蛋糕块，而不是直接缩减首席执行官自己分到的蛋糕块。

薪酬水平事关重大的时候

在这一章，我们论证了薪酬结构比薪酬水平更重要，因为前者提供了做大蛋糕的动力，而后者专注于怎么分蛋糕。我们认为，不必在薪酬水平和利益相关者价值之间进行权衡取舍，因为一位有才干的首席执行官可以创造比自身薪酬高得多的价值。

但还有一种首席执行官薪酬水平真正关系重大的情形——这就是整体经济下滑，蛋糕变小的时候。此时，分蛋糕的确会影响蛋糕的大小，原因有二。首先，如果首席执行官接受减薪，被裁或休假的员工人数会减少。虽然首席执行官的薪酬相较于企业价值的确是个小数目，但在经济低迷时期，相较于企业的现金储备，它可能颇为可观，故此，削减首席执行官的薪酬真的能为员工提供一线生机。我们在第一章中看到，在金融危机的余波中，巴里－韦米勒公司削减了从秘书到首席执行官的所有员工的薪酬；如此一来，没有一个员工会丢掉工作。其次，减薪意味着首席执行官和其他利益相关者与投资者并肩作战，当其他人都在受苦的时候，首席执行官也乐于分担——这提高了士气，锻造了团队精神。在新冠肺炎疫情大流行期间，许多领导者连续数月无偿工作；在富时 100 指数成分股公司中，1/4 的首席执行官接受了至少 20％的减薪。[59] 重要的是，削减的这部分薪酬是现金工资而非股权，所以这不会影响领导者的工作动力。

通常而言，首席执行官不愿接受减薪可以离职，但在疫情期间，很少有企业在招纳高管——它们缺乏相应的资金，也不想临阵换帅，加剧混乱。因此，尽管一家负责任的企业应该认识到留住卓越领导者的重要性，但它也应该认识到，在什么时候对领导者是否留任的担忧会靠边站并保持其他投资的优先性。

本章小结

* 对领导者奖励的常见批评和推荐补救措施大多针对的是薪酬水平。这是基于分蛋糕思维的做法。通过降低薪酬重新分配给其他利益相关者的价值很小：首席执行官的薪酬虽然比普通员工要高，但跟企业价值相比却很小。

* 远比支付了多少薪酬（薪酬水平）更为重要的是它的效果——薪酬是激励领导者通过创造长期价值来做大蛋糕，还是通过追求短期目标让蛋糕变小？薪酬改革的目标应该是鼓励价值创造，而不是降低薪酬水平。

* 薪酬效果取决于薪酬结构，它包括三重维度：

　1. 对绩效的财富敏感性带来了责任。由于领导者持有可观的股份，这种敏感性比通常认为的要高得多。持股量与未来股票回报显著相关，且有可能是因果关系。

　2. 薪酬的简便性带来了对称。以目标为基础的复杂奖金鼓励领导者只关注目标绩效指标，并且可能鼓励他在利润靠近较低阈值时承担过多的风险，而在利润接近较高阈值时应付了事。

　3. 薪酬的期限决定了可持续性。延长领导者可兑现股权的期限，可以阻止胡作非为之过（采取破坏价值的短期举动）和疏忽不作为之过（未能进行长期投资）。

* 薪酬比率建立在分蛋糕思维上，比较的是两种不可比的数量。领导者的薪酬应与绩效挂钩，而不是跟普通员工的薪酬挂钩。不管首席执行官的薪酬如何，普通员工都能获得公平的报酬。薪酬比率在不

同企业之间无法比较，哪怕在同一行业也是如此。过度关注薪酬比率，有可能鼓励操纵。

• 要实现公平，可以把股票分给所有员工，而不限于高管，这样，普通员工就可分享自己帮忙创造的价值增长。

• 所有具有可扩展性的职业，薪酬都大幅增长，并不限于首席执行官。这种现象的出现原因可能是合理的——这类职业创造的价值有可能在增长。疫情后时代，转向虚拟世界将进一步增强稀缺人才的可扩展性。为此，应采取系统性方式解决不平等问题，如对所有收入在100万英镑以上的人征收高额所得税，而不仅仅是试图规范首席执行官的薪酬。

• 经济低迷时期，薪酬水平确实事关重大。财务拮据时，首席执行官减薪可保住所有员工的饭碗。故此，在其他成员都受苦时，降低首席执行官的薪酬可锻造团队精神。

第六章　尽责管理

——参与型投资者对管理层既是支持，也是挑战

1995 年，富达价值基金是美国人进行投资的首选途径。杰夫·乌本（Jeff Ubben）执掌该基金的 5 年来，其绩效超过同行，吸引了大批希望参与其中的新储蓄者。这些新涌入的资金本应是对杰夫的祝福，因为这使基金的规模增长到 50 亿美元。

但这里有个问题。一只基金不能在任何一只股票上持有太高的仓位，否则就会承担太多的风险。如果你持有的股份超过 10％，美国法律便将你归类为"内幕人士"，限制你出售自己的股份——要是这时你的投资者想撤资，你就会进退两难。因此，这些新涌入的资金不得不投资于其他的股票，使杰夫及其团队的精力太过分散。杰夫回忆道："每天都有新资金流入，稀释我的基金，最终，我拥有 120 个仓位，不能专注于我最佳的设想。每次我把仓位数减少，基金规模又会增长，最后我又有了 120 个仓位。"[1]

为了专注于自己的最佳设想，杰夫与人共同创办了激进型基金 ValueAct，只集中持有 10～15 只股票。激进型基金并不是简单地买进一只股票，坐等股价上涨。相反，它试图影响企业的运营，故此也叫作股东参与或激进主义。① 在精挑细选流传开来的轶事渲染下，投资

---

① 后一术语更常用于表示更具对抗性的参与，但在本书中我们将交替使用这两个说法。

者激进主义遭到了普遍曲解。畅销书《门口的野蛮人》（*Barbarians at the Gate*）和同名电影将投资机构科尔伯格-克拉维斯-罗伯茨（KKR）集团收购雷诺兹-纳贝斯克（RJR Nabisco）的过程生动形象地描绘成一场充满血腥味的战斗，就像野蛮的入侵者洗劫一座文明城市。这类故事给人留下了一种流行的印象，即激进型投资者通过解雇工人、哄抬价格、削减研发来掠夺企业。

作为回应，高管和政策制定者推动对这些野蛮人采取防御举措。2014 年，法国颁布《弗洛朗日法》（Loi Florange），规定投资者持有股份未达两年时，投票权减半。一些企业，尤其是像元、谷歌和 Snap 等年轻的科技企业，采用了"双重股权"，即出售给外部投资者的股份对应的投票权仅为创始人持有同等股份的 1/10——甚至，就 Snap 而言，外部投资者的股份根本没有投票权。

某些激进型投资个案确实是残酷的战斗，但这些战斗大多是在创造而非窃取价值。在《门口的野蛮人》中，真正的野蛮人其实是在门里头的——雷诺兹-纳贝斯克公司的高管们把钱浪费在像"清淡"牌（Premier）无烟香烟这样不切实际的项目上，该项目瞒着董事会搞了好几年，让 8 亿多美元打了水漂。尤其令人震惊的是高管的津贴消费。该公司拥有 10 架私人飞机和 36 名飞行员，不仅为高管提供飞行服务，甚至还搭载首席执行官的狗（将其名字登记为"G. 谢泼德"——也是英语里"牧羊犬"的意思）去参加高尔夫锦标赛。停放这些飞机的机库配置了价值 60 万美元的家具，还做了价值 25 万美元的景观美化。光是终结这些对投资者资本和社会资源的滥用，KKR 集团就创造了巨大的价值。

但大多数的参与比通常认为的要乏味得多，而且更强调合作。一如蛋糕经济学所强调，投资者和领导者属于同一个团队。杰夫和他在

ValueAct 的同事都是做大蛋糕的人。他们选择持有的 10～15 只股票，都是那些他们看来现有蛋糕远小于潜力的股票。他们和每一家企业接触，帮助后者实现潜力。

ValueAct 帮助奥多比（Adobe）扭转局面，就是个最好的例子。1982 年，前施乐员工约翰·沃诺克（John Warnock）和查尔斯·格施克（Charles Geschke）创办了奥多比，开发了让打字机处理不同字体和集合对象的 PostScript。该软件前景大好，仅仅在一年之后，苹果公司的首席执行官乔布斯就出价 500 万美元想要收购奥多比。约翰和查尔斯拒绝了他，但将 19% 的股份卖给了苹果公司，并许可苹果公司使用 PostScript 5 年。到 1987 年，部分是因为苹果公司在其激光打印机中加以采用，PostScript 成为计算机打印的第一个行业标准。两年后，奥多比推出了图像编辑软件 Photoshop，并于 1993 年推出了便携式文档格式（PDF），它可以将电子表格、演示文稿和文档转换成便于共享的通用格式。奥多比的势头仍未停歇，在最为辉煌的 2005 年，它收购了竞争对手宏媒体（Macromedia）。这为它带来了一套新产品，比如用于网站设计的 Dreamweaver，用于视频和音频流媒体的 Flash。从 1999 年初到 2007 年底，奥多比的股价飙升了 584%。

但随后，奥多比开始迷失方向。它整合了宏媒体后推出的 Creative Suite 产品销量不佳。早前促进 PostScript 发展的苹果公司，在 2010 年给了奥多比一记沉重的打击，因为苹果公司拒绝在自家产品上使用 Flash，而选择了它的竞争对手 HTML 5。因此，奥多比不得不在 2008 年、2009 年和 2011 年进行了三轮裁员，解雇了 2 000 名员工。

ValueAct 清楚地看到了所有这些问题，甚至更多。它认为奥多比是一家过时的公司，过度专注于桌面产品，错过了移动革命，固守着过时的销售模式，未能重视软件授权使用模式。但它也看到了奥多比的产品有着市场其他产品所没有的优势，因此对其进行了投资。2011
年 9 月至 12 月，ValueAct 累计持有了奥多比 5％的股份。奥多比管理
层表示，在 ValueAct 成为大投资者之后，双方"经常互相交换意见"，
发现"ValueAct 对我们的业务和战略提出的意见很有帮助"[2]。2012
年 12 月，由于 ValueAct 持有该公司 6.3％的股份，奥多比任命 Value-
Act 合伙人凯利·巴洛（Kelly Barlow）为董事会成员。

有了董事会席位，ValueAct 开始按照自己名字所承诺的来做
事——采取行动，创造价值。这跟通常描述的赚快钱截然不同，是一
场长期的博弈。一如杰夫所说，"我不需要瞬间爆个大热门……你不能
一直在墙边扔东西，你需要走进去，获取信息，制定一套可持续的长
期计划"。

如果按奥多比的本意，它可能会尝试重振 Flash。奥多比向宏媒体
支付了 34 亿美元，并不愿干脆放弃这一沉没成本，承认此次收购是个
错误——就跟大宇拒绝退出越南汽车市场一样。ValueAct 没有参与对
宏媒体的收购，跟它没有情感上的联系，故此可以提供局外人的视角。
ValueAct 鼓励奥多比放弃 Flash，不再把 HTML 5 视为敌人，而是张
开双臂去加入 HTML 5。于是，奥多比开始使用 HTML 5 和其他开放
技术产品，并在 2020 年的最后一天永远终结了 Flash。[3]

转型涉及的内容远远不只 Flash。在移动革命中落后的奥多比开始
开发更新更好的移动应用程序。它转向了基于订阅的收入模式，减少
了盗版，让自己获得了比一次性购买更稳定的收入。这不仅让奥多比
的财务部门感到高兴，也鼓励了创新——比如在第五章中讨论的取消
短期目标。Photoshop 创始人托马斯·诺尔（Thomas Knoll）解释说：
"工程师们非常支持这一转变。以前，他们必须每两年推出一项新功
能，还必须做出很好的演示，因为你必须说服别人购买基于这些功能

的新版本……现在的激励成了创造人们真正想要使用而且一旦用了就不愿放弃的功能。我认为，让工程师开发出对用户更有价值的产品，比让他们进行令人眼花缭乱的应用示范更有动力。"[4]

奥多比的收入从 2011 年的 42 亿美元增长到 2017 年的 73 亿美元。如图 6.1 所示，经历了 7 年的停滞之后，从 ValueAct 于 2011 年 12 月首次加入到 2016 年 3 月退出，其间奥多比股价上涨了两倍多。利益相关者也从中受益。奥多比的产品扩展到 HTML 5，使得客户能将之与苹果公司的产品整合在一起，并通过移动应用程序在不同的设备上使用。2011 年至 2017 年，奥多比的员工从 1 万人增至 1.8 万人，纳税金额从 2.02 亿美元飙升至 4.43 亿美元。[5]

图 6.1　奥多比与标准普尔 500 IT 指数总回报率

ValueAct 聚焦于在自己的投资期限内让奥多比实现扭亏为盈的转型，而且由此带来的效果也延伸到了它的投资期限之外——奥多比的股价在 ValueAct 退出之后的两年翻了一番。那为什么 ValueAct 卖掉了奥多比的股份呢？因为它已经让奥多比重回正轨，又在其他企业找到了做大蛋糕的机会。2016 年 9 月，它收购了希捷科技 4％的股份。与认为投资者是敌人的普遍观点相反，希捷科技主动接洽 ValueAct[6]，希望后者购买本公司的部分股权，并授予其在董事会的"观察员"席位（允许参与所有讨论，但没有投票权）。希捷科技首席执行官史蒂夫·卢佐（Steve Luczo）解释说："希捷科技找到 ValueAct……成为我们公司的投资者，因为它致力于并成功地为所投资的公司创造长期价值。"

　　ValueAct 帮助奥多比实现的转型只是一件精心挑选的轶事。也有其他例子表明，激进型投资者以牺牲长期价值为代价来提高短期利润。卡尔·伊坎（Carl Icahn）收购了环球航空公司（Trans World Airlines）20％的股份，并出售了其盈利资产，导致该公司破产。那么，通常会发生的情况到底是怎样的呢？ValueAct 到底是例外还是常态？为什么有些投资者成功地改善了自己所持股的公司，而另一些却失败了？股东能否在不影响公司运营的情况下提高公司绩效？这些是我们将在本章探讨的一些问题。

激进型对冲基金的长期收益

　　让我们从第一个问题开始——ValueAct 是一个异类吗？要回答这个问题，我们首先需要了解 ValueAct 是哪一类投资者。它是一种特殊的激进型投资者——激进型对冲基金。对冲基金既可以卖空股票，也可以买入股票，而共同基金一般只能买入股票。不过，尽管对冲基金最出名（也最臭名昭著）的是卖空行为，但这并不是它们在蛋糕经济学中最关键的特征，另外两个特征更重要。首先，共同基金每年向客户收取大约1％的管理费，而对冲基金收取2％以上的管理费，更重要的是，对冲基金还要收取占基金利润20％的绩效费。其次，共同基金的目标是跑赢市场，评估对冲基金则不以市场为基准，而是孤立的。哪怕在市场低迷时，它们也努力创造正收益。

如果说，在人们眼里，激进型投资者是最糟糕的股东，那么激进型对冲基金就是其中备受诟病的类型。或许，它们强大的绩效激励机制以及在无论何时都要创造回报的需求，促使它们夸大短期利润。正如作家彼得·乔治斯库（Peter Georgescu）所写："激进的股东更像是恐怖分子，通过恐惧进行管理，夺走企业的基本关键资产……从一切本可以产生长期价值的东西里榨取现金。"[7] 2016年，美国参议员塔米·鲍德温（Tammy Baldwin）和杰夫·默克利（Jeff Merkley）提出了旨在打击激进型对冲基金的《布罗考法案》（Brokaw Act），并称："激进型对冲基金在我们的经济中引领着短期主义倾向。它们滥用宽松的证券法，获得上市公司的大量股份……我们不能允许一小撮投资者控制我们的经济，让它们牺牲工人、社区和纳税人的利益以自肥。"这些担忧是严肃的，倘若果真如此，应立即予以解决。

但真是这样吗？让我们来看看证据。金融学教授阿隆·布拉夫（Alon Brav）和姜纬（Wei Jiang）花了10多年时间研究激进型对冲基金的影响，并与多位合著者共同撰写了一系列论文。尽管激进型对冲基金只是投资行业中的一小部分，而且绝非本章所关注的唯一主题，但这项研究仍很重要，因为在人们眼里，激进型对冲基金正是分蛋糕类投资者的缩影。但证据表明，它们往往能把蛋糕做大。

投资者购买一家美国公司5％的股份并打算影响其运营时，必须提交一份名为"Schedule 13D"的表格，并在表格第4项中说明它打算做哪些调整。阿隆、姜纬及法律学者弗兰克·帕特诺伊（Frank Partnoy)、兰德尔·托马斯（Randall Thomas）分析了激进型对冲基金提交的 1 000 多份 13D 表。他们发现，13D 表能使股价平均上涨 7％，而且长期而言并未逆转。[8] 在另一项不同的研究中，阿隆、姜纬及卢西安·贝布查克发现，即使在对冲基金退出后，股价在未来 3 年仍将持续上涨——跟奥多比一例相同，而与人们普遍担心的对冲基金"推高并抛售"的观点相矛盾。[9] 激进型投资机构艾略特（Elliott）的创始人保罗·辛格（Paul Singer）说："补救一项失败的战略、放弃一笔糟糕的收购、重新配置一项表现不佳的资产、更换一个效率低下的管理团队或董事会，这些举措的好处可能会立即体现在公司的股价上，而且这些立竿见影的结果并不会削弱长期收益。"[10] 此外，对冲基金持有一家公司的时间通常为两年，这缓解了人们对它们持股时间不够长、无法实现长期改善的担忧。

现在，股价上涨可能仅仅是因为对冲基金提取股息或大量举债减少了税款，而不是因为实际绩效的改善。因此，阿隆、姜纬与金贤燮（Hyunseob Kim）联手调查了对冲基金对公司利润率的影响。图 6.2 可谓一图抵千言。[11]

"事件发生年度"指的是投资者提交 13D 表的时间，实线是相对于行业的资产收益率。在对冲基金进入之前，资产收益率大幅下降，表明对冲基金的目标是扭转公司绩效不佳的局面。在提交 13D 表之后，资产收益率反弹了——而且不是昙花一现。① 这种改善年复一年地变得更显著，哪怕你考察 5 年之久，结果仍然保持不变。[12]

---

① 生产率的变化可能是激进型对冲基金之外的因素造成的。"95％置信区间"显示的是，在考虑到随机变量之后，激进主义可能产生的影响范围。由于从第 1 年开始，即使是处于最下方的虚线，对应的资产收益率也大于零，表明哪怕考虑到随机变化，激进主义也提高了利润率。

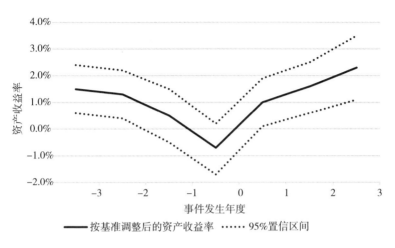

图 6.2　对冲基金对利润率的影响

　　然而，利润率更高并非做大蛋糕的决定性证据——它可能是以牺牲其他利益相关者为代价。或许，受到对冲基金短期需求的刺激，该公司现在让员工超负荷工作，降低产品质量，或者压榨供应商。为了更深入地挖掘并找出利润率更高的根本原因，你必须获得每一家生产型"工厂"生产率的信息。但从任何年报或公开文件中，都找不到这样的数据——它是保密的，由美国人口普查局负责保存。

　　金贤燮为了获得访问权限，克服了重重阻碍。他先写了一份详细的报告呈给美国人口普查局，让其相信这项研究的好处。这涉及报告的多轮修订和重新提交，直到最终获准。随后，他申请成为美国人口普查局的特别"宣誓"研究员，该机构要求对他进行背景调查，要求他接受联邦政府工作人员的面谈。

　　最终获得数据后，阿隆、姜纬和金贤燮发现，对冲基金盯上的工厂的全要素生产率有所提高，但同样表现不佳、没有被盯上的工厂却没有出现复苏。[13]复苏不只是无论如何都会发生的反弹。在图6.3中，实线表示目标工厂的生产率，虚线表示类似的非目标工厂的生产率。①

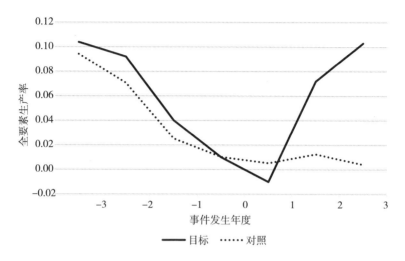

图6.3 对冲基金对生产率的影响

你兴许还心存怀疑。全要素生产率衡量的是相对于工资（和其他投入）的产出。或许，对冲基金是通过降低工资或增加工时，把一家工厂变成了血汗工厂。因此，阿隆、姜纬和金贤燮进行进一步的探讨，研究了劳动生产率——每工时产量。[14]在提交13D表的3年后，这一数字从8.4%升至9.2%。实际上，工作时间没有增加，工资也并未下降。

可人们对对冲基金的普遍担忧总不可能都是假的吧？当然不是。研究人员发现，对冲基金确实会逼得公司变卖工厂。指控对冲基金掠

---

① y轴上的刻度是"标准化"的全要素生产率，将生产率指标的标准差校准为1。实际标准差为0.32。因此，当y轴取值为0.1时，全要素生产率提高了3.2%（即0.1×0.32＝0.032）。

夺资产，它们是罪有应得。

但这里有一个转折。普查数据让研究人员得以跟踪工厂转移到新所有者手中后的生产率。情况有所改善——但如果工厂是在没有对冲基金参与的条件下剥离出去的，其生产率就不会改善。因此，由对冲基金主导的资产处置并非短视行为，反而是把资产重新分配给了能够更好地利用它们的买家。这跟比较优势原则相一致，并且意识到了保留一家工厂的社会机会成本（也即妨碍其他企业利用它来交付价值）。人们普遍认为，如果一名有潜力的运动员不能进入自己所在球队的首发阵容，这就是浪费天赋，所以应该把他转让给其他球队——只不过，说到出售资产或企业，人们一般就不这么看了。

投资会发生什么样的变化呢？与认为对冲基金倾向于短期主义的担忧不一致的是，信息技术支出增加，这可能是生产率提高的一个原因。[15]但对社会来说，更重要的是创新，因为它具有溢出效应。在进一步的研究中，阿隆、姜纬、马松（Song Ma）和出轩（Xuan Tian）发现，当一家公司成为对冲基金的目标时，与非目标公司相比，其研发支出平均下降 20%。

这似乎是确凿的证据。它证实了人们对激进型对冲基金最严重的一项担忧。参议员鲍德温和默克利在发起《布罗考法案》时称，"被激进型股东盯上的公司投资和研发水平都较低"。虽然他们并未引用任何研究，但事实证明他们切中了要害。

然而，这里仍然存在转折。尽管研发投入下降了，研发产出却在提升——公司申请的专利增长了 15%，每一项专利的引用量也增长了 15%（这是专利质量的衡量标准）。公司以更低的成本实现了更多的产出——投资者阻止了大手大脚的浪费行为。[16]

这是很重要的一点。投资者、利益相关者和政策制定者经常使用投资水平来衡量短期行为。例如，世界经济论坛的利益相关者资本主义指标（见第五章）将资本支出和研发支出作为公司应该报告的两项"核心"指标。但是，投资衡量的仅仅是你花了多少钱（投入），而不是你用这些钱做了什么（产出）。光是花钱不需要什么技巧。回想一下，在第五章，巴特·白克怎样改变了利洁时的创新——他靠的不是撒钱，他所带领的利洁时的研发支出水平低于竞争对手；他靠的是专注于强势品牌。

阿隆、姜纬、马松和田轩发现，一如工厂的重新分配，股东参与也会刺激专利和发明家的重新分配。公司将专利——尤其是那些与自身技术专长（也即比较优势）不太相关的专利——卖掉。卖掉之后，专利变得更有影响力（产生更多的引用量）。离开的发明家在新雇主那里创造出更多更好的专利。跟留在非对冲基金目标公司的发明家相比，那些留在目标公司的发明家也变得更有生产力了。

被对冲基金盯上的公司何以神奇地变得更有生产力和创新性了呢？变化是从高层开始的。一些高层离开了；而留下来的高层持股大幅增加（正如第五章的建议）。新加入董事会的董事拥有更出色的资历、更多的技术或行业专长。①

---

① 两者是存在相关关系还是因果关系呢？也许，投资者预测一家公司的绩效会改善，于是买入了大量股份。这样的假设难以与证据的广度吻合——投资者必须预测到劳动生产率和创新效率的提高、绩效不佳的工厂和非核心专利的出售，一些发明家会离开，留下来的人表现出了更高的生产率。首席执行官会换人，新的董事会被任命。此外，在这一批研究人员所撰写的其他论文中，他们还进行了一连串额外的测试，以揭示因果关系。例如，如果投资者参与表现出更具对抗性，或以 13D 表第 4 项当中的运营问题（如战略或资产出售）而不是以价值低估或资产结构为目标，生产率的提高会更为强劲。就算投资者在提交 13D 表之前就持有大量头寸（也即对冲基金并未大幅增加持股，但提交 13D 表表明其有意参与），改善仍会出现。如果对冲基金退出时，未能成功实施第 4 项中的调整，市场的反应会更糟，这表明上述调整会增加价值。

激进型投资可带来更广泛的社会福祉，而不局限于改善其盯上的公司。这些举措会对竞争对手产生溢出效应——哈迪耶·阿斯兰（Hadiye Aslan）和普拉文·库马尔（Praveen Kumar）发现，竞争对手会采取行动，保持竞争力[17]；而尼克·甘切夫（Nick Gantchev）、奥列格·格雷迪尔（Oleg Gredil）和帕布·约提卡斯提拉（Pab Jotikas-thira）则表明，竞争对手这样做是要先发制人，阻止对冲基金入股[18]。同行企业提高自己的生产率、成本效率，改善资本配置，降低价格，增加产品的差异化，让客户获益。

股东参与的价值

激进型投资研究彻底改变了对投资者的传统看法。由于投资者需要为储蓄者创造利润，人们担心投资者会剥削利益相关者。但正如图2.1所示，分蛋糕所能产生的利润是有限的。大多数投资者认识到，产生长期回报的唯一途径是确保自己所投资的公司创造长期价值——因此，投资者与利益相关者的关系比通常认为的要紧密得多。事实上，在第四章中提到的卡洛琳·弗莱默的研究揭示了股东提出怎样的提案让公司更好地对待利益相关者。最近的一项研究发现，大多数此类提案是由资产管理公司而非宗教团体或慈善机构提出的。[19]同样，在商业圆桌会议发布了修订版企业宣言公告后，许多股东都提出了提案，强迫签署方解释怎样将承诺付诸实践。

但首席执行官及其顾问常把激进型投资者视为攻击公司的敌人。律师马丁·利普顿反对激进型投资者是出了名的，我们在导言中引用过他的话。他起草了一份怎样应对激进型投资者的行动方案，使用了"攻击"及其同义词足足18次。[20]然而，投资者参与提高了股票长期回报、利润率、生产力和创新能力——这些恰恰是领导者（和社会）希望发生的事情。面对重组建议，高管们不应将其视为"攻击"，立刻采取防御举措，说它们是错误的，而应该首先思考投资者提出的这种主张有没有可能是正确的。激进型投资者带来的挑战，或许让人难以承受，但不应为此贬低其价值。激进型投资者攻击的主要目标似乎是绩效不佳，在这件事上，公司应该与其联手。

2014年，投资者对英国建筑外包公司卡瑞林（Carillion）负债过高、养老金赤字不断扩大、现金流疲软表示担忧，并建议其改变策略。但管理层把这视为攻击，坐视不理。2018年1月，卡瑞林破产，不仅伤害了投资者，也伤害了社会——它的破产导致3 000人失业，危及2.7万名退休人员的养老金，并连带使得一些供应商破产。英国政府的一份报告发现，"如果它在更早的阶段听取关键投资者的建议，它兴许能够拨开随后预示其崩溃的乌云"[21]。

投资者如果不了解公司的内部情况，怎样提供有用的观点？在对新的战略设想集思广益或讨论竞争威胁时，建立独立咨询委员会。虽然投资者确实不在公司承担日常工作，但局外人的观点有助于克服首席执行官对现状（他设计的战略或要收购的公司）的迷恋。有一则寓言故事是这样的：把青蛙放在一口装满水的锅里，水刚开始沸腾的时候，它不会注意到。但局外人通过发现形成水泡会注意到水开始沸腾。激进型投资者比尔·阿克曼（Bill Ackman）解释说："激进型投资者所增加的价值……在于，我们可以唤醒一家自满的公司，让它意识到自己面临的竞争威胁，以及自满渐渐导致业务的低效，防止又一家柯达的消失，让成千上万的人免于失业。"[22]

政策制定者正逐渐意识到参与型投资者的价值。从20世纪90年代初开始，日本经历了长期的经济停滞（起初称为"失去的10年"，但由于它持续时间太长，如今变成了"失去的 20 年"）。利润率一直很低，部分原因在于公司选择了持有现金的简单做法，而不是去寻找创新的投资机会。[23]日本前首相安倍晋三认为，加强投资者参与是解决方法之一，他努力加强投资者权力。2015 年制定的《日本公司治理准则》就是一个例子。

然而，与大多数议题一样，证据并不指向同一个方向。尽管阿隆和姜纬对对冲基金做了全面的研究，但请记住，证据并不普遍。对养老基金和共同基金等非对冲基金投资者发起的激进参与行动而言，结果更为复杂。2010 年，戴维·耶马克（David Yermack）考察了截至当时的激进型投资研究（他的论文成稿时间早于对对冲基金的研究），发现"机构投资者采取激进行动，所得成功似乎甚为有限"[24]。

所以，就像我们在第四章中讨论过的，ESG 投资不见得总能带来回报，投资者参与也并不总是有回报。两者的原因相似。ESG 投资有可能是靠勾选的方式实施的——例如，根据薪酬比率选择股票，不考虑薪酬期限。同样，投资者参与也可以通过勾选来实施——从调整薪酬比率等能快速见效的做法入手，而不是思考并解决期限等更深层次的问题。重要的是投资者参与的质量，而不单纯是参与的姿态。

什么能加强投资者参与

有三个原因可以说明为什么激进型对冲基金在奥多比式类似参与中特别有效。重要的是，这些参与举措无一是对冲基金所独有，其他投资者同样可以采用。首先是其投资组合的集中度。由于 ValueAct 只持有 10～15 只股票，所以它对每家公司都持有相当多的股份。这让它有动力去实际调查自己所持股的每一家公司。

许多共同基金不是这样。共同基金主要分为两种类型。一种是指数型基金，这类基金持有一个指数——例如，由美国最大的 1 000 家公司组成的罗素 1 000 指数。由于没有基金经理主动选股，这些基金通常非常便宜，每年的管理费约为 0.1%（2018 年 9 月，富达推出了零费用指数型基金）。另一种是主动管理型基金，也叫主动型基金。它指定一个基准指数，通过选择不同的股票来超越该指数。支付给基金经理和分析师团队的费用可能是 1%。

尽管从理论上说，主动型基金可以自由选择喜欢的股票，但实际上，许多基金都持有与指数接近的数百只股票，以降低绩效逊于指数的风险。这种"秘柜式指数型基金"意味着基金持股过于分散，无法对每只股票进行有意义的投资。晨星公司发现，20% 的欧洲大型股基金可以归类为秘柜式指数型基金。[25] 此外，分散型基金实际上可能不利于参与。如果一家公司股票只占某基金的 2%，但占基准的 3%，那么提高其价值将导致该基金绩效不佳。

类似问题也出现在养老基金上。在美国，养老基金必须遵循"谨慎人"规则，这要求它们进行多样化投资。[26] 如果你只关心胡作非为之过（也即投资于糟糕的股票），多样化投资或许是谨慎的。但蛋糕经济学考虑更多的是避免疏忽不作为之过。从这个角度来看，投资过度多样化是轻率的。如果某基金持有数百只股票，它不太可能对每一只股票都有深入的了解，会错过很多创造价值的机会。在生活的其他领域，很少有人会把过度多样化视为谨慎之举。人们大多理解，做出数百项承诺会让你无法为每项承诺投入足够的时间——然而，这种洞察力有时会遭到投资者的忽视。

由于不会根据指数进行评估，对冲基金拥有集中的投资组合。如果某对冲基金下跌了 10%，它不能以指数下跌了 15% 为借口，因为它自定的使命是：不管市场状况怎样，都要产生回报。因此，它持有每一只股票都基于信念，是由于相信该股票的长期潜力而做出的深思熟虑的选择。对冲基金并不因为一只股票是基准的一部分，能够默认达到某一绩效水平而持有该股票。利害关系大为对冲基金带来了参与的动机。

激进型对冲基金之所以有效的第二个原因是它们有着强大的财务激励。假设一家对冲基金和一家共同基金都持有价值 1 亿美元的股份。如果对冲基金的参与使公司价值增长 5％，它所持股份价值就会增加500 万美元。第一年，对冲基金保留其中的 110 万美元（100 万美元来自 20％的绩效费，10 万美元来自 2％的管理费）。管理费为 1％的共同基金将只能留下 5 万美元，因此，它的激励仅为对冲基金的 1/22。激励举措很重要，因为参与活动不仅花费时间，还花费金钱——尼克·甘切夫估计，如果竞选活动最终沦为代理权之争（也即为争夺董事会席位而进行的公开斗争），它的平均花费超过 1 000 万美元。[27] 股东参与应该始于合作，但如果管理层不让步，对抗也是一种有用（然而代价高昂）的升级机制。

一些储蓄者可能会对对冲基金 20％的绩效费望而却步，就像普通民众可能会反对首席执行官的高薪酬一样。但绩效费并不以任何人的损失为代价——只有对冲基金把蛋糕做大，它才能赚到绩效费。此外，与第五章所提倡的长期激励措施一致，对冲基金员工的薪酬通常会推迟几年才发放。[28]

第三个原因是激进型对冲基金为参与所投入的可观资源——这是投资过程的核心部分。一些共同基金主要以成本为卖点，认为投资者参与是不经济的，只会增加费用。但参与是利润中心，而不是成本中心。

对冲基金之外

聊以慰藉的，在这三点特征中，没有一点是对冲基金所独有的。其他投资者也可以采用同样的做法——许多最优秀的投资者也正是这么做的。我们将在第九章中讨论，投资者应该根据长期绩效向基金经理支付报酬，并为参与投入大量资源。主动型基金应该集中持股，而不是紧盯指数不放。对冲基金没有什么特别之处，它们只是专注、受到激励、掌握资源的投资者的代表。

实际上，对具有上述特征的非对冲基金投资者的分析，发现了更积极的结果。除了客户资金，英国投资者爱马仕还管理着英国电信和邮政的养老金。1998年，爱马仕成立了英国焦点基金，以回应人们对其主要基金过于多样化的担忧。顾名思义，英国焦点基金只持有少数公司的股票——任何时候都不超过13只。它专注于股东参与，只收购那些它认为可以扭转绩效不佳局面的公司。员工拿很低的基础工资，但有着强大的激励机制，如果绩效出色，可以获得7位数的奖金。

基金的参与旨在运用比较优势原则，变卖非核心资产。马可·贝切特（Marco Becht）、朱利安·弗兰克斯（Julian Franks）、柯林·迈耶（Colin Mayer）、斯特凡诺·罗西（Stefano Rossi）发现，如果股东参与实现了目标，股票回报率平均会上升5.3%。[29]对抗性参与比合作性参与具有更高的回报，表明爱马仕推翻了掌权管理层的糟糕决策。在爱马仕参与前的两年里，公司利润率一直在下降，但接下来的两年里却出现了反弹。

埃尔罗伊·迪姆森（Elroy Dimson）、奥古扎·卡拉卡斯（Oguzhan Karakaş）和李希（Xi Li）进行的一项独立研究调查了一家在环境和社会参与方面拥有专业知识的大型匿名投资机构。[30]虽然此类激进行动旨在让利益相关者受益，但投资者也会获益。公司的股价次年便上涨2.3％，如果参与达成了既定目标，股价会上涨7.1％。利润也有所增长。

私募股权投资者与对冲基金有着相似的特征，但参与程度更深。它们通常拥有多数股权（而不仅仅是大额股权），外加董事会席位，这使其对管理层有更大的影响力。但它们所遭受的诟病，几乎和对冲基金一样。然而，好几项研究都表明，如果私募股权投资者接管一家公司，利润会上升[31]，生产率会提高[32]，专利质量也有所改善[33]。

利益相关者同样会受益。乔纳森·科恩（Jonathan Cohn）、妮可·内斯特里亚克（Nicole Nestoriak）和马尔科姆·沃德洛（Malcolm Wardlaw）研究了职场工伤事故，他们从美国劳工统计局的职业病和工伤调查中获得了来自工厂的数据。[34]每年平均有6.7％的工人受伤；在私募股权投资者进行收购之后，这个数字会下降0.74％～1％。如果美国各地都出现这种工伤减少的情况，那么，工伤事故将减少65万～88万起。沙伊·伯恩斯坦（Shai Bernstein）和阿尔伯特·西恩（Albert Sheen）从美国食品和药物管理局获得了餐馆的健康检查记录，他们发现，收购发生后，餐馆变得更干净、更安全，也维护得更好。[35]这种效应在直营店比加盟店更显著，因为私募股权投资者对直营店拥有更大的控制权，这表明，正是它导致了这些改善，而不是因为它预测到这些改善无论如何都会发生，于是收购了这些餐馆。

从"不作恶"到"积极行善"，阿什维尼·阿加瓦尔（Ashwini Agrawal）和普拉萨那·坦培（Prasanna Tambe）指出，私募股权投资者增加了信息技术投资，使员工拥有了诸如计算机辅助设计等可转移技能。[36]两位作者从美国最大的在线求职网站之一获得了专有数据，追踪这些员工未来的职业道路。员工的长期就业能力和工资都有所提高，哪怕离开前公司后也能保持此种增长。收购后信息技术投资规模越大，效应越明显，对信息技术相关岗位的员工影响越大。

客户同样从中受益。塞萨里·弗拉卡西（Cesare Fracassi）、亚利桑德罗·普里维特罗（Alessandro Previtero）和西恩研究了零售业，收集到 200 万件产品的月度门店价格和单位销售额数据。跟未遭收购的同类零售商相比，遭到收购的零售商销售额增长了 50％。这一增长并非来自价格欺诈——价格几乎并未变化。相反，它来自新产品的推出和地域扩张。[37]

普遍参与

ValueAct 在奥多比采取的激进行动，以及上述论文所研究的对象，都是定制式参与。这里，最佳的行动方案可根据具体情况而定。ValueAct 必须深刻理解奥多比的具体问题，对量身定制的解决方案（如改变收入模式）进行评估。

但这并不是投资者参与创造价值的唯一形式。有些改进可以全面实施，我们称之为普遍参与。延长薪酬期限或鼓励碳排放披露通常是可取的，投资者无须深入分析就可推动此类变革。定制式参与是"自下而上"的，从公司的战略和运营开始，而普遍参与是"自上而下"的，适用于多家公司都存在的宽泛问题。

对指数型基金来说，定制式参与实行起来更困难，因为它们持有一个指数中的每一只股票，而且指数型基金持股可能过于分散，无法聚焦于具体的某一家公司。但它们很适合采用普遍参与，因为提供指数型基金的资产管理公司（如先锋领航集团、贝莱德集团、道富银行和法通集团）往往是一家公司的最大股东[38]，拥有强势投票权。2019
年8月，美国指数型基金总规模首次超过主动型基金；10年前，指数
型基金的规模仅为当前的1/3。[39]

指数型基金真的发挥了公司治理作用吗？伊恩·阿佩尔（Ian Ap-
pel）、托德·戈姆利（Todd Gormley）和唐·凯姆（Don Keim）使用
断点回归方法来揭示因果关系。罗素1000指数包含了美国最大的
1 000家上市公司，罗素2000指数包含了紧随其后的2000家上市公
司。一只股票是在罗素1000指数中靠后的位置还是在罗素2000指数
中靠前的位置，基本上是随机的，但这对指数型基金对所持股公司的
持股比例有很大影响。跟踪罗素1000指数的指数型基金对排第1000
位的公司持股比例几乎为零，因为它在该指数中权重最小。而跟踪罗
素2000指数的指数型基金，对排第1001位的公司持股比例很高，因
为它在该指数中的权重是最大的。

伊恩、托德和唐的研究表明，指数型基金对罗素2000指数中排名
靠前的公司持股比例比对罗素1000指数中排名垫底的公司要高66%。
这一高出的程度，与更好的公司治理、更高的利润率和更高的估值挂
钩。它还使得对管理层提案的投票支持率变低，而对与公司治理相关
的股东提案支持率变高——这与指数型基金通过投票权改善了普遍参
与相一致。另一项由法蒂玛·费拉里·阿迪比（Fatima Filali Adib）进
行的研究表明，能够创造更多价值的提案获得了更多的投票支持，这
表明指数型基金确实擅长投票。[40]

此类结果很重要。虽然一些评论人士喜欢把激进型基金归为
"好"，把指数型基金归为"坏"，但这种二元思维有失准确。不同的投
资者擅长不同类型的投资。无论是政策制定者还是储蓄者，都不应期
待投资者承担所有类型的尽责管理工作，而是应该聚焦于它们最擅长

的机制。我们将在第九章再次探讨这一点，讨论投资者怎样将尽责管理付诸实践。

投资者权利

另一种阐明投资者参与价值的方法，不是研究激进型投资的实际案例，而是研究投资者权利——股东影响公司运营方式的能力。

公司可以设定若干种机制来削弱投资者的影响力。一种是董事轮换制。假设保罗是首席执行官。他贪污腐败，把公司的钱用于糟糕的收购行动、豪华的办公室装修，当然，还包括支付他自己的高薪。而且，他还很狡猾。他选择了阿米特、莎拉和戴尔芬三位董事，全都是他在商学院的好友，也是支持他谋私利以自肥的法门。保罗将三人的董事任期交错安排。阿米特今年参加选举，莎拉明年参加，戴尔芬后年参加。激进型投资者兴许会努力选出自己的董事，以解雇保罗。但由于董事会每年只有 1/3 的成员参加选举，除非该激进型投资者再等一年，赢得第二次选举，否则他无法获得多数席位。保罗得以免受投资者的制衡，继续破坏价值。

但董事轮换制也不见得完全是件坏事。有时候，它的目的不是让分蛋糕型领导者牢牢掌权，而是保护一位做大蛋糕型领导者不因短期亏损而遭到解雇，从而专注于长期投资。[①] 到底是哪一种情况呢？让我们来看看证据。保罗·冈帕斯（Paul Gompers）、乔伊·石井（Joy

---

① 如果人们关注的是不受短期压力影响这一点，董事采用 3 年任期制但在同一年（第 3 年、第 6 年、第 9 年等）进行选举或许是更好的办法。此时，董事对 3 年（而不是 1 年）的绩效负责，从而减少短期压力。但如果 3 年后绩效仍然糟糕，整个董事会成员都可能会被投票选下去。

Ishii）和安德鲁·米特里克（Andrew Metrick）撰写的一篇开创性论文不仅收集了有关董事轮换制的数据，还收集了其他 23 种保护管理层免受股东干扰的机制的数据。结果令人吃惊。设定保护机制最少从而投资者权利最强的公司，每年绩效都比情况恰恰相反的公司好 8.5%。前者还有着更高的销售增长率和利润率。

保罗、乔伊和安德鲁对双重股权进行了一项单独的研究，发现公司价值明显降低。罗恩·马苏里斯、王聪（Cong Wang）和谢飞（Fei Xie）随后揭示了价值走低的根源。双重股权结构跟首席执行官薪酬更高、收购更糟糕、投资决策更蹩脚相关——这表明，它们巩固了管理层的地位，使之在公司专断独行、称王称霸。[41]

这些发现很重要，而且有悖于当前的认识。许多人呼吁限制投资者的权利，认为股东追求短期利润，从利益相关者手里榨取了价值，干涉了首席执行官的愿景。考虑到首席执行官（尤其是创始人）和投资者的看法不同，这套叙事很受欢迎。企业家提出创意，投资者靠别人的创意赚钱。

可以说，企业家比社会上任何其他成员都更能把蛋糕做大。但蛋糕经济学强调平衡的重要性——要在企业家的愿景和投资者的监督之间找到平衡，就像汽车既有油门踏板又有刹车踏板一样。这种平衡至关重要，因为前人留下了许多类似的警示故事：由于创始人一意孤行，大有前途的企业走向了衰落。《经济学人》这样形容大宇的创始人，"金宇中习惯根据直觉当场做出投资决定，而不是咨询他人"[42]。2008 年 2 月，雅虎的杨致远拒绝了微软 475 亿美元的收购要约，因为他不想放弃对自己公司的控制权——但拥有雅虎的，不是杨致远，而是股东们。到 11 月，雅虎的价值跌至微软出价的 1/3，两家底特律养老基金起诉雅虎，认为拒绝微软的举动违背了对投资者的信托责任。特拉维斯·卡兰尼克（Travis Kalanick）从不让步、随心所欲的领导风格使得优步滋生出了性别歧视的职场文化，重要高管相继离职，优步遭到监管机构的处罚，在公众中声名扫地。2010 年，团购网站高朋（Groupon）联合创始人安德鲁·梅森（Andrew Mason）拒绝了谷歌 60亿美元的收购要约。高朋销售增长乏力，被迫重述财务报表，领导者行为欠缺专业意识（梅森在办公室里穿着大猩猩的戏服；记者采访时问他为什么拒绝把公司卖给谷歌，梅森死死地瞪着对方）。2012 年 12月，CNBC 的记者赫伯·戈瑞伯格（Herb Greenberg）称梅森为"年度最差首席执行官"，高朋的市值暴跌至不到 30 亿美元。2013 年 2 月 28日，梅森遭到解雇，高朋的股价上涨了 4%；当年年底高朋的市值便涨到 80 亿美元。[43]

公平地说，投资者权利研究只是确定了相关性。随后的两篇论文在落实因果关系方面取得了进展。文森特·库纳（Vicente Cuñat）、梅雷亚·吉内（Mireia Giné）和玛利亚·瓜达露佩（Maria Guadalupe）利用与第四章卡洛琳·弗莱默的研究相同的断点回归方法，分析了加强公司治理的提案。[44]执行一项提案，股价平均上涨 2.8%。收购和投资活动减少，但公司的长期价值上涨——这表明，削减针对的是高管的独断专行，并未波及创造价值的项目。乔纳森·科恩（Jonathan Cohn）、斯图·吉兰（Stu Gillan）和杰伊·哈泽尔（Jay Hartzell）调查了委托书使用规定（2010 年 8 月由美国证券交易委员会通过，但2011 年 7 月遭上诉法院驳回）。[45]这一规定帮助投资者在董事会选举中提名候选人。[46]在有可能巩固该规定的事件发生后，股价上涨；而在有可能削弱该规定的事件发生后，股价下跌。绩效不佳的公司反应更强烈，暗示投资者的力量可以对绩效不佳加以约束。

现在我们再来看看投资者怎样对更广泛的社会产生影响。艾伦·法雷尔（Alan Ferrell）、梁浩（Hao Liang）和卢克·雷内布格（Luc Renneboog）研究了 37 个国家，发现亲投资者法律与 11 项不同的利益相关者价值指标（包括劳动关系、社区参与和环境导向）正相关。[47]亚历山大·戴克（Alexander Dyck）、卡尔·林斯（Karl Lins）、卢卡斯·罗斯（Lukas Roth）和汉内斯·瓦格纳（Hannes Wagner）分析了 41 个国家，并得出结论：机构投资者持股跟各类环境和社会指标的改善（如可再生能源的使用、就业质量和人权）相关。如果投资者来自德国、荷兰和北欧国家等有着强烈社会规范的国家，这种效应会更大，意味着这些国家已将规范输出到被投资公司。投资者为了自己和利益相关者做大蛋糕出乎人们的预料，因为很多评论人士认为，公司要服务社会，就必须遏制股东权利。事实上，"ESG 投资"这个概念似乎就显得有些自相矛盾了。治理因素反映公司的行为是否符合股东利益，环境和社会因素衡量公司的行为是否有利于利益相关者。按照分蛋糕的思维，这些因素的作用方向是相反的。但采用做大蛋糕的思维，这就没什么矛盾的了——这三大因素（环境、社会和公司治理）都可以做大蛋糕。存在的唯一矛盾是，一些 ESG 投资的倡导者也呼吁遏制股东权利。

然而，证据并不都是单向的。上述研究调查了一般情况下会发生什么，但证据并不普遍存在——在某些案例中，限制股东权力可能是有价值的。威廉·约翰逊（William Johnson）、乔恩·卡波夫（Jon Karpoff）和桑豪·伊（Sangho Yi）认为，收购防御可以巩固长期利益相关者关系。2000 年，IBM 是外包制造商鹏思特（Pemstar）的最大客户。IBM 与鹏思特合作，在巴西开设了一家制造厂，并与鹏思特分享制造知识。这种关系需要信任：IBM 相信鹏思特不会带着分享到的知识脱离阵营或突然提价。

当年，鹏思特上市后，面临着遭到收购的风险。新的所有者有可能通过向 IBM 收取更高的价格，压榨这种关系。因此，鹏思特采取了五项收购防御措施。① 威廉、乔恩和桑豪发现，当且仅当一家公司拥有大客户、依赖性供应商或战略联盟时，收购防御会在其上市时提高其估值。马丁·克里默斯（Martijn Cremers）、路博·利托夫（Lubo Litov）和西蒙·塞佩（Simone Sepe）指出，如果一家公司采用董事轮换制，当且仅当该公司拥有上述商业关系，它的价值才会增加。[48]

收购防御并不是保持长期关系的唯一方法——我们稍后将看到，拥有消息灵通的投资者通常就足够了。尽管如此，这些论文与如下观点吻合：不知情的投资者可能会忽视公司利益相关者关系的价值，施加具有破坏性的干预。因此，投资者权利没有格式固定的最优设计，这就解释了我们在不同公司和不同国家看到的多样性。对于一家具体的公司而言，投资者权利也可能随着时间的推移而发生变化：如果该公司刚刚上市，收购防御措施可以保护利益相关者关系，但等它趋于成熟，收购防御措施会导致利益受损。监管机构面临的挑战是，确保保护性举措（也即保护管理层免受投资者干扰，在某些情况下，它可能是有道理的）不会遭到绩效不佳的领导者滥用，借此巩固自身地位。

监督

投资者参与是尽责管理的一种形式。《韦氏词典》里对"尽责管

---

① 请注意，这种担忧有个前提条件：新的所有者是不理智的。理性的新所有者将理解利益相关者关系的价值，并保护这些关系——事实上，收购者通常还会为这些关系支付溢价。

理"（stewardship）的定义是："对托付给自己的东西给予细心和负责任的管理。"投资者受托管理储蓄者的钱。负责任地管理这些资金，包括改善所投资公司的长期绩效。因此，在对尽责管理进行定义时，我们的视线从储蓄者身上转到了公司身上，如图 6.4 所示。尽责管理是一种提高公司为社会创造的价值的投资方式。它寻求做大蛋糕，提高公司的绩效，而不是理所当然地从发现缩小的蛋糕中获利。

图 6.4　投资链

虽然投资者参与是尽责管理最有名的形式，但它并非唯一的形式。投资者也可以通过深入审查公司的长期价值来履行尽责管理职责——跳出短期利润的视角，关注无形资产、战略和目的。我们把这种行为叫作监督。我很快就会解释，哪怕投资者仅仅是借助它来判断是否应该买入、保留或卖出一家公司的股票，并不想影响该公司的经营，这种分析也可以做大蛋糕。

传奇投资者彼得·林奇（Peter Lynch）是杰夫·乌本的导师之一，他也是一位非常成功的监督者。彼得在 1977 年至 1990 年间管理富达麦哲伦基金（Fidelity Magellan Fund），实现了 29％的年均回报率，13 年中有 11 年的回报率超过了标准普尔 500 指数。他在《战胜华尔街》（*Beating the Street*）一书中写道："每一只股票背后都有一家公司，弄清楚它在做什么……通常，一家公司经营成功，与几个月甚至几年的股票成功没有相关性。长期而言，公司的成功与其股票的成功 100％相关。"[49]

如果彼得想买一家零售企业的股票，他会拜访该企业的门店，亲眼看看它怎么对待顾客和员工。他最喜欢的投资理念来自伯灵顿购物中心（Burlington Mall），"你能在那里发现的潜在客户，比你一个月开的投资会议恐怕要更多"。他每年会拜访 200 多家公司。有一次，妻子和孩子拉着他去美体小铺（The Body Shop），这是一家很有社会责任感的化妆品零售商。这家公司管理得非常好，员工们的热情和成群结队的顾客给彼得留下了深刻的印象。这使他在随后几个月做了进一步的分析，最终购买了大量股份。

彼得最著名的投资或许要算对克莱斯勒的投资，这是他投资方法的一个光辉案例。1982 年，彼得决定入股汽车行业——当时美国正从衰退中复苏，他想找一个周期性行业。当时美国汽车行业主要有三家互为竞争者的企业。表 6.1 展示了它们的财务统计数据。

表 6.1　三家企业的财务统计数据对比

	通用汽车公司	福特汽车公司	克莱斯勒汽车公司
1982 年美国市场份额（%）	44	17	9
1981 年利润（亿美元）	3.33	−11	−4.76
1982 年利润（亿美元）	9.63	−6.58	−0.69*

＊不包括资产出售带来的一次性收益 2.39 亿美元。

你会选择哪一家公司呢？得出答案似乎用不着动脑筋——很明显，通用汽车公司是市场领导者，哪怕是在 1981 年的衰退中也创造了大量利润，衰退结束时利润增长了两倍。但彼得却不怎么看好该公司的股票（尽管由于他看好整个汽车行业，他仍然买入了一些该公司的股票），反而很看好另外两家亏损的汽车企业。彼得的眼光超越了利润，关注的是战略和领导力。他的结论是，通用汽车公司"傲慢、目光短浅、安于现状"。

彼得购买了福特汽车公司的大量股票，但他的首选是克莱斯勒汽车公司的股票。他从 1982 年春天开始买入福特汽车公司的股票，哪怕华尔街一致认为它在 1981 年亏损后将破产。当年 6 月的某一天，在彼得后来称之为"我 21 年投资生涯里最重要的一天"，他参观克莱斯勒汽车公司总部，看到了该公司即将推出的新款汽车，其中之一最终成为第一款占有重大市场份额的小型货车。这一潜力说服彼得全力以赴。到当年 7 月，克莱斯勒汽车公司股票占到了富达麦哲伦基金资产的5%——这是美国证券交易委员会允许的上限。

历史证明彼得是对的。他在汽车行业的押注获得了回报，就连通用汽车公司的股价，在此后的 5 年也上涨了两倍。但他针对具体股票押注带来的回报就远不只如此了：同期，福特汽车公司的股价上涨了17 倍，克莱斯勒汽车公司的股价上涨了近 50 倍。

监督怎样帮助公司做大蛋糕呢？买入克莱斯勒汽车公司的股票，难道不只是让彼得赚了钱，却牺牲了把股票卖给彼得的股东吗？事实上，监督对蛋糕经济学至关重要。不真正了解一家公司的长期价值，投资者就无法与该公司合作，一起做大蛋糕。

行文至此，我们已经多次讨论了短期主义的问题。问题的核心在于信息不对称。投资者能掌握一家公司的短期绩效信息，因为这些信息很容易收集——人们很容易就能从雅虎财经查到股息、收益和收入。可投资者对长期绩效的信息就所知不多了，因为收集这些信息需要时间——彼得必须亲自去了解一家公司的客户关系、企业文化和产品渠道。

不履行监督之责的投资者可能会抛售一只短期收益不佳的股票，却没有考察低收益是否实际上是长期投资带来的结果。这导致股价下跌，降低了首席执行官所持股份的价值[50]，增大了他遭到解雇的风险。由于知道投资者会根据短期利润而不是长期价值来评估自己的工作，领导者会优先考虑短期利润。约翰·格雷厄姆（John Graham）、卡姆·哈维（Cam Harvey）和希瓦·拉杰戈帕尔（Shiva Rajgopal）对401位首席财务官进行了一项颇具影响力的调查，发现80%的首席财务官会削减可自由支配的支出（如研发费用和广告费用）以达到盈利基准。[51]正如一位首席财务官所说，市场会"先卖出，后问询"。

这就是监督至关重要的原因。先花时间提出问题（了解低收益是由于管理不善还是投资），投资者可保护领导者免受短期压力的影响。克莱斯勒汽车公司并不担心华尔街的悲观论调预言自己将破产。公司领导者不持有股票，持有股票的是彼得。所以，彼得怎样投票，他会保留还是出售自己手里的股票，非常重要。公司领导者知道彼得在乎的是克莱斯勒汽车公司的产品渠道，而不是它眼下的亏损。

比保护股价更重要的是，监督可以保障公司的未来。2017年2月，食品公司卡夫向联合利华提出收购要约时，向投资者开出了比联合利华当时股价高出18%的溢价，而大多数投资者对此并不感兴趣。这些投资者深入研究了联合利华的长期战略，包括它的"可持续生活计划"（将环境足迹减半、改善消费者福祉），意识到这些因素并没有体现在股价上。联合利华投资者给了卡夫响亮而明确的回应。皇家伦敦资产管理公司可持续投资主管迈克·福克斯（Mike Fox）说："对质量较低的企业来说，这是可以接受的，但对联合利华这么高质量的企业来说，这离合适的价格还差得远。"两天后，卡夫放弃了收购。[52]

耐心不一定是美德

你兴许认为，理想的投资者长期持有股票，绝不售出。在业内这类投资被称为"耐心资本"——这说法意味深长，因为耐心在人们眼里是一种美德，故此，相关政策也意在鼓励要有耐心。我们已经提到过的法国《弗洛朗日法》规定，投资者持有公司股票满两年，方可获得完整投票权。类似地，丰田汽车公司推出了一种股票，如持有 5 年，可获得"忠诚股息"。2016 年，希拉里在参与总统竞选期间提议，对两年内出售的股票大幅提高资本利得税。[53] 除了采取明确激励措施鼓励人们保持耐心之外，还有强大的政治和媒体压力。疫情期间，许多评论人士呼吁投资者承诺不出售股票，以"支持美国、英国……企业"。不这么做，就是不爱国。

但保持耐心并不总是可取的。对耐心投资者的赞扬从根本上说存在缺陷，因为它混淆了投资者的持有期和他的取向。前者指的是投资者在卖出股票之前持有股票的时间。后者指的是触发投资者卖出股票的基准——是长期价值，还是短期利润。

投资公司先锋领航的前首席执行官比尔·麦克纳布（Bill Mc-Nabb）提倡保持耐心，他认为："我们最喜欢的持有期限是永远。如果你达到季度收益目标，我们将持有你的股票。如果你未能达到，我们仍将持有。如果我们喜欢你，我们将持有你的股票。如果我们不喜欢你，我们仍将持有。如果其他人都在买进，我们将持有你的股票。如果其他人都在撤出，我们仍将持有。"[54] 这对指数型基金（先锋领航主要运营的业务就属此类）来说是有道理的。但激进型投资者长期持有股票而罔顾企业绩效（不管企业是为社会创造价值还是剥削社会，不管是"我们喜欢你"还是"我们不喜欢你"），这不应该叫作有耐心。这样的投资者是不负责任的投资者，未能监督企业。同样，投资者也不应该在"企业达到季度收益目标后"自动持有股票。投资者应该调查企业是怎样达到目标的，如果企业是靠放弃良好的投资来达成目标，投资者便应采取行动。

大众汽车公司"耐心"的股东，比如保时捷家族和下萨克森州（Lower Saxony）坐在方向盘后头睡着了，没能采取任何措施阻止大众汽车公司在排放测试中作弊。柯达的投资者在 20 世纪 80 年代和 90 年代享受着它的高利润，没有注意到柯达在数码摄影方面投资失败。实际上，索尼 1981 年就推出了"马维卡"电子相机，16 年之后，即 1997 年，它的市值达到了 310 亿美元的历史最高水平，而柯达对此几乎无动于衷。① 得过且过、未能做大蛋糕，是领导者所做的最糟糕的事情之一，同样的道理，得过且过、未能实施监督，是投资者所做的最糟糕的事情之一。

大多数人认为，客户应该远离生产低劣产品、污染环境或虐待员工的公司。同样，大多数人认为，撤资是投资者追究公司责任的合理方式，这就是为什么对耐心的赞扬不合情理。一般性撤资涉及由于公司所在行业或国家的原因、其他适用于所有公司的标准（如董事会多样化不足）而出售所持股份。20 世纪 80 年代，从南非撤资行动试图对该国政府施加压力，结束种族隔离制度。但投资者还可能基于公司的特定因素，比如公司对社会的贡献、无形资产和战略方向，进行专门的撤资。客户了解一家公司所在的行业或国家，可以据此采取抵制措施，但并不擅长评估上述更复杂的问题。大型投资者进行这类评估具

---

① 相反，柯达还采取了许多行动，暗示自己并不认为数字技术造成了太严重的威胁。1989 年，柯达首席执行官科尔比·钱德勒（Colby Chandler）退休，公司选择由代表传统胶片行业的凯·惠特莫尔（Kay Whitmore）继任，而不是数字技术的坚定信徒菲尔·桑普勒（Phil Sampler，他后来成为太阳微系统公司的总裁）。1996 年，柯达斥资 5 亿美元推出了 Advantix 预览胶片和相机系统，允许用户先预览拍摄结果，再将其用常规胶片打印出来。柯达虽然是使用数字技术来实现这一步的，但它把数字技术视为增强其传统胶片业务的一条途径，不认为数字技术能取代传统胶片。

有相对优势，因为它们有机会接触管理层，通过强势的财务激励进行监督。

因此，出售股票可能不是一种短视行为，而是一种惩罚行为。经济学家称之为"通过退出治理"（相对地，他们将投资者参与称为"通过声音治理"）。为了让退出达到效果，它所依据的信息，也就是我们所说的投资者取向很重要。如果投资者出售股票是基于短期收益，那这的确是有害的，因为领导者会优先考虑短期收益。但如果投资者出售股票是基于长期价值，那么，首席执行官知道，自己要对长期价值负责。例如，福特汽车公司在2015年公布了创纪录的利润，2016年的利润排名第二。然而，由于人们担心福特汽车公司在电动汽车或自动驾驶汽车方面投资不足，其股价在这两年里下跌了21%。尽管利润飙升，但股价下跌，这使得首席执行官马克·菲尔兹（Mark Fields）在2017年5月遭解雇。同样，在新冠肺炎疫情期间，我们不希望投资者卖掉那些将实质性利益相关者置于季度收益之上的公司的股票。但从那些反其道而行之的公司里撤资退出，对社会而言是可取的，这非但不是不爱国，还能让投资者把资本重新分配到科技和制药等增长型行业。

因此，关键问题不在于投资者是否长期持有，而在于投资者是否根据长期信息进行股票交易。我们怎样才能确保后者呢？与我们促进投资者参与的方式相同：持有大量股份。我的一篇论文表明，大型投资者，也叫作"控股股东"，有动机去关注收益之外的东西，并投入所需的时间来真正了解一家公司。[55] 虽然股权规模有助于监督，但忠诚红利和对售出股票的行为课税却阻碍了监督：因为如果投资者发现负面消息后选择退出，成本会很高。

与此相关的是，我们确实希望投资者忠诚。但无条件的忠诚（也即不管公司是否创造了长期价值，都选择持有）只会巩固管理层的地位。有条件的忠诚要好得多：即使短期收益很低，但只要公司正在做大蛋糕，就跟它一同坚持下去。联合利华的股东拒绝了卡夫的收购，因为他们知道，由于对可持续生活计划的投资，公司的收益低于其潜力——但如果收益不高是管理不善造成的，他们可能会接受卡夫的收购。如果公司在为未来投资，他们就保持忠诚，如果不是，他们就选择退出，这是良好的尽责管理。这也是控股股东与无条件保护的关键区别。无条件保护包括双重股权结构、董事轮换制和忠诚股份等。例如，《弗洛朗日法》允许文森特·博洛雷（Vincent Bolloré）在只持有14.5％的股权条件下获取媒体公司维旺迪的控制权，参与扩张式收购，打造商业帝国，不受外部监督。

基于长期考量而做出的短期决策的价值，不仅适用于股票买卖，也适用于投资者参与。我们将使用"长期取向"来描述基于长期因素进行交易的投资者，它与"长期"一词有着微妙的不同，后者通常指的是长期持有股票的投资者。我们将此类投资者称为低换手投资者。

巴菲特是一位长期取向投资者。他购买大量股份以保护企业不受不知情股东短期需求的影响，让企业能够自由地建立自身品牌。但他并非盲目地忠诚——如果领导者目光短浅，他会做出艰难的决定。2000年，巴菲特的投资控股公司伯克希尔·哈撒韦收购了几乎完全依靠独立经销商销售的油漆制造商本杰明·摩尔。自1883年成立以来，本杰明·摩尔一直由摩尔家族成员管理。巴菲特知道，本杰明·摩尔的经销商担心他会转投家得宝和劳氏，这两家连锁巨头有着提供更高利润的潜力。故此，巴菲特发布了宽慰所有人的视频，保证会坚持持有本杰明·摩尔的股份。

12年后，本杰明·摩尔的首席执行官丹尼斯·艾布拉姆斯（Denis

Abrams）正要与劳氏达成分销协议。尽管艾布拉姆斯在5年的任期内交出了不错的"成绩单"，还在伯克希尔·哈撒韦2009年年报里受到巴菲特的赞许，但这时，巴菲特仍然解雇了他，并终止了这笔交易，哪怕这将增加短期利润。在人们眼里，解雇首席执行官是一种短期行为，但和出售股票一样，也可以基于长期因素。另外，这个例子表明，收购防御对维护长期关系并无必要——有知晓内情的投资者往往就足够了。

政策制定者应该促进所有投资者的参与，一如公司应该鼓励所有员工参与。将新聘用的员工排除在劳资咨询之外，不仅无法接入宝贵的创意来源，还使得富有创造力的人一开始就不会加入公司。同样，要求投资者在拥有完全投票权之前等待数年，既会妨碍他们改善本就持有的股票的表现，也会让他们从一开始不愿购买一家陷入困境的公司的股票。监督和参与并不是独立的尽责管理机制，而是互为补充。话语权往往要依赖退出威胁。如果投资者看到公司绩效欠佳就卖出股票，强硬的领导者也会听从投资者的意见；正如客户碰到公司不听取自己的反馈意见就选择走开，公司最终会听取客户的意见。

股价的信息作用

投资者通过交易让股价反映出公司的长期价值而非短期收益，其好处不仅仅是鼓励领导者优先考虑长期价值。如果价格反映长期价值，它就成为宝贵的信号，跟第三章讨论的利润一样。硅谷公司的高股价鼓励聪明的大学生学习计算机科学，进入科技行业而不是采矿行业。供应商愿意投入大量资金，为高价值企业制造零部件，因为它们相信这些企业将存在数十年。董事会可以根据前瞻性价格来指导是否解雇首席执行官。

领导者自己也可以利用股价来指导投资决策——有证据表明，股价高时，首席执行官会做出推断，他们的投资机会很好，并增加投资。[56]但如果投资者不能收集长期信息并据此进行交易，股价就是糟糕的信号，可能导致错误的决策。柯达没有对数码相机进行投资，投资者却仍然持有该公司的股票，使其股价保持高位。这兴许鼓励了柯达继续其胶片战略，供应商继续生产胶片，员工加入或留在公司。要是投资者抛售股票、拉低股价，说不定能让管理层摆脱惰性。

我们不在这里对此做进一步的讨论，因为它本身是个庞大的主题。我建议对此感兴趣的读者阅读我与菲利普·邦德（Philip Bond）、伊泰·戈德斯坦（Itay Goldstein）合著的一本书的其中一章"金融市场的真实效应"。这一章考察了大量有关金融市场交易怎样改善公司决策的研究。[57]

监督的价值：证据

让我们来看看证据。有一条研究脉络考察的是与管理层会面的价值。马可·贝切特、朱利安·弗兰克斯和汉内斯·瓦格纳从全球资产管理公司标准人寿处获得了 2007 年至 2015 年间该公司与其他公司举行的私人访谈的专有数据。[①][58]这类访谈的信息量很大——往往会使得该公司的股票分析师改变自己的内部评级。如果某只股票的评级下调

---

① 2017 年，标准人寿与安本资产管理公司（Aberdeen Asset Management）合并，合并后的投资部门现在称为安本标准投资公司。

（从"买入"下调为"持有"，或从"持有"下调为"卖出"），那么从下调前一天到下调后 5 天，该股票价格将下跌 3.5%——这样的调整既有根据，也有价值，因为它使得标准人寿卖出部分股票，减少 0.3%～0.4%的损失。上调的结果与此类似，但幅度较小。

2015 年 12 月与卡瑞林公司董事长的访谈，就是一个突出的例子。标准人寿是卡瑞林的最大股东，持有 10%的股份。该董事长的尽责管理没有给专家留下深刻的印象，分析师表示，该董事长对当年卡瑞林的糟糕绩效漠不关心："他状态很好，活力十足。在这个季节，他却晒得黝黑……他刚去泰国做了水疗，从中转站莱索托回来。他还去非洲南部担任了一家儿童慈善机构的主席。"分析师还提到该董事长在外担任的其他多项职务——而且，董事长对卡瑞林实际情况的了解十分有限。两星期后，标准人寿的内部分析师就将卡瑞林的评级从"持有"下调为"卖出"，大部分基金平均减仓 26%。这些卖出举动很有先见之明，因为，我们在本章前面部分已经看到，2018 年 1 月，卡瑞林就破产了。

马可、朱利安和汉内斯研究的是一家持有多家公司股票的投资机构所举行的调研访谈，而大卫·所罗门（David Solomo）和尤金·索提斯（Eugene Soltes）研究了同一家公司（这里隐去了该公司的名字）与多家投资机构进行调研访谈的专有数据（在 6 年的时间里与 340 多名投资者见了面）。[59]他们发现，这些调研访谈同样有着丰富的信息——如果一名投资者在与公司调研访谈的同一个季度内买入了该公司的股票，那么，它的股价下个月会上涨；卖出后，股价则会下跌。

因此，投资者受益于知情交易，但这是否会导致公司之间的短期行为呢？对短线交易的批评并不少见。1992 年，战略大师迈克尔·波特（Michael Porter）发表了一篇极有影响力的文章，赞美日本的所有权结构，即投资者持有长期股权，很少出售。[60]但此后"失去的20年"表明，和以前想的不一样，日本并不是模范经济体。日本的平庸表现可能有许多原因，但这里有直接的证据证明股票流动带来的好处——投资者可以轻松交易股票。为确定因果关系，一系列研究使用了美国主要证券交易所的十进制交易。

以下是十进制交易的运作方式。所有的股票市场都有一个"最低价格变动"——也即一只股票价格变动的最小数值。2000年之前，美国三大交易所——纽约证券交易所、美国证券交易所和纳斯达克的最低价格变动是 1/16 美元。如果 IBM 的股价是 20 美元，一名投资者在此价格上卖出，兴许只能卖到 $19\frac{15}{16}$ 美元（19.937 5 美元），这使得卖出成本很高。2000 年 8 月到 2001 年 4 月之间，这三家交易所将最低价格变动降低到 1 美分。故此，现在以 20 美元卖出股票，投资者能拿到 19.99 美元的到手价了——卖出的代价没那么高了。方郁茗（Vivian Fang）、汤姆·诺伊（Tom Noe）和谢利·泰斯（Sheri Tice）证明十进制交易提高了公司价值。[61]斯利哈尔·哈拉斯（Sreedhar Bharath）、苏达珊·加雅拉曼（Sudarshan Jayaraman）和文奇·纳格尔（Venky Nagar）指出，如果公司拥有控股股东、首席执行官持有较多股份，这种改善更明显——这表明，通过退出进行治理是实现收益的关键驱动因素。[62]方郁茗、伊曼纽尔·祖尔（Emanuel Zur）和我发现，十进制交易让投资者从最开始就更容易获得大量股权。[63]

另一些研究者研究的不是股票流动性（它便利了股票的交易），而是实际交易。一个关键问题是，是什么推动了交易——是对盈利等公开信息做出的下意识反应，还是股东的定制式分析？阎学民（Sterling Yan）和张喆（Zhe Zhang）指出，换手率高的投资者会根据自己手上掌握的信息进行交易，实际上比换手率低的投资者熟悉内情。[64]这些结果有悖于对高换手率（或"短期"）股东的普遍批评，但却不无道理。换手率高可能是因为股东拥有许多市场没有捕捉到的见解，并正在根据这些见解采取行动。卢波斯·帕斯特（Lubos Pastor）、卢克·泰勒（Luke Taylor）和罗布·斯坦堡（Rob Stambaugh）发现，在交易更多的时期，共同基金利润更高。[65]无数的研究表明，大型投资者所做的交易，是在特别了解情况的情形下做出的。[66]说到交易的结果，大卫·加拉格尔（David Gallagher）、彼得·加德纳（Peter Gardner）和彼得·斯旺（Peter Swan）发现，短期交易增加了股票价格的信息含量，并最终提高了公司的绩效。

最后一条研究脉络考察的是公司拥有控股股东时在行为上会有什么样的不同。它们操纵收益的概率更小，也不太可能公布收益后进行大幅修正——这或许是因为它们知道，控股股东会看出收益注水。它们还在研发上投入更多资金，产生更多专利。[67]控股股东阻止公司为迎合分析师的收益预测而削减研发，分散的投资者则会鼓励此种行为。[68]

上述结果可能是因为控股股东的尽责管理使得公司着眼于长期思考，但也有可能是长期公司吸引了控股股东。菲利普·阿格因（Philippe Aghion）、约翰·范·里宁（John Van Reenen）和路易吉·津加莱斯研究了一家公司被纳入标准普尔 500 指数后会发生什么，认为第一种方向上的因果关系成立。[69]它导致机构持有一家公司更多的股票[70]，进而使公司产生更多、质量更高的专利。

本章提及的研究虽各有发现，但综合起来看，我们可以得出两个宽泛的结论。首先，虽然股东至上的支持者主张投资者毫无疑问就是很好，反对者则声称投资者一律很坏，但你不能把所有的投资者混为一谈。有的"秘柜式指数型基金"操盘手紧盯基准,不管绩效如何都坚持持有股票,也有的投资者深入了解自己持股的每一家公司,并跟管理层合作共同创造价值,这样的两种人是截然不同的。其次,尽管投资者常常被视为利益相关者的敌人,但有证据表明,持长期取向的大型投资者会为了所有人的利益而做大蛋糕。与其鼓励投资者保持耐心、被动地持有股票,社会应该鼓励那些认真对待尽责管理职责的投资者。这样的投资者通过尽责管理,帮忙建设未来的伟大企业。

本章小结

• 投资者通过参与(激进行动)或监督来实现尽责管理,提升企业为社会创造的价值。

• 对投资者参与的常见批评建立在分蛋糕的思维上,也即投资者损害了利益相关者的利益以求自肥。然而,大量证据表明,激进型对冲基金通过驱逐绩效不佳的领导者、提高劳动生产率、优化创新效率,做大了蛋糕。

• 对冲基金在定制式参与方面富有成效,因为它们有着集中的头寸、强大的财务激励,为参与投入可观的资源。这些特点可以为其他投资者所借鉴。私募股权就是一个例子,它往往能同时为利益相关者和股东创造价值。

• 指数型基金在普遍参与方面富有成效,因为它们通常拥有相当大的投票权,可以将最佳实践应用于数百只股票。

• 投资者权力大,有利于采取激进行动,一般与更高的长期绩效挂钩。保护管理层免受投资者干预,在特定情况下(例如,在利益相关者关系特别重要时)或许能增加价值。

• 通过监督（也即目光要超越追逐短期利润，理解企业的潜力），投资者可以让领导者免受实现盈利目标的压力，让他自由地创造长期价值。监督包括两个方面：一是在企业为未来投资时保持忠诚；二是在企业追求短期利润或得过且过时退出。

• 关键是要区分投资者的持股期和投资取向。如果卖出股票是基于对长期前景的分析，那么，它就不一定是短视行为。理想的投资者具有长期取向，而不是简单地长期持有。证据表明，股票流动性强，便利了投资者的交易，它与企业价值更高、尽责管理出色相关。控股股东（大股东）与投资水平更高、收益操纵更少相关。

第七章 回 购

——有节制地投资，释放资源到社会的其他地方创造价值

2014 年对医疗保险公司哈门那（Humana）来说是令人失望的一年。该公司的每股收益预计为 7.34 美元，低于 2013 年的 7.73 美元。这不仅让投资者，也让首席执行官布鲁斯·布鲁萨德（Bruce Broussard）付出了高昂的代价。因为布鲁萨德获得奖金的绩效目标是每股收益达到 7.50 美元。我们在第五章介绍过，为了达到获得奖金的门槛，高管有时会改变会计政策。布鲁萨德打起了这个主意。他声称，哈门那为提前偿还债务而产生的费用是一次性的，应该从每股收益的算法中排除。但这仅能将每股收益提高至 7.49 美元，仍比目标低一点。

布鲁萨德又想出了一招——股票回购。他在 2014 年最后一个季度回购 5 亿美元的股票，减少了流通股的数量。这使得每股收益上涨了 2 美分，达到 7.51 美元[1]，恰好越过 7.50 美元这一神奇的门槛，布鲁萨德因此捞到了 168 万美元的奖金——尽管哈门那在它理应关注的方面（即为公民健康提供保险）绩效糟糕。

哈门那的故事，就是大多数人对股票回购的看法。如果说人们认为首席执行官薪酬过高是分蛋糕行为的典型代表，回购很可能位居第二。如果公司有闲置资金，却并未用于投资或支付更高的工资，而是从现有投资者手中买回自家的股票，那就是回购。

首席执行官有动机参与股票回购，哪怕这样做会破坏公司价值。许多奖金计划都将每股收益作为绩效指标，因为每股收益的提高来自许多做大蛋糕的行为，比如提高产品质量以提升收入，或提高生产效率以削减成本。但回购可以让领导者人为地达到每股收益目标，实际上却并没有提高公司绩效，因为股票回购减少了流通股的数量——哈门那的例子便是如此。

看起来，回购在朝着有利于投资者和高管的方向分蛋糕，牺牲了利益相关者，故此在蛋糕经济学中没有地位。2014 年，威廉·拉宗尼克（William Lazonick）在《哈佛商业评论》上发表了一篇颇有影响力的文章，指出：尽管美国经济已经从 2007 年的金融危机中复苏，利润激增，但普通公民并未从中受益，因为这些利润用到了股票回购上。2003—2012 年间，标准普尔 500 指数成分股公司在回购上花费了 2.4 万亿美元，如果再加上股息，91％的净收入都落入了投资者囊中。拉宗尼克说："可用于提高产能和员工收入的部分所剩无几。"[2] 故此，回购实际上可能比以不同方式分蛋糕更糟糕，因为它妨碍了投资，导致蛋糕缩小。

现在，领导者们经常会为股票回购辩护，声称已经丧失了良好的投资机会。但首席执行官的工作包括提出设想，对吧？不这样做似乎就是不作为。如果他想不出比回购股票更好的办法，那你就找错了首席执行官。

出于上述所有原因，政治家们（令人惊讶的是，他们来自左右两翼）都在呼吁限制回购。2019 年 2 月，美国民主党参议员查克·舒默（Chuck Schumer）和伯尼·桑德斯公布了一项限制股票回购的计划，一周后，共和党参议员马可·卢比奥（Marco Rubio）宣布了自己的提案。2017 年，英国政府启动了一轮对回购的调查，原因是担心回购

"可能会挤占可用于生产性投资的剩余资本"。就连投资者（照理说会从股票回购中获益）似乎也对剥削利益相关者感到愧疚。2014 年 3 月，贝莱德的首席执行官拉里·芬克（Larry Fink）在致各公司首席执行官的一封公开信中道："为了提高股息、增加股票回购，有太多公司削减了资本支出，甚至增加了债务。"

本章将采用更细致的视角。跟之前一样，我们既会借鉴严谨的学术研究，也会借鉴英国政府委托普华永道和我本人共同进行的回购调查。我与普华永道，跟共同开展研究的政府官员，还有其他许多人进行了大量探讨，为此，我深表感激。我承认，回购有时会破坏价值。而且，我也认为，较之实践开明股东价值的企业，做大蛋糕的企业参与的回购应该更少。但我也要强调，如果执行得当，回购可以做大蛋糕。

当然，这里的关键词是"执行得当"和"可以"。因此，我们将使用大范围的证据来证明，在大多数（但不是所有）情况下，回购确实创造了价值，但这并不意味着政策制定者不应该采取行动。在最后，我们将提出改革建议。

我们将解释怎样通过蛋糕经济学的视角来看待股票回购，并得出有别于传统观点的结论。但我们首先会看到，一些担忧来自对回购实际运作方式的误解，与分蛋糕还是做大蛋糕没有关系。这不是要为回购行为辩解，而是因为我们必须先了解回购的运作方式，才能为改革提出建议。

回购：纠正若干误解

回购是给投资者的免费礼物

对回购持批评态度的人认为，回购是给投资者的免费礼物，是一笔意外之财。一篇关于回购的文章起了这样的标题：《国会可能会给银行股东派发 530 亿美元的礼物》；另一篇文章的标题是《耐心的股东将从壳牌获得 190 亿英镑的意外之财》。[3] 这种看法或许因用词而被曲解——回购是"派息"的一种形式。但回购并不是免费的，即投资者能够空手套白狼。投资者的确收到了钱，但前提是放弃自己手里的股份。这类似一家企业偿还债务，企业当前向银行还款，以减少银行对企业未来的债权。没有人会说偿还债务是给银行的免费礼物。

投资者需要企业回购以套现

另一些批评人士承认回购并非免费，但却声称它是一种套现机制。卖出股票的投资者不再关心企业的长期未来（也许，在他买入股票后的几个月里，股价上涨，他便要求回购股票以套现）。

这种观点具有误导性，因为某投资者可以在任何时候将股票卖给其他投资者，并不需要等企业回购股票时再卖出。①

用净收入进行回购是以工资为代价

拉宗尼克的统计数字，也即 91％的净收入落入投资者囊中，"可用于提高产能和员工收入的部分所剩无几"，成了广为引用的确凿证据。例如，参议员舒默和桑德斯发起反回购提案时写道："如果超过 90％的企业利润用到了回购和支付股息上，我们有理由感到担忧。"[4]

但这个统计数字犯了一个非常基本的错误。[5] 净收入本来就已经扣

---

① 一种更微妙的观点是，回购会暂时推高股价，让投资者能够以更高的价格卖出股票。我们将揭示，有证据表明回购对股价有提升作用，其长期效应甚至大于短期。故此，卖出股票的投资者损失了长期收益，而受益最大的是继续持有的投资者。

除了工资，用于员工培训或健康项目的其他支出，以及研发和广告等无形投资。事实上，哈门那 2014 年利润下降的一个主要原因是它对医疗保健交易所进行了投资，这让整件事变得更微妙。

故此，拉宗尼克的说法毫无意义。这就像是在说，"孩子们不可能吃太多，因为他们的盘子是空的"——但他们已经吃光了盘子里的食物，这就是为什么盘子现在是空的。

回购不是投资

诚然，回购并不是一项真正的投资——所花的钱没有用于培训员工、宣传品牌或兴建工厂。但投资可以指当前花了钱、未来能带来价值的任何事情。回购是一项金融投资。它减少了企业将来要支付的股息①，给未来的实际投资留下了更多的资金——跟偿还债务减少了未来要支付的利息是一个道理。

如果一个人为自己的将来存钱，他会考虑实际投资和金融投资。如果翻新房子可创造价值（一项真正的投资），那么，他就应该进行这一投资。这么做了之后，他才会评估各种金融投资（银行账户、共同基金和股票），并选择其中的最佳者。

对公司来说也一样。领导者进行了所有能增加价值的实际投资之后，才会评估各种金融投资——银行账户、共同基金，甚至其他公司的股票。[6]这些投资的回报与首席执行官的绩效无关。故此，如果他完全相信自己身为首席执行官的能力和创造长期价值的战略，那么，最

---

① 我们很快就会提到阿隆·布拉夫、约翰·格雷厄姆、卡姆·哈维和罗尼·迈凯利（Roni Michaely）（2005）所做的调查。他们发现，公司会先维持对股息的支付，再进行投资。故此，减少股息可以把资金释放出来以用于投资。如果一家公司不支付股息，就需要通过资本收益给投资者带来回报。

具吸引力的金融投资是自己公司的股票。

回购股票就是投资于自己公司的股票。它预示你对自己的战略有信心，这就是为什么首席执行官用自己的钱购买股票通常是一个好兆头。

利润应归利益相关者，而不是投资者

对回购的另一项批评是，如果公司实现了意料之外的高利润，应该把这些利润分给利益相关者，而不仅仅是投资者。我们已经解释过，为什么回购并不是把利润"给"了投资者。此外，声称员工和投资者一样有权分享一切利润增长的说法，其实并不正确。

员工们的辛勤工作，对利润的增长起到了重要作用。但这一说法也适用于提供原材料的供应商、花了钱的客户，自然也适用于投资者——他们拿出了本可用到其他地方的钱来冒险。

许多成员都为公司的利润做出了贡献，都应该分享公司的成功。他们也确实分享了——投资者获得回报，员工挣到工资，供应商赚到收入，客户获得商品和服务。投资者和利益相关者之间的区别并不在于只有前者因为所做贡献获得回报。两者都获得了回报，但投资者的回报是有风险的，而利益相关者的回报一般是安全的。

让我们用房子来打个比方。一名房主正在考虑出售自己的房子，但她决定先整修屋顶以提高售价。她雇了一名建筑工，向他支付劳动报酬。建筑工当然对房主房子的售价做出了贡献。他通过努力工作帮忙提高了屋顶的质量，增加了销售收益。

但房子的售价还取决于建筑工无法控制的许多因素，如房地产市场的整体状况，以及房主要确保房子状态良好，以便于潜在买家看房。如果建筑工的报酬取决于房子的售价，他会承受很大的风险。所以，

217

建筑工一般会得到固定的报酬，与房子的售价无关，房主将承担所有的风险。一方面，这保护了建筑工不受房地产市场下滑的影响——就算发生这种情况，他仍可拿到工钱，房主则蒙受房价整体下跌的损失。但另一方面，如果房地产市场繁荣，受益的也将是房主。

同样的道理也适用于公司。员工们努力工作，设计、生产和销售产品。作为回报，他们获得工资。重要的是，哪怕经济急剧下滑，商品价格下降或根本卖不出去，工资也不会被收回。投资者位于食物链的最底层。利润是把其他所有人的钱都付清之后的结余。在经济低迷时期，员工仍然能拿到工资，供应商仍然能拿到货款，但股东回报往往是负数。但反过来说，如果经济繁荣，股东将受益于股价上涨。回报就是这样分配的：利益相关者获得安全权益，投资者拿到的是风险权益。[1] 重要的是，即便没有发生回购，增加的利润也会流向投资者。就算把更多的利润留在公司内部，也仍为投资者所有，就如哪怕房主没有立刻卖掉房子，也会从房价上涨中获益。因此，不管利润增加或减少的部分怎样分配，回购都与之无关。

现在，为利益相关者提供固定权益并不是唯一一种划分蛋糕的方式。为了鼓励建筑工勤奋工作，房主减少了他的固定报酬，用售价的一部分进行替代。类似地，我们在第五章也主张用员工股来作为奖励。不过，虽然这种划分方式让员工分享到了上升收益，但如果碰到市场

---

① 有人可能会说，员工还是会承担风险的。如果经济状况不佳，公司可能会破产，导致有人失业。哪怕在这种情况下，员工仍然会因为过去对公司所做的贡献（他们已经完成的工作）而获得报酬，但投资者投入的资金不会有回报。当然，如果公司得以维持，员工的工作能够保住，他们的处境会更好，因为他们可以在将来做出贡献，并为此得到报酬。从这个意义上说，他们能够持续就业，就是分享到了公司景气带来的利益，而不像例子中的建筑工，只拿到一次性报酬。

下行的情况，员工也要承担风险。[1] 他们兴许仍然愿意接受这一有风险的划分方式。但这种划分方式取决于员工是否获得股票，而不取决于公司是回购股票，还是将闲置资金在公司内部进行再投资。

我们反复强调，蛋糕经济学不仅仅着眼于让公司履行最低限度的合同义务。就算公司给的是固定报酬，也可以选择通过加薪、提供培训计划和优越的工作条件与员工分享利润。的确，蛋糕经济学将使用资金归为"投资"——投资包括各种造福利益相关者的行为，哪怕这些行为与利润没有明显的关联。贯穿本章，我们要讨论的是公司在回购和定义更宽泛的投资之间怎样进行选择。

回购产生于公司实现了利润，这消除了人们的另一个担忧。只有当公司赚取了利润，才有可能进行回购。因此，跟首席执行官的高薪一样，回购往往是做大蛋糕的副产品，并未牺牲利益相关者的利益。事实上，我们稍后会讨论到，一旦公司绩效不佳，回购属于首先被砍掉的事项之一。

虽然本节澄清了若干有关回购的误解，但其他担忧仍然是合乎情理的。举例来说，花在回购上的钱确实可以用于投资。现在，我们将透过蛋糕经济学的视角指出，尽管这些担忧的确有道理，但回购仍可能跟做大蛋糕并行不悖。

---

① 有人可能会认为，公司可以让员工分享上行收益，但不承担下行风险。双方可以签订合同，约定公司每年支付员工 5 万美元的工资。如果公司利润超过 10 亿美元，员工可获得股息；如果利润低于 10 亿美元，员工仍得到自己应得的 5 万美元。但这种合同仍带有下行风险。假设有 50% 的可能性利润会低于 10 亿美元，则员工什么也得不到；有 50% 的可能性利润会超过 10 亿美元，则员工可从中分得 2 万美元的股息。故此，员工享受到的利润的期望值是 1 万美元，员工的总期望报酬是 6 万美元。但公司也可以不跟员工签订这样的合同，而是给员工提供 6 万美元的固定报酬。故此，在第一种合同情况下，员工仍然要承担下行风险，因为如果利润最终很低，员工就只能得到 5 万美元。

蛋糕经济学视角下的回购

人们很容易认为，在向利益相关者进行支付后，剩余的利润应该用于再投资。还记得沃伦参议员的担忧吗？她说："股票回购给企业带来了一时的兴奋。短期内，它提升了股价，但提高一家企业价值的真正途径是投资未来，而他们并没有这么做。"

但正如第三章所强调的，做大蛋糕并不意味着做大企业。任何投资都会给社会带来机会成本，因为投资所使用的资源本可以重新配置到其他地方。韩国企业大宇和美国企业国家金融服务公司在追求增长的过程中，不计成本地进行投资，给社会造成了巨大的损失。

重要的是，一家公司能创造价值的投资机会始终是有限的——这无关领导者有多么努力，或是有多少创意。房主为了增加房子的转售价值，兴许会重修屋顶、建造暖房、翻新厨房。但做完了这些工作，其他用于翻新房子的投资就不太值得了。所以，她会把剩下的钱投资到股票市场。在灵感的激发下，导演或许会考虑在电影里增添一些额外的场景，或是在某一特定场景新增特效——但他能够用来增加价值的做法是有限度的，增添过多甚至可能削减价值。所以，他把剩下的钱用来偿还债务了。对公司来说也是如此。一家零售连锁店或许会首先选择在人流量最大的地方开若干家新店。但超过一定限度后再开更多的门店，这些门店要么因为地理位置不吸引人，要么因为管理太过薄弱，无法正常运营。故此，首席执行官把剩下的资金用于回购股票。

现在，践行蛋糕经济学的公司和践行开明股东价值的公司之间，存在一点关键的区别——正是因为存在这点区别，一些对回购的批评具有了正当性。在开明股东价值下，领导者会对自己能预见到利润将会有所增长的项目进行投资，至少大致如此。这种方法兴许会让他相信，目前只有几项良好的投资，因此大规模进行回购是正当的。但就算无法预见利润的最终增长，做大蛋糕的领导者也会进行能为社会创造价值的投资，和追求开明股东价值的领导者相比，前者往往投资得更多、回购得更少。如果首席执行官因为认为没有更多的投资机会而回购股票，他可能会被指责"缺乏创意"，即他未能注意到一些可以为社会创造价值但与利润联系不太明晰的项目。

但即便是依据蛋糕经济学，能够创造价值的投资项目仍然是有限的。能同时满足倍增、比较优势和实质性原则的项目是有限的。故此，回购并不意味着首席执行官无计可施，或是在狭隘地追求股东价值最大化。首席执行官可能已经在进行许多跟未来回报没有明确联系的投资，比如提高薪酬、改善工作条件。但他意识到，进一步加薪将危及公司将来的生存能力，因为加薪以后再减薪实属不易。致力于做大蛋糕的领导者能够分辨出哪些项目可以为社会创造价值，哪些不能；他会表现出克制，拒绝后者，这同样是在做大蛋糕。

然而，许多首席执行官并没有表现出这样的克制。回想一下第三章，即便企业的壮大将破坏价值，领导者也可能会通过做大企业来提高自己的声望和薪酬。类似地，给员工加薪，兴许有助于首席执行官为自己获得更高的薪酬找借口，尤其是在社会审视薪酬比率的时候。故此，跟大众的看法相反，将资金用于股票回购而非投资实际上可能有悖于首席执行官的个人利益。

证据

在前面，我们从概念上论证了回购在蛋糕经济学中扮演的角色。

如果领导者已经进行了所有可以创造价值的投资，那么，回购可能是最优选择。但关键词"如果"很重要。我们怎么判断这一条件是否满足呢？说不定首席执行官正为了达到每股收益目标而放弃良好的投资！

对回购最大的指责或许是，它会导致暂时的"兴奋"，"在短期内提升股价"，但破坏长期价值。考虑到当前公众对企业的不信任，首席执行官以牺牲社会为代价来牟取暴利成了流行的看法。此外，根据第五章给出的证据（高管有时会通过采取短视行为来提高自己的薪酬），这也是一个合乎情理的看法。但就股票回购而言，人们在提出这一观点时，往往并没有参考证据。

我们就来看看证据吧。回购的确在短期内提高了股价——但它也将更大幅度地提高股票的长期收益。[7]大卫·伊肯伯里（David Ikenberry）、约瑟夫·拉克尼肖克（Josef Lakonishok）和西奥·费尔马伦（Theo Vermaelen）在一篇开创性论文中提出，回购股票的公司在此后4年中的收益比同行高12.1%。虽然这项研究发表于1995年，且只分析了美国公司，但2018年，阿尔伯托·马可尼（Alberto Manconi）、乌尔斯·佩耶（Urs Peyer）和西奥·费尔马伦对31个国家的调查表明，这一结果在全球范围内普遍成立。[8]

令人惊讶的是，哈门那恰恰是一个例子。尽管这个故事看起来像是恶劣的操纵行为，但现实情况却更加微妙。5亿美元的回购是在2014年11月7日宣布的，当时该公司的股价为130.56美元。回购完成后，即2015年3月16日，股价为174.31美元，而哈门那支付的平均价格仅为146.21美元。故此，布鲁萨德对自己公司的信心是站得住脚的。这次回购给布鲁萨德带来了168万美元的奖金，但继续持股的投资者获得了近9 600万美元的收益。[9]长期收益甚至更高——到2020年底，该公司的股价超过了400美元。布鲁萨德获得奖金并未牺牲继续持股的投资者的利益。唯一的输家只有那些因为看不到哈门那的潜力而套现的股东。①

这个例子再次说明了做大蛋糕思维的重要性。在英国《金融时报》上曾有过这样一场辩论："美国是否应该限制股票回购？"我站在"不应该"的一方。而认为"应该"的一方主张，"研究表明，实行回购的公司内部人士常常借此牟取个人利益"[10]。要评价这样的观点，可以根据经验这样做：把存在争议的行为替换成"推进良好项目"[11]。这样一来，就变成了："研究表明，推进良好项目的公司内部人士常常借此牟取个人利益。"显然，这并不构成对具有争议的行为加以限制的理由。这一行动是在做大还是在缩小蛋糕，比领导者是否分享了蛋糕变大带来的好处更加重要。事实上，公平的激励计划会因首席执行官推进良好的项目而奖励他本人，也会因他推进糟糕的项目而惩罚他本人。

另一些研究考察了回购和投资之间的联系。古斯塔沃·格鲁伦（Gustavo Grullon）和罗尼·迈凯利的研究表明，公司在发展机会不佳时会回购更多的股票[12]；而艾米·迪特玛（Amy Dittmar）发现，公司在拥有过剩资本时会回购股票[13]。这只显示了回购和投资的相关性。为进一步考察因果关系，我们需要深入公司内部，看看它们到底是怎样做出回购决策的——是回购优先，还是投资优先？

阿隆·布拉夫、约翰·格雷厄姆、卡姆·哈维和罗尼·迈凯利进行了一项颇具影响力的研究[14]，调查了 384 名美国首席财务官，了解

---

①　请注意，这并不意味着公司给布鲁萨德定下的每股收益达到 7.50 美元的目标是正当的。如果他得到的是长期股票而非奖金，布鲁萨德也将从回购中受益。回购的正确数量取决于购买被低估的股票带来的投资机会与实际项目带来的投资机会的比较。在决定回购多少股票时，领导者应该权衡这两种投资机会，而不是仅仅回购足以完成每股收益目标的股票数量。

他们是怎样做出回购（和股息）决策的。这里有一个明显的问题：他们会撒谎吗？也许会，但首席财务官们承认，为了避免削减股息，他们会削减投资。从愿意承认自己短视这一点来看，人们或许可以缓解一下自己担忧的情绪。惊人的是，他们并未报告在回购上存在此种压力。只有在进行了所有可取的投资之后还有剩余资金时，他们才会回购股票。是投资机会少导致了回购，而不是回购导致了低投资水平。在为英国政府开展的研究中，普华永道和我对 74 名高管进行了类似的调查，并得出了相同的结论。只有一名受访者声称回购妨碍了所在公司进行所有它想要进行的投资。

不过，这一证据并不能证明公司回购了正确数量的股票。或许，高管们认为"可取的"投资指的是与投资者回报有明确联系的投资，并且投资得太少。即便这是真的，投资不足的原因也不在于回购——而是首席执行官践行的是开明股东价值，而不是蛋糕经济学。如果禁止回购，践行开明股东价值的管理者仍会进行等量资金的投资，而把剩余资金留在公司内部或用于偿还债务——选择回购意味着他们认为已经没有好的投资机会了。故此，回购是一个更深层次问题的征兆而非问题本身。处理的办法不应该是缓解症状（针对回购采取特别行动），而是要解决问题，也即公司未能采用做大蛋糕的思维。这是本书第二部分和第三部分想要达到的目的。

更远大的前景

一项投资的社会机会成本是蛋糕经济学的核心，因为我们的着眼点是社会，而不仅仅是进行投资的公司。如果一家公司不使用劳动力和原材料等实际资源，其他公司就可以利用它来创造价值。财务资源也是一个道理。虽然回购所用的资金脱离了公司，但这些资金并未脱离经济——投资到了别的地方。主要的区别在于，决定怎么投资这笔钱的人成了股东，而非首席执行官。有范围更大的投资机会可供股东选择，因为他们可以选择其他公司。实际上，没有人会因为公民不把钱用于翻新房子从而创造就业机会，而是存到银行账户或共同基金账户进行退休储蓄而指责他们。他们存下来的钱没有消失，而是由银行或共同基金代为投资。

投资者不会为了换取闲置资金而在公司回购时卖掉股票，只有当其他地方有更好的投资机会时，他们才会卖出。创业公司由风险投资家提供资金，后者的资金来自持有上市公司股份的机构投资者。[15]只有当成熟的公司表现出克制而回购股票（或支付股息）时，这些投资者才能进行风险投资，为未来的公司提供资金。首先通过为社会创造价值来赚取利润，最后投资所有能做大蛋糕的项目，最后用掉剩余的资金，一家公司便开创了让其他公司也能创造价值的良性循环。反过来说，如果领导者囤积资金，认为这些钱属于自己而非投资者，他们就会妨碍资金的再配置。第六章提到的日本经济停滞就是囤积资金的行为导致的。资本是一种稀缺资源，有助于最有效地利用资本的制度是国家层面的竞争优势。

以回购方式流出的资金，不仅循环到了小型私营企业，也循环到了中型上市公司。陈怀志（Huaizhi Chen）跟踪了这类资金，发现如果一家公司支付股息或进行回购，资金会重新分配到其投资者所持有的其他公司的股票上。这种再分配提高了其他公司的股价，使其在未来更有可能发行股票。[16]杰西·费里德（Jesse Fried）和王嘉廉（Charles Wang）发现，美国标准普尔500指数成分股公司回购的股票比发行的多，而非标准普尔500指数成分股公司（规模较小，通常会有更好的投资机会）的做法恰恰相反。[17]

这一观察化解了回购之外的另一个担忧——金融业为社会创造的价值极少。这是个规模庞大的行业，2018年，美国的金融业价值1.5万亿美元。[18]它支付最高的工资，赚取可观的利润，还从政府救助中获益，却不生产任何商品。为金融业辩护的人称，该行业提供了资金，让其他公司开展生产活动。但在美国和（最近的）英国，从股市筹集的资金与用于回购的资金大致相当。所以，股市实际上并不是融资的净供应方。

但只看净融资流量并不正确。股市的作用是将稀缺的资金分配给最需要的公司。这就包括让面临较差机会的公司释放多余的资金，让面临较好机会的公司进行更多的投资。净融资流量为零是指一些公司筹集资金，而另一些公司提供资金；正如贸易余额为零并不意味着一个国家没有贸易，在这个国家，有些公司可能是大量进口，而另一些公司大量出口。实际上，在国家层面上，约瑟夫·格鲁伯（Joseph Gruber）和史蒂文·卡明（Steven Kamin）没有找到任何证据表明有着高回购（或高股息）的经济体投资较少。[19]

回购与股息

即便一家企业已经进行了所有能做大蛋糕的投资，回购也并不是剩余的唯一选择。它可以通过持有剩余资金作为缓冲，以防止不利事件的发生，并使自身能够灵活地在未来进行投资，无须为筹集新资金付出更多的时间或成本。但2019年，美国企业的现金余额为5.2万亿美元，比2007年高出58%[20]，因此企业有足够的缓冲资金来抵御大多数的冲击。这也与人们担心回购会使企业缺少投资所需资金的看法相悖。2016 年，巴菲特在致伯克希尔·哈撒韦股东的信中写道："有些人甚至称回购为'非美国式'行为，说它是不正当的企业举措，挪用了生产性活动所需的资金。事实并非如此，美国企业和私人投资者如今都持有大量资金，渴望进行合理的配置。我不知道最近几年有什么诱人的项目是因为缺乏资金而夭折的（如果你有候选项目，请致电我们）。"

新冠肺炎疫情是否证明了巴菲特关于企业"持有大量资金"的说法是错误的呢？美国航空业需要 500 亿美元的救助，批评人士认为之所以会如此，全是因为它在过去 5 年里将 450 亿美元用于回购和支付股息，如果把这笔钱存下来，它就不需要救助了。但几乎没有人预料到这场疫情。事后诸葛亮比比皆是，最大的问题在于当时花掉钱的决定是否正确。在扑克牌游戏"21 点"中，如果你手里只有 12 点，你会选择继续要牌，结果抽到一张花色牌①爆点了，但这并不意味着之前继续要牌的决定是错误的。

企业绝对应该保留缓冲资金，以防范合理水平的风险。但它们不应该一味地囤积资金以防范任何可能发生的情况——正如"21 点"游戏的玩家的目标不应该是永远不爆点。因为那样做会妨碍投资者为成长型企业融资。事实上，在新冠肺炎疫情到来之前，许多公民都在呼吁航空业缩减规模，减少碳足迹，环保组织"反抗灭绝"甚至提议取消短途航班。回购促成了航空业缩减规模，让社会稀缺的资本从衰退型行业转向扩张型行业。

此外，让领导者随意"烧钱"，恐怕会让他更高兴，他也更乐意去建立自己的王国。在 21 世纪头 10 年的大部分时间，雅虎的估值都低

---

① 花色牌指 J、Q、K 这三张牌，代表 10 点。——译者注

于各业务线的价值之和，部分原因是人们担心它会在糟糕的收购项目上浪费钱。艾米·迪特玛和简·玛特－史密斯（Jan Mahrt-Smith）发现，在管理不善的企业中，1 美元资金的价值仅为 0.42～0.88 美元。[21]这凸显出，把钱花去出能够解锁它的价值，这是保留资金和浪费资金都做不到的。

第三种选择是把资金作为股息支付给投资者——在几乎所有国家，公司用于支付股息的资金远远超过用于回购的资金。与回购一样但与囤积资金不同的是，股息使得人们把资金投到其他地方去。但回购有几点股息所不具备的优势。首先，回购更为灵活。一旦你支付了股息，你就是在做出承诺，将来也会继续支付股息——这有可能会限制今后的投资。李伟（Wei Li）和埃里克·李（Erik Lie）的研究表明，调整方向和削减股息平均会使股价下跌 4%[22]，这也解释了阿隆·布拉夫及其合著者调查的首席财务官们很不愿意这么做的原因。相比之下，公司可以根据投资机会的不同削减回购或改变回购政策，而不会受股价下跌的影响——它可以在这一年回购，但如果下一年利润下降，公司需要把每一美元都用于投资，便可将回购削减至零。2020 年第二季度，随着疫情的爆发，标准普尔 500 指数成分股公司削减了 55% 的回购，以为自己提供至关重要的一线生机，但股息仅减少了 6%。[23]更宽泛地说，穆拉利·贾甘纳坦（Murali Jagannathan）、克利福德·史蒂芬斯（Clifford Stephens）和迈克·韦斯巴赫（Mike Weisbach）发现，当利润下降时，回购便减少。[24]

其次，回购是有针对性的。在回购中，投资者可以选择是否卖出股票。选择卖出股票的人，要么拥有其他更好的投资机会，要么对股票的估值最低。因此，回购会让那些对企业的长期战略不太看好的投资者退出，确保剩下的投资者对企业的长期战略充满信心。相比之下，

股息是支付给所有投资者的，哪怕是那些拿到钱暂时没有其他更好的
用途、有可能让它闲置的投资者，也可获得股息。

再次，回购会让所有权变得更为集中，这是支付股息做不到的。
首席执行官和继续持股的投资者现在都拥有了更多的股份，这增加了
他们创造价值的动力（见第五章和第六章）。事实上，20 世纪 80 年
代，巴菲特通过对 GEICO（美国第四大汽车保险公司，是伯克希
尔·哈撒韦公司的合伙人）的投票进行回购，将所有权集中到了自己
手中。

最后，如果你的股票价格过低，回购也是一项不错的投资。第四
章和第六章解释了股票市场何以无法充分认识到一家企业的长期价
值。首席执行官把钱花在自己大力宣传的地方，购买所在企业的股
票，是解决方法之一。如果股票目前遭到低估，购买股票不仅有利可
图，还可向市场发出股票受到低估的信号，从而加以纠正。如果领导
者能够通过回购来纠正价值被低估，他们就不需要对此太过担心——
这让他们得以自由地去追逐那些只有经过长期才能产生回报的投资。

负责任企业的股息政策

股息政策不够灵活，有可能对蛋糕经济学造成重大阻碍，因
为企业兴许会为了维持股息而拒绝能做大蛋糕的投资。说不定一
些企业过去曾因为几乎找不到能创造价值的项目而支付高额股息，
但结构性转变意味着它们现在有了许多能够创造价值的项目。例
如，电力企业有了开发可再生能源这一诱人且急迫的机会，但一
些企业因为必须维持股息而不能着手开发。

　　贯穿本书，我们一直强调企业对股东负有责任。但股息兴许并未对投资者起到真正的帮助作用。股东关心的是总回报（股息加资本收益），而为了股息需要牺牲后者。1 英镑的股息只会让股价降低 1 英镑，就如从提款机里取钱会让你口袋里的现金增加，但账户上的余额就减少了。如果把这 1 英镑的股息投资到一个能创造价值的项目上，它将产生大于 1 英镑的价值，所以，股息实际上反而让投资者有所损失。

　　没错，一些股东需要流动性，比如养老基金需要向退休人员支付养老金。但它们可以通过出售股票来获得流动性。举个例子，如果一家养老基金需要筹集 100 英镑，它手里持有 100 股股票，每股价值 10 英镑，总计 1 000 英镑。如果发行股票的企业支付每股 1 英镑的股息，养老基金的需求就得到了满足。但这时股价将跌至 9 英镑，该基金持有的股票此时仅价值 900 英镑了。如果企业取消股息支付，股价仍为 10 英镑。该基金可通过卖出 10 股股票筹集到 100 英镑。它还剩下 90 股股票，每股价值 10 英镑，故该基金持有的股票仍价值 900 英镑。

　　依赖股息获得流动性还会使投资者变得被动——他们可以靠股息为自己的债务融资，不再需要考虑卖掉哪些企业的股票。企业支付股息，实际上就是在代表股东做出卖出决定。3% 的股息收益率意味着不管企业的绩效如何，投资者每年都要卖出 3% 的股份。如果他们不那么依赖股息，主动型投资者就必须真正变得主动——仔细研究自己所持有的每一只股票。他们会找出那些股价高但长期前景不佳的企业，保证只卖掉这类企业的股票，保留正在为未来投资的企业的股票。我们在第六章中讨论过，这种监督反过来会鼓励领导者关注企业的长期发展。

解决方案是什么呢？如果投资者希望在股息上获得跟回购同样的灵活性，首先就需要允许企业进行所有能创造价值的投资，之后再将剩余资金用于回购或支付股息。实际上，一次性"特别股息"就有着类似的灵活性，将之套用到常规股息上也合乎现实情况。投资者甚至允许亚马逊、元和特斯拉等企业完全不支付股息，因为他们相信资金将在企业内部被再投资并实现盈利。如果不分派股息的做法投资者都愿意接受，那么，不定期分派股息的做法他们应该也愿意接受。[①] 此外，灵活分派股息不一定意味着股息减少。按照股息金额固定的现行政策，如果企业保留多余的资金，它兴许不会增加股息，因为股息一旦上涨就会固定在高位。如果股息不固定，企业恐怕反而愿意把多余的资金作为股息发放，因为它知道，如果来年经济不景气或者出现更好的投资机会，它可以削减股息。

当然，这并不意味着领导者可以随心所欲地削减股息，无须对投资者承担任何责任。股息的一项优势在于它迫使企业向投资者支付，而不是把钱浪费在不切实际的项目上。但目前，一碰到企业削减股息，市场总是持"先卖出，后问询"的态度，并不会去追问这么做是否具有正当性。正确的投资金额取决于有多少优

---

① 股息还有一项经常被人提及的优势，即对投资者来说，它是一种安全的收入来源。股价随时都在变动，但如果一家企业支付 1 英镑的股息，投资者就能稳稳当当地获得 1 英镑的收入。然而，投资者关心的是总回报，股息并不能保证回报。如果股价从 10 英镑跌至 6 英镑，1 英镑的股息不能减轻投资者的损失，因为它会导致股价进一步下跌至 5 英镑。总回报与股息无关。这也凸显出"只消费股息，不侵蚀资本收益"等规则的谬误。消费股息会侵蚀资本收益，因为如果不支付股息，资本收益会更高。总回报决定了投资者财富的波动情况，从而决定了他能"负担"多高的消费。至于总回报怎样在股息和资本收益之间分配，其实并不重要。

质项目，跟去年碰巧派发了多少股息无关。如果企业削减股息，股东应该仔细审视企业怎样使用节省下来的钱，而不是下意识地把股票卖掉。如果他们察觉企业为了维持股息而牺牲了能做大蛋糕的投资，他们可以主动跟领导者沟通，表明自己愿意接受削减股息。

回购怎样破坏价值和该怎样补救

哪怕有证据表明大多数回购行为能做大蛋糕，也并非次次如此。再说，用房主来类比首席执行官也不见得完全合适。房主拥有房子的全部权益，故此有提升价值的完全动机。但领导者通常只拥有公司的一小部分股份。他们还有一部分薪酬来自完成每股收益目标所获的奖金，而每股收益目标又能靠回购来实现。也就是说，首席执行官有可能用回购来实现短期目标，而非创造长期价值。

真的会出现这种情况吗？让我们来看看证据。本·班尼特及其合著者在第五章的研究中比较了刚好达到奖金阈值的领导者和恰好未达到奖金阈值的领导者。[25]达到阈值的人比未达到的人对研发的投入明显更少，所以首席财务官们肯定是乐意采取某些行动来达成目标的。但回购不属于这些行动——同一项研究发现，两组人的回购行为并无区别。看来哈门那是个特例。同样，在与普华永道合作进行的政府研究中，我们发现，2009—2016 年，在英国富时 350 指数成分股公司当中，没有一家通过回购来达到每股收益目标。

第五章还指出，短期薪酬激励不仅源于奖金，还源于兑现股权，我和维维安·方、凯瑟琳娜·勒维伦发现，这两者都与削减投资相关。

在随后的一篇论文中，我、维维安·方和黄昊（Allen Huang）发现，兑现股权增大了回购股票的可能性，降低了回购带来的长期回报。[26]虽然回购通常与更高的长期股票回报相关，兑现股权所引发的回购却不然。然而，即便是此类回购也并非问题本身，它们只是根本问题（短期股权）的症状。短期股权导致了诸如削减投资等其他短期行为。

　　所以，限制回购并不是解决办法。它无助于阻止首席执行官削减投资，甚至反而会助长此类行为（如果首席执行官为提振股价，将回购改为削减投资的话）。相反，我们应该着手解决根本问题，延长股权的持有期，或是由董事会更谨慎地审查高管兑现股权时公司的决策。

　　我与维维安·方和黄昊共同进行的研究还揭示了一种更严重的做法。首席执行官通常会在回购后不久，趁回购带来的短期价格上涨兑现自己的股权。美国证券交易委员会委员罗伯特·杰克逊（Robert Jackson）也独立证实了这一发现。[27]例如，在2006年11月至2007年8月期间，安吉罗·莫兹罗利用国家金融服务公司的资金回购了24亿美元的股票，但同一时期，他卖掉了自己所持的1.4亿美元股票。[28]我之前曾说过，回购表明首席执行官对所在公司有信心。但如果他一边用公司的钱回购股票，一边却卖掉自己的股票，这就是欺诈。如果首席执行官真的对公司的前景感到乐观，他就会在兑现股权的期限到了之后继续持有，而不是将其卖掉。禁止高管在回购后的特定窗口期内出售自己的股票，是一种可行的补救措施。

　　短期激励不仅源于首席执行官的薪酬合同，也来自首席执行官对实现分析师的收益预测的渴望。海托尔·阿尔梅达（Heitor Almeida）、斯拉瓦·福斯（Slava Fos）和马蒂亚斯·克朗伦德（Mathias Kronlund）比较了两类公司，一类是无须回购就可实现每股收益预测的公司（故此没有回购动机），另一类是恰好没能实现每股收益预测的公司（故此有着强烈的回购动机）。[29]后者回购了更多的股票，此后一年平均还将削减10%的投资，并裁员5%。我们在第五章讨论过，这些削减要么确实有效（每股收益预测鼓励领导者放弃无利可图的项目），要么是短期行为，但检验并未对此加以区分。但上述结果显然与每股收益引发的回购有可能破坏长期价值的设想相符。

即使真是如此，回购也仍然是渴望实现分析师的每股收益预测这一根本问题的症状。还记得桑贾娜·宝拉吉及其合著者的发现吗——这种渴望会导致管理者削减研发和广告？回购可能只是用结存资金达到目的的一种副产品。我将在第八章和第十章强调，解决办法是停止公布季度收益，消灭导致这种行为的根本原因——对实现每股收益预测的渴望。

我们已经讨论了怎样通过解决投资不足问题的通用办法来解决破坏价值的回购问题。另一种通用办法兴许也有效：授予整个公司的员工股权。这样一来，员工可以分享公司价值的上涨（不光是他们辛勤工作带来的，也包括回购带来的）——这意味着，回购不仅能让股东受益，也能让员工受益。将股票从不看好公司长期前景的投资者手里买回来，让看好公司长期价值的员工所持的股票变多了。

本章小结

• 通常人们认为股票回购这种分蛋糕的方式有利于领导者和投资者。这有可能是事实，但许多常见的批评是建立在误解之上的。回购并不是送给投资者的免费礼物，投资者进行套现也并不非得由企业回购股票。

• 做大蛋糕的企业应该选择那些有可能为社会创造价值的项目，

哪怕这些项目并不能明显提高长期利润。较之追求开明股东价值的企业，它们应该投资更多、回购更少。

• 但做大蛋糕的企业不应该把所有闲置资金都用于投资。它们应该只进行满足了倍增、比较优势和实质性原则的投资。只要企业是这样做的，回购就是一种正当的替代用途，尤其是在股票遭到低估的时候。

• 证据证明了回购能做大蛋糕。回购不光提高了短期股价，对长期股价的提升作用甚至更大。公司在投资机会少而剩余资金多的时候会回购更多的股票。它们在做出回购决策之前会先做出投资决策，故此，回购是低投资水平的结果，而非原因。

• 回购是一种比支付股息更好的使用剩余资金的方式，因为回购更灵活，瞄准的是不看好公司长期战略的投资者，而且，它还使继续持有的投资者（包括领导者）的股份变得更加集中了。如果公司股价遭到低估，回购还可为公司创造价值。

• 有证据表明，如果回购受到股权兑现或分析师的每股收益预测驱动，它会破坏价值；但领导者并不会借助回购来达到奖金计划中的每股收益目标。

• 回购就算会破坏价值，也只是某个根本性问题（短期压力）的症状，而且这个根本性问题还导致了诸如削减投资等其他症状。解决办法应瞄准此根本性问题。

第三部分

怎样做大蛋糕？

第三部分讨论了怎样将本书第一部分和第二部分的理念付诸实践。为社会创造价值似乎是一个美好但不现实的理想。星期一早晨你一着手工作就面临着实现短期目标的压力，对利益相关者进行投资似乎并不可行。现在，我们就要来探讨一下怎样才能把它变成现实。

我们用独立的三章分别论述企业（第八章），投资者（第九章），扮演客户、影响者和选民等不同角色的公民（第十章）。第三部分松散地对应第二部分的证据。第五章讨论激励机制（由企业实施），第六章讨论尽责管理（由投资者承担），第七章讨论回购（政府政策可以对其加以促进或限制）。了解了我们在第二部分论述的内容后，便能看出企业、投资者和公民可以怎样做大蛋糕。

但这里的界限较为模糊。激励措施可能由董事会实施，但由投资者投票决定，并经政府立法规定。尽责管理不仅取决于投资者的参与意愿，也取决于企业的参与意愿，还有可能受政府监管。政策可能是立法者强制实施的，但也可能被股东或企业自愿采纳。

此外，第三部分并不跟第二部分完全对应，因为后者关注的是大多数人认为是分蛋糕但实际上是做大蛋糕的实践。有很多因素已经广泛被认为是在做大蛋糕，比如企业应该设立某种宗旨（没有几个公民会主张企业不应该设立宗旨）。这里的主要挑战不在于证明这些因素是有益的，而在于要把它们付诸实践——故此，它们只出现在了第三部分。

第三部分也扩展了第二部分的理念。第五章用证据证明针对首席执行官的长期激励的确有价值，第八章将更宽泛地讨论怎样向企业植入长期思维。第六章阐述资产管理者尽责管理的价值，第九章将讨论尽责管理何以是整条投资链（包括资产所有者、股票分析师、代理顾问和投资顾问）的责任。第七章强调会破坏价值的回购为什么大多只是根本性问题的症状，第十章强调监管能够解决更广泛的市场失灵问题。

第八章 企 业

——宗旨的力量以及怎样让其成为现实

追求卓越

东非大裂谷横跨两大洲，绵延 6 000 千米，从黎巴嫩（亚洲）一直延伸到莫桑比克（非洲）。它与非洲几条最高的山脉相接，同时也承载了全世界最深的几个湖泊。位于肯尼亚的湖泊较浅，没有出海口；到了旱季，水分蒸发，湖中的矿物质就显得特别丰富。东非大裂谷肯尼亚段最南端的马加迪湖的含盐量可厚达 40 米。

数百万观众都曾在惊悚电影《不朽的园丁》（*The Constant Gardener*）中见到马加迪湖。但只有不到一千人会把位于湖东岸的马加迪小镇称为自己的家。伊曼纽尔·西隆加（Emmanuel Sironga）就是镇上的居民之一，他和家人靠贩卖山羊为生。

一如数百万非洲人，对于伊曼纽尔来说，现金曾是王道。伊曼纽尔用现金购买山羊和设备。他卖掉山羊收取现金时，会先检查钞票的真伪，之后冒着会被人抢劫的风险把钱攒起来。等钱攒够了，他再把钱存入银行。但离他最近的银行也有几个小时的路程，往返一趟会让他少做近一整天的买卖。所以，伊曼纽尔放羊的地方就受到了限制——不能离银行太远。如果他想给亲戚寄钱，他会把钱放在信封里，再雇一个人搭乘乡村巴士专程送过去。有时，钱可能会因为巴士坏了而无法送达；还有的时候，信差会带着钱跑掉。

但 2007 年，随着 M-Pesa 的推出，这一切都改变了。M-Pesa 是一种移动支付服务，允许人们通过手机存钱、取款和转账。与手机银行不同，移动支付不需要你有银行账户，这一点至关重要，因为当时有 1 500 万名肯尼亚成年人没有银行账户。M-Pesa 改变了伊曼纽尔的生活。他用不着再承受使用现金的风险和不便了。他用手机购物并付款，而且，M-Pesa 的电子记录有助于他自己记账。他可以给任何人"寄钱"，不管自己或他们身在何处，这使得他可以专注于本职工作——照料羊群。用伊曼纽尔的话说："我们是牧民，必须长途跋涉寻找水草更丰沛的牧场。M-Pesa 让我们的生活变得更轻松，因为我们不需要再长途跋涉给亲戚和朋友寄钱了。"[1]

这项改变生活的技术是怎样创造出来的呢？受英国政府对外援助机构国际发展部（DFID）资助的研究人员注意到肯尼亚人会通过互相转移手机通话分钟数来替代汇款（因为这比汇款容易得多），这便播下了一颗种子。虽然最初的设想由政府激发，但仍需要一家能做大蛋糕的企业把它变成现实。国际发展部将研究人员介绍给了英国最大的电信企业沃达丰（Vodafone），该公司一直在研究怎样利用自己的移动平台改善肯尼亚人的金融渠道。双方随后的交谈让沃达丰全球支付主管尼克·休斯（Nick Hughes）产生了用手机转账（不再是转移通话分钟数）的想法。一个愿景就此诞生，并得名 M-Pesa，其中 M 代表手机，Pesa 是斯瓦希里语中"钱"的意思。

沃达丰致力于让 M-Pesa 取得成功。它投入了时间和 100 万英镑，克服了巨大的障碍，才得以让 M-Pesa 上线。如今，各种各样的应用程序都可借助智能手机转账，但 M-Pesa 需要在肯尼亚人当时使用的基本款手机上运行（很多人至今用的仍然是基本款手机）。沃达丰必须建立全国性的零售网点网络，并训练出一支代理团队，让客户在肯尼亚的任何地方都能开户、存钱和取款。移动支付带来的自由便利了洗钱，沃达丰为此还设计了打击非法使用的流程。

M-Pesa 自 2007 年推出以来，已改变了人们的生活。[2] 像伊曼纽尔这样的小企业家可以买卖商品，父母可以支付孩子的学费，成年人可以为父母购买医疗保险，所有人都可以为自己的将来储蓄。塔夫尼特·苏瑞（Tavneet Suri）和威廉·杰克（William Jack）发现，到 2014 年，M-Pesa 让 196 000 户肯尼亚家庭（占总人口的 2%）摆脱了贫困。[3] 这种效应在以女性为户主的家庭中更为明显，主要是由于 M-Pesa 促成了职业转变——186 000 名女性从农业转到了商业和零售业。之后，沃达丰还将 M-Pesa 推广到其他若干国家。如今，M-Pesa 已是非洲最大的支付平台，每月帮助 4 000 万用户处理超过 10 亿笔交易。

现在，让我们来看看沃达丰为社会服务的另一个不同的例子。2012 年，沃达丰成为全球电信业第一家发布税收透明度报告的企业，说明企业向全球各国政府缴纳了多少税款。这一点对电信业尤为重要，因为在电信业，你可以将知识产权放在低税收的管辖区来避税。

这两项行动——推出 M-Pesa 和发布税收透明度报告——哪一项为社会创造了更大的价值？如果不采取这些行动，哪一项会引起公众最强烈的愤怒，从而恶化沃达丰的企业社会责任评级？

几乎所有我问过的人都给出了一致的答案。M-Pesa 为社会创造的价值更大。它让 196 000 户肯尼亚家庭摆脱了贫困，并为实现性别平等做出了重大贡献。但转到第二个问题上，如果沃达丰没有推出 M-Pesa，会引发怎样的公众愤怒呢？什么也不会。未能创新并不会让你蒙羞。媒体、政界人士和公众一开始压根儿就不曾期待沃达丰会提出如此疯狂的设想（即不涉及银行的银行业务）。我们在本书中讨论的其他伟大创新也是如此，比如默克公司开发了供人类使用的异阿凡曼菌素。

但税收不透明会引发公众愤怒吗？极有可能，事实上，2010 年 9 月，英国老牌杂志《侦探》（*Private Eye*）称，沃达丰合法避税 60 亿美元（但在该杂志看来，此举并不合乎道德）。公众的愤怒立刻扑向了沃达丰。就在 4 个月前，英国财政大臣乔治·奥斯本（George Osborne）宣布削减 60 亿英镑的公共开支。一些公民认为这些事件相互关联，并认为正是因为一家贪婪的公司逃避纳税义务，才使得人们承受了 60 亿英镑的财政紧缩。怒火催生了"英国反削减"（UK Uncut）抗议组织，该组织掀起了对沃达丰在全英各地门店的大规模抵制。

一家负责任的企业绝对需要缴纳公平的税收，这样做可以为公共服务提供资金，还有助于确保公平地分配蛋糕。① 实际上，许多高管认为企业的责任就是"不作恶"——不少交税，不虐待工人，不污染环境。这显然很重要，但还不够。考虑到当今社会所面临的庞大挑战，企业仅仅"不作恶"是不够的，它还必须"积极行善"。

这凸显了企业做大蛋糕的主要途径——追求卓越。较之从事辅助性社会活动，企业可以通过在核心业务上不遗余力地追求卓越来创造出更多的价值。为什么必须意识到追求卓越的重要性呢？有三个主要原因。

---

① 尽管税收透明度报告不会影响沃达丰缴纳多少税款，但透明度对确保公众对企业的信任至关重要。

追求卓越是最佳的服务形式

人们通常把"服务"社会视为做出经济上的牺牲或采取明确的服务行动，比如苹果公司不计得失地修建了健身房。这些行动确实非常宝贵——贯穿本书——我们也都在强调它们。但很多时候，追求卓越才是最佳的服务形式。沃达丰为服务社会所做出的最大贡献不是实现了税收透明（尽管这很重要），而是卓越地提供了现有的移动支付服务，并创造性地利用电信专业知识解决其他社会问题。同样，我们在第一章中介绍的制造 CPAP 呼吸辅助设备也是一项在工程上追求卓越的伟大举动——由奔驰汽车公司和伦敦大学学院组成的团队在开完第一次会后的不到 100 小时就制造出了一台原型机。

这一观察结果强调了我们在第一章中介绍的蛋糕经济学和企业社会责任之间的区别。企业社会责任有时是从事非核心活动以弥补核心业务对蛋糕的分配。相比之下，蛋糕经济学是利用你的核心专业知识，通过追求卓越创造价值。

任何企业在任何时候都可以追求卓越

我们往往认为，只有制药之类的行业才能改变社会，因为这类行业有能力治疗河盲症或对抗新冠病毒。事实并不是这样的。一如身体不同的器官各有各的作用，一家企业可以通过卓越地发挥自己在世界上独特的作用来创造价值。实际上，一家企业没有责任去解决世界上的一切问题，它只需专注于自己有着独特优势且能解决的问题。

尽管联合利华只是一家日用品企业，但它却是公认的负责任企业的榜样。联合利华可持续生活计划负责人苏·加勒德（Sue Garrard）说："我们的产品是汤和肥皂。"但肥皂也可以通过改善卫生状况进而改变整个社区。每 23 秒世界上就有一名儿童死于肺炎或腹泻[4]，而洗手可减少 23％的肺部感染和 45％的腹泻。[5] 因此，联合利华在 2010 年发起了一项计划，旨在未来 10 年帮助 10 亿人口改善洗手习惯——联合利华提前两年实现了这一目标。许多西方人认为手机是一种日用品，但沃达丰前集团企业事务总监马特·皮科克指出，"如果你到发展中国家去把一部手机放到某人手里，你就改变了他的生活"。故此，一家电信企业可以通过在核心活动上追求卓越而创造巨大的社会价值，就像沃达丰依靠 M-Pesa 所做的一样。通勤看似只是日常烦琐事务的一部分，但一家优秀的交通运输企业可以把人们和工作连接起来，从而使人们居住在更靠近社区而非更靠近办公室的地方，并使新企业得以启动。表面上看，儿童玩具生产企业似乎并不承担明显的社会责任。但高质量的玩具对孩子的幸福（以及他们父母的安宁）有很大的影响，孩子在玩玩具的同时也能受到教育。当然，少数核心活动的社会成本大于社会收益（如生产烟草），但能够创造社会价值的活动远比人们通常能想到的要多得多。

所有企业都能通过追求卓越服务社会的另一个原因是，它们在财务上的成本往往很低——企业已经具备了相关专长。因此，初创企业可以这么做，大企业在经济不景气时也可以这么做——它绝不是企业在资金充裕时才能付诸实践的奢侈行为。沃达丰的确为开发 M-Pesa 投入了 100 万英镑，但跟它 2007 年的年度投资预算（42 亿英镑）比起来，这只是沧海一粟。推出 M-Pesa 更关键的地方在于，这一愿景以全新的方式发挥了沃达丰的电信专长。

追求卓越事关所有员工

追求卓越的重要性甚至与员工有着更大的相关性，因为很多工作或许没有明确的社会功能，但对企业本身或社会的重要性丝毫不减。无论工作内容是什么，所有的员工都可追求卓越，这对企业创造价值的能力有着深远的影响。编制准确的财务预算或会议纪要，能让其他人掌握充分的信息以做出决定；高效的货物采购或运营资金管理，能让企业的资源发挥更大的作用。

企业往往看重那些工作内容与企业愿景直接相关的员工——罗伊·瓦杰洛斯的灵感来自默克公司的科学家（而非普通文员）在午餐时的闲聊。但关键在于，企业必须承认，卓越地完成看似普通的工作也有着非凡的价值，每一名员工都对企业有着重要的意义。回想一下第五章，普通员工股要在整个组织内发放才能改善绩效，只针对特定群体（如研发部）发放并无此效果。类似地，企业必须确保自己的使命与日常任务及活动挂钩。否则，再具远见卓识的使命宣言也不能激励普通文员或基层采购员。

所有企业（不光是负责任的企业）都应努力追求卓越，这难道不是一件显而易见的事吗？不一定。专注于股东价值的企业只会在跟利润明显相关的领域追求卓越。做大蛋糕的企业应该在所有能为社会创造价值的活动中这么做，哪怕它跟利润的关系并不确定，或较为遥远。此外，如果企业认为只有专注于明显的"服务"活动才能为社会服务，有时候它就会忽视追求卓越的重要性。

同样，在一家专注于利润的企业，研发部以为具体的客户需求服务为动力；但在一家负责任的企业，研发部兴许会被实现科学突破带来的兴奋所鼓舞。很多创新是偶然发生的，它们填补的是一种从未存在过，也从来没有人要求获得满足的需求。3M 公司的科学家斯宾塞·西尔弗（Spencer Silver）原本打算为飞机制造开发一款强力黏合剂，却偶然制造出了黏性弱的黏合剂，戏称"没有问题的解决方案"。同事阿特·弗莱（Art Fry）发现用这款黏合剂能防止弄丢他教会赞美诗集里的书签，基于它开发出了便利贴。更普遍地说，许多企业善于解决问题——关注市场需求，寻找最好的服务方式。但最彻底的创新往往涉及发现问题——创造一个此前并不存在的市场，比如为黏性弱的黏合剂寻找用途。这不仅事关满足需求，更事关追求卓越。领导者不断询问自己手里有什么——怎样创造性地利用企业资源和专业知识向社会交付价值。未能发现问题不会引起公愤，因为没人会把不相干的问题看成你的责任。但蛋糕经济学的核心就在于主动创造价值，而不仅仅是保护企业的声誉。

在没有回报的领域追求卓越的原则也适用于员工个人。在我这一行，学者们几乎完全是靠研究而非教学获得晋升和终身教职。当上教授的第一天，我问副院长教学在终身教职决策上占多大分量。他回答说："零。"这令我吃惊不小，但他接下来补充的一句令我更加震惊："不光没分量，说不定还会起反作用。"他警告称，如果你获得了太多的教学奖，资深教员会担心你在研究上花的时间不够。然而，哪怕没有外部奖励，负责任的教授也会认真对待教学，因为他通过传播知识服务社会。实际上，在教学这一核心活动上追求卓越（不光传授理论知识，还保证教学资料与时俱进且实用）所创造的价值，远胜于在非核心活动上不作恶（如骑车上班，避免开车污染环境）。

反过来说，容忍平庸、忽视追求卓越是一家企业对价值最严重的破坏。如果沃达丰未曾践行移动支付的理念、未追求卓越，那么这并不会遭到媒体的强烈反对，但 196 000 户肯尼亚家庭的境况可能会变得更糟。有时候，追求卓越可能要求企业做出艰难的决定，比如解雇表现不佳的员工。领导者可能会把社会目标（如希望不伤害特定的利益相关者）作为借口，从而为自己未能做出艰难的决定开脱。但纵容平庸对社会造成的损害可能要大得多。

宗旨

追求卓越是一条有用的原则，但就它自己还不够。一家企业会开展很多活动，不可能在每一项活动中都能做到卓越。一家企业的资源有限，所以必须选择自己最擅长的活动；很多决策涉及权衡取舍，因此还必须选择自己要特别服务的利益相关者。与此相关的是，本书的中心思想（企业应该做大蛋糕）听上去鼓舞人心，但似乎也有点模棱两可。制药企业做大蛋糕的方式跟交通运输企业截然不同。那么，一家企业怎样才能真正"做大蛋糕"呢？

这就是企业宗旨所扮演的角色。宗旨是一家企业存在的原因——它为谁服务，它存在的理由，以及它在世界上发挥的作用。它回答了一个重要的问题："贵公司的存在会让世界变得更美好吗？"宗旨代表企业服务社会进而做大蛋糕的具体方式。宗旨可以是开发改善公民健康的药物；可以是建设高效铁路网，把民众与工作、家人和朋友连接起来；还可以是生产能娱乐并教育孩子的玩具。

重要的是，企业的宗旨不能是赚取利润；相反，利润是为宗旨服务的副产品。这类似于人的天职不是赚取薪资；相反，他选择自己喜欢的职业，依靠这一职业不断发展自我，最终赚到丰厚的薪资。能源供应商 AES 的创始人丹尼斯·巴基（Dennis Bakke）写道："利润之于企业，恰如呼吸之于生命。呼吸是生命的必要条件，但不是生活的目的。同样，利润是企业存在的必要条件，但不是企业存在的理由。"贝莱德首席执行官拉里·芬克强调："宗旨不是全心全意地追求利润，而是实现利润的不竭动力。"[6]

但即便宗旨不能是赚取利润，归根结底宗旨也必须是能导致企业成功的东西（哪怕是间接导致的），企业中的所有员工都应该理解这种联系。否则，他们将永远无法真正接受它，还会认为它牺牲了财务回报。例如，联合利华发现，它的"可持续生活品牌"（最符合其"让可持续生活常态化"的宗旨）在 2018 年的增长率比其他业务高 69%。宗旨之所以强大，是因为它将企业的不同利益相关者团结在共同的使命下。让利益相关者聚集到一起的传统方式是契约。经济学家科斯（我们在第二章介绍过他的科斯定理）认为企业就是一张契约之网，每个成员都对这些契约提供的激励做出理性反应。例如，一名销售人员努力工作以完成交易，因为他的报酬来自佣金。尽管在可衡量产出的经济模型中契约能发挥作用，但在现实生活中它往往没什么效果。首先，你无法衡量销售人员创造价值的多种方式（如指导下属或帮助同事），所以你无法通过契约来强制实行这些方式。由于新冠肺炎疫情使得员工在家远程办公，契约的效果就更要打折扣了。企业无法密切监督员工，员工会越来越按自己的心意决定付出多少努力，这就产生了需要宗旨来鼓舞的需求。其次，契约只能强制遵守，它不能让人发自内心地做出承诺——利益相关者可以只采取契约做了明确规定的或加以奖励的行动。实际上，员工向管理层表示抗议的一种常见途径，不是破坏规则，而是遵守规则，也即在契约规定的时间内完成契约规定的任务（也就是俗称的"按规矩做事"）。最后，领导者没有相关的知识可供判断利益相关者在什么情况下分别该做些什么。与其把它写进契约

（还有一种不那么严格的做法是设定指导方针），不如让利益相关者自行决定。如果一群自行车手试图步调一致地骑车，盯着打头的人，以保证自己跟在他后面，他们会撞作一团。可如果他们抬起头，以相同的目的地为目标，自由地选择速度和路线，便能安全地到达那里。

这个目的地就是企业的宗旨。宗旨比任何契约都更能激发行动，因为它能释放企业有人情味的一面。利益相关者不是按照契约规定可获得多少奖励的严格计算来采取行动，而是受企业宗旨所激发的内在渴望的鼓舞——一如领导者以社会价值而非股东价值为动力，会进行更多的投资，最终实现更高的利润。

共同的宗旨创造了一种归属感，各个成员受宗旨的鼓舞选择成为企业的一部分，哪怕他们也可以从其他地方挣到工资、获得产品、实现回报。宗旨激励员工超越上级看得更高更远，激励客户选择本企业而非价格更低的竞争对手，激励投资者在利润低的时候继续持有本企业的股票。他们成为真真正正的利益相关者，与企业的成功有利害关系（尽管这里的利害指的是个人得失，而非财务得失），他们所做的贡献远远超过了任何契约的规定。

我们在第一章末尾指出，对于千禧一代来说，宗旨是尤为重要的黏合剂。前文提及的普华永道和国际经济学商学学生联合会得出的研究结论是："千禧一代希望为雇主感到自豪，觉得企业的价值观与自己相符，他们所做的工作是有价值的。"[7] 在德勤的一项调查中，只有27％的千禧一代回答说他们打算留在眼下的企业干上 5 年，但 88％ 的人表示，如果他们"对企业的宗旨感到满意"，他们愿意为雇主工作 5 年。[8] 这牵扯到巨大的利害关系——盖洛普估计，缺乏参与导致千禧一代的离职率居高不下，每年给美国经济造成的损失超过 300 亿美元。[9]

为理解宗旨的力量，让我们回到默克公司的案例。我们讨论了罗伊·瓦杰洛斯免费分发异阿凡曼菌素，因为他认为公司的宗旨是利用科学改变人们的生活。但默克公司并非仅仅是因为运气好，才在正确的时间拥有了一位使命感极强的首席执行官。自1891年乔治·默克从德国移民到美国并建立默克美国子公司以来，这一宗旨就在该公司生根发芽并深入人心。[10]

异阿凡曼菌素的故事并非孤例，相反，默克公司就是这样开展业务的。历史上，默克公司还有其他很多故事。1942年，青霉素还是一种新药。由于价格高昂，它在实验室之外并未付诸生产。但当时担任总裁的乔治·默克却决定冒险一试，让默克公司成为历史上第一家大规模生产青霉素的企业。

安·米勒（Ann Miller）是一名33岁的女性，住在康涅狄格州的纽黑文市。她跟耶鲁大学体育系主任奥格登·米勒（Ogden Miller）结了婚。1942年3月14日，安因流产后感染链球菌败血症躺在医院的病床上奄奄一息。她连续11天高烧至40℃，医生的一切尝试都没有效果，直到他们换上了青霉素。多亏了乔治·默克，安成为美国第一个接受青霉素治疗的患者，这救了她的命。就在第二天，她的体温恢复了正常。她生了3个儿子，一直活到90岁。

默克公司在发现怎样生产这一救命药后，并没有利用它来牟取垄断利润。它的第一个核心价值观是："我们的业务是保护和改善人类生活。"它将生产青霉素的秘密与竞争对手分享[11]，让后者也能生产青霉素。这些制药企业团结起来，在第二次世界大战中共同治疗了10万名盟军士兵。[12]正如乔治·默克所说："我们永远不会忘记医药是为人服务的，不是为了利润。利润之后会出现，如果我们记住这一点，利润就从不曾辜负我们。"

秉持利用科学突破为人服务而非追求利润的承诺，罗伊被吸引到了默克公司。罗伊1954年从哥伦比亚大学获得医学学位后，曾在美国国立卫生研究院、马萨诸塞州总医院和华盛顿大学医学院担任各种科学研究职务。在这些地方，他从事研究不是为了开发商业产品，而是为了拓展科学的疆域，提出可与公众分享的见解。他发表了100多篇论文，他凭借这些研究工作入选了美国艺术与科学院和美国国家科学院。所以，如果罗伊想要进入私营部门，他也只会加入一家同样致力于利用科学造福社会的企业。

这家企业就是默克公司。受在家族聚餐时遇到的员工以及默克公司过去服务社会的良好记录的鼓舞，罗伊1975年加入默克公司，担任负责研究工作的高级副总裁，也就是在威廉·坎贝尔发现人用伊维菌素的前三年。之后的一切已写进历史。这段历史里最为关键的一点在于，威廉探索伊维菌素用于人类的愿景和罗伊免费分发药品的决策并非反常之举。这些都是自乔治·默克时代就已在整个默克公司扎根的企业宗旨所结出的累累果实。

在默克这样的大企业，宗旨可以展现出强大的力量，但可以说，它在初创企业里更能发挥力量。从一开始就设立宗旨比调整一家大企业的定位要容易得多，而且初创企业也没有数百万资金可用于企业社会责任倡议。宗旨鼓舞企业家发起新的冒险，承担巨大的个人风险——辞掉或拒绝一份常规工作的职业风险，以及投资财富的财务风险。员工受企业宗旨的鼓舞而加入企业，哪怕初创企业的薪酬低得多，晚上和周末要加班。投资者无法使用传统的财务分析来评估初创企业，因为它们没有过往记录，相反，他们的投资在一定程度上取决于企业的宗旨和领导者对此宗旨注入的激情。保罗·冈普斯（Paul Gompers）、威尔·戈尔纳尔（Will Gornall）、斯蒂文·卡普兰（Steve Kaplan）和伊利亚·斯特雷布拉夫（Ilya Strebulaev）调查了889名风险投资家，发现只有22%的人使用净现值来分析投资。[13]54％的人相信激情是管理团队最重要的品质之一，甚至超过了创业经验、团队合作与凝聚力。

一旦初创企业成立，宗旨便会推动其行动。我们在第二章讨论过为什么净现值分析对任何企业都很棘手，对没有过往记录可供指导的初创企业来说更难。故此，投资者会转而用决策是否对企业宗旨有所贡献来进行评估。从在网上销售眼镜起步的眼镜企业瓦比·帕克（Warby Parker）是沃顿商学院 4 名工商管理硕士生在 2010 年创办的，其中包括沃顿冰球队（我在这支球队任队长）的一名左边锋和一名右后卫。当时，一副眼镜的平均价格是 263 美元。瓦比·帕克应该收多少钱呢？根据净现值算出的价格可能是 230 美元，或是以 199 美元作为创业大促价格——起初肯定会亏损，但能引来客户并获得规模经济效益，几年后可逐渐盈利。要算出合适的价格非常困难，因为你需要估计用较低的价格能吸引多少客户，其中有多少人是新客户、多少人是回头客。

但瓦比·帕克的宗旨是"用革命性的低价格提供设计款眼镜"，这一宗旨使定价决策变得简单起来。售价为 95 美元——这是一个真正具有革命性的价格，一些品牌低于 300 美元都不肯卖，而瓦比·帕克却直接把价格降到了两位数。99 美元可以多带来 4 美元的收入，这对资金短缺的初创企业来说很关键，但会显得像是要从客户手里榨取额外的利润。

从一开始，也就是在瓦比·帕克首次盈利的 8 年前，它每卖出一副眼镜就向低收入国家捐赠一副，因为其创始人"相信人人都有看得见的权利"。一如乔治·默克，领导者秉持宗旨进行领导，相信利润将随后到来。或许，这个项目吸引了新客户或新员工，最终提高了利润——公司现在价值 30 亿美元。[14]但利润最开始是没法儿预测的，不以宗旨为导向是没有办法做出决策的。

每当一家初创企业取得成功，大企业就会设立分支机构试图仿效。[①] 但由于缺乏让企业取得成功的宗旨，这些跟风者往往以失败告终。心怀宗旨创办企业会鼓舞企业做出疯狂的决定，这个决定最终将为它带来利润，并赋予它任何竞争对手都无法效仿的持久的竞争优势。

宗旨的定义

宗旨远远不只是一份宣言。我们将在下一部分谈到企业必须恪守宗旨。但一份宗旨宣言是个必要的起点，一如徒步旅行者必须先决定要爬哪座山，再确定最佳路线。为此，我们将首先探讨一家企业应怎样定义自己的宗旨。我曾在英国联盟"心怀宗旨的企业"（The Purposeful Company）五人指导小组中任职，该组织旨在将宗旨注入企业的核心。下面的部分见解便源自这次经历，还有一些见解来自我们更广泛的工作组成员，包括高管、投资者、顾问、利益相关者代表和政策制定者。

宗旨应该包含两个相关的维度——企业因什么人而存在，以及它为什么存在。[②] "为什么"解释了企业存在的原因。借用先前的例子，它或许是为了开发药物，或许是通过交通工具将人们连接起来，或许

---

① 拥有雷朋等奢侈品牌的眼镜市场领军企业陆逊梯卡（Luxottica）推出了眼镜网（glasses. com），眼镜的起价为 90 美元。然而，陆逊梯卡在最近的年报中只提到眼镜网一次，大概是因为"革命性低价"并不是它的核心宗旨吧。

② 一些企业可能对宗旨有不同的看法，它们的"使命"或"愿景"宣言更符合我们在这里的定义。在介绍企业宗旨的案例时，本书会采用最符合我们定义的陈述，哪怕一些企业使用了不同的术语。

是为儿童提供娱乐服务。尽管"为什么"正受到越来越多的关注,但"什么人"受到的关注却不太多。"什么人"强调企业特别寻求为哪些成员服务。它跟"为什么"挂钩,因为企业存在就是为这些成员提供服务。但出于两个原因,"什么人"有它自己独立的价值。首先,"什么人"确保了企业的宗旨是服务于更广泛的社会。如果宗旨仅仅建立在"为什么"基础上,有可能带来具有排他性的财务焦点——比如盈利或击败竞争对手。其次,"什么人"之所以重要是因为很多决策涉及权衡取舍。一项行动可能会让蛋糕的这部分变大,而让那部分变小。"什么人"有助于权衡这些不同的部分,从而弄清该行动在整体上是做大了还是缩小了蛋糕。"什么人"询问的是在处理这些棘手的两难局面时哪些成员最为重要——当然,这并不意味着彻底忽视其他成员,也不意味着在每一项决定中都优先考虑这些成员。

大多数宗旨宣言聚焦在客户身上。默克公司当前的愿景是"通过我们的创新药物、疫苗和动物保健产品,为全世界的人的生活带去改变"。英国铁路网公司(Network Rail)的宗旨是"把每个人和其朋友、家人、工作连接起来,撑起欣欣向荣的经济"。玩具公司美泰(Mattel)的宗旨是"我们在全球首倡通过游戏来帮助孩子学习和发展,激发孩子童年的奇迹"。故此,一份关于"为什么"的宣言揭示了企业要为"什么人"提供服务——患病的人、通勤者、旅行者、儿童等。①

但客户并不是唯一重要的利益相关者,所以宗旨宣言应超越客户。

---

① 至于是先有"为什么"还是先有"什么人",不同的企业会有所不同。有些企业会首先决定自己为什么存在,进而决定它们为什么人服务。其他企业会先决定自己希望为什么人服务,再决定怎样更好地为这些人服务。重要的是,这些宣言并不包含怎样做(即企业提供的具体商品和服务),因为它们会随着时间的推移、客户的偏好和品位的改变而持续调整。

法国能源企业 Engie 的宗旨是"通过减少能源消耗、使用更环保的解决方案，加速向碳中和经济过渡"，它突出的是环境问题。农业企业奥兰致力于为"富足的农民和食品系统、兴旺的社区与生机勃勃的世界的再现而奋斗"，它强调的是供应商、环境和社区。西南航空公司强调的是员工，它的目标是"提供稳定的工作环境、平等的学习机会和个人成长机会，鼓励为提高西南航空公司的效率而提出创意和进行创新。更重要的是，员工将在组织内部得到同样的关心、尊重和关怀，这样的态度将由员工分享给公司之外的每一位客户"。

企业应该怎样决定"为什么"和"什么人"，从而定义自己的宗旨呢？有三点可提供指导，我们将逐一加以说明。

宗旨应该有针对性和选择性

第一条指导原则是宗旨应该既有针对性，又有选择性。通常，人们会把"宗旨"视为"利他"的同义词——一家心怀宗旨的企业就是一家为社会服务的企业。但这并不是"宗旨"一词的真正含义。说一场会议有宗旨，意思是它有着清晰的议程；如果你有宗旨地去做事，你就是有意识地做。故此，宗旨必须以社会为导向（大规模生产武器是一个明确的目标，但它对社会有害），也必须具有针对性。一家企业不应该摇摆不定，对任何碰巧处于风口浪尖上的社会问题采取行动，而是应该专注于自己最适合解决的社会问题（同时意识到问题的严重性可能会随着时间的推移而发生变化）。打个比方，一个人不可能以同时成为医生、律师、老师和企业家为目标——他应该在一种职业上保持专注。人们不会把这种选择视为束缚，而是视之为一种解脱。我们在第三章末尾提到过，一些领导者或许认为心怀宗旨令人望而却步，因为他们必须为所有利益相关者服务以免被斥为伪善。但宗旨本身意不在此。

这里有一条好用的经验：只有当反过来说也合理时，宗旨才是有意义的。许多企业都认为自己服务的利益相关者越多越好，故此定下了范围宽泛的宗旨宣言。"为客户、员工、供应商、环境和社区服务，同时为投资者创造回报"——这样的宗旨听起来似乎鼓舞人心，但毫无意义，因为没有哪家企业的宗旨要把所有这些成员排除在外。[15]既然反过来说——不为任何人服务——根本不合理，那么，一项排除了这种情况的宗旨宣言实际上相当于什么也没说。这放之四海而皆准，适用于任何企业。相比之下，西南航空公司强调员工的宗旨就有意义，因为如果它强调环境，也是合理的。请注意，这里"反过来说"不一定是字面上的相反意思（如"为我们的员工提供不稳定的工作环境"），而是企业有可能优先考虑其他利益相关者。

类似地，对于特定利益相关者，宗旨应突出最重要的具体问题。"提供有回报的工作"没有意义，因为没有哪家企业意在提供无回报的工作；它也没有具体说明经济奖励或内在奖励哪个更为重要。对比来看，网飞的宗旨是这样的："和所有伟大的企业一样，我们力争雇用最优秀的员工，我们重视诚信、卓越、尊重、包容和合作。不过，我们的特别之处在于：鼓励员工独立做出决策；公开、广泛和有意识地分享信息；彼此之间格外坦承；只留住高效率员工；避免繁文缛节。"这相当有意义，因为它是网飞所独有的。其他企业可能会强调工作保障，而不是只留住最优秀的员工；强调有清晰的指导而非独立；又或者是强调健康、安全或报酬优厚等。

转到"为什么"上来，好市多以"用尽可能低的价格提供优质的商品和服务"为宗旨就有意义，因为它强调价格最重要，同时让质量高于正常水平。零售商以"提供物美价廉的商品和服务"为宗旨也是合理的。例如，劳斯莱斯说："我们对完美的追求指引着我们。劳斯莱斯永恒地代表卓越，我们所做的一切都反映出我们对卓越的坚持和承诺。"

有选择性的宗旨宣言似乎会使人产生不太舒服的感觉，因为强调某些成员或活动就意味着贬低其他成员或活动的重要性。但企业所面临的权衡取舍本来就不会让人太舒服。宽泛的宗旨宣言无视权衡取舍的现实，而有针对性的宣言则能为三个困境提供指导。第一个困境是：是否要采取行动帮助某些利益相关者，而伤害另一些利益相关者？Engie 做出了关闭黑兹尔伍德发电厂的艰难决定，尽管这会导致失业，但它的宗旨是优先考虑环境。

第二个是把企业有限的时间和资源分配到什么地方。企业在宗旨里避而不谈的东西，可能和它谈了些什么同样重要。宗旨既知道要做什么，也知道不做什么。有分辨力的领导者能意识到自己企业所面临的资源有限性和能力局限性，懂得不可能事事都做。他会将企业引向能发挥最大作用的地方。借用领导力专家克雷格·格罗舍尔（Craig Groeschel）的话，"要想做其他人都不曾做的事情，就一定不能做其他人都在做的事情"[16]。这跟有效策略类似。利洁时得以专注于旗下 19 种强势品牌，是因为它削减了在其他产品上的投资。

第三个是应该拒绝哪些商业机会。医疗保健企业西维斯（CVS）的宗旨是："帮助人们踏上更健康的道路"。2014 年，尽管香烟销售额高达 20 亿美元，CVS 仍做出了停止销售的决策。不久之后，CVS 更名为 CVS Health。一个看似疯狂的商业决定背后有着一个简单的理由。首席执行官拉里·梅洛（Larry Merlo）表示，"简单地说，销售烟草产品与我们的宗旨不符"。CVS 的销售额从 2014 年的 1 390 亿美元增长到 3 年后的 1 850 亿美元。虽然这一增长背后可能有着许多因素，但它与不牺牲利润的宗旨相符。2013 年，巴克莱银行关闭了一个帮助客户避税的部门，损失了 10 亿英镑的收入，并导致 2 000 人失业。首席执行官安东尼·詹金斯（Antony Jenkins）解释说："有些地区依赖于复杂的结构在当地进行的交易，以获得税收优惠为主要目的。这固然合法，但继续从事这类活动与我们的宗旨不符。我们不会再参与其中。"

在第一部分中，我们看到了做大蛋糕的企业怎样通过判断而不是计算来做出决策。宗旨越明确，就越容易判断一种行为是否有助于推进宗旨——比如，出售香烟是否可帮助人们踏上更健康的道路。克劳丁·加滕伯格（Claudine Gartenberg）、安德烈·普拉特（Andrea Prat）和乔治·塞拉菲姆进行的一项大规模研究证实了宗旨明确的价值。[17]在第四章，我曾检查了最值得效力的 100 家企业的公开名单。克劳丁、安德烈和乔治获得了用于构建该名单的 50 万份个人调查回复的专用访问权。他们用 57 个调查问题中的 4 个来衡量企业宗旨的力量："我的工作有着特殊的意义，它不'只是一份工作'"，"当看到我们的工作成果的时候，我产生了自豪感"，"我们为社区所做的贡献让我感觉很好"，以及"我会很自豪地告诉别人我在这儿工作"。研究人员发现，这些指标带来了明显更高的利润和股票回报率，但它们必须跟管理层的明确表态相结合。[18]在控制了风险的条件下，有着明确且有力宗旨的企业，每年的绩效比市场高出 5.9%～7.6%。

"为什么"应以比较优势为基础，"什么人"应以实质性为基础

第一条指导原则强调宗旨宣言应该有针对性且有选择性，第二条

指导原则则帮助领导者决定要关注些什么。"为什么"应以比较优势原则为基础，"什么人"应以实质性原则为基础。我们先从"为什么"着手。第三章解释过，比较优势来自企业所擅长的事情。在这里，我还想指出，它也可以源于自身的热情所在——热情是比较优势的源头之一。领导者、员工、投资者和其他利益相关者的热情是一种资源，就跟专业知识、土地和资本一样。因为有了热情，企业就可以从有限的其他资源中挖掘出更多的可用之选。

在麻省理工学院拿到博士学位后，我便到沃顿商学院担任助理教授。在那儿有许多工商管理硕士生梦想着创办企业。沃顿商学院近年来最成功的一名创业家是威尔·舒（Will Shu），他创办了食物配送企业户户送（Deliveroo）。在为期两年的工商管理硕士学习期间，威尔的一名同学想出了差不多 50 个创业点子——表面上看来，他显然对成为企业家充满热情。毕业之后，这名同学锁定这 50 个点子中的一个：制作高品质宠物玩具（类似针对宠物的 Etsy）。几年后，威尔追上了自己的同学，惊讶地发现他已经放弃了。威尔问他为什么。这名同学回答说，"我发现我并不喜欢狗"。他追求该设想是因为存在那样的利基市场，有赚钱的机会，而不是因为他喜欢这个点子。在构思这 50 个创业点子时，他更热衷的是在聚会上展示自己的创业家身份，而不是自己的初创企业将怎样为社会服务。

威尔创办户户送是因为他对食物配送充满热情。这是什么情况？你可以对治疗疾病、发明智能手机甚至为孩子提供娱乐充满热情，可谁会对配送食物充满热情？你当然可以。威尔的热情来自他在摩根士丹利做分析师的时候。威尔和我在同一年加入摩根士丹利，只不过，他在纽约，我在伦敦。9 年后，我们才在沃顿商学院结识。从事分析师的工作，兴许你头一天晚上只睡了 4 个小时，第二天一大早赶到办公室后才得知还得加班到半夜。但有一样东西你保准能得到——晚餐。如果晚上 8 点后还在加班，你就有资格得到免费晚餐。在纽约，这是一种享受，因为你可以通过网络平台 Seamless 订餐，上面有上百家餐厅可选。如果特别幸运，你甚至可以离开办公桌休息 15 分钟，跟其他分析师到会议室里一起吃饭，通过互相抱怨老板来取乐。

但当威尔作为有着 3 年工龄的分析师到达伦敦后（那时我正要去麻省理工学院），他沮丧地发现，所有认为英国食物品质低劣的刻板印象一点也没错。更重要的是，没有共享平台。分析师们会传阅多米诺比萨店、烧烤吧（Chili's Bar and Grill）、一家名为"益友"的中餐馆和一家名为"初版"的地中海烧烤餐厅各自的菜单——这些就是你的选择了。你生活里唯一的"小绿洲"干涸了。

威尔对食物配送的热情就是这么来的。伦敦有成千上万的年轻职场人士，他们不休不眠地长时间工作，只为了不从梯子的第一级摔下来，但他们连一顿像样的饭都吃不到。出于这种热情，威尔甚至拒绝了一家顶尖对冲基金（他在攻读工商管理硕士的暑假曾在此实习）的邀请。他在配送食物这一行开始了自己的职业生涯，而这种热情将成为他的比较优势。依靠这样的热情，在创业最初的 9 个月内，他乐于甚至渴望一天花 5 个小时亲自配送食物——部分原因是起步时期户户送资金不足，但更重要的原因是，威尔想要亲身体验配送员面临着什么样的挑战。这还带来了意想不到的好处，那就是威尔从前在沃顿商学院而如今在伦敦做银行家和顾问的同学会通过户户送订餐，让他送上门。哪怕是到了现在，威尔已经是一家价值数十亿美元企业的首席执行官，他仍然会每周当一次配送员。我带着自己的工商管理硕士生拜访户户送时，他让我们所有人（包括我）都做了一次配送员，他说，这对我们理解他的企业至关重要。

和大多数零工经济企业一样，户户送在确保公平对待员工方面面临着重大的挑战。但热情（可转换成愿意成为配送员的热情）让威尔在理解这些挑战方面具备了比较优势——同时，他也认识到，偶尔充当配送员跟担任全职配送员（并以此作为主要收入来源）是两件差异很大的事情。

企业宗旨所涉及的"什么人"应当建立在实质性原则基础上，也即哪些利益相关者对企业有着实质性（业务实质性）、哪些利益相关者是企业特别关心的（内在实质性）。企业可能会优先考虑有着业务实质性的利益相关者，因为这么做也会提高投资者的回报，正如第四章所述。企业也可以只关注有着内在实质性的利益相关者，因为企业领导者、员工和投资者都乐于为之服务——和比较优势一样，热情是内在实质性的来源。

通常，业务实质性和内在实质性存在重叠。例如，宜家的宗旨是"以低廉的价格提供设计精美、功能齐全的家居产品，让尽量多的人买得起"，这凸显了宜家针对的群体是普通家庭。这既可能是出于内在实质性考虑——为普通民众（而不仅仅着眼于精英人士）服务的热情，想让大众享受到从前只有少数人才能享受的东西；也可能是出于业务实质性考虑，因为更广泛的客户基础能让企业在经济衰退期间获得更大的弹性。类似地，我们之前讨论的农业企业奥兰优先考虑供应商、环境和社区，西南航空公司优先考虑员工。它们各自优先关注的群体，同样可能是出于内在原因和商业原因。

宗旨既是有意引导的，也是自然出现的

第三条指导原则是宗旨既是有意引导的，也是自然出现的。领导

者应该乐于让宗旨以两种方式演变发展。第一种是回应不断变化的条件（如社会需求的变化）。与过去相比，当今能源企业的宗旨更强调去碳化的紧迫性。因此，明确的宗旨自然有其价值，但不应以牺牲灵活性为代价。第二种是回应员工的行动和建议。领导者应该从高层为企业定下基调，但也要认识到，企业宗旨的确定并不光靠自己。宗旨可能会从员工中涌现出来——员工在帮忙设定宗旨时，会对宗旨产生主人翁意识，从而更有可能将之付诸实践。这需要把员工视为创意的来源，而不仅仅是执行创意的工具。例如，咨询公司麦肯锡和迪士尼研究院合作，帮助企业定义自己的宗旨。这包括对各级员工展开访谈，了解什么能鼓舞他们、什么对他们来说很重要，同时举办研讨会，让不同部门的员工分享创意。

此外，企业的宗旨可以经由员工在正式咨询之外的行动中加以塑造。尼克·休斯及其团队在决定对最终带来 M-Pesa 的创意展开探索时，沃达丰的首要任务是通过收购实现增长，通过拍卖拿到频谱牌照，增加在收入潜力最大的发达国家的市场份额。但 M-Pesa 的成功向沃达丰展示了通过创造性地使用其技术能够创造出多大的社会价值，于是，沃达丰如今的宗旨变成了"建立数字社会，促进社会经济进步"。

宗旨也可以受内部和外部利益相关者所指引。英国国家医疗服务体系的章程中包含了宗旨宣言。它最初根据内部讨论起草，聚焦于帮助人们保持健康和患者康复。但国家医疗服务体系随后与各种外部利益相关者（如公民代表、患者、卫生慈善机构、工会、公共卫生当局和政治家）进行了广泛的磋商。它得出了一点深刻的见解：倘若时日无多，体面地离开人世很重要。对于一个以健康福祉为重的服务体系来说，若未经外部检验，这样的需求很容易遭到忽视。这一反馈极大地改变了最终公布的宗旨:"国家医疗服务体系属于人民。它旨在改善我们的健康和福祉,支持我们保持身心健康,帮助我们病后痊愈,倘若不能完全康复也尽量保持健康,直至生命的尽头。"与咨询员工类似,外界的意见不仅能让宗旨宣言变得更清晰,还能让利益相关者团结一致,并使宗旨扎根于组织内部。为宗旨宣言提供反馈意见的外部利益相关者持续参与,不断要求国家医疗服务体系负责将宗旨付诸实践——不仅包括疾病的预防和治疗,还包括临终的安宁照护。

一旦确定宗旨,就必须超越宣言,践行宗旨。践行宗旨意味着两件事——对外沟通宗旨,对内植入宗旨。下面,我们来看一看要怎样做。

沟通宗旨

沟通始于企业报告其宗旨,企业可以从简短的宗旨声明开始,但也可以推出一份更广泛的宗旨路线图,详细说明该声明在实践中的含义。路线图可以包括企业为什么选择这一宗旨——为什么实现这一宗旨有助于人类的繁荣和企业自身的成功——以及企业决定不考虑哪些事情。路线图还可以概述企业如何将宗旨付诸实践(我们将在本章后面讨论怎样做到这一点),企业认为的最重要的利益相关者及利益相关者议题,企业将怎样做出决策、怎样权衡取舍和分配资源。

宗旨宣言寥寥几句即可,不应过长,以保证它能被清楚地传达给所有成员,尤其是员工,便于他们理解。但宗旨路线图可以长达几页,在企业前进的过程中为企业导航。我们之前给出的大多数例子都来自宗旨宣言,但也有一些来自宗旨路线图——许多企业在宣言中以客户为重，而在路线图中以利益相关者为重。

比宣言和路线图更重要的是，沟通它们是怎样得以成功执行的。可以从设定与宗旨相关的各项长期目标着手，接着报告其进展。传统报告侧重于反映股东价值的财务指标，而沟通反映利益相关者价值的非财务指标则不限于此。这种更完整的模式叫作综合报告，如表 8.1 所示。[①] 国际综合报告委员会（International Integrated Reporting Council）为怎样安排综合报告的结构提供了一个框架——例如，一家企业应该披露 6 种资本（金融资本、制造资本、人力资本、社会和关系资本、知识资本和自然资本）的价值。全球报告倡议（Global Reporting Initiative）组织提供了指导报告哪些非财务信息、怎样计算这些信息的标准——例如，关于空气污染，它建议披露氮氧化物、硫氧化物和持久性有机污染物。可持续会计准则委员会提供因行业而异的标准。服装企业应报告供应链的水消耗和污染情况、劳动条件和原材料来源。银行应披露数据安全、金融包容性和风险管理。

所有这些框架都有助于增强企业之间报告的可比性，同时，这些项目十分具体，恰好解决了非财务报告往往较为模糊的问题。2020 年 11 月，国际综合报告委员会和可持续会计准则委员会宣布二者将合并为一家统一的组织——价值报告基金会（Value Reporting Foundation），以进一步增强可比性。

---

① 目前，大多数披露非财务信息的企业都是通过独立的"可持续发展报告"披露的——我们稍后将展示对玛莎百货可持续发展报告的摘录。它会附在包含财务状况的年报中一同发布。"综合报告"有时是指同一份报告中结合了财务和非财务两方面的信息。虽然大多数可持续发展报告仅报告非财务信息，但综合报告也会讨论与未来财务盈利能力相关的潜台词——例如，雀巢公司报告了其健康食品比标准产品有着更高的增长率和利润率。本书中的"综合报告"指的是财务报告和非财务报告两者的结合，这可以是同一份报告，也可以是分开的两份报告。

表 8.1　传统报告与综合报告

传统报告		综合报告	
报告什么	怎样报告	报告什么	怎样报告
股东价值（财务）	定量（数字）	股东价值（财务）	定量（数字）
		利益相关者价值（非财务）	定量（数字）
			定性（叙述）

　　从历史上看，非财务指标着眼于"不作恶"，比如前面的例子。这些指标一般是通用的，适用于大多数企业，至少适用于特定行业的大多数企业。对于一些企业来说，"不作恶"或许的确是其服务社会的主要方式，比如能源企业的去碳化。但对于大多数企业来说，"积极行善"更重要——相关指标将根据企业的宗旨量身定制。例如，农业企业奥兰瞄准的是参与其可持续发展项目（这些项目提供培训、传播最佳实践）的小农户人数。游戏企业艺电（EA）不仅考察女性劳动力构成（跟大多数企业一样），还衡量女性程序员和软件开发人员的比例（因为这些职业中，女性的比例特别低）。更少见的是，它还瞄准了客户群体的多样性（历来是男性占主导），这与它"鼓励全世界玩耍"的宗旨是一致的。还是从客户的方面说，网商银行（中国第一家数字银行）报告了获得其贷款的小微企业的数量（商业银行向这类借款人提供的服务往往不足），以及此前从未获得过银行贷款的此类客户的比例。

　　数字之所以有价值，是因为它们具体而客观，解决了宗旨含混不清的问题。但数字本身又不够完整，因此必须辅以叙述，以说明数字背后更广泛的背景。如表 8.1 所强调的，非财务信息不仅意味着非财务数字、指标或度量——其定性维度也是关键的组成部分。

数字不够完整的第一个原因在于，数字只捕捉到了可测量的东西，所以它们关注的是结果而非过程。这反过来导致了两个问题。首先，企业可能"达到了目标，但错过了重点"——它采取战略性行动来增大数字。为了达到青年就业的目标，它有可能把重点放在工作的数量上而非质量上，哪怕年轻员工并未充分就业、离开本企业会有更好的发展，也将他们挽留下来。按古德哈特定律的说法，"一项指标如果成为目标，就不再是一项好指标"。叙述很适合解释企业为实现目标而采取的行动，在这方面它颇有价值。其次，就算一家企业并未试图操纵数字，数字的大小也更多地取决于运气〔纳西姆·塔勒布（Nassim Taleb）在《随机致富的傻瓜》（*Fooled By Randomness*）中对此有过精彩描写〕，而非企业的实际行动。过分关注数字会让我们认为企业受短期随机性所驱动。然而，决定长期绩效的是过程。数字不够完整的第二个原因在于，一家企业能否达到目标，不光取决于其绩效，还取决于它最初付出多大的努力。一些非财务目标，企业本来就有可能达不到。如果每一项非财务目标都能达到，那说明它本身定得不够高。数字负责说明一家企业是达到了目标还是未达到目标，而叙述负责解释它为什么会这样——如果它偏离了轨道，那么它正在做些什么以重回正轨。

数字不够完整的第三个原因在于，数字只能反映截至目前取得的成就，但叙述可以是前瞻性的。至于创新，数字能报告已经产生了多少专利；叙述可以介绍企业在招募和培训高质量研发团队方面所做的努力，以及培育勇于承担风险和容忍失败的创新文化。同样，叙述可以说明宗旨怎样推动企业的战略决策，哪怕收益无法立即量化。M-Pesa借助沃达丰的技术解决了严谨的社会问题，但几年后塔夫尼特·苏瑞和威廉·杰克才得以估计出有多少人因为它摆脱了贫困。类似地，宗旨有时会让企业不去做那些有利可图但会伤害到利益相关者的事情，但它难以提供当时免受损失的具体数字。

数字不够完整的特点凸显了将薪酬跟 ESG 指标挂钩（人们通常都提议这么做）的危险。这样做可能会导致首席执行官只关注自己合同中包括的 ESG 指标，忽视相应议题的质量维度，也对与自己薪酬无关的其他议题重视不足。正如本·班尼特及其合著者在第五章中指出的，把任何目标列入薪酬合同都可能鼓励当事人通过操纵来达成目标（不管是财务目标还是社会目标）。

尽管叙述非常关键，但投资者和利益相关者对叙述的重视必然不如数字。有些成员不会去看讨论的内容，因为看数字更快。即使他们看了讨论的内容，叙述对他们怎么做决定的影响仍然可能不太大——数字是具体且便于比较的，可有时候很难判断叙述是真实的还是为未达到目标而编造的借口。你能够看出一个行业内哪家企业创造了最多的就业岗位，但却看不出哪家企业拥有最强大的企业文化——也看不出关于改善文化的说法是有根据的还是旨在掩盖未能提高就业率的失败。

这意味着，综合报告不仅应包括叙述，还应尽量排除特定数字。我们往往以为信息越多越好，所以就算数字不完整，也仍然好过什么都没有——故此，企业应该尽量多地披露数字。但米尔科·亨勒（Mirko Heinle）、黄崇（Chong Huang）和我证明了情况并非如此，因为一家企业的决策并不取决于它公布的信息总量，而是取决于定量信息和定性信息的相对数量。[19]假设某企业现在有 100 万美元，既可用于创造更多的就业岗位（改善定量信息），也可用于提高现有工作岗位的质量（改善定性信息）。假设提高工作岗位质量能把蛋糕做得更大，那么，要是企业什么都无须报告，它会选择在改善现有工作岗位的质量上进行投资。但如果这家企业需要报告创造了多少就业岗位，投资者和利益相关者对此数字关注密切，那么它就有可能选择创造就业岗位。诚然，企业也能够沟通工作岗位的质量。由于披露了数量信息（创造的就业岗位）和质量信息（工作岗位的质量），总信息量增加。但由于定量信息更可信、更具可比性，前者的增加较后者更多，因此，企业做出了最有助于改善定量信息的决策——哪怕它的蛋糕做得不够大。

这一观察很重要。一些改革者认为信息越多越好，因此要求对非财务绩效进行更多的信息披露。信息通常是数字，比如世界经济论坛设定的"利益相关者资本主义指标"①。事实上，通常所说的"测量即所得"就常常被用来强调测量的重要性。但这原本是要提醒过分依赖测量的危险，因为有些因素根本无法测量，最终也就无法获得。在心怀宗旨的企业中，监督即所得。监督当然包括测量，但也包括理解数字所对应的背景、绩效的定性维度，以及一段时间内可能无法体现在数字上的政策和实践变化。

当涉及财务信息时，大多数人已经意识到数字的不够完整。2009年，保罗·波尔曼在就任联合利华首席执行官的第一天，就决定停止公布季度收益，因为公布季度收益可能会给他带来压力，导致忽视长期价值。尽管他可以为未达到季度收益目标开脱，解释说那是在进行长期投资，但这样的叙述不如数字那么醒目。更宽泛地说，我们在第六章中讨论过，80％的首席财务官承认自己会削减投资以达到盈利基准。这项调查着眼于首席财务官说自己会怎么做，而另外两项考察他们实际上会怎么做的研究也证实，公布季度报告确实会降低投资水平。[20]故此，英国投资协会（Investment Association，这是英国投资业

---

① 虽然此处都使用了"指标"一词，但一些"指标"是定性的——不过，大多数指标是定量的。

的行业组织）在 2016 年发起了一项行动，要求企业停止发布季度报告，以便于企业自由地关注长期价值。实际上，保罗在任的 10 年里，联合利华的股票价值上涨了 150%，是富时 100 指数回报率的两倍。

当涉及非商业环境下的非财务信息时，大多数人同样意识到了数字的不完整。根据考试成绩对学校进行排名，有可能把学校变成考试工厂，而非教书育人的机构。可这一观点在商界并未得到充分的认识，更大程度地披露信息似乎成了一股不可阻挡的趋势。我们绝对无意要唱透明度的反调，也并不想贬低报告这一整体框架所取得的重大进展。相反，我们想要强调，信息更多不见得会更好，定量信息并不总是优于定性信息。投资者和利益相关者在评价企业的社会绩效时，应警惕指标太多或太过重视指标的做法。

让我们来看一个根据宗旨进行报告的例子。食品和服装供应商玛莎百货在一项名为"A 计划"的倡议中体现了其宗旨，并说："我们没有 B 计划。"A 计划为"通过我们所做的一切，让我们的客户对福祉、社区和地球产生积极影响，构建可持续的未来"。为此，玛莎百货最初设定了 100 个具体目标（后来有所扩充）。例如，它的环境目标涉及能源消耗、食物浪费和包装的可回收性。每年，它都会披露一个目标是"已实现"还是"已实现，但实现滞后"；对仍在进行的目标，它会报告是"正在推进"还是"滞后"。这些数字还附有一份关于推进情况的叙述性报告。后文显示了玛莎百货 2017 年 A 计划报告（节选），摘自其能源消耗和采购部分。

非财务透明度不必局限于年报（读者主要是投资者），也可以扩展为便于其他利益相关者浏览的格式，并聚焦于与其特别相关的议题。客户点击瑞典牛仔品牌 Nudie 网站上的产品，可以看到价值链上每一阶段（纱线的纺制、布料染色、仓库存储）的供应商，包括该供应商是否符合全球有机纺织品标准。有时候，你可以读到 Nudie 的供应商审计报告，它甚至深挖到厕所清洁度、工作日程更新及时性等细节。更激进的是，Nudie 主动公开其收到的员工投诉。这虽然可能会使得部分客户因为这些问题放弃购买，但它使其他客户确信 Nudie 有一套员工信任的投诉程序，而且公司致力于了解员工的担忧。

玛莎百货 2017 年 A 计划报告：能源目标及结果

绩效：环境

气候变化和温室气体排放

物流碳足迹（已实现）

目标

　　完成关于本公司端到端物流足迹的碳影响研究，以确定热点，并在 2015 年底公布结果。

　　见 2016 年 A 计划报告

多渠道零售足迹（已实现）

目标

　　到 2016 年，委托开展研究，以更好地了解本公司在英国和国际上多渠道零售业务的碳足迹。利用所得结果制订一套计划，以便到 2020 年提高我们的整体碳效率。

　　见 2016 年 A 计划报告

门店制冷——排放（滞后）

目标

　　到 2020 年，减少 80% 英国和爱尔兰门店制冷气体碳排放。

进度

今年，我们在英国和爱尔兰因制冷和空调造成的碳排放为56 000吨；考虑到门店面积的增加，排放量下降了67%，每1 000平方英尺为3.1吨（2006/2007年为9.4吨）。尽管这代表较去年有了适度进步，但仍落后于计划。

英国和爱尔兰门店制冷和空调排放

（吨/1 000平方英尺）

2006/2007年的实际排放量	2015/2016年的实际排放量	2016/2017年的实际排放量	2020年的目标	较2006/2007年所取得的进展
9.4	3.5	3.1	1.9	−67%

门店制冷——取代HFC（滞后）

目标

到2030年，在英国和爱尔兰所有新制冷系统的安装中使用二氧化碳，取代HFC（氢氟碳化合物）。

进度

37家玛莎百货门店现已拥有不含HFC的"跨临界"制冷系统（二氧化碳基），这是我们现在所有新建门店的标准规格。我们还要继续与消费品论坛合作，开发不含HFC的气体，并将其改装到现有设备中。

位于英国和爱尔兰的玛莎百货门店所用的制冷和空调气体

HCFC（氢氯氟烃）	HFC（氢氟碳化合物）	HFO（氢氟烯烃）	其他天然气体和液体
1%	70%	0%	20%

能源消耗和采购

英国和爱尔兰能源效率（1）（已实现）

目标

到 2015 年，将位于英国和爱尔兰的门店、办事处和配送中心每平方英尺的能源效率提高 35％。

见 2015 年 A 计划报告

英国和爱尔兰能源效率（2）（滞后）

目标

到 2020 年，将位于英国和爱尔兰的门店、办事处和配送中心每平方英尺的能源效率提高 50％。

进度

与 2006/2007 年（57.4 千瓦时/平方英尺）相比，今年，我们的门店、办事处和仓库的总能源效率提高了 39％，达到 35.1 千瓦时/平方英尺。与 2006/2007 年（67.9 千瓦时/平方英尺）相比，门店的能源效率提高了 38％，为 42.3 千瓦时/平方英尺。我们在计算中已将包含的气体用量用标准度日进行了调整，以反映寒冷天数的变化（调整前为 44.2 千瓦时/平方英尺）。这一绩效相比去年略有下降，因为新增了食品销售楼层，这一楼层比服装和家居用品楼层消耗更多的能源。

与 2006/2007 年（26.4 千瓦时/平方英尺）相比，仓库的能源效率提高了 41％，为 15.7 千瓦时/平方英尺。各办事处的能源效率提高了 36％，为 31.8 千瓦时/平方英尺（2006/2007 年是 49.4 千瓦时/平方英尺）。

英国和爱尔兰能源效率

门店、办事处和仓库总能耗（千瓦时/平方英尺）

2006/2007年的实际用量	2015/2016年的实际用量	2016/2017年的实际用量	2020年的目标	较2006/2007年所取得的进展
57.4	34.9	35.1	28.7	－39%

国际能源效率（正在推进）

目标

按照新制定的基准，到2020年，将我们的国际（爱尔兰除外）门店、办事处和配送中心的能源效率提高20%。

进度

去年，我们在英国和爱尔兰之外的16个国家开设了门店，其中包括位于印度的一家合资企业。大约1/3的国际门店使用的能源由当地的一家业主提供，不在我们的控制范围内。我们只列出本公司享有运营控制权的能源和面积。

相较于2013/2014年（27.9千瓦时/平方英尺），2016/2017年我们的能源消耗降低了9%，达到25.5千瓦时/平方英尺。我们国际门店的能源消耗比位于英国及爱尔兰的要低得多，因为前者大多不售卖冷冻食品，并使用由业主提供的暖气和空调。我们有4个国际仓库，它们的主要作用是支持我们在英国的业务。由于仓库使用方式的调整，仓库的能源效率提高了77%。

国际门店（爱尔兰除外）

总能耗（千瓦时/平方英尺）

2013/2014年的实际用量	2015/2016年的实际用量	2016/2017年的实际用量	2020年的目标	较2013/2014年所取得的进展
27.9	27.5	25.5	22.4	－9%

国际仓库

总能耗（千瓦时/平方英尺）

2013/2014 年的实际用量	2015/2016 年的实际用量	2016/2017 年的实际用量	2020 年的目标	较 2013/2014 年所取得的进展
9	6.9	2.1*	7.2	−77%

＊取得这一改进的主要原因是将位于中国香港的一个仓库移出了数据（因为该仓库由多家企业共同使用）。

门店制冷——冰箱门（已实现，但实现滞后）

目标

到 2015 年，我们将尝试改造现有门店的冰箱门，并对其进行全面评估，为未来的推广提出建议。

进度

本年度，我们没有报告更多进展，但计划在 2017/2018 年采取更多提高制冷能效的举措。

可再生电力（正在推进）

目标

到 2020 年，确保玛莎百货在英国及爱尔兰境内运营的门店和办事处所购买的电力来自可再生能源。

进度

今年，我们为英国及爱尔兰境内的门店、办事处和仓库购买的所有电力均来自绿色关税可再生能源或现场发电，或由其他市场设备支持。现在，我们兑现了对 RE100 倡议的承诺，在全球业务中均采用此种做法。

小规模供电（滞后）

目标

到 2020 年，确保玛莎百货在英国及爱尔兰境内运营的建筑中使用的电力有 50％来自小规模可再生能源。

进度

今年，我们通过电力采购合同从小规模发电场采购了约 $2.66×10^8$ 千瓦时电力，相当于我们年使用量的 40％（去年为 22％）。然而，把所有建筑的用电情况整合起来后，我们的合同就达不到 2020 年所要求的总数了。

生物天然气（正在推进）

目标

到 2020 年，确保玛莎百货在英国及爱尔兰境内运营的建筑中使用的天然气有 50％来自经过认证的绿色生物天然气能源。

进度

2016/2017 年，我们购买了 $6.4×10^7$ 千瓦时的生物天然气，相当于年使用量的 27％（前一年为 15％）。按市场报告法，这让我们少排放了 11 700 吨二氧化碳。

运输

燃油效率部分（1）（未完成）

目标

到 2015 年，将英国及爱尔兰境内向各门店配送食品的燃油效率提高 35％。

见 2015 年 A 计划报告

燃油效率部分（2）（正在推进）

目标

伴随物流网络的快速发展，报告物流车队的效率提升情况。

进度

我们一直在寻找新的方法以提高运输车队的整体效率，并更高效地使用它们。为此，我们很难设定目标进行简单的年度比较。我们将继续报告在这方面的绩效。

本年度内，我们将食品门店配送的燃油效率提高了 10%，油耗降低到每个门店 1 436 升（去年为 1 593 升）。原因在于今年采取的一些举措，例如：在同一趟配送中为若干家新开张的玛莎 Simply Food 门店送货。我们的服装和家居店配送的燃油效率无变化，每配送 1 000 件产品消耗 7 升柴油。

总的来说，我们的车队使用了大约 3 100 万升柴油（去年是 3 000 万升），包括为冷藏拖车提供动力的红色柴油。在我们报告的直接排放量中，车队排放了 82 000 吨二氧化碳。

综合报告的好处有很多。一是吸引与企业宗旨一致的投资者和利益相关者。二是许多投资者直接给非财务信息估价，因为他们认识到非财务信息与长期回报有着相关性。2020 年 2 月，英国石油公司宣布到 2050 年实现净零碳足迹计划，该计划宣布后公司股价小幅上涨，这并不吻合投资者只关心短期收益的传统看法。三是可能会让投资者减少对财务信息的强调。劳拉·斯塔克斯（Laura Starks）、帕斯·文卡（Parth Venkat）和祝启飞（Qifei Zhu）发现，ESG 评级较高的企业，如果出现意外亏损，投资者不太可能抛售股票。这表明，投资者认识到对能交出优秀的利益相关者绩效的企业来说，季度收益并没那么重要。

可以说，综合报告的最大作用是激发整体思考。它引发了关于企业宗旨是什么、企业是否正在践行宗旨的对话，从而让员工从利益相关者和投资者影响的角度分析重大决策。如前所述，"监督即所得"。第二章介绍过薯片公司沃克斯通过减少薯片碳足迹，最终让投资者受益。能实现这一点，靠的是沃克斯使用碳标签，让人们能够看到公司的碳足迹，进而激励沃克斯减少碳足迹。《经济学人》指出："标记本身并不重要……重要的是为实现减少碳足迹必须经历的过程。"[21]一如宗旨是企业的目标、利润是实现宗旨的副产品一样，整体思考应该是企业的运营之道，而综合报告是企业运营之道的副产品。

对综合报告的担忧

人们往往以为，综合报告在理论上有可取之处，但实践起来不够现实，因为各企业的非财务指标无法比较。针对不同的企业使用不同的方法，可以汇总得出员工满意度得分。但非财务指标在本质上就无法比较，因为它们建立在企业独特的宗旨之上。就算有两家企业都优先考虑员工，可其中一家兴许强调的是健康和安全，另一家强调的是独立性和挑战性（如网飞）。其实，可比性是分散注意力的东西。彼得·林奇会独立考察每一家门店，根据具体情况从最相关的层面对其加以评估。他需要通过比较来决定投资哪家企业，但这是基于他的总体定性评估，而不是直接对单个指标进行排名。我们在第三章中提到过，人们随时都会根据总体评估（包含了诸多不可比较的维度）做出决定。购房者选择住处，不仅仅会看房子的面积；家长选择学校，不仅仅会看它的升学率；求职者选择工作，不仅仅会看它的薪酬——哪怕所有这些指标都可以进行比较。

此外，如果投资者只注重可比指标，也会产生适得其反的效果，因为如此一来，计算机就更容易取代投资者了——这一点我们在第四章讨论过。为免遭人工智能取代，投资者应该向企业索取不可比的叙述性信息，这类信息只有放在企业宗旨的背景下方可理解，也就是说，相关评估只能由人类完成。

从报告到沟通

报告宗旨是关键的第一步，但沟通宗旨不仅仅限于报告。首先，报告是没有人情味的，而沟通注重人情味。报告通过年报等文件进行，沟通最好是面对面交流——因为大量的沟通是通过非语言途径实现的。投资者可以从会议中收集到比干净整齐的报告多得多的信息，因为人们在会议上的回答发自内心，而且在开会过程中还可以观察企业领导团队的互动。由企业和投资者组成的全球联盟"聚焦长期资本"（Focusing Capital on the Long Term）提供了一份包含 10 个主题的路线图，人们可以围绕这些主题展开对话，从而最大限度地增强对话的有效性。[22]

其次，报告是单向的，但沟通是双向的。企业的成员是做大蛋糕的盟友，但很多时候他们也是未能得到开发的资源。在员工讨论室或网络研讨会上，员工们可以提出问题、给出建议、分享个人经验。同样，领导者也可以在私下会面中向投资者学习。许多企业只在出现紧急状况（如有人发起收购要约、即将举行股东投票等）时才联系投资者，诚然，它们理应这样做。为获得战略和资本配置方面的建议，企业会向顾问支付高额费用，而投资者和利益相关者却乐于免费分享自己的想法，无偿给出意见。此外，投资者和利益相关者与企业有着紧密的利害关系，故此动机一致；而顾问只要完成交易就能获得报酬，哪怕交易会破坏价值。同样，定期与投资者见面是预防激进对抗性股东行动的最佳途径之一。这么做能让企业领导者注意到投资者没有说出口的担忧，并在问题爆发之前加以解决。

从报告转向交流有着可观的价值。如果一家企业收到不满意的收购出价，它通常会被迫采取防御行动，并说明为什么对方出价太低。但在卡夫收购联合利华的时候，联合利华的股东带头采取了防御行动，并迅速回绝了收购要约。这是因为，联合利华在这方面下过功夫，定期与主要投资者会面，向他们解释自己的价值有很大一部分来自可持续生活计划，并让后者评估进展情况。结果，它获得了跟自己相匹配的投资者。不认同其宗旨的股东卖掉了股份；而留下来的股东均认同联合利华的长期愿景，不受卡夫18％的溢价所诱惑。如果联合利华等发生紧急状况才联系投资者，那就太晚了。

股本（或股东资本）常指股东最初向企业投入的资金。但利益相关者资本指的是企业与利益相关者之间关系的价值，而不是利益相关者投入了多少钱。因此，我们提出了"投资者资本"这一术语，并将它定义为企业与投资者之间关系的价值。它不仅是指投资了多少钱，甚至不仅是指投资现值是多少。它包括投资者对企业的宗旨有多认同，是否理解重要的指标，是否愿意参与其中，以确保企业追求卓越。

一项研究证明了为这种关系进行投资带来的好处。在"首席执行官投资者论坛"（由美国战略投资者倡议组织举办，旨在让首席执行官与企业的主要投资者分享长期计划）上发表演讲后，企业的股价平均上涨2％。如果企业围绕宗旨披露具体的可操作性信息，则投资者的反应尤其积极。[23]

宗旨议事表决权

让投资者在宗旨问题上享有议事表决权和相应的投票权（在欧盟，投资者对高管薪酬享有两段式的"建议性"投票权，两者有相似之处）①，是改善投资者沟通的一种方法。企业发布宗旨宣言，阐明自己可能会采用哪些原则进行权衡取舍：投资者和利益相关者之间的权衡取舍（如：牺牲利润，减少碳排放），不同利益相关者之间的权衡取舍（去碳化可能导致员工冗余）。每隔三年，投资者将对这一宣言进行一轮"政策投票"，以表明自己是否接受该宣言，以及该宣言暗含什么样的权衡取舍。如果投资者不同意企业的优先选择，他会投出反对票；如果宗旨太过模糊，对企业采取何种立场并无指导作用，他会弃权。每年，投资者还将进行一轮"实施投票"，以说明自己对宣言的实施情况是否满意。这两项投票仅具有建议的性质，但有意义的反对立场将向企业领导者表明：企业偏离了轨道，投资者有可能抛售股票，或要求变更管理层。[24]

政策投票的力量在于，它明确地指导领导者该怎样做出涉及权衡取舍的决策，同时也让决策获得投资者的支持。尤其重要的是，领导者能知道自己是否有理由选择图2.2中的B策略（也即蛋糕做得更大，但投资者所占的份额变小了）。经济学家奥利弗·哈特和路易吉·津加莱斯提议，投资者应对企业的重大决策进行投票，从而对因该决策产

① 这是我和普华永道前合伙人汤姆·高斯林（Tom Gosling）提出的一种设想。2020年12月，《华尔街日报》发表的文章《如何让股东在企业社会责任方面获得议事表决权》，对此进行了报道。

生的外部性表达自己的看法。[25]宗旨议事表决权保留了董事会的决策权，以更实际的方式达到了同一目的。企业必须及时做出决策，但沟通外部性的相关信息以指导投资者投票可能很耗费时间，还可能会泄密——说不定会有竞争对手趁此机会径直采取行动；此外，投资者兴许也没有能力每年对多项决策进行有意义的投票。

实施投票的力量在于，它要求企业对实现宗旨负责。和综合报告一样，重要的不只是结果（也即投票本身），为实现结果所必然经历的过程也很重要。为进行有意义的投票，投资者需要深入审查一家企业的长期价值和利益相关者关系。这反过来又会反馈到管理层决策中。知道股东将评估长期绩效，领导者将获得做出长期选择的信心。这样一来，宗旨议事表决权会让投资者和管理层之间的对话变得丰富，从而实现我们所倡导的双向沟通。

在大多数国家，投资者已经拥有了薪酬议事表决权，但宗旨远比薪酬政策重要。糟糕的薪酬政策可能会让企业变得糟糕，但再好的薪酬政策也不能让它变得伟大。可宗旨能让企业变得伟大。宗旨议事表决权能让投资者就企业对社会最重要的方面进行投票。接着，哪怕现任首席执行官离职，投资者也将帮忙确保宗旨继续在企业扎根。

或许有人会担忧，宗旨议事表决权若新增加一轮投票，将分散投资者资源，占用他们的实际参与时间。但投票不会牺牲参与，而是会增强参与，因为投资者将获得更多的信息，只参与长期议题。必须深入了解企业的实际情况，这有助于防止主动型基金变得过于分散。它们必须真正地发挥主动精神，对少数企业集中持仓，这样才能有意义地进行投票。

总的来说，宗旨议事表决权提供了一条途径——在保留投资者问责的同时，正当合理地考虑股东价值以外的因素，让企业与投资者之间的对话超越短期利润的范畴。重要的是，宗旨议事表决权可以由企业自己发起，无须监管机构干预。例如，联合利华认为气候变化计划是其宗旨的关键组成部分。因此，2020 年 12 月，它宣布将在 2021 年 5 月的年度股东大会上就该计划进行投资者投票，从 2022 年开始每年报告计划的进展情况，每 3 年就任何实质性变化进行投票。

植入宗旨

宗旨宣言必须转化为行动，否则就毫无意义。这里，我们讨论将宗旨植入企业的五条途径——战略、运营模式、内部报告、文化和董事会的主人翁意识。

战略

企业的宗旨应塑造它所参与的活动，有时甚至会引发一些就连长期股东价值也无法证实其合理性的决策。户外服装企业巴塔哥尼亚的宗旨是环境更新，它在宣言中强调："巴塔哥尼亚致力于拯救我们的地球家园。"这不仅仅是充满雄心壮志的话语而已。2011 年在美国最盛大的购物日"黑色星期五"这天，该公司在《纽约时报》上刊登了一整版广告，广告图片是一件巴塔哥尼亚羊毛衫，文案是"别买这件衣服"。这则广告宣传的是巴塔哥尼亚的"共同针线倡议"，鼓励消费者修补衣物、重复使用，而不是频繁购买新衣物。通过该倡议，该公司在 18 个月内修补了 3 万多件衣物——最终却并未牺牲销售量。2012 年，它的销售增长了 30％。2017 年，巴塔哥尼亚创建了二手服装在线市场，虽说此举会减少新产品的销售。类似地，我们之前看到过，CVS 不仅更名为 CVS Health，还做出了停止销售香烟的战略性决策；

巴克莱银行关闭了其避税部门。

有望通过战略建立信誉，是我们早前提倡的有针对性的宗旨的另一项优势。对于利益相关者来说，检验有针对性的宗旨宣言是否付诸实施比检验什么都想做的模糊宣言更容易，因为后者几乎可以向任何战略靠拢。

运营模式

植入宗旨的第二种方法是让运营模式（企业怎样运营其核心业务）与之保持一致。英国超市特易购将其核心宗旨定义为"为客户创造价值，赢得他们的终身忠诚"，为此，它需要确保自己的流程坚决以客户为导向。它已经有高达90％的产品上架效率，但仍不足以实现"终身忠诚"这样的远大理想。为此，它重新设计了流程，保证客户总能在有需要的时候买到自己想要的产品。① 同样，它承诺所有的门店都会有"一位帮助我的经理"，只是还没有一个能兑现这一承诺的管理或培训体系。为此，它简化了门店的日常工作，削减了组织层级，让经理们能自由地为客户服务，不用花时间应付毫无必要的汇报。它还启动了一项重要的领导力发展计划。

你或许认为，不光宗旨明确的企业应该具备兼具高效流程和高效

---

① 举一个改进流程的例子：之前，牛奶首先被放到装瓶厂的托盘上，用塑料袋包装，然后装上卡车，再运到商店。送到店里后，会拆掉塑料袋，从托盘上取下，放进箱子里，再运到卖场。特易购积极向员工征求意见后，取消了这一低效流程。现在，直接在装瓶厂就把牛奶放到箱子里。装瓶厂把牛奶箱推上卡车，送到卖场直接卖掉。这大大缩短了供应链，提高了产品供应水平，并节省了劳动力和包装成本。此外，特易购是英国最早投资购买店内库存控制人员手持电脑的零售商之一。这提高了库存控制的准确性，故此也提高了产品供应水平。员工不必再清点产品，能把时间用到更有意义的工作上。

管理培训的运营模式，任何一家优秀的企业都应具备这一特征。只要能大致估算出收益，开明股东价值同样提倡改进流程、提高管理人员的技能。但所有企业都面临着权衡取舍。就算是最优秀的企业，其运营模式也有许多方面可加以改进。对运营模式的调整，需要优先找出最迫切需要改进以便将宗旨付诸实施的维度——这再次凸显出宗旨需要有针对性。

内部报告

领导者应确保同时在企业内外进行综合报告。这需要收集丰富的信息，了解员工、团队和项目在与宗旨相关的维度上绩效如何。这类信息的用途之一是绩效评估。有时，首席执行官就宗旨发表了动员演讲，而其他高管却对团队说：别管它，要专注于部门的财务目标。联合利华的苏·加勒德对我说，这样的高管是"黏土层"，它妨碍了宗旨在整个企业内部流动，就像黏土阻碍水的流动一样。他们并不是故意要破坏宗旨的贯彻，而是组织对他们采用的评估体系出了问题。一家专业服务企业邀请我到其宗旨会议上发表演讲，但在该企业的简报中，最重要的指标仍然是每名合伙人的短期利润。相比之下，玛莎百货在推出 A 计划时，使用"平衡计分卡"来评估业务部门和门店经理。平衡计分卡上既有传统的财务指标，也有为 A 计划的稳步推进而量身定制的非财务指标。①

---

　　①　我们在第五章提出的建议是，应该主要基于长期股票回报而不是其他因素来确定首席执行官的奖励。这跟此处所说的内容如何保持一致呢？首席执行官对整个企业负责，而长期股票回报是一个全面的指标，它包含了利益相关者价值等多个维度。单个部门没有独立的股价，任何一项指标（如部门利润）都极不完整。此外，首席执行官可能更富有，因此更能够接受报酬推迟多年才兑现。

内部综合报告不仅便于上级评估员工，还可以让员工进行自我评估，了解自己的绩效如何，从而做出更明智的决定。这需要将企业层面的大目标分解得足够细，员工方可对其施加影响。玛莎百货公布了自己的温室气体排放总量，并按地区、活动（如制冷与供暖）和部门（如食品与服装）进行了拆分。但就算这样，目标仍不够细化，无法据此指导或管理一家门店的员工的行为。为此，玛莎百货开始跟踪组织内部各门店的信息。它不光测量排放量，还测量排放活动（如电、气和制冷），因为员工可对后者直接进行控制。类似地，许多企业会对外报告员工满意度得分，但管理人员无法光凭得分（比如 73%）在满意度问题上加以改善。员工满意度具体层面上的信息既繁杂也滞后，但这样的信息才更具参考价值，便于管理人员根据它们制订具体的改进计划。

内部报告较外部报告更深入的另一点在于它可提供领先指标和滞后指标。我们之前讨论了外部报告中的数字大多是回顾性的，聚焦于已经实现的结果。领先指标有助于员工预测结果，并据此采取行动。例如，员工流失率是一项关键的滞后指标，却可以根据迟到、旷工和绩效等领先指标来加以预测。一家企业应该对内监督此类指标，但兴许并不愿意对外披露它们——有时是因为这些指标有着商业敏感性，有时是因为外部人士脱离企业背景很难解读它们。信息披露可能会导致外部人士的过度关注，反过来助长企业内部的操纵行为。例如，如果投资者使用迟到率和旷工率来评估一家企业，那么该企业便可能会通过惩罚此类行为来争取减小这些数字。因此，前瞻性信息主要以叙述形式向外界披露。

文化

植入宗旨的第四种方法是让企业文化与之保持一致。宗旨关注的
是企业为什么存在，为什么人提供服务；而文化关注的是企业的运作
方式——简单地说，就是"我们是怎样做事的"。文化是确保宗旨渗透
到整个企业的关键。想一想克劳丁·加滕伯格及其合著者所做的研究，
他们记录了在员工眼里有明确宗旨的企业的强劲绩效。两者之间的联
系由中层（而非高层）管理者的感知所推动，可能是因为中层管理者
对确保宗旨转化为日常行为尤其重要。这突出了宗旨宣言具有针对性
带来的另一个好处：它越简单，在组织内传递时因为阐释而遗漏信息
的概率就越小。

为恪守宗旨，企业必须推广正确的文化。但并没有哪种文化是放
之四海而皆准的；相反，文化必须与企业的宗旨紧密契合。例如，利
洁时的宗旨是以创新为优先考量（"通过我们的产品创新，创造更健康
的生活、更幸福的家庭"），那么，用强调自主权、奖励承担风险、容
忍建设性失败的文化来支持它，就是非常适宜的。相比之下，优先考
虑成本的宗旨（如沃尔玛的"为人们省钱，让他们生活得更好"）就应
辅之以强调效率、清晰界定工作角色的文化。

领导者通过战略选择和自己的行为来塑造文化，但单枪匹马无法
改变文化。因此，一些企业要求选定员工开展基层文化变革。生物科
技公司诺和诺德构建了一套文化原则，名叫"诺和诺德之路"，以支持
其"推动变革，战胜糖尿病和其他严重慢性疾病"的宗旨。诺和诺德
有一支"协调员"团队，负责走访各业务单位，帮助它们实施诺和诺
德之路。该团队观察具体业务单位的行动，采访经理和员工，审查其
政策，然后向企业领导层报告。法国个人护理公司欧莱雅制定了四项

道德准则，以支持其"化妆品创新，为了所有人"的宗旨①，还拥有一个由75名道德特派员组成的网络，该网络负责将这些道德准则植入公司上下和位于各个国家的分公司。这75名道德特派员根据各地风俗习惯调整这些准则，确保员工接受道德行为培训，并充当道德质询顾问。[26]

　　塑造企业文化的另一种方法是雇用与企业文化高度契合的员工。回想一下，巴塔哥尼亚的宗旨是"拯救我们的地球家园"。创始人兼首席执行官伊冯·乔伊纳德（Yvon Chouinard）解释说："每当我们出现职位空缺，不管这份工作具体是什么，在同等条件下，我们会雇用那些致力于拯救地球的人。"鞋类制造商美捷步（Zappos）向新员工提供为期一个月的培训，其中包括对企业价值观的入职介绍，如果新员工不认同企业价值观，企业会提供2 000美元的主动离职金（2009年亚马逊收购了扎波斯，随后采用类似的做法）。西南航空公司的联合创始人赫伯·凯莱赫（Herb Kelleher）在招聘时将文化契合度置于经验和教育水平之上，这体现在他的座右铭里："根据态度决定招聘，根据技能提供培训。"

董事会的主人翁意识

　　最后，植入宗旨要求董事会具备主人翁意识。卢西安·贝布查克和罗伯托·塔拉里塔（Roberto Tallarita）发现，在签署了商业圆桌会议声明的领导者中，只有2%的人将其提交给了董事会。考虑到企业的重大决策需要董事会的批准，这表明首席执行官们大多并不希望签

---

　　① 例如，这些道德准则中有一条是勇气，它支持创新的宗旨。另一条是透明，这对一家以服务公众为目标的企业来说尤为重要。

署这份声明后改变自己对企业的管理方式。[27]相比之下，在股拓创投（EQT Ventures）等其他机构，整个董事会都签署了宗旨宣言。

有些评论人士建议董事会设立以宗旨为专责的委员会。2014 年《哈佛商业评论》上的一篇文章称，只有 10％的美国上市公司设有专门负责宗旨的董事委员会，并认为这种做法应加以推广。[28]2020 年欧盟委员会关于可持续公司治理的研究报告提议设立一个新的董事会角色——首席价值官。但宗旨应该是整个董事会的正式职责——它是企业业务的基础，而不是一项能委托给任一委员会的附属活动。每一名董事会成员都应该关注企业长期价值，充当首席价值官。

为了形成对宗旨的主人翁意识，董事会必须以此为基础做出决定。例如，它可能要求管理层解释所有提交审批的重大决策（如并购交易、战略计划或资本支出提案）跟企业的宗旨为何是一致的。同样，董事会通常每年花两天时间讨论和通过战略，这些会议同样应以宗旨为基础。董事会还可以确保企业的非财务目标符合宗旨，所含暗的雄心与宗旨相称；同时，监督企业是否实现了这些目标。考虑到企业的比较优势和社会面临的挑战，董事会还可以每隔 3～5 年评估企业的宗旨是否切合社会现实情况。

董事会怎样监督宗旨的实现呢？提交给董事会的文件将包含数字和叙述。但一如沟通不仅仅是报告，监督也不仅仅是阅读报告。英国财务报告委员会建议非执行董事"下基层"去真正了解一家企业。[29]目前，英国和美国都有人提议让员工进入董事会，一些欧洲国家已经采用了这种做法。但更有效的方法是让董事会成员加入员工队伍——让董事们到企业里待上一段时间，通过有组织的实地考察，亲自听取员工的意见。我曾在伦敦商学院理事委员会（相当于学院的董事会）担任了 3 年教员代表（大致类似于工人董事）。[30]尽管我试图与金融系之外的教员以及非学术工作人员交谈，但我无法准确地向理事委员会表达他们的观点（对比之下，我可以准确地代为表达金融系其他教员的意见）。因此，在一个理事委员会成员的外出日，一位同事请外部理事在校园里多待些时间，感受伦敦商学院的"气息"，听取更广泛的员工和学生群体的声音。

虽然宗旨应当是全体董事的责任，但委员会在监督宗旨的具体层面上是有用的。大多数董事会只关注股东价值，因此设有专门负责薪酬、董事提名、风险和审计的委员会。后两者是为下行保护（也即防止投资价值下降）而设计的。蛋糕经济学强调创造上行价值的重要性，因此，设立创新委员会对一些企业来说可能很有价值。此外，在企业决定了为"什么人"服务之后，可以设立委员会负责关键利益相关者事宜，如人力资本委员会或环境委员会——如若不然，就应将这些议题作为全体董事的重大议程事项。最高层定下基调，有助于确保宗旨在整个组织中得以贯彻。

将利益相关者视为合作伙伴

开明股东价值将利益相关者视为达成目的的一种手段——企业只在能够计算出（至少是大致计算出）对未来利润的影响的时候，才会对利益相关者进行投资。相比之下，做大蛋糕的企业承认自己与利益相关者存在长期的双向关系。利益相关者是企业的合作伙伴，而非生产要素——两者是休戚相关的。这种认识从双重维度上改变双方的关系。首先，企业不再仅仅把客户、员工和供应商分别看作收入、劳动力和原材料投入的来源，而是将其看作践行企业宗旨的创意来源与合作者。其次，企业不仅从利益相关者身上索取（借此获得收入、劳动力和原材料投入），还努力在契约义务之外为其提供长期价值。

这就凸显了宗旨既关注"为什么"也关注"什么人"的重要性。企业是一张人际关系网，而不仅仅是一张契约网，而人际关系网必然需要培育与发展。本节讨论的是与利益相关者建立合作关系需采用什么样的方法。简洁起见，我们在介绍相应原则时把重点放在员工身上，不再一一列举其余利益相关者。

关于怎样管理人，市面上已经有许多颇具影响力的书籍，所以我并不以写一本面面俱到的百科全书为目标。相反，我们将重点关注蛋糕经济学为领导者领导员工队伍给出了什么样的指导意见。我们会把蛋糕经济学的三条原则应用到员工身上，其中每一条都暗示了态度上的转变。第一条原则是通过给予员工自主权，不仅要避免胡作非为之过，更要避免疏忽不作为之过——这是赋权态度。第二条是哪怕与利润的关系并不清楚，也要对员工进行投资——这是投资态度。第三条是与员工分享做大蛋糕的好处——这是奖励态度。（如前所述，这些原则也适用于其他利益相关者——企业可以通过积极寻求客户的反馈来为客户赋权；确保自己的产品能改善客户的长期福祉；和客户分享成功带来的好处，而不是竭尽所能从客户身上榨取高价。）

这三条原则不仅与蛋糕经济学密切相关，也跟"最佳企业"调查的衡量标准密切相关（我们从第四章中可以看到，该调查与长期绩效挂钩）。回想一下，该调查衡量的是员工对诚信、公平、尊重、自豪和同事情谊的看法。这些看法在一定程度上反映了领导者是否表现出了赋权、投资和奖励态度。让我们来看看表 8.2 中的问题示例：

表 8.2　相关问题示例

诚信	这里的员工肩负了许多责任
公平	我感觉自己从组织实现的利润中分到了公平的一份
尊重	我获得了培训机会，我实现了职业道路上的进一步发展
自豪	我的工作有着特殊的意义，它不"只是一份工作"
同事情谊	这里的人彼此关心

这些问题示例突出了一点：提高员工满意度需要态度上的转变，而不光是花钱，故此它难以复制。现在，让我们来看看这种竞争优势的基础是什么。

赋权态度

赋权态度将员工视为创意、灵感和创新的源泉。未能打通这一源头，属于疏忽不作为之过，可惜传统管理实践建立在避免胡作非为之过上。

亨利·福特（Henry Ford）是历史上公认的一位最具创造力的企业领导者。人们经常引用的一句关于创新的话据说就来自他："如果我问人们想要什么，他们会说想要更快的马。"这个例子强调了发现问题（而不光是解决问题）的重要性。汽车并不是他发明的，但他将装配线引入制造流程，开发出第一款美国中产阶级买得起的汽车（T 型车）。

装配线的设想以弗雷德里克·泰勒（Frederick Taylor）于 1911 年出版的《科学管理原理》（*Principles of Scientific Management*）为基础。[31]泰勒认为基层工人有两个特点：首先，他们不愿付出努力，故此如果没人监督，他们就会偷懒。其次，他们不聪明，无法独立思考。泰勒曾这样生动描述过伯利恒钢铁公司生铁搬运工施密特[32]：

现在，要让一个人把搬运生铁作为正式职业，对他最首要的要求就是他必须有着相当程度的愚蠢和冷漠，在心智构成上比其他任何类型的人都更像是一头牛……他笨到无法理解"百分比"这个词，故此必须由一个比他聪明的人对他加以训练，敦促他养成符合这一科学原理的工作习惯，他才能实现成功。

泰勒认为，执行任何任务都有一种最佳方法，因此领导者有两种责任。第一是通过科学实验找到这一最佳方法——量化一次要搬运多少生铁、休息多长时间。第二是确保工人遵循这一最佳方法。泰勒告诉施密特：

明天，从早到晚，你都要严格按照这个人说的去做。如果他让你抱起生铁就走，你就抱起它走；他让你坐下休息，你就坐下。你明天一整天都要这么做。而且，不得顶嘴。

泰勒承认这是"相当粗鲁的言论"，但对"像施密特这般心智迟钝的人"来说，这是"合适的，也并非不友好"。而且，这种领导方式是有效的，至少在短期内对常规工作是有效的——它让施密特的生铁搬运量从每天的12吨增长为原来的近4倍，达到每天47吨。

泰勒为装配线提供了设计灵感。装配线迫使员工跟上生产节奏，将劳动分工发挥到了极致——工人无须思考，机械地重复一组简单的任务。虽然现代的工作环境不再如此极端，但科学管理的元素仍然存在，意在防止偷懒或犯错等胡作非为之过。[1]

防止员工偷懒的愿望，基于如下假设：员工天生就不愿工作。因此，优秀的管理包括创造长时间工作的文化、用目标来束缚员工，从而尽可能多地压榨员工。一如泰勒给施密特定下的生铁搬运目标，富国银行也给自己的员工下达了每日销售目标，凡是没能达标的部分会计入次日的目标。该银行的首席执行官约翰·斯坦普夫（John Stumpf）提出要"力争卖到八"，鼓励员工向每位客户销售至少八种产品，不管客户需不需要。为什么是"八"呢？不是因为有什么分析显示八种产品可改善客户福祉，而仅仅是因为"八跟'发'押韵"[33][2]。

避免员工犯错的愿望，基于如下假设：就算员工不偷懒，也缺乏自己做出正确决定的专业知识。这种假设导致了微管理和等级制度，因为无法挖掘出员工的技能和知识，可能会犯下疏忽不作为之过。我在投资银行工作的第二年，一位我服务了好几个月的客户请我帮忙调查美国的一种情况。我打电话询问一位美国合伙人（我是分析师，他的级别比我高），对方告诉我，我最该问的，也是与此最相关的人是美国执行董事杰夫。合伙人建议我"你应该给杰夫打电话"，接着又改口说"你应该让你的上级合伙人给杰夫打电话"。这句话的潜台词是担心我资历太浅，只是个分析师，无法跟执行董事交谈。或许我的级别暗示我没法做出清晰的表达，会浪费杰夫的时间（这属于胡作非为之过）。尽管只有我知道客户的需求，以及他为什么对美国的那种情况感

---

[1] 有人可能会问，为什么偷懒明明是逃避工作，却并未将其归为"疏忽不作为之过"这一类呢？本书中的"疏忽不作为之过"指的是未能提出新的设想，而不是未能执行常规任务。

[2] 此处"力争卖到八"的原文是"Going for Great-Eight"，"Great"和"Eight"押韵。——译者注

兴趣，但等级制度仍要求我向我的上级合伙人汇报，再由我的上级合伙人打电话给杰夫，接着再转告我——既浪费合伙人的时间，也使得信息有可能在转述中丢失。（最后，我还是自己给杰夫打了电话，他帮了我很大的忙。）

相比之下，赋权态度主张你不需要通过严密监督来避免胡作非为之过。由于每个人都有"探索系统"（社会心理学家用这个概念来形容人探索和创造的内在渴望），员工天生就有努力工作的动力。[34]事实上，新冠肺炎疫情期间在家远程办公的转变趋势说明，无须严密监督，员工仍有动力做出贡献。他们同样具备专业知识和基层信息，可以提出实现目标的最佳方式。当今领导者面临的挑战是激活和引导这些探索系统。

二战后，日本经济大获成功，赋权是背后的关键支柱。在福特汽车公司的装配线上，工厂工人执行上级指派的任务，然后由上级检查最终产品的质量。与此形成对照的是，丰田等日本企业采用"安灯"制度，工厂工人对质量负责，一旦发现瑕疵品，就有权停止生产。一盏闪烁的灯会发出求助信号（故此得名"Andon"，在日语中有"纸灯笼"的意思）。这是一种根本性的态度转变，因为此前叫停生产被视为管理层的职责。由于最接近生产一线的人能够为创新做出贡献，日本工厂成为持续改进的中心。我到东京的丰田工厂参观时，丰田员工自豪地指出生产流程中每一个经工人指出加以改进的点。

如今，这种态度得到了许多西方企业的认同。在一定程度上，"最佳企业"调查中的问题"这里的员工肩负了许多责任"便反映了这种态度。例如，啤酒企业新比利时的联合创始人金·乔丹（Kim Jordan）这样介绍公司的做法："我们有高度参与的文化。每个人都知道钱花到哪里去了，我们期待每个人都参与构建战略。它创造了一种环境，不仅有培养新人的透明度，还带来一种'我们在一起'的共同感觉。"我们在第三章讨论过新比利时怎样承认自己对环境的影响。该公司发起了一项名为"聪明点子"的众包计划，向员工征求怎样减少对环境的影响的创意。其中一个创意是取消纸板箱里用来分隔瓶子的纸隔板。这救下了数百棵树，每年还会节省 100 万美元的原材料成本。这还有一些间接的好处。它加快了生产速度（此前在包装阶段，用纸隔板会降低生产速度）。纸板箱更小意味着卡车可以装下更多箱子，降低运输的燃料成本和碳排放。[35] 这个例子不仅体现了赋权的价值，也体现了蛋糕经济学的原则——采取有利于环境的行动，最终造福投资者。

赋权还包括容忍错误，以避免疏忽不作为之过。第五章中的巴特·白克让公司的经理们推行新创意，无须审批。新举措失败的风险固然很大，但这样的失败比扼杀创新所付出的代价要小。金融软件公司 Intuit 和大型综合企业塔塔集团在容忍错误方面走得更远——哪怕创意最终失败，但只要提供了宝贵的经验，公司也会颁发奖励以示庆祝。

大量的证据支持这些例子所暗含的启示。斯科特·塞伯特（Scott Seibert）、王刚（Gang Wang）和斯蒂芬·考特莱特（Stephen Courtright）对 142 项研究进行元分析后发现，个人赋权与更高的绩效在若干维度——常规任务、"组织公民行为"（超越常规职责的举动）和创新上都存在相关性。他们同样发现，团队赋权与明显更高的团队绩效相关。

不过，虽然赋权能够释放未开发的潜力，但也不应不受约束，而是应通过宗旨和培训对赋权进行有效指导。推动微管理和等级制度或许不在于预先假设员工懒惰——哪怕他们很勤奋，其努力也能被错误地引导到非实质性议题上。这就是宗旨有力量的原因——调查问题"我的工作有着特殊的意义，它不'只是一份工作'"部分体现了宗旨的力量。如果员工受到宗旨的鼓舞，哪怕松开枷锁，他们也会为企业做出贡献；如果宗旨具有针对性，并且明确了优先级，他们就会知道该把精力放在哪里。引用法国作家安东尼·德·圣-埃克苏佩里（Antoine de Saint-Exupéry）的话："如果你想造一艘船，你要做的不是让人们去寻找木材、分配工作、下达命令。你要教他们向往无边无际的大海。"[36]实际上，我们在前文就讨论过，克劳丁·加滕伯格及其合著者证明了强大而清晰的宗旨带来的好处，不光要让高层领导者感知到宗旨，更要让中层管理者感知到。

另一种确保员工充分利用自主权的方法是不断对其技能进行投资。接下来，我们便要转到投资态度上。

投资态度

投资态度旨在提高员工的技能和增加员工的福祉，不仅因为这能让员工变得更有效率，还因为你关心他这个人。这种态度部分地通过调查问题"这里的人彼此关心"来加以衡量。

诺贝尔经济学奖得主加里·贝克尔（Gary Becker）的经典经济学模型认为，企业只应投资于组织所特有的、仅在组织内部有价值的培训，比如怎样使用其数据库。[37]如果企业投资于员工的一般技能（对其他潜在雇主同样具有价值），员工就能获得更高的薪酬——他的生产力提高使他自己获益，但企业未能获益。此类经济学模型不仅是抽象的理论，还影响着实践。大多数一般教育的出资者，不是雇主，而是政府（如公立学校）、员工自己（如工商管理硕士学位[38]）或两者的结合（如公立大学）。

但投资态度无法计算培训是仅适合企业特定技能还是也适合一般技能，也无法计算企业可获得多少收益。事实上，调查问题"我获得了培训机会，我实现了职业道路上的进一步发展"也并未进行此类区分。投资态度认为，企业有责任培养员工的技能，不仅增加他们对当前企业的价值，也提高他们将来的就业能力（如果员工离开当前企业的话）。艾米·戈德斯坦（Amy Goldstein）在《简斯维尔》（*Janesville*）中讲述了2009 年通用汽车公司关闭位于威斯康星州简斯维尔的工厂，导致当地长期失业，对整个城市造成了沉重打击。[39] 由于通用汽车公司专注于培养员工的专门技能，再培训的努力基本上没有成效。许多人不知道怎样使用电脑，无法参加当地技术学院提供的课程。

这里举一个事关投资态度的例子。2016 年 8 月，渣打银行新加坡办事处推出了 Skills－Future@sc 项目，为员工提供带薪学习假期并免除学费，让他们从银行出资的 50 门课程中任选其一。该项目特别针对那些因技术变化而面临风险的员工，不仅提供技术培训，还提供不太可能遭到取代的人类技能（如客户互动）。此外，对技能进行投资不见得总是需要财务支出或正式项目，而是需要指导和赋权等管理实践。我们已经讨论了怎样利用赋权调动员工的主动性；另一个好处是，赋权给了员工提升的机会，对其未来的潜力进行投资。

在前文，我们称投资提高员工的技能和增加员工的福祉。对实体资产来说，投资可以增强其最大性能——例如，升级信息技术系统，它便可以处理更多数据。对员工来说，投资同样可以通过提升其技能，发挥其最大潜力。然而，许多员工由于心理或身体健康状况不佳，工作时无法发挥潜力。因此，对员工来说，投资不仅涉及提高他们的潜力，还包括帮助他们发掘现有的潜力。

2015 年，瑞银财富管理（UBS Wealth Management）的领导者意识到，公司苛刻的文化可能正在伤害员工。因此，他们发起了"健康事关重大"倡议（Health Matters Initiative），并请克劳迪娅·欧肯

(Claudia Oeken)来领导。担任该职务期间,欧肯组织了多项旨在改善身体健康的重大活动,比如"100天100万步"倡议,鼓励员工组队每人每天走10 000步,他们每走一步都可让公司捐出一笔慈善款项。凯瑟琳·贝克尔(Katherine Baicker)、戴维·卡特勒(David Cutler)和宋子睿(Zirui Song)做了一项元分析,量化了这些举措的收益,发现在福祉项目上每支出100万美元,和医疗成本下降3.27美元、缺勤成本下降2.73美元存在相关性。[40]

我们讨论了投资态度会怎样考虑员工培训的收益(哪怕企业并未获得这些收益)。同样,投资态度也会考虑员工额外工作带来的成本,即使企业不需要支付相应的加班费。这与自由支配态度(老板认为下属的时间是自己的,可以随意自由支配,不考虑员工付出的时间成本,只是想着"万一"加班有用)形成了鲜明的对比。老板可能会要求在报告的附录部分进行多重分析,以防客户提出技术问题。我们在第三章解释过,如果企业的行为收益小于社会机会成本而非私人机会成本,蛋糕就会变小。企业往往不会为员工的时间付出私人成本,但员工的时间有着相当大的社会成本,因为员工本可以将这些时间用于休闲。企业在支配员工工作时忽视了这一社会成本会让蛋糕变小。

这一考量意味着应从两个方面扩展福祉倡议。首先,从关注身体健康扩展到关注心理健康。人们早就认识到身体健康的重要性,但直到最近企业和社会才认识到心理健康的重要性,因为自由支配态度严重损害了员工的心理健康。乔尔·高(Joel Goh)、杰弗瑞·菲佛(Jeffrey Pfeffer)和斯特凡诺·齐尼奥斯(Stefanos Zenios)估计,在美国,工作压力每年额外导致12万人死亡,并使医疗成本增加1 900亿美元——最终,这将由企业自己承担(支付更高的保险费用)。[41]新冠肺炎疫情期间,大多数员工在家办公,心理健康尤其重要。在家办公模糊了家里和办公室之间的界限，因为一些上级认为自己可以在任何时候呼叫下属。对独居的员工来说，在家办公切断了人际互动的主要来源。

其次，福祉倡议应从一次性项目扩展为持续的文化变革。除了重大活动，欧肯还不断向员工传授精力和压力管理知识，也向经理们强调让员工拥有晚上和周末时间十分关键。从自由支配员工的时间到对员工进行投资，往往涉及极大的态度转变。领导者自己处在下属的位置时，上级随意支配他的时间，所以现在他也对下属的时间持有同样的看法——他甚至可能将随时待命视为晋升的必经之路。这就是为什么员工满意度可以变成一种难以复制的差异化竞争因素——它要求实现重大的文化变革，而不是简单地花钱。

欧肯告诉我，衡量一项倡议取得了多大成效是她面临的主要挑战，因为没办法知道如果没有这项倡议会出现多少天的病假或倦怠。事实上，凯瑟琳·贝克尔及其合著者的元分析并没有建立起强有力的因果关系，因为收益也可能是其他因素（如改变管理实践）带来的。这凸显了投资态度（对员工进行投资，哪怕未经计算）的重要性。一旦员工从事的工作对身体产生危害，企业就能意识到安全很重要。"深水地平线"钻井平台爆炸事故发生后，英国石油公司将工伤问题列为战略优先事项。在这方面进行计算比较容易。由于工伤往往是由企业的工作条件引起的，所以改善工作条件便可降低工伤率。

但工作场所安全远远超越了自由支配态度和长时间工作的文化所造成的身体疾病与精神倦怠。员工出现身体或精神不适，我们不知道这是由于工作场所因素还是工作以外的因素。但这对秉持投资态度的企业来说并不重要——它会努力提供一个健康、安全、令人满意的工作环境，哪怕收益无法量化。

奖励态度

奖励态度事关与员工分享做大蛋糕带来的收益。最明显的方法是向员工提供股权（财务所有权），正如第五章中的建议。基于理性经济主体的传统经济学理论认为，普通员工永远不应该获得股票。他对公司的股价几乎不产生影响，所以股权也不会让他更努力工作。但人类的行为并不仅仅建立在经济成本收益分析的基础上。给员工股权就是把他当作公司的合伙伙伴，他理应分享公司的成功。调查问题"我感觉自己从组织实现的利润中分到了公平的一份"，在一定程度上反映了这一点。

和投资一样，奖励员工不仅仅涉及金钱。员工在探索系统的推动下渴望做出贡献。因此，通过让员工对任务产生主人翁意识——对任务负责，有时甚至是无条件地负责——奖励态度涉及分享做大蛋糕的内在收益和经济收益。如前所述，任务主人翁意识带来的好处之一是赋权，好处之二是员工完成任务时的成就感。有时，上级可能会想要重写下级提交的部分文件。这些改动兴许会带来真正的改进，但很小。反过来说，下级为最终产品承担全部责任所带来的奖励，超过了照常使用原稿不做任何更改带来的小小成本。

我在摩根士丹利的第二年，执行董事威廉常常直接和我一起工作，不再经另一名合伙人或副总裁传达。通常，撰写报告的执行摘要是高级银行家的特权。但我并未把这一页空出，从而方便他在阅读报告其他部分时填写，而是大胆地自己动手写。最初的几次，他会给出一些重大的修改建议——不仅修改提交给客户的报告，也对我进行指导。我从这些修改中汲取了经验教训，慢慢地进步了。我还记得第一次看到回到我手中的执行摘要完全没有改动，给我带来了多大的成就感。

几乎可以肯定的是，威廉本可提出一些渐进式改进，但他没有这么做。这给最终产品带来的成本很小，但对我的奖励却意义重大，而且事隔20年仍那么清晰。

本章小结

• 企业做大蛋糕的主要途径是追求卓越。服务社会不仅仅是采取明确的"服务"行动。通过在特定角色上追求卓越（不管它对利益相关者是否有直接的影响），几乎所有的企业和员工都对社会做出了重大贡献。

• 宗旨是企业存在的理由——它寻求怎样为社会服务。以下三点可对怎样设定有效的宗旨加以指导：

1. 宗旨应该有针对性和选择性——它不可能是针对所有人的所有事。只有当反过来的情况也合理时，宗旨才有意义，因为它可指导领导者进行权衡取舍，并让成员清楚地了解企业的立场是什么。

2. 宗旨定义了企业为"什么人"以及"为什么"而存在。"什么人"建立在实质性原则基础上，"为什么"建立在比较优势原则基础上。

3. 宗旨既应该由高管有意引导，也应该因员工的塑造逐渐形成，而不仅仅是让员工按宗旨行事。来自外部利益相关者（尤其是客户）的意见也很有价值。

• 宗旨远不只是一份使命宣言，还必须由企业恪守。企业不光要界定宗旨，也要对外沟通宗旨、对内植入宗旨。

• 报告应该超越代表股东价值的财务指标，扩充到代表利益相关者价值的非财务指标；不光要理解定量报告的重要性，也要理解叙述性报告的重要性——监督即所得。综合报告的主要价值是激发综合思考，将利益相关者的关注事项纳入所有决策当中。

• 沟通超越了报告，是一个面对面的双向过程。它兴许涉及给予投资者"宗旨议事表决权"。这样做能建立投资者资本，它将远远超过投资者对企业所做的财务贡献。

• 领导者可以通过企业战略、调整运营模式与文化、开发内部"平衡计分卡"（计分卡上包括相关的非财务指标），让宗旨成为董事会的优先着眼点，从而将宗旨付诸实践。

• 企业应该意识到利益相关者与自身的关系——利益相关者不仅是生产要素，也是企业的成员。将此应用于员工，需要采取三种以蛋糕经济学原则为基础的态度：

1. 赋权态度不光着眼于胡作非为之过，更看到了疏忽不作为之过的重要性。它认为员工有着内在动力，也有足够的知识。如果给员工自由，并以明确的宗旨对他们加以指引，员工能提出创意，而非偷懒逃避。

2. 投资态度建立在要向利益相关者交付价值的基础上，哪怕这与利润并无明确的关联。它追求提高员工的技能、增强其福祉，因为企业关心员工这个人。这就涉及将投资带来的收益、额外工作产生的成本内化到组织的实践中。

3. 奖励态度建立在与利益相关者分享做大蛋糕带来的成果的基础上。它赋予员工企业的财务所有权，也让员工对任务产生主人翁意识，使员工同时享受到企业成功带来的经济收益和内在收益。

第九章 投资者

——将尽责管理从政策变为实践

第六章将尽责管理定义为"一种促进企业为社会创造价值的投资方法",并通过证据证明投资者的参与和监督都能做大蛋糕。我们现在讨论投资者怎样将尽责管理付诸实践。第八章所搭建的实现宗旨的框架(界定宗旨,对内植入,对外沟通)同样适用于尽责管理,我们将在后文勾勒出两者的诸多相似之处。本章的部分内容借鉴了我为英国联盟"心怀宗旨的企业"工作的部分内容,尤其是与汤姆·高斯林的大量讨论,他与我共同领导了该联盟发起的所有尽责管理倡议。

开始之前,我要强调两点。第一点是改善尽责管理的紧迫性。对企业来说,宗旨并不是仅限于由企业社会责任部门所执行的一项可有可无的额外任务;同样的道理,对投资者来说,尽责管理也不是仅限于由尽责管理部门所执行的一项可有可无的额外任务。最显而易见的是,尽责管理服务于储蓄者(也即投资者的客户),它改善了企业的长期回报,实现了其非财务目标。更宽泛地说,尽责管理对投资管理行业存在的正当性至关重要。社会认为投资者负有尽责管理的责任,并将企业破产(如 2007 年的金融危机)归咎于投资者未能履行这些责任。[1] 此外,此类尽责管理期待超出了财务回报范畴,还包括了社会目标。例如,投资者可以推动企业增强多样性,或是推动企业采取行动应对气候变化。良好的尽责管理可以成为国家层面的竞争优势。日本前首相安倍晋三认为，日本的投资行业历来是被动的，这是导致其股权回报低的一个原因，他进行了多项结构性改革来解决这一问题。

　　考虑到尽责管理对社会的重要性，一些国家已经出台了尽责管理准则。[2]虽然这是个好的开端，但应该说遵守准则只是最基本的要求。如果投资者自己不去改善尽责管理，可能会面临更严格的法规或监管。一直有人主张减少投资者权利，其出发点就是因为担心投资者未能负责任地运用这些权利。

　　第二点在于，"投资者"不是单独的实体，而是由整条投资链组成的，如图 9.1 所示。第六章重点介绍了资产管理者——如 ValueAct 和富达等投资管理公司。它们运营各类基金，如富达麦哲伦主动型基金或富达中型股指基金。投资者是一个通用术语，既可以指资产管理者，也可以指基金。

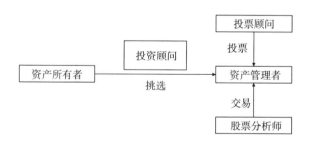

图 9.1　投资链

　　但资产管理者并非投资链上的唯一一环。资产管理者代表资产所有者或储蓄者管理资产，其中可能包括直接购买基金的个人，或养老基金、大学捐赠基金或主权财富基金等机构。它们让资产管理者在尽责管理方面发挥了关键的作用——例如，日本规模达 1.5 万亿美元的政府养老投资基金把尽责管理视为其选择和评估过程中的主要标准。机构型资产所有者通常会聘请怡安翰威特（Aon Hewitt）等投资顾问来挑选资产管理者，跟个人向财务顾问求助类似。资产管理者也有自己的顾问——投票顾问指导投票决策，股票分析师指导交易决策。[3]投资顾问和投票顾问统称服务提供商。监管机构通常并不认为股票分析师是服务提供商，也不认为他们在尽责管理上会发挥作用。但股票分析师会影响投资者的交易决策，这是尽责管理的一种形式，故此我们将他们纳入本章。

因此，改善尽责管理需要改革整条投资链，而尽责管理准则通常仅侧重于资产管理者。我们将首先探讨资产管理者，并解释它们怎样制定尽责管理政策，接着怎样将政策转化为实践植入组织内部，最后向外部传达结果——我们在第八章中介绍过实现宗旨的三个步骤，两者是相同的。在本章后面，我们还将介绍怎样将这一流程放到投资链上的其他环节。

制定尽责管理政策

尽责管理准则往往采用一刀切的做法，认为参与总是比监督更有效，更多的尽责管理总是比更少的要好。但这忽略了比较优势原则。资产管理者或许会因为尽责管理成本高且需要专业知识而不参与。如果投资者规模较小，或尽责管理不是其比较优势，那么资产管理者服务社会的最佳方式可能是为储蓄者提供低成本的股市投资渠道，好让储蓄者分享经济增长的成果。如果是这样，它大概只会承担最基本的尽责管理责任，或将其外包给第三方［如爱马仕投资管理公司股权所有者服务（Federated Hermes Equity Ownership Services）］，由第三方代表投资者与企业接触。因此，清晰地界定尽责管理很重要。重要的不是一家基金是否广泛参与尽责管理，而是它是否说到做到。这应该可以避免"秘柜式指数型基金"问题，此类基金收取高额主动管理费用，却并不真正进行主动管理。

以尽责管理为出发点是一家基金的宗旨。该宗旨应当解释这家基金为什么渴望为储蓄者和社会服务。接下来是它的尽责管理政策，概述自身打算怎样利用尽责管理来实现宗旨。政策不仅应该涵盖参与，还应涵盖监督——特别是投资者应设定相关政策，从而清晰地说明哪些情况会导致自己卖出股票。这有助于确保卖出股票不是对短期收益做出的下意识反应，并认识到卖出股票可以是一种有效的尽责管理机制。当前，一些投资者设定了一般的撤资政策，如卖出（或从不买入）烟草公司的股票，但很少有投资者设定专门的撤资政策，即说明哪些长期的、无形的因素会导致它们退出。不管投资者采取何种撤资政策，都应确保自己只基于这些政策卖出所持公司的股票，而不是根据短期利润卖出。同样重要的是，一旦公司逾越了这些界限，投资者的参与也不成功，那么基金就应真正卖出股票，而不是坐在方向盘后睡大觉。[1]

例如，相关宗旨和尽责管理政策可能是这样：

---

[1]　请注意，投资者的政策有可能是极少卖出、持续参与，哪怕管理层顽固不化。虽然资产管理者会有总体的尽责管理政策，但个别基金可能会采用不同的方法。指数型基金的专门参与程度低于主动型基金。但每一家基金都应该具备总体政策的某些特征，一如制造商生产不同产品都应该符合其宗旨。尽责管理政策（以及我们稍后将讨论的尽责管理绩效）应该在基金层面进行报告，因为购买基金的是储蓄者，而不是资产管理者。为了尽量减少所需的报告量，基金可以在确定自己的方法时交叉参考资产管理者的总体政策。

宗旨：投资于有着不由市场定价的高质量无形资产的企业，支持企业建立这些无形资产，从而创造长期实际回报。

尽责管理政策：我们认为，优先考虑短期利润会妨碍市场营销、人力资本和创新等推动长期回报的无形资产投资。故此，我们特别注意评估企业无形资产的质量，不仅跟踪它花了多少钱，还跟踪这些投资的产出。我们定期与管理层接触（有时是与其他投资者联合），鼓励创造无形资产，并聚焦于有机增长。我们承诺，在评估管理绩效时以无形资产的增长而非短期绩效为基础。对于那些无形资产投资不足、接触管理层后却未能改变局面的企业，我们将选择退出。

监督和参与机制的范围很广，有多种做法可供投资者选择。和宗旨一样，尽责管理政策也应具备针对性——投资者没有责任随时解决每一家企业的问题，故此政策未涉及的内容与它包含的内容同样重要。参与形式多种多样——知情投票、与管理层私下会面、对抗性公开行动。参与形式也因主题而有所差异——投资者在参与时优先考虑的议题，要么是因为其评估这些议题具备比较优势，要么是因为其认为这些议题具有实质性。指数型基金可能会优先考虑一个普遍的主题，如高级管理层的多样性。然而，它可能不涉及资源参与战略等专门主题，因为这需要它深入研究一家具体企业的细节。这些应该是主动型基金的重点。同样，监督也可着眼于专门议题或普遍议题。

具备针对性的另一个关键方面是，投资者的责任最终是面向客户的，所以只有当尽责管理符合客户利益时，投资者才应承担此责任。因此，它针对的议题要么有着高度的业务实质性，以求最终提高长期股东的回报；要么是由于客户有着超越财务回报的偏好，因此具有高内在实质性。投资者应确保自己了解这些偏好——例如，养老基金可以调查其受益人，了解受益人的社会目标。资产管理者无须对回应当天发生的任何议题存在压力；相反，它应针对那些对回报或客户而言最重要的事情做出反应。同样地，政策制定者也不应该让投资者对公共政策倡议的实施负责。这是政策制定者的责任（我们将会在第十章对此进行讨论），他们手里有税收和监管这两种有力的工具能够做到这一点。

制定了尽责管理政策之后，下一步是让投资者将其付诸实践。我们下面就对此进行讨论。[①]

植入尽责管理

第六章强调过对冲基金在参与方面特别有效的三个特点——投资组合集中、财务激励和资源。这些特点同样能加强监督。我们强调，这些特点并不为对冲基金所独有，故此植入尽责管理的第一步是采纳这些特点。让我们先来看第一个特点——投资组合集中：投资者如果自称是主动型，那就应当真正保持主动，只持有少量公司的股票。[4]它不应该因为一只股票是基准的一部分就自动持有该股票。接着，投资者持有每一家公司的股票都应基于信念，要么是相信其长期前景，要么是相信它能逆转困局。这里有一条适用的经验法则：如果一只基金选择持有某家公司的股票，那么它持有该公司股票的比例应超过这家公司股票在基准中所占的比例。这就避免了第六章提到的悖论，即成

---

① 对于在第八章探讨的企业，我们从外部沟通开始。而对于资产管理者，我们从内部植入开始，好让投资行业外的读者熟悉它的具体运作。

功的参与可能会导致基金绩效低于基准，因为基金对公司的持股比例不足。

一些投资者认为，投资组合过于集中会让其客户面临太大的风险。但如果客户选择了一只主动型基金，这就意味着信任基金经理的选股能力，并让基金经理使用自己的资金。如果客户想要实现更大程度的多样化，只需将投资组合更大比例地配置到指数型基金上。实际上，此类主张往往是源于基金经理对自身利益的考虑：他不想冒绩效不佳的风险，因为这可能使得客户撤资或自己遭到撤换。

第二个特点是财务激励。我们在第五章中强调过，领导者的薪酬应该与所有者一样，基金经理也是如此。阿杰伊·霍拉纳（Ajay Khorana）、恩里·瑟韦斯（Henri Servaes）和列伊·韦奇（Lei Wedge）在研究中指出，一名基金经理对自己负责的基金每多持有 1%，经风险调整后的绩效就会上涨 3%。[5] 克里斯·克利福德（Chris Clifford）和劳拉·林赛（Laura Lindsey）发现，如果共同基金采用对绩效敏感的收费方式，首席执行官会获得更多的对绩效敏感的薪酬，而在股东参与可能有效的情况下，共同基金所投资的公司在盈利能力上会提高得更多。[6] 所有权股应该长期锁定，因为尽责管理可能需要几年的时间才获得回报。

第三个特点是投资者为尽责管理所投入的资源。一种资源是尽责管理团队（有时也叫"负责任投资"、"ESC"或"公司治理"团队）。这是一个专业部门，跟基金经理不一样，它不管理资金，而是专注于参与和监督。此类团队的规模及地位的高低都重要。英国最大的机构投资者——法通集团旗下的投资管理公司 LGIM，其尽责管理部门的负责人萨夏·萨丹（Sacha Sadan）是董事会成员，直接向首席执行官汇报。

　　尽责管理资源不局限于尽责管理部门。我们在第八章中强调过对宗旨要运用综合思维，同样的道理，也应将尽责管理整合到资产管理的投资过程当中。基金经理应对尽责管理负起明确的责任（有时他们的确如此），对他们的工作评估也应包括尽责管理；基金经理还应与尽责管理部门共同领导投票决策和参与活动。某资产管理者要求所有新入职的毕业生都到尽责管理部门轮岗，这样等他们当上基金经理后，他们就可对尽责管理工作加以指导。[7] 不过，在综合方面仍存在很大的改进空间。最近有调查发现，只有 23％ 的投资机构会在整个组织中植入尽责管理。[8]

　　投资组合集中、财务激励和资源为尽责管理奠定了基础，但投资者仍然必须将其付诸实践。接下来的内容能够对进行有效监督和参与提供相应的指导。

有效监督

　　只有当监督着眼于市场未能整合的因素，它才能提高投资者的回报。股市在衡量财务绩效方面效果很好，但第四章表明它往往会忽视社会绩效——哪怕社会绩效最终会在长期提高股东回报。这需要投资者转变思维。为了执行有效的监督，投资者在评估股票时就不仅要看公司创造了多少利润，还要看它为社会创造了多少价值。接着，投资者基于这些信息进行交易，把它们换算到股价当中，使之更紧密地反映长期价值——这就是一种尽责管理的形式。

　　但我们怎样真正着手评估一家公司的社会绩效呢？我们怎样判断哪些公司是真正负责任的，而不仅仅是"漂绿"呢？以下将仔细审视投资者可利用的不同数据来源。

专门性第三方数据源

我们可以从第四章的学术研究入手。由于这些研究分析了数百家公司，所以它们需要大规模的、可比较的衡量指标。这些指标还必须是客观的——如果它们需要研究人员的主观判断，那么若一家公司有着强劲的财务绩效，研究人员就可以在主观上判断它"负责"，从而得到自己想要的结果。

不管是对投资者来说还是对学者来说，可比性、可用性和客观性都是可取的，所以这样的衡量标准看似确实可行，也的确有几项。一如美国最值得效力的企业评估衡量员工福祉，美国消费者满意度指数衡量消费者福祉，其他社会维度也存在类似的指标。例如，调研机构Interbrand 评估品牌价值，Trucost 评估环境影响，Equileap 评估性别平等。

但矛盾的是，由于可比性、可用性和客观性对投资者的吸引力太强，反倒降低了它们作为投资标准的吸引力——也就是说，其他投资者可能也会考虑到这些因素，因此股价本身就整合了它们。没错，在过去股东可以靠买入最佳公司的股票来战胜市场。但如今已经发表的研究表明，员工满意度是在做大蛋糕而非缩小蛋糕，其他投资者说不定会根据它来进行交易。事实上，回想一下我们在第六章介绍的保罗·冈帕斯、乔伊·石井和安德鲁·米特里克所做的研究，它表明拥有最强股东权利的公司每年的绩效都比股东权利最弱的公司好 8.5%。该研究发表于 2003 年，此前还曾以草稿形式流传了好几年。卢西安·贝布查克、阿尔玛·科恩（Alma Cohen）和王嘉廉（Charles Wang）发现，在 21 世纪初，股东权利已不能再用于预测股票回报。这并不是因为公司治理不再重要——事实上，治理得更好的公司仍然享受着更高的销售增长率和盈利能力，跟保罗、乔伊和安德鲁在 20 世纪 90 年代所发现的没什么两样。只可惜，市场现在意识到了公司治理的重要性。到 21 世纪初，拥有强劲股东权利的公司的股价已经很高了，故此将来无法表现得更好。[9]

更普遍地说，戴维·麦克莱恩（David McLean）和杰夫·庞迪夫（Jeff Pontiff）考察了学术研究揭示的 97 种交易策略，发现它们的盈利能力在该学术成果发表后平均下降了 58％。[10]一旦一种交易策略公之于众，市场就会开始整合它。下跌幅度不到 100％是因为市场并不完全有效——一些投资者或许不曾阅读相关学术研究，还不知道这种策略。又也许，投资者陷在分蛋糕思维里，特别容易忽视社会绩效指标。因此，这些大规模、可比较的指标仍有一定的价值，但投资者还可以做得更好。

通用第三方数据源

那么，下一步就很自然了：从社会绩效的一个维度转向横跨所有利益相关者的综合指标，如我们前文提到过的 KLD ESG 评级。评级机构收集一系列关于 ESG 绩效的信息——公司自己披露的信息、第三方报告（如来自世界银行等组织的报告）、新闻报道，以及对公司的调查和访谈。这些机构会给出 ESG 总体评级，以及在环境（E）、社会（S）和公司治理（G）（以及这三大支柱下的子问题）上的单项得分。这些数字还附有说明，用于解释评分的基本原理。

但最主要的挑战在于，提供 ESG 评级的机构有很多——如 MSCI [11]、Sustainalytics、Vigeo Eiris、RobecoSAM 和 Asset4——但它们之间的共识很弱。不同数据提供商之间的相关性为 0.54。这跟信用评级区别很大——两家主要的信用评级机构标准普尔和穆迪之间的相关性超过了 0.9。也就是说，人们对一家公司的信誉度有很强的共识，但对其 ESG 绩效却存在很大的分歧。

弗洛里安·伯格（Florian Berg）、朱利安·考贝尔（Julian Kölbel）和罗伯托·里格本（Roberto Rigobon）深入研究了这种分歧的根源。[12] 他们发现这一根源 35% 与范围有关：不同的评级机构包含的评级项目不同。例如，所有的环境得分都包括温室气体排放，但只有一些包括了电磁辐射。一家评级机构或许认为游说有失道德，故此将它包括在内；另一家评级机构或许认为游说是对政策提供正当的意见（如回应政府的咨询），于是把它排除在外。40% 是由于测量：哪怕评级机构都认为应测量某一维度，它们也可能会采取不同的做法。劳工待遇可以用员工流动率来评估，也可以用针对公司发起了多少起劳务诉讼来评估。女性友好程度可以通过性别薪酬差距、女性在董事会中的比例或女性在职工中的比例来衡量。一家评级机构测量了沃尔玛所有物流活动的"化石燃料使用量"，却并未测量亚马逊的配送系统，因为后者的配送系统是外包的。剩下的 25% 来自权重：不同的评级机构在计算总分时，对各个要素采用了不同的权重。

这种混乱对投资者意味着什么呢？并不意味着 ESG 评级毫无价值，或是评级机构不称职。ESG 绩效很难衡量，理性人存在不同的看法很正常——如一名股票分析师对一家公司的评级是"买入"，另一名分析师的评级可能是"卖出"。事实上，把"不一致"换个说法，它可以是"多样化"。正如投资者会阅读多份股票研究报告以获得多样化观点，较之所有评级机构都发表一样的意见，各家 ESG 评级机构发表不同观点可以让投资者获得更丰富的信息。

一些投资者对 ESG 评级不一致感到遗憾，因为这意味着他们不能拿到评级报告后就据此进行交易。但没有哪个投资者会不假思索地严格遵守股票分析师的买入或卖出建议——相反，他会先阅读整个报告，反复交叉核对相关分析。同样的道理，投资者需要对 ESG 评级报告进行仔细审查，并了解该评级实际上包含了哪些方面。一项指标得分低，可能是因为高电磁辐射，但在特定的投资者看来，这或许不具备实质性。故此，评级的作用不如潜在驱动因素——如食物的总卡路里含量所提供的信息比不上蛋白质、碳水化合物或脂肪这样的单项含量。

投资者应该自己进行分析，对这些单项评级驱动因素进行补充。从理论上讲，公司的综合报告、新闻报道和世界银行的研究应该被纳入 ESG 评级，但原始来源有可能提供了评级报告无法体现的重要细节差别，还有可能评级机构完全忽视了特定原始数据来源。同样，评级机构可能过于关注一家公司是否达到了某些 ESG 目标，而忽视了它为什么能达到这些目标。更重要的是，我们始终强调蛋糕经济学远不只是 ESG。许多 ESG 评级更关注"不作恶"而不是"积极行善"，也没有完全把追求卓越和创新整合起来——而这两点是公司做大蛋糕的主要途径。[①]

与管理层会面

我们在第八章强调，公司沟通远不只是报告，投资者监督也远不只是阅读报告。因此，最有价值的监督工具有可能是"实地考察"，即拜访公司并与管理层会面，一如彼得·林奇对克莱斯勒汽车公司的做

---

① 衡量"积极行善"程度的指标，通常由有影响力的投资者（愿意牺牲财务回报来实现社会目标的投资者）进行研究，而负责任的投资者则希望利用社会标准来实现财务回报。当然，这并不是说"积极行善"指标只适合有影响力的投资者使用。与"不作恶"指标相比，"积极行善"指标不是在分蛋糕，而是更有可能做大蛋糕，因此也最有可能提高负责任的投资者所希望的财务回报。

法。以下这份清单里的问题，投资者有可能在针对公司社会绩效的对话中提出。这里的投资者既可能是将社会绩效作为投资标准的潜在投资者，也可能是持续监督公司社会绩效的现有投资者。（当然，这份清单并不适用于讨论其他议题，比如对财务绩效、竞争动态或即将到来的薪酬投票的关注。）这份清单来自与各种投资者进行的探讨，他们列举了自己认为特别具有见地的问题。

针对公司管理者的问题

投资者可以提出以下问题，以判断一家公司是否正在做大蛋糕。

宗旨

1. 贵公司的宗旨是什么？实现这一宗旨对社会和你自己的成功有什么样的贡献？你在宗旨中省略了些什么？为什么省略？

2. 你用哪些领先指标和滞后指标来衡量宗旨是否得以付诸实践？

3. 你怎样将宗旨植入公司内部（董事会和基层），并就其对外沟通？你采取了哪些步骤，实施了哪些流程？

4. 你能举例说明最近有哪些决策是因宗旨而做出的吗（如果你仅仅以股东价值为目标，你就不会做出这样的决策）？

追求卓越和创新

5. 你能举例说明你在哪些方面追求卓越，以提高利益相关者价值而不仅仅是股东价值吗？

6. 你最近进行了哪些创新以为社会创造价值？

7. 你的主要比较优势是什么？你怎样利用这些优势来应对社会挑战？

> **股东价值和权衡取舍**
>
> 8. 你的员工和其他主要利益相关者最关心的是什么？你采取了哪些具体行动来解决这些问题？
>
> 9. 你如何管理不同利益相关者之间的权衡取舍？你能举例说明你最近做出了什么样的权衡取舍吗？
>
> 10. 你决定拒绝对利益相关者进行哪些投资？你能举例说明最近哪些决策的商业必要性超过了社会可取性吗？

人们可能会担心，如果领导者预料到了这些问题，会让对外沟通部门准备好让人挑不出毛病的回答。然而，投资者发现，即使是看似显而易见的问题，也极具揭示性。一位资深投资者告诉我，她经常向首席执行官提出问题 8，以员工为中心。有些人可以立即流利地给出答案；也有些人会说，"我不知道你会问我关于员工的问题。下次我会带上人力资源总监"。于是，她了解到哪些领导者将员工的关切视为首席执行官层面的问题，认为其对公司的成功至关重要，以及哪些领导者把员工问题交给了人力资源部门。

此外，我们有意将上面的问题设计成了通用型问题，这样不管是来自什么行业的公司、公司的重点是什么，投资者都可以使用；而且，一旦经过有针对性的调整，这份清单会变得很有效。因此，这份清单的主要价值在于强调提问的原则，投资者应根据特定背景设计出更具体的问题——它不是一份通用的问卷，不应该认为投资者无须自己做研究就可照本宣科地询问任何公司的管理层，以便在尽责管理评价方框里打钩。定制这些问题，还会降低领导者提前准备好答案的可能性。

例如，如果一家公司最近改变了宗旨，投资者可以重新聚焦问题1，理解为什么会这样。以微软为例，投资者可能会问："你的新宗旨是'为地球上的每个人、每家组织赋能，让他/它们取得更多成就'。之前的宗旨是'为个人和企业创造一系列的设备和服务，为全球各地的人赋能，让他们在家里、在工作中、在外出时都能从事其最重视的活动'。你能解释一下这些变化背后的思考吗？它们对你的运营方式会有怎样的影响？"类似地，问题2、问题3和问题4可以调整为："从实践上看，这些变化对你所衡量的指标、你试图建设的文化，以及你做决定的方式意味着什么？"问题8至问题10应针对公司所面临的主要利益相关者问题进行定制。针对一家服装零售商，问题8不仅可用于考察其门店员工的福祉，还可用于调查其供应链上的情况；针对一家正在努力去碳化的能源公司，问题9可用于考察它怎样确保进行"公正的过渡"，同时保障员工和客户的利益。

一种综合方法

将这些不同的信息来源结合起来，是负责任投资的主要进步之一。从历史上看，投资建立在筛选或排除上。投资者使用定量指标，如公司的行业比率或薪酬比率来决定可接受的范围；接着，他们会完全基于财务状况从这一范围中选择股票。ESG让你的一只脚踏入了大门，但仅此而已。

在第四章，我们讨论了这种方法在改善投资绩效方面的若干不足——它建立在可以被操纵的表面指标上，一刀切、零碎、有失整体性。在这里，我们要强调的是，排除法无法改变公司行为。第六章讨论了撤资何以成为一种强大的尽责管理机制，但前提是撤资决策应该以公司的绩效为基础。如果投资者采用一刀切的政策卖出所有能源股，那么这对一家正在实施雄心勃勃的转型计划的能源公司来说就毫无益处——不管这家能源公司怎么做，都会被投资者淘汰掉。反过来说，如果投资者采用的是具有辨识力的政策，持有某一行业内的"一流"股票，这就会带给所持股公司强大的动力来确保自己的确属于"一流"。

我们在第六章中讨论的另一种尽责管理机制是参与。只有对公司决策享有一定的发言权，投资者才能参与。如果投资者持有一家能源公司相当数量的股份，能源公司更有可能与投资者见面，讨论转型计划，并认真对待投资者的担忧，因为如果投资者对进展不满意，可以投票反对管理层。不加区别地筛选掉跨过某一红线的公司，就像是医生只接待健康的就诊者，而把患病的人拒之门外。此外，只有其他人买入时，投资者才能卖出，故此撤资可能会让那些不关心社会绩效、也不要求公司承担责任的股东持有能源公司的股票。

出于所有这些原因，负责任投资越来越多地涉及综合——将 ESG 与财务问题结合起来考虑。回想一下第四章，2018 年最受欢迎的 ESG 策略是筛选，这一策略管理下的资产达 19.8 万亿美元。然而，综合紧随其后，达 17.5 万亿美元——自 2016 年以来增长了 69%，而筛选策略管理下的资产仅增长了 31%。

由于财务与 ESG 这两个维度相互作用，采用综合方法至关重要。我们在第四章至第六章看到，社会绩效、高管薪酬结构和公司治理最终会影响财务绩效。但如果这是考虑它们的唯一理由，那么一家公司就算 ESG 绩效不佳，但只要股价足够低或财务前景足够好，仍有可能是一个诱人的投资对象。但如果投资者将 ESG 议题视为道德议题，那么不管公司的估值怎样，都无法说服投资者进行投资。因此，投资者应有考量 ESG 因素的清晰理由——如果纯粹基于财务，那就应该将 ESG 因素与财务分析综合起来，而不是把它作为筛选工具。

这种考量对"参与还是撤资"难题也有影响。直接排除越过红线的公司虽然没有必要，但投资每一只股票并试图扭转其局面也不会有效果。为解决这个难题，必须同时考虑估值问题。投资者应该评估，进行了成功的 ESG 参与后，一家公司能值多少钱，并将结果与当前股价进行比较。如果其潜在价值仍然低于当前价格，撤资就是最好的选择。反过来说，如果 ESG 的强劲绩效并未体现在公司当前股价上，那么买入一家改进余地不大、不需要参与的一流公司的股票也很值得。

除了综合考虑财务绩效和社会绩效外，在评估社会绩效时也要综合考虑上述所有信息来源。它评估公司对所有利益相关者的积极和消极影响——不仅包括它是否越过红线，还包括它创造了多少价值——并根据其实质性进行权衡。这一过程有时也被称为"净收益测试"，它回答了"公司是否向社会交付净收益"的问题。净收益评估的结果会被写入内部报告。该报告将包含与公司业务相关的量化指标（如饮料制造商较之同行的耗水量）和外部评估，如 ESG 评级或最佳公司地位。这些数据解决了人们对净收益测试的常见担忧，即认为净收益测试是纯主观的，取决于进行测试的分析师的价值判断。然而，数据应该只用于构建案例，而不能充当案例——需要将数据放到背景当中，并与定性信息相结合。

因此，我们在第四章讨论亚马逊时已经看到了，我们将保留某些主观性。针对亚马逊是否全面造福了社会这一问题，并没有明确的答案——它为一些利益相关者创造了可观的价值，但也从其他人那里榨取了价值。这种模糊性反而让应用社会标准变得更具吸引力了，因为其他投资者可能会做出错误的判断。20 世纪 90 年代末，安然公司获得了美国环境保护署颁发的气候保护奖和美国经济优先委员会颁发的企业良心奖，股东们将其视为 ESG 的典型代表。然而，2001 年，该公司因会计欺诈而倒闭。如果存在一套毫不含糊的 ESG 评级或衡量标准，就可以用计算机来完成负责任投资了。相反，人类基金经理仍能在广阔天地里大有作为，因为我们需要辨别社会绩效的哪些量化指标与公司的战略背景相关，并辅以定性信息和会议管理。这就是为什么哪怕单纯出于财务目标，投资者也会实践负责任投资。理想的投资标准在财务上有着实质性，但难以评估，有可能被其他投资者漏掉。社会绩效刚好符合这一要求。

面对这些局限性，数据提供商正在做出回应。例如，Arabesque S-Ray 使用人工智能不断更新单个要素的权重，以获得整体 ESG 评级。影响力加权会计倡议旨在衡量公司产品创造的积极价值，从而捕捉"积极行善"和"不作恶"。但无论数据来源变得多么复杂，人类投资者总归需要把它们放到背景中。通过类比法，招聘人员现在可以进行心理测试，下载潜在应聘者的社交媒体资料。然而，任何东西都不可能取代面试——只有通过面试才能把这些信息放到具体的背景中。有时会有人问我："你怎样衡量一家公司是否负责？"你无法衡量社会价值，一如你无法衡量应聘者能否成为好员工。但是你可以借助数据和定性评价进行评估。因此，即使在大数据的世界里，人类投资者仍可以继续增加可观的价值。

净效益测试的模糊性确实有其弊端。你几乎总有办法声称一家公司正在创造社会价值，因为几乎每一家公司都至少会在某个利益相关者维度上表现不错。一名基金经理可能会基于短期利润选择一只股票，接着突出其绩效出色的社会维度，认为这是家做大蛋糕的公司。你几乎能将任何投资合理化，但用心理学家史蒂芬·柯维（Stephen Covey）的话来说，你这是在对自己说"理性谎言"[13]。

降低"理性谎言"风险的一种方法是，投资者的尽责管理政策规定什么情况会导致其卖出或阻止其投资。一些投资者可能会制定适用于所有公司的"红线",比如贿赂或董事会多元化;还有一些"红线"只适用于特定的行业。虽然几乎没法按照定性标准划定"红线",但投资者可以设定评估原则——比如将倍增、比较优势和实质性原则应用到企业活动范围上,以减小造假的空间。

降低"理性谎言"风险的第二种方法是设立外部咨询委员会。我在皇家伦敦资产管理公司的外部咨询委员会任职。每当投资团队提议对某只股票进行潜在投资时,我们会就它是否能通过净收益测试提供外部意见。由于我们并不参与让该股票获得推荐的财务分析,这降低了它扭曲我们对社会绩效的评估的风险。

除了评估个股,咨询委员会还可以就更广泛的主题提供指导——例如,是否可以进入酒类行业,或是否应该就首席执行官的高薪酬比例设定"红线"。这些问题大多具体而细微,有着极强的专业性,所以多元化的观点和专业知识十分宝贵。讨论的结果可能会以意见书的形式公布,以向储蓄者阐明投资者的立场。为了突出这些问题的棘手性和外部观点的潜在价值,我们列举了一些之前讨论过的话题:

· 转基因能为社会创造价值吗?转基因种子可能会落到野外,破坏生物多样性,还有可能会阻碍有机或非转基因粮食作物的种植。但全世界还有上百万人吃不饱,不使用最佳技术难道不是不负责任的行为吗?

· 少缴税的企业是否为社会创造了价值?它们把经营活动放在低税收国家纯粹是为了实现利润最大化,又或者是为了相应的税收优惠,才投资于欠发达地区或进行研发,这么做让蛋糕缩小了吗?

· 人工智能为社会创造价值了吗?机器人是减少了工作岗位,还是有助于将员工重新分配到使其更有成就感的岗位上?企业采取什么措施来降低机器人失控的风险?

·社交媒体是否为社会创造了价值？它将人们与世界各地的朋友联系在一起，方便用户分享照片、故事和新闻。但它也可能会造成网络欺凌、成瘾、假新闻和个人数据的滥用。

·对企业社会责任的评估是绝对的，还是相对的（也即相较于其同行或过往情况进行评估）？如果一家企业处在一个争议性行业，但在行业中是佼佼者，能对它进行投资吗？如果一家企业的社会记录糟糕但正在改进，能对它进行投资吗？如果一家企业来自新兴市场，我们应该按照当地标准还是国际标准进行评估？

面对一个棘手的问题，答案往往是"这取决于具体情况"。但此类讨论的价值在于了解它取决于什么样的情况。尤其是，在投资者进入一个存在争议的投资领域时，可以凸显出应特别注意哪些问题，可能需要向管理层追问哪些方面。例如，就转基因而言，投资者可能会调查该技术是用于提高新兴国家的作物产量还是仅用于发达国家，它能否跟传统农业兼容，还是需要农民采用可持续性不太强的新技术。

为什么资产管理者要费心提出这类棘手的问题呢？首先，如第四章和第六章所述，使用 ESG 因素作为筛选依据而不考虑战略背景，并不会提高长期回报。事实上，丹尼兹·安吉纳（Deniz Anginer）和迈尔·斯塔特曼（Meir Statman）发现，在过去 24 年里，在《财富》杂志"美国最受尊敬的企业"排行榜中位居前列的企业，其绩效每年都比垫底的企业要差 2％以上。[14] 最受尊敬的企业榜单是基于人们的看法，而非实际情况——这份榜单对高管、董事和股票分析师进行调查，考察社会责任、管理质量和产品质量等因素。与投资者不同的是，其他企业的高管和董事与被调查企业有着切身的利益关系，故此对这些议题不太可能有着详尽的认识。因此，他们的看法可能会被"漂绿"所扭曲。"漂绿"指的是企业追求与自身比较优势无关但吸睛的企业社会责任倡议，让人产生负责任和拥有高质量管理的印象。丹尼兹和迈尔的研究突出了识别数据的重要性——不能盲目相信企业社会责任得分越高就越好。

其次，如果资产管理者只参与筛选，那么客户自己也能做。2020年8月，澳大利亚国家养老基金 QSuper 撤回了对安保资本（AMP Capital）的 4 亿美元可持续投资委托，改为由自己内部推进。原因正是安保集团专注于"不作恶"而非"积极行善"。QSuper 的首席投资官查尔斯·伍德豪斯（Charles Woodhouse）说："我们不只专注于一套负面筛选机制，也不只考察那些经筛选后留下的企业。我们相信自己所采用的积极影响法……在同行中独一无二。"

公司客户的有效监督

有一类"投资者"经常遭到忽视，那就是客户。在第一章，我们解释了客户为其供应商提供"资金"与投资者提供融资非常相似。可以说，公司客户通过负责任的采购政策所掌握的权力，甚至大于股东通过负责任的投资政策所掌握的权力。投资者只能在别人买入的时候卖出，故此，卖出虽然压低了公司的股价，但并不会剥夺公司的资本。但如果负责任的采购员停止采购，说不定就没法儿找到其他替代者。反过来说，从另一名投资者手里买入一家公司的股票并不会给该公司带来新的资本，但要是客户转向了新的供应商，就会为该供应商带去新的资金，可用于扩大生产、促进就业。公司的巨大采购规模，赋予了它们巨大的力量，使其可影响变革。富时 100 指数成分股公司的平均采购预算为 40 亿英镑，是企业社会责任平均支出水平（1 000 万英镑）的 400 倍。

　　较之负责任的投资者，公司客户受到的约束更少。一些投资者的评估是相对于基准进行的，因此他们会有不愿大幅偏离基准的压力。又或者，这些投资者不能对私人公司（相对于上市公司而言）进行投资，或不能购买小公司的股票，因为私人公司和小公司的股票缺乏流动性。但一家公司的采购部门既可以从大型公共供应商那里采购，也可以从小型私人供应商那里采购，无须考虑基准问题。

　　尽管拥有这样的力量，但负责任的采购在发展上仍不如负责任的投资。在许多公司，负责任的采购政策看起来跟一二十年前负责任的投资一样，着眼于排除法——即供应商是否越过了强制劳动或存在腐败行为等"红线"。然而，做大蛋糕的供应商不仅不作恶，还积极行善。人们基本上忽视了采购和投资之间的相似性，但采购部门可以把负责任的投资的重大发展利用起来，迈出类似的转变步伐，从筛选变为综合。例如，采购人员可以应用"净收益测试"，既考虑"好"，也考虑"坏"，同时利用 ESG 评级理解其局限性，并向潜在供应商提出 10 个问题。这么做不仅有助于增强公司供应商的责任感，还可能获得公司利润提高这一副产品——客户更乐意从负责任的公司手里购买，员工也更有动力为这样的公司工作。

　　一些采购部门的确已经认识到，除了拥有能够避开让蛋糕缩小的客户的力量，自己还有力量支持做大蛋糕的客户。24 家英国大公司注册参加了"购买社会企业挑战赛"（Buy Social Corporate Challenge）——旨在向积极行善的社会企业采购，挑战赛在启动以来的 3 年里已经支出了 6 500 万英镑。例如，普华永道从一家名叫"The Soap"的公司购买洗手间洗漱用品，后者雇用失明和部分视力障碍人士。员工每次使用洗手间都会想起自己的雇主在如何支持社会企业。我们所探讨的框架或许能帮助公司通过采购实现更大的收益。参与挑战赛的超过1/4的供应商主要通过将部分利润捐给慈善机构来产生社会影响，尽管这并不符合比较优势原则。

进行监督的不仅仅是提供资金的机构。董事会和内部审计人员可以进行净收益测试，或者提出10个问题，以确保公司的领导方向真正着眼于长期，着眼于所有具有实质性的利益相关者。公司事务部门也可以通过这种方式主动管理公司的声誉。

有效参与

我们现在从实施有效监督转向进行有效参与。就任命新董事、审计师和高管薪酬等问题进行投票，是一个关键的参与渠道。为了避免完全从零着手应对每一个主题，大多数投资者都制定了内部政策——例如，如果董事会的提名未能让女性代表实现特定目标，就投出反对票。LGIM每年都会举行利益相关者圆桌会议，从学者、顾问、资产所有者和利益相关者代表那里获取外部见解，从而为内部政策提供信息。不过，尽管内部政策确实有价值，但不应该自动套用，因为它们可能并不适用于所有情况。例如，一名董事候选人虽说并未帮忙实现性别目标，但或许有着与现任董事互补的理想技能。

考虑到分析董事的履历或薪酬方案需要专业知识，许多投资者会求助于机构股东服务公司（ISS）或格拉斯·刘易斯（Glass Lewis）等投票顾问。和内部政策一样，独立建议也有价值，但出于我们接下来要探讨的对投票建议的担忧，也不应盲目遵循。最合适的做法或许是把它视为红灯信号——如果某一建议符合公司内部政策，那么就遵循。把投资者有限的时间集中于相互冲突的情况上。

投票本身直截了当，因为你要么选择是、要么选择否。投资者投出反对票，公司并不知道他是对哪些方面不满；投出支持票，也不意味着他对各方面都满意。因此，应该把投票看成更广泛参与过程的一个结果。如果投资者对管理层投了反对票，应该告诉公司原因，以便公司可以改正管理层的缺点。[15]即使投资者支持一项提案，也不见得他认同每一个方面。故此，投资者仍应表达自己的担忧。投票前参与的力量远大于投票后参与的力量。投票反对管理层，有时被称赞为终极"造反"行为。但对投资者来说，更有效的做法是私下与管理层讨论自己的担忧，以便管理层最终提出投资者愿意支持的提案。

投资者在许多关键议题（比如战略、财务绩效和资本配置）上并没有投票权，所以私下会面是其主要的参与方式。会面是否固定，是一项重要的考虑因素。有些投资者只在公司濒临"重症监护"状态时才参与其中，但事前预防的效果远胜于治疗。这便包括哪怕并未"失火"，也要定期与管理层会面，提供正面和负面的反馈——否则，公司便有可能着手改变现状，却不知道投资者支持的是维持现状。投资者还可以先发制人，主动告诉公司自己支持什么样的行动，而不是事后才做出反应。新冠肺炎疫情期间，公司面临着一项重大权衡取舍：维持股息与帮助利益相关者。一些领导者担心投资者会反对削减股息以向休假员工支付薪资的做法，所以没有这么做。宽慰首席执行官们，告诉他们投资者愿意做出短期牺牲，便可避免此类疏忽不作为之过。

另一种极端做法是，一些客户和政策制定者使用参与频率来衡量参与质量，似乎投资者参与得越多就越好。这同样很有问题，因为尽管参与应该是常规举动，但也必须有目的性——双方每次会面，投资者都应有一系列希望实现的明确目标。并不是所有的公司随时都存在问题。有时，投资者会议可能是为了说服公司采取某种行动；其他时候或许只是为了说明具体事宜的进展。但在这两类会议中，开会的目的都很清楚。

除了频率，参与的主题也很重要。投资者通常应该远离日常运营决策（在这方面，领导者拥有更多的专业知识），不要对公司进行微观管理。"嗅觉灵敏、善于发现问题、提出问题，但不插手具体事宜"（noses in, fingers out，有时缩写为"NIFO"）是一条很好的经验法则：了解业务上发生了什么，但不干涉日常事务。投资者能带来价值的地方主要是长期议题，外部视角对长期议题特别有用。例如，如果首席执行官正在考虑一项重大投资，股东可以评估该投资是否符合第三章中的倍增、比较优势和实质性原则。类似地，尽管一家公司可能根据历史惯例进入特定行业，但投资者可以质疑管理层，看它是否在每一项业务上都具备比较优势。投资者还可能就特定议题（如高管薪酬或去碳化）掌握专业知识，因此参与时聚焦于这些议题。资源可用来指导监督（上一节讨论的），也可用来指导参与。前面的 10 个问题有助于形成讨论。咨询委员会可以根据证据、社会需求和客户要求来强调主题的优先性。

其他投资者往往是一种利用不充分的资源。单个投资者持有的股份说不定太少，根本不值得参与，投票权也少到不足以让公司留心。几个投资者集体参与，可以解决这两个问题。加拿大《环球邮报》写道："感觉遭到一个持股仅占 3％ 的股东的嘲笑，这是一回事；遭到持有你半数流动股的 10 家机构的否决，那就完全是另一回事了。"[16]《联合国负责任投资原则》合作平台和加拿大善治联盟是两大协调集体广泛参与（如就高管薪酬向公司发出联名信）的平台。英国的投资者论坛负责协调集体专门性参与，方便若干投资者在无须分享内部信息的条件下参与。附录 B 中介绍了这 3 种框架，以及它们成功的证据。

如果集体参与有效，那么为什么投资者不更频繁地合作呢？原因之一在于分蛋糕思维——把其他投资者视为需要击败的基准。而且，投资者认为，自己关于如何改进公司的设想是有专属知识产权的，必须细心保护。但如果投资者彼此不合作，所有人都将错过做大蛋糕的机会。

另一个障碍是，不同的投资者有着不同的目标，无法结成同盟。例如，激进型对冲基金由于转手率高而被视为短期基金，但指数型基金则是长期基金。顶尖指数型基金服务商贝莱德的首席执行官拉里·芬克警告说："大多数时候，激进型基金试图在短期内改善公司，因为一旦公司得以改善，它们就可以离开……我们不会离开。"[17]

但第六章指出，对冲基金带来了长期收益的改变。它指出，将投资者分为高转手率和低转手率两种，这种常见的二分法是错的，因为投资者的持有期依其定位而有所不同。激进型投资者保罗·辛格说："这种划分框架在客观上是错的，有害于为所有投资者创造可持续的回报的目标。"[18] 所有投资者都受益于盈利能力、生产率和创新的改善——我们在第六章看到了这些做大蛋糕类的变化。

由于指数型基金拥有可观的投票权，对冲基金的参与往往需要指数型基金的支持才能成功。美国激进型投资者纳尔逊·佩尔茨（Nelson Peltz）会飞赴伦敦，与英国最大的机构投资者 LGIM 尽责管理部门的负责人萨夏·萨丹讨论潜在的激进参与行动。而 LGIM 主要经营指数型基金，与指数型基金合作有助于确保参与行动令所有投资者受益。事实上，有证据表明这种合作关系是有效的。在第六章，伊恩·阿佩尔、托德·戈姆利和唐·凯姆对罗素指数涉及的公司采用了断点回归的研究方法，发现指数型基金改善了治理。他们的第二项研究使用了同样的方法，表明在指数型基金的支持下，对冲基金可发起更激进的活动（尤其是争取董事会席位的活动），并提高活动的成功率。[19] 成功的参与也会增加公司价值，但没有证据表明它增加了支出或债务（通常，人们会把支出和债务的增加阐释为短视的举动）。

尽责管理的沟通

在定义和植入尽责管理政策之后，第三步是与外部进行沟通。可先对政策加以报告。在监督方面，投资者应解释在判断是否购买某只股票时会特别关注哪些因素，以及什么事情会导致自己撤资。投资者还可以具体说明，如果自身认为某些维度与长期价值不太相关，自己会选择不对其进行监督。参与政策包括投资者优先考虑的主题、参与会采取什么样的形式——如什么可能导致自身与其他投资者合作或选择将参与升级（以及升级可能包括哪些做法）。在投票方面，投资者可以披露内部政策，以及怎样借助投票顾问的意见。

更重要的是报告结果，即怎样实施政策。从投票开始，大多数投资者会报告投票反对管理层的次数，并按主题分类。但更具参考价值的是（一部分投资者会报告），投票有违投票顾问的建议或者内部政策的次数，以确保自己在借助这两者时对具体问题做了具体思考，而非机械地采纳投票顾问的建议或内部政策。我们在第八章提到，数字并不完整，应用叙述加以补充。一些投资者每次对管理层投反对票或弃权票时都会公布其理由。这能让公司清楚地了解投资者的担忧，既便于公司加以解决，同时也可告知储蓄者自己是怎样负责任地托管其资产的。

在参与方面，投资者可以报告就每一个参与主题跟公司召开了多少次会议。这只是一个起点，因为次数并不意味着质量，所以应该补充一些成功参与的案例研究。"影响报告"是一种日渐流行的做法，旨在揭示客户因为投资一只基金得到了多少社会回报。一只基金可能会称，投资给自己的 1 000 英镑产生了 X 兆瓦时的可再生能源，避免了 Y 吨二氧化碳的排放，创造了 Z 个就业岗位。但这样的报告具有误导性。不管怎么说，是基金所持股的公司实现了这些结果——把因基金持有该公司股票而额外实现的结果分离出来很难。基金要想买入，另一个股东就必然要卖出，故此，基金并未向该公司提供任何新资本。一只基金充其量可以称"我们投资的公司实现了上述结果"。但这跟"你的投资带来了这些结果"大不相同——第一种说法是因果关系，第二种说法仅意味着相关性。除了误导储蓄者，影响报告可能会扭曲基金本身的行为——鼓励它对社会绩效本就强劲的公司进行投资，但在这时候，如果它购买落后公司的股票并成功扭转落后局面，则能够创造更多的价值。这可能引发一种倒退趋势，即从综合转为筛选——只需筛选出在相关标准上绩效较低的公司，就很容易报告在某些维度上产生了积极"影响"。

虽然许多投资者已经报告了投票和参与情况，但很少有投资者在监督方面也这样报告。一些投资者披露了所持股公司的平均 ESG 分数，但这并未解决固有的问题——鼓励他们关注健康的公司，而非治疗患病的公司。报告怎样实施撤资政策或许更能说明问题。对于每一次重大的卖出行为，投资者都应解释是什么原因导致其卖出，以及这个原因是否符合自己的卖出政策。事实上，资产管理者已经解释了投票反对一家公司的理由，但卖出该公司的股票是更明显的意见不一的迹象。一些投资者描述了一些案例（隐去了公司名字），他们原本出于财务原因打算投资某只股票，但由于其社会绩效而退出。反过来说，投资者也可能会报告另一些案例，即通过监督，买下或继续持有一只短期数据不好看的股票。投资者还可以讨论每一笔重大持股，并在不泄露专有信息的情况下，解释为什么继续持有，以确保继续持有是主动的决策，而不是默认的。

也可以对财务报告进行现代化调整。除了报告基金绩效（基金所持有股票的绩效），基金还可以披露自己所卖出的股票后续表现如何。这会让投资者对过早卖出股票承担责任，对有先见之明的撤资举动加以奖励。基金可能不仅要公布年度管理费，还要公布根据"主动投资比例"（衡量其与基准的偏离程度）调整过的费用，以帮助储蓄者辨识出秘柜式指数型基金。投资者还可能不再报告某些传统的统计数据。一如部分公司不再披露季度收益，投资者也只报告长期绩效，不再报告短期绩效。[1]

现在，我们从定义、植入和沟通尽责管理转向投资链的其余部分。

资产所有者

如果资产所有者认识到尽责管理的价值，就能释放出巨大的力量。

---

[1] 储蓄者仍然可以通过查看基金的历史价格来计算短期绩效，但如果基金自己都不报告这些数字（也不在报告和营销材料中突出这些数字），储蓄者对它们也就没那么重视了。

资产管理者对客户负有受托责任，因此客户（而不是监管者）最适合要求资产管理者对所托负责。但许多资产所有者低估了尽责管理在提高长期回报方面的作用。2016 年，美国投资协会的一项调查发现，超过一半的资产所有者没有签署《尽责管理守则》，而这么做的资产管理者所占的比例只有 3％。最常见的原因是，资产所有者甚至没有意识到应该签署《尽责管理守则》，其次是他们有其他更重要的事情。更出人意料的是，只有 59％ 的人强烈认同自己同样负有尽责管理的责任。

让我们按前面介绍的三个步骤考察资产所有者。首先是定义尽责管理。① 尽责管理政策应说明资产所有者的投票和参与方法（如资产所有者应自己承担这些责任，而非将之委托给资产管理者）。政策还可以解释怎样根据尽责管理的绩效来选择资产管理者（这一点是资产所有者特有的）。目前，许多客户会考察短期回报或跟踪误差（即基金跟基准的差距有多小，哪怕差距太小不利于尽责管理）。有鉴于此种行为，资金管理者将尽责管理的优先级降低，变成秘柜式指数型基金，也就很有道理了。

对资产所有者来说，尽责管理的沟通相对简单。报告的结果包括资产所有者的投票记录、怎样监督资产管理者，以及资产管理者发生变动的理由。更难的部分是尽责管理的植入。资产所有者可以在跟资产管理者的三阶段关系里植入尽责管理：选择、委任和监督。让我们逐一来看看。

选择

第一个阶段是选择，这要根据资产管理者本身是否进行沟通和植

---

① 按规定，英国养老基金需要发布投资原则声明，其中应包括其尽责管理政策。

入尽责管理来决定。在沟通方面，资产所有者可以核实资产管理者是否遵循了早先的建议——公布投票政策和投票记录，报告参与和撤资的案例研究，并披露投反对票的理由。评估尽责管理的植入更困难。就跟投资者评估公司一样，这不仅涉及阅读报告，还需要"实地考察"。由于资产管理者本身就是一家公司，所以我们在前文建议向公司管理层提出的问题兴许能发挥价值。此外，以下是资产所有者可能会向资产管理者提出的问题①：

向资产管理者提出的问题

资产所有者可以提出以下问题，以评估资产管理者的尽责管理工作。

尽责管理政策

1. 你的尽责管理政策有什么独到之处？它怎样帮助你成为成功的投资者？你会优先考虑哪些领域？你认为哪些领域没那么重要？

2. 你怎样评估一家公司的 ESG 绩效，以判断是否买入、持有或卖出股票，以及是否需要参与？你的评估方法有何独特之处？

3. 你使用哪些领先和滞后指标来衡量尽责管理活动成功与否？

4. 你能举例说明，如果没有尽责管理政策，你最近的投资决策将会有哪些不同吗？

---

① 资产所有者可以当面提出这些问题，也可以在招标书（资产所有者邀请资产管理者参与竞标）中提出。资产管理者需填写一份详细的调查问卷，其中可能包括有关尽责管理的问题。

人力资本

5. 你用什么标准来评估与奖励你的尽责管理团队和基金经理？他们怎样与你的尽责管理方法保持一致？

6. 你怎样确保自己能吸引并留住顶尖人才，同时让他们获得关于 ESG 议题的充分培训？你最近经历过什么人事变动吗？

投资流程和权衡取舍

7. 怎样将尽责管理纳入你的投资流程？尽责管理决策由谁做出？如果尽责管理团队和基金经理在是否持有股票、是否参与或怎样投票等问题上存在分歧，你会怎样解决冲突？

8. 你会预留多长时间来观察参与的进展？你怎样评估它是否失败？碰到这种情况，你会怎么做？

9. 有哪些"红线"会阻止你投资一家公司，而不是买入后通过参与改进其绩效？对于排除的道德理由和潜在的回报影响，你怎样进行平衡？

10. 你用绝对指标还是用相对指标（跟本国同行、行业同行或自身的过往绩效相比）来评估一家公司的 ESG 绩效？

关于尽责管理政策的前四个问题大致对应了有关公司宗旨的问题。对于一家公司来说，相信践行宗旨能带来成功很关键。同样的道理，上述问题 1 强调投资者必须理解尽责管理在推动投资绩效方面的重要性——否则，尽责管理绝不会成为优先事情。对于公司来说，接下来的部分是关于追求卓越和创新。资产管理者的产品创新往往较少，所以问题 5 和问题 6 是关于人力资本的，这是投资机构追求卓越的主要源头。和公司一样，最后一部分涉及权衡取舍。不是所有社会绩效维度最终都会改善财务绩效。尽责管理团队可能主张由于某个议题而排除一只股票，或是针对某个议题参与一家公司，哪怕基金经理认为这些在财务上没有实质性——故此，理解投资机构怎样解决此类权衡取舍问题很重要。另一种权衡取舍来自相对绩效和绝对绩效。一些资产管理者或许设定了绝不妥协的"红线"议题，哪怕某家公司较之国内同行是"一流的"，但只要它涉足烟草行业，或董事会多样化程度不够，就会遭到排除。

对于公司而言，明确定义的宗旨有着天然的独特性，因为公司在不同的行业运营，并以独特的方式服务社会。资产管理者都属于同一行业，故此差异较小。因此，资产所有者应该努力梳理出各资产管理者在尽责管理政策和投资方法方面的独特之处。虽然问题 1 和问题 2已经明确地询问了资产管理者的独特之处，但这一角度还应纳入大多数问题之中。

与针对公司的问题一样，上述问题只是泛泛而谈，意在充当一个起点。资产所有者可以就资产管理者持有的具体股票询问一些更有针对性的问题。例如，资产所有者可以询问："对于 X 公司，你为什么批准它为首席执行官设立激励结构？你对公司的商业模式和目标提出过什么问题？它的长期机遇和风险是什么？"这么做能打开一扇窗，以了解实际采用的投资方法。

委任

资产管理者关系中的第二步是委任。一旦选定了资产管理者，资产所有者就要起草一份合同（有时也称为"委托书"或"投资管理协议"）。合同的时间期限是第一个重要因素。目前，许多委托都是"随意的"，资产管理者会因为担心被取消委托而聚焦于短期绩效。以

3～5 年的期限取而代之，可为长期尽责管理奠定基础。第二个重要因素是费用结构，它应基于长期绩效。2018 年 4 月，日本政府养老金投资基金大幅削减了支付给资产管理者的基本费用，但取消了业绩费用的上限——因为它认识到费用高是绩效出众的结果，且没有让自己遭受损失。大部分此类费用为延期支付，而且基金只应针对长期委托合同加以奖励。

合同里还可以包括对尽责管理实践和报告的期望。苏黎世保险在其合同模板中写道："……投资管理者应有一套流程，根据 ESG 因素评估和监督当前或潜在的投资……投资管理者应确保其员工接受足够的培训，获得相关的数据和信息，以应有的谨慎和勤勉态度应用该流程。"就报告而言，委托书可规定资产管理者必须披露哪些滞后指标，如投资组合的集中度、关键人员的离任和投票记录，以及尽责管理流程调整、继任计划变动等领先指标。

监督

最后一个阶段是对双方关系加以监督——资产管理者是否达到了委托合同中的尽责管理预期。这包括仔细审查资产管理者的披露情况，并持续询问上述 10 个问题。第八章强调了企业与投资者之间的对话应该是双向的，资产管理者和资产所有者之间也应如此。虽然合同阐明了对资产管理者的正式要求，但一些资产所有者还另有"协议"，以阐明资产管理者可对自己持什么样的期望。《布鲁内尔养老金合伙协议》(Brunel Pension Partnership's Accord) 表示，布鲁内尔养老金合伙企业不会因为资产管理者的短期绩效而撤资，将不断地向资产管理者提供反馈，并与它们合作修复委托关系，且不会在未经通知的情况下重新招标。重要的是，该协议强调，资产管理者应告知布鲁内尔养老金合伙企业是否觉得定期对话正在迫使自己关注短期因素。一如资产管理者与公司的关系，定期参与不能变成微观管理。

我们强调了资产所有者在评估资产管理者时应注意的因素。但这里有必要再强调一下资产所有者应对哪些指标持谨慎态度。负责任的投资中日益流行的一个弊端是，一些客户因为急着上车，可能会被一些醒目的指标误导。此前，我们讨论了影响报告的问题。还有的指标可能只反映了"不作恶"。例如，摩根士丹利资本国际推出了一种工具，可分析投资组合的"变暖潜力"。

半导体股票分数不佳，因为制造半导体的过程中会释放全氟化碳，而这种物质造成的温室效应比二氧化碳更糟糕。然而，除了制造过程中释放的物质对环境不利，半导体还"积极行善"，可用于制造太阳能电池板，为全球变暖的解决方案提供动力。（而且，如果资产所有者不光担心全球变暖，那么半导体还可以有许多对社会有着巨大好处的用途，比如移动电话。）同样，购买碳排放企业的股票并参与减少其碳足迹的投资策略将产生真正的影响，但在全球变暖方面的得分会很低。这并不是说应该忽视"影响"和"变暖"这两方面的指标。但和其他指标一样，用户应该保持谨慎态度，不要在不理解其局限性的情况下，按其表面价值照单全收。

现在我们来谈谈提供服务的机构。简短地说，我们没有单独涉及投资顾问的部分——既然他们协助资产所有者选择和监督资产管理者，故此应该遵循与上述类似的原则。我们要看的是投票顾问和股票分析师，因为他们的尽责管理任务很不一样。由于诊断应先于治疗，我们会先分别罗列证据，再给出改革建议。

投票顾问

证据

投票顾问为投资者提供投票建议，这些建议可能很重要。但很难估计这些建议的实际影响——一名顾问建议投票反对一项提案，随后该提案遭到否决，但顾问的建议或许并不是提案遭到否决的原因。或许，该提案的质量本来就很差，导致投票顾问建议投反对票，同时也导致股东投票否决。就算没有投票顾问的建议，股东们也会反对该提案。换句话说，提案的质量是一个遭到忽视的变量。

纳迪亚·马勒科（Nadya Malenko）和沈瑶（Yao Shen）采用我们先前所述的断点回归方法来确定因果关系。他们聚焦于高管薪酬提案，并以美国机构股东服务公司（ISS）使用截断点（基于 1 年和 3 年的股东总回报）来筛选有待分析的提案（ISS 只深度调查低于截断点的公司）作为研究的突破口。一个公司是高于还是低于截断点基本上是随机的，与提案质量无关。低于该阈值会导致公司受到严格审查，并明显增大 ISS 建议投票反对管理层的可能性。纳迪亚和沈瑶发现，在美国，此类建议失去了 25％的投票支持。[20]

投票顾问对投票行为有着强大的影响力，这可能是合理的，因为他们在评估复杂的投票情况方面具备比较优势。但如果投资者盲目地听从建议而自己不进行分析，又或者投票机构的建议没有充分的根据或存在冲突，那它就并非最佳选择。多项研究表明，至少在某些情况下，上述担忧是成立的。

第一，投资者会自动采纳投票顾问的建议吗？彼得·伊利耶夫（Peter Iliev）和米歇尔·洛瑞（Michelle Lowry）发现有超过 25％的人几乎完全依赖 ISS。[21]然而，拥有公司更多股权的基金更有可能积极投票。他们还发现，基金偏离 ISS 的程度越高，经风险调整后的回报也越高——这说明尽责管理是有回报的。另外，跟 ISS 意见不同的基金，更有可能在下个季度卖出股票——这暗示撤资是基金自行调研得出的结果，而不是像人们担心的那样出于短视。

第二，投票顾问的建议有充分的根据吗？他们必须在短时间内（通常是在 4 月份，大多数年度股东大会召开的时候）为数千家公司提供建议。为了应对工作量的突然增加，ISS 雇用临时工，并将工作外包给马尼拉的承包商。[22]这些人或许能够遵照总体指导方针，但可能没有经验根据公司的具体情况量身定制地提出建议。因此，一刀切的顾问建议是很危险的。

这些危险会实际发生吗？一项研究衡量了 ISS 建议的质量，看其负面建议是否与更糟糕的经行业调整后的未来盈利能力挂钩——如果是这样，它可能是正当的。研究发现，这种关联只存在于那些不以 12 月作为财年结束月的公司，此时，ISS 的工作负担没那么大。[23]另一项研究表明，总部位于美国的 ISS 和格拉斯·刘易斯公司在为德国公司提出建议时，它们的建议相似，但与德国投票顾问公司 IVOX 的不同。这暗示了总部位于美国的顾问并未充分考虑当地的情况。[24]

即使是针对一般性议题，投票顾问的建议也会存在缺陷（因为方法本来就有瑕疵）。例如，ISS 计算绩效薪酬时忽视了现有股权提供的激励，如第五章所讨论的，这是一个重大疏忽。[25]有个例子极为讽刺——ISS 建议投票反对顶尖薪酬咨询公司韦莱韬悦（Willis Towers Watson）2017 年的薪酬方案，却在这一过程中犯了一些基本错误。[26]

第三，投票顾问的建议是否相互冲突？一些投票顾问不仅向投资者提供投票建议，还向公司提供咨询服务，即帮助公司设计可能让投资者投票支持的提案。他们可能偏向后一类客户——要么感谢这些客户购买自己的服务，要么表明自己提供的咨询有助于设计成功的提案。俄亥俄州公共雇员退休系统放弃了 ISS 的服务，评论道："我们听说，ISS 由于为公司提供咨询服务，或带来了事实上的冲突，或让人察觉到有冲突。"[27]

为了解潜在冲突是否会变成实际冲突，我们来看看证据。李韬(Tao Li)审查了 26 304 场股东大会的投票结果。[28]光是指出 ISS 更有可能建议投资者投票支持自家的咨询客户，并不一定暗示存在偏向，因为它提供的咨询意见有可能真正提高了提案质量。为此，李韬研究了格拉斯·刘易斯公司（该公司不提供咨询服务）的进入。随后，ISS 更频繁地给出了投"反对票"的建议——尤其是对那些更有可能成为 ISS 咨询客户的大公司。这些发现表明，在格拉斯·刘易斯公司参与竞争之前，ISS 的投票建议更有利于自己的咨询客户。

同样支持冲突解释的是，格拉斯·刘易斯公司参与竞争对更复杂的、更容易存在偏向的投票（如公司治理和薪酬）产生了更大的影响，而不是那种偏向会公然出现的"无脑"投票（如无争议的董事选举）。重要的是，任何潜在的偏向都会带来真正的结果——它很重要。为了找出冲突有可能是投票症结所在的提案，李韬将恰好通过的提案与恰好没通过的提案进行了比较。在恰好通过了提案的公司，高管的薪酬相较于同行更高，增长速度也更快——这表明，哪怕只是一点点的偏向，都能让管理者获得过高的报酬。

尽责管理的实践

补救措施是什么？与资产管理者的三步走框架相同。[29]对于投票顾问来说，第一步是定义宗旨和尽责管理方法。让我们从宗旨着手。

他们是将自己视作一种外包服务，为资产管理者提供可自动采纳的建议，还是将自己视作专家，提供的外部意见仅供客户投票/决策参考？① 就尽责管理方法来说，投票顾问应采用一套清晰的研究方法来得出建议，如果有必要，还可设定内部投票政策。

下一步是将这些政策付诸实践。假设投票顾问认为自己的角色是提供外部意见的专家，那么对于需要进行战略判断的议题，投票顾问应该突出利弊两方面，并将议题标注为"仅供战略判断"，而不是直接给出建议。事实上，如果宗旨议事表决权变成了现实，一些投资者把自己的投票权直接委托给投票顾问，就将带来风险。然而，投资者认为什么样的宗旨合适，可能取决于其偏好，因为偏好影响了内在实质性。一些投资者或许认为环境最重要，而另一些认为就业最重要。故此，投票顾问不应代为做出决定——他们应该只突出正反两方面的论据。另外，投票顾问可以把最重要的筛选方法交由外部审查，以确保使用最先进的技术，并通过实施稳健的政策来解决潜在冲突。

最后，投票顾问应公布他们的研究方法和内部政策。还是那句话，沟通不仅仅是报告。投票顾问应该主动向公司解释他们为什么会提出特定的建议，如果有人希望投票顾问就不寻常的提案给出理由，投票顾问应乐于与之见面。有时，投票顾问会拒绝此类要求，这种拒绝态度很难说是负责任的尽责管理。

尽管人们普遍指责投票顾问的影响力太大，但这不该完全怪他们。就怎样使用顾问的建议而言，投资者自己应该负责。他们绝不会不假思索地听从股票分析师"买入"或"卖出"的建议，而是会仔细审视建议背后的理由，在交易决策中将其作为参考意见。然而，一些投资者（储

---

① 扮演此类角色仍然可以增加价值，因为一些投资者在投票方面没有内部专业知识。

蓄者付给投票顾问高额费用，部分原因在于投票顾问承担了尽责管理的责任）却盲目采纳投票顾问的意见，事实上是让后者代自己投票。如果投资者明确表示自己缺乏内部专业知识，做出有充分根据的投票不在自己的尽责管理政策之内，那么自动采纳投票顾问的建议是合理的。但如果投票被视为重要的尽责管理工具，情况就不是这样的了。

股票分析师

证据

股票分析师[①]提供的买入和卖出建议对投资者的交易有着重大的影响。一位分析师的买入建议会使得股价在前三天上涨 3%，并在接下来的一个月里继续上涨 2.4%。相反，卖出建议会在短期内让股价下跌 4.7%，并在接下来的六个月里下跌 9.1%。[30] 但尽责管理守则并不认为分析师应发挥尽责管理的作用，这是因为它们没有认识到交易对尽责管理的重要性。如果投资者受分析师的基于收益的建议影响，根据短期收益进行交易，公司就会关注利润而不是投资。此外，交易还会影响股东参与。如果股东因为分析师的建议不投资某只股票，他们就不会获得投票权，也没有参与的资格。

现有的规章制度（如美国的《全球分析师结算协议》）指出，分析师不公平地偏向雇主的客户。但这还不算完。就算分析师没有偏向，他的建议也可能是基于短期因素。

分析师尤其会通过收益预测来影响交易。未能实现预测会导致股

---

① 在这里，我们用"分析师"来指代投资银行的股权研究部门，或是独立的股权研究机构。

价下跌 3.5%[31]，并使得首席执行官的奖金减少。[32]在第六章我们讨论了格雷厄姆、哈维和拉杰戈帕尔的调查，调查发现 80%的首席财务官会削减投资，以达到盈利基准。基准可能来自过去的盈利，但调查发现 73.5%的受访者认为分析师的预测是一项重要的基准。史蒂芬·特里（Stephen Terry）所做的另一项研究发现，那些刚好实现分析师预测的公司，其研发增长比那些恰好未实现分析师预测的公司低 2.6%，这暗示前者为达到预期而削减了研发。[33]

分析师报告不仅涉及收益预测，还会讨论诸如战略、市场前景和管理质量等长期因素——但一般只讨论跟利润有明确联系的因素，并不怎么讨论与利益相关者价值有明确联系的因素。埃利·阿米尔（Eli Amir）、巴鲁克·列弗（Baruch Lev）和西奥多·苏吉安尼斯（Theodore Sougiannis）发现，分析师对无形资产不够重视，对那些无形资产特别重要的研发密集型企业尤其做得不够。[34]故此，杰克·何（Jack He）和田轩（Xuan Tian）发现，若对一只股票进行分析的分析师人数减少，该公司的专利数量和质量都会上升。[35]

尽责管理的实践

让我们套用跟资产管理者相同的三步走框架。第一步是让分析师定义其宗旨，包括承认自己在尽责管理中所扮演的角色。分析师的宗旨或许是促进负责任的投资。如果是这样，其尽责管理方法应该包括仔细审查公司的社会绩效，该评估会影响其投资建议。还有一种宗旨与此不同，那就是提供纯粹的财务分析。

第二步是分析师将其尽责管理方法对内植入。这包括确保分析师掌握足够的资源来评估公司的利益相关者资本。股权研究部门有不同的团队，涵盖各个行业（如银行、化工等），但现在大多还有一个专门的负责任投资单元，它的主要客户是对社会负责的投资者。但社会绩效对所有股东都很重要。分析师应该确保所有报告（而不仅仅是负责任投资团队发布的报告）都涵盖 ESG 因素。

最后一步是对外沟通。《全球分析师结算协议》要求分析师报告包括对所有股票买入、持有和卖出建议的细分，以便投资者评估自己是否过于乐观。同样，分析师也可以报告在季度收益预期悲观的情况下给出买入建议的频率有多高。[36]这样一来，投资者便可评估分析师的建议受短期预测的影响有多大。

这三步将有助于分析师认识到自己的尽责管理责任并加以履行。但同样重要的是，监管机构和投资链上的其他主体也必须认识到这一点。监管机构在考虑开展尽责管理改革时，应将分析师包括在内；而投资者在判断特别关注哪一位分析师时，也应考虑他采用的尽责管理方法。这里需要实质性的态度转变，因为在当前的尽责管理讨论中，分析师是遭到忽视的环节。但分析师是很重要的一环，因为他们的建议会影响投资者的交易决策，并最终影响公司的行为。

本章小结

• 尽责管理是整条投资链的责任——不仅包括资产管理者，还包括资产所有者和服务提供商。改善尽责管理，对提高长期回报、确保投资管理行业的正当性至关重要。

• 投资者对尽责管理的追求，应类似于企业对宗旨的追求。首先，投资者要清晰地定义其尽责管理政策，综合地将其植入投资过程，并将政策和结果对外沟通。

• 尽责管理的定义应包括撤资政策、参与的形式和主题。入选的尽责管理方法应符合资产管理者的宗旨，以比较优势原则为基础。

• 植入尽责管理包括确保资产管理者拥有大量股权、长期财务激励和管理资源。

• 有效的监督有助于评估企业为社会创造的价值——这些信息很可能并未反映在当前的股价中。企业的综合报告和 ESG 评级是有用的参考信息，但其只为投资创造了理由，并不能决定是否投资。投资者还应将企业社会绩效的定性评估作为补充，有可能的话，还应以与管理层的会面为指导。

• 有效的投票应该从投票顾问建议和内部政策中获取信息，但还应考虑到企业独特的情况。

• 有效的参与关注的是做大蛋糕（如宗旨和战略）的议题，而不是分蛋糕（如薪酬水平）的议题，并可能涉及与其他投资者的集体参与和升级机制。

• 尽责管理的沟通涉及投票行为及投资组合集中度的量化指标。最有价值的沟通可能是定性的——参与的优先事宜、监督主题、成功参与或撤资的案例研究。

• 资产所有者在选择资产管理者时，部分要根据后者的尽责管理记录，同时也要对"影响报告"等量化指标保持警惕，因为这些数字并不完整。在签订委托合同时，可以约定以长期绩效为基础，明确表达自己对尽责管理的期待，并就资产管理者的绩效提供持续的反馈。

• 以下方式可加强投票顾问对尽责管理的贡献：确保投入充足的资源；提供量身定制的建议；实施政策以解决潜在冲突；将筛选方法交由外部审查；认为自己的宗旨在于提供咨询而非外包服务。

• 股票分析师应根据企业的无形资产和社会绩效给出建议，而不是一味地着眼于短期收益，可在尽责管理上发挥关键的作用。

第十章 公　民

——个人应怎样采取行动并塑造企业，而不是任凭摆布

在这一章，我们将探讨公民怎样帮忙做大蛋糕。公民可通过扮演以下角色塑造企业。

·成员。身为投资者、员工和客户，公民可以选择投资哪些企业、为哪些企业工作、从哪些企业购买产品，从而让企业承担责任。

·政策制定者。从事政策工作的只有一部分公民。但所有公民都以选民的身份影响着政策（有时，一些公民还向政策制定者写信，或回应公共咨询）。我们将讨论硬性的法律和软性的行为准则这两者所发挥的作用。

·影响者。这包括媒体、智库、公众眼中的专家，也包括通过分享、购买或发表评论来影响他人的公民。影响者可以对个别企业进行问责，并通过塑造公众对企业的总体看法来指导政策。①

全球性企业有着庞大的规模，人们可能会觉得公民似乎没有力量去塑造企业——但上述情况说明我们拥有的力量比通常所认为的要大得多。安然的员工谢伦·沃特金斯（Sherron Watkins）揭发了公司的会计欺诈，她提醒首席执行官肯尼斯·莱（Kenneth Lay）注意会计违规行为，随后又到美国参众两院作证。公民丹·奥沙利文（Dan O'Sullivan）

---

① 与本书采用的许多分类方法一样，这些角色的界限模糊。行为准则可以由行业参与者自行采纳，而不需要政策制定者的参与。企业和投资者也可以成为影响者。

单枪匹马地在推特上发起了"删除优步"行动。当时，美国总统特朗普签署了对伊斯兰国家的旅行禁令，对此，纽约出租车工人联盟（New York Taxi Workers Alliance）呼吁举行罢工以示抗议，而优步却取消了高峰定价（通常会导致车费上涨）。丹认为，这是优步试图趁着纽约出租车工人联盟发起罢工而从中获利，在他的号召下，50 万名客户删除了自己的优步账户以示支持。[①] 2018 年 8 月，年仅 15 岁的格蕾塔·通贝里（Greta Thunberg）发起了"为了气候而罢课"活动。当年晚些时候，她在联合国气候变化大会上发表的讲话，提高了国家领导人和儿童对气候危机的认识。就算不是立法人员，公民也可以提出政策建议。第五章中提到的瑞士反对高薪法案公投是由托马斯·明德（Thomas Minder）发起的，他是一名为航空公司生产牙膏和漱口水的企业家。

我们把这种力量叫作"能动性"：人们有着独立行动并影响所处环境的能力，而不是任凭摆布。

让我们先来讨论公民在扮演投资者、员工和客户角色时能怎样做大蛋糕。

成员

在第六章，我们解释了机构投资者何以拥有两种尽责管理权力——监督（决定持有哪些公司的股票）和参与（改变自己所持股公司的行为）。个人投资者、员工和客户也可运用同样的权力。

---

① 也有的公民认为优步降价是为了帮助客户，过去它碰到紧急情况时就经常这么做。所以，这场抵制行动是没有道理的。但不管它有没有道理，这个例子都说明了个人有力量对企业价值造成巨大的影响。

监督

公民发挥能动性的力量来源首先在于可以自由选择成为哪些企业的成员——我们会选择那些跟自己有着相同价值观的企业。在第四章，我们看到大型投资者应根据社会绩效来选择股票；这样做不仅能提高社会收益，还能提高财务收益。在第九章，我们建议储蓄者根据尽责管理的绩效选择资产管理者。倡导储蓄者参与的英国慈善机构 Share-Action 从这一维度对共同基金进行了排名，以帮助储蓄者进行此类选择。

许多公民最重大的投资决定并非财务决定，而是为谁工作。如果雇主素有剥削客户和供应商、破坏环境、对女性和少数族裔不友善的名声，这些公民有权拒绝一份工作，哪怕这份工作的薪酬和头衔很诱人。由于员工是几乎每一家企业的关键资产，损失优秀员工的威胁能有力地震慑分蛋糕的行为。

一家剥削社会的企业不仅会与员工自身的价值体系发生冲突，从长远来看也不会取得成功，进而危及员工的工作。事实上，通过对社会绩效的研究，能够提前预测到一些企业的倒闭。例如，2012 年 10 月"商业内幕"网站根据数据提供商 GMI 的 ESG 评级，发布了"比你想象中风险更大的 13 家企业"榜单，提醒人们当心富国银行，因为它存在无数治理问题。[1] 2013 年，《洛杉矶时报》上的一篇文章这样报道："无情的销售压力打击了员工的士气，导致了道德违规……为完成定额，员工为客户开设了不必要的账户，未经客户许可定制信用卡，伪造客户签名。"但当时公众对这些披露少有关注。[2] 2016 年 9 月，美国消费者金融保护局宣布，富国银行开设了 200 万个虚假银行账户和信用卡账户。罚款和声誉的下降导致该银行宣布计划关闭 400 家分行，并裁减 10％的员工。就算员工成功找到了新工作，薪酬也会减少。鲍里斯·格罗伊斯伯格（Boris Groysberg）、埃里克·林（Eric Lin）和乔治·塞拉菲姆的研究表明，就算在丑闻爆发前离职，在有金融违规行为的企业工作过的高级经理其收入仍比同行少 4％。[3] 光是简历上存在一家污点企业，就足以损害你的收入潜力。

客户也能发挥同样的能动性。他们不再只根据价格来选择产品，而是从那些能反映自己内心希望世界变成什么样的企业购买产品——比方说，许多人会选择购买价格更高的有机食品或本地产的食品。这不需要投入大量的时间和精力。第九章提到了一些有关企业社会绩效的免费数据来源，以及一些为客户量身定制的额外资源。例如，在道德良好购物指南（Good Shopping Guide）和道德消费者（Ethical Consumer）网站上，你可以选择一种产品（不管是香蕉、水壶，还是保险），查看不同品牌的环境和社会评级。名为"Nudge for Change"的手机应用程序可以让你选择对你来说最重要的议题，接着，当你走进零售商的门店时，它会根据这些议题显示零售商的评级。使用软件 Buycott，客户可以扫描产品条形码，了解其社会影响；软件 Good OnYou 也可根据你所输入的品牌名称给出类似的信息。

如果大量客户不再购买一家企业的产品或服务，这就变成了一种抵制——当前，由于可以通过社交媒体迅速传播，此种做法尤为强势。我们已经讨论了针对大众汽车公司和优步的抵制行动，它对涉事公司造成了严重影响，而且抵制还会蔓延到行业的其他地方。20 世纪 90 年代曾发生多次反对耐克血汗工厂工作条件的示威活动。耐克的回应是承认了这些问题，改善了工资和工作条件，并与其他企业创办了"公平劳动协会"（Fair Labor Association），以建立独立的监督机制和行为准则。

除了决定从哪家企业购买之外，公民发挥能动性还有一种更强大的力量来源：完全不购买某种产品，或购买不同类型的产品。例如，不升级手机，减少航空出行，抵制"快时尚"购物，这些举动都对环境有益。借助世界自然基金会的足迹计算器、REAP Petite 和 Carbon-Footprint. com 等网站，家庭可以计算出自己的碳足迹，并根据现有的最佳数据制定减少碳足迹的计划。

参与——投资者

能动性还有一种力量来源：对于我们是其成员的企业，我们具备参与能力。我们从第四章卡洛琳·弗莱默的研究中看到，投资者可以提出股东提案，从而改善社会绩效。重要的是，不管是个人投资者还是机构投资者，都可以这么做。2018 年 5 月，散户股东凯斯·斯齐尼普（Keith Schnip）要求麦当劳发布报告，说明自己投入了怎样的努力以开发塑料吸管替代品。该提案遭到否决，但仍有助于企业行为的改变——次月，麦当劳宣布将从 2019 年起在英国和爱尔兰逐步淘汰塑料吸管。[①] 一家企业的一份股东提案甚至可能对整个行业、整个经济产生溢出效应。1973 年，美孚石油公司的一项股东决议要求它在南非运营期间为黑人雇员提供更好的工作条件。它提高了人们对种族隔离的认识，并引发了第六章提及的从南非撤资行动。

除了正式提案，股东还可以在年度股东大会上提出问题。每天晚上，阿卜杜勒·杜兰特（Abdul Durrant）都在汇丰银行伦敦办事处努

---

① 和许多决定一样，麦当劳逐步淘汰塑料吸管的决定不太可能是一个原因导致的。在 2018 年的早些时候，英国政界人士曾提议禁止使用塑料吸管，但该提议直到 2019 年 5 月才付诸实施。此外，麦当劳是少数几家自愿采取行动的企业之一。这一事实表明，斯齐尼普的股东决议是影响因素之一。

力完成清洁工作，打扫包括董事长庞约翰爵士（Sir John Bond）的办公室在内的区域。但单靠这份工资，他难以养活 5 个孩子。为此，东伦敦社区慈善机构联盟 Telco 给阿卜杜勒买了一些股票，让他参加汇丰银行 2003 年的年度股东大会。他鼓起勇气在会上发言，并向约翰爵士提问："在这里我代表汇丰在东伦敦的所有合同制员工及其家人。我们的时薪是 5 英镑——一小时就只有 5 英镑！我们没有养老金，病假工资少得可怜。我们勉强维持生活，孩子上学甚至连午饭都吃不饱。我们无法为孩子的教育提供必要的书籍。他们总是错过学校组织的郊游。"

被这一请求打动后，约翰爵士给汇丰银行的清洁工涨薪 28%。[4]在来年的年度股东大会上，阿卜杜勒向约翰爵士表达了谢意："汇丰的清洁工们对您提高我们的生活标准和工资的决定非常高兴。我到这里来向您表示感谢……现在，我可以有更多的时间陪孩子了，我能带给他们优质的陪伴了。他们用街头语言表示'非常尊重'。"这展示了一名员工改变大型跨国公司工资政策的力量。你兴许会想阿卜杜勒的做法并无必要——约翰爵士应该知道清洁工想要更高的工资。但所有领导者都面临着权衡取舍；清洁工的工资更高可能是以牺牲其他利益相关者为代价的；阿卜杜勒的发言突出了提高清洁工工资的重要性——甚至比汇丰银行的其他优先事项更重要。

更宽泛地看，ShareAction 有一支"公民股东"团队，他们参加年度股东大会，要求董事会支付最低生活工资。最低生活工资的数额高于法定最低工资，可满足工人家庭的基本需求。2011 年，ShareAction 发起"生活工资"活动时，只有两家富时 100 指数成分股公司支付了生活工资；现在，这个数字达到了 39 家。尽管最终支付更高工资的是股东，但很多股东只想投资能让员工过上有尊严的生活的公司并从中赚取回报。更高的工资一般是通过提高员工留存率和积极性进而做大蛋糕实现的，故此并不会牺牲长期利润。

参与——客户

客户常常感到无力改变一家大公司，所以如果感到不满意，他们唯一的选择就是离开。但如今，客户参与公司的能力超过了任何时期。

第一个参与渠道是为公司的产品提供反馈。如今，评论网站让用户很容易就能撰写评论，影响其他客户，甚至影响公司。猫途鹰（TripAdvisor）、爱彼迎和亚马逊等网站上的反馈，可能事关公司或产品的生死存亡。客户也可以提供意见，激发公司创新。2004 年，乐高曾濒临破产，但到了 2015 年它成为全球收入最高的玩具公司。促成这一转变的关键是，乐高创建了"大使项目"，让最热心的客户参与，为新产品寻找创意，并协助对现有产品重新进行定位。

第二个参与渠道是支持股东提案。凯斯·斯齐尼普的提案是源于消费者权益保护组织 SumOfUs 率先发起了一项请愿活动，要求麦当劳放弃使用塑料吸管。在收集了 50 万个签名后，该组织要求斯齐尼普（他既是 SumOfUs 的会员，也是麦当劳的股东）代表 SumOfUs 提交提案。客户和投资者强强联手，所取得的成就远远超过了单独行动。

由于客户在购买之后便拥有了产品，他们可以决定怎样使用产品，由此带来了一种完全不同的力量来源。公司可以采取措施，减少其产品对环境的影响——巴塔哥尼亚开展了修复破损衣物或转售闲置物品的项目；惠普公司设计了可重复使用的碳粉盒，客户可以免费退换。但只有在客户愿意出力而不是贪图方便用完即扔的情况下，这些举措才奏效。为确保公司的产品在整个生命周期都达到了预期的用途，客户应成为企业的合作伙伴。

参与——员工

从员工的角度来说，参与涉及采用跟企业相同的做大蛋糕的思维。正如哪怕与未来的利润没有明确的联系，公司也应该为利益相关者创造价值，哪怕评估体系中没有明确的奖励，员工也应为组织创造价值。

无论级别高低，承担管理或监督之职的员工都可以将自己所在的部门或团队视为一家小型企业，并运用本书提出的领导原则。管理者可以思考自己部门的"微宗旨"（即在帮助公司实现总体宗旨上扮演什么角色），怎样最好地植入该宗旨并衡量进步。他可以通过问自己"我手里有些什么"来思考怎样部署团队的资源和专业知识，从而为公司的宗旨做出贡献。

所有员工，甚至是非管理职位的员工，都可以发挥能动性。第八章最后提到了一个对待员工的例子。重要的是，人人都可以践行赋权、投资和奖励的态度。员工不必被动接受自己所置身的文化，他掌握着改变现状的力量。几乎人人都在管理其他人。就算某员工是所在部门中级别最低的人，其他部门也可能为他提供支持。员工可以自行解决简单的电脑技术问题，而不应认为自己可以随意占用信息技术部门的时间。如果技术人员特别乐于助人，员工可以向他提供直接的反馈、找到对方的上级转达自己的谢意，践行奖励态度。

另一个例子是向上管理。底层员工往往认为自己没有太多能动性。我在进入投资银行工作的最初几个月里，一直认为雇主希望分析师被动地听从安排。我没有任何证据支持自己的假设，我之所以这么想是因为人人都这么说。我所在的化学团队紧挨着运输团队，后者由本领导，他31岁时就成为最年轻的工业集团负责人。有一次，他看到我因为工作过量而闷闷不乐，就带我去吃午饭，尽管他对我没有正式的责任——这就是投资的态度。他向我解释了这个假设的愚蠢之处，他（还有投资银行）看重的是能表现出能动性的分析师，因为他们的贡献可能远远超过那些只会听令执行的人。

几个星期后，我对 15 家可比公司进行了估值分析。因为其中一家是农业化学品公司先正达（Syngenta），所以我的上司（马克）仓促建议我纳入另一家农业化学品公司孟山都（Monsanto）。我解释说，我的分析里已经有 15 家类似的公司，再新增一家对客户来说没什么价值。而且，由于每一项分析都涉及对比组的数据，新增一家公司需要新增很多计算工作。马克的建议似乎暗含着自由支配的态度，但他确实没有意识到这将导致多少额外的工作。在他的脑海里，先正达和孟山都是一对，这是一种条件反射式的搭配。我是唯一一个能让他意识到工作量巨大的人，如果我没这么做，我只能怪自己。马克虚心听取了我的观点，很快收回了自己的建议。6 个月后，马克在对我的第一次正式评估中写道："值得注意的是，身为入职一年的分析师，亚历克斯愿意说出自己的观点，这值得鼓励。"这很能说明马克（更宽泛地说，也说明了我的雇主）对能动性有多么看重。

除了同事关系，员工的能动性还包括为企业所做的贡献，无论职位高低。在第八章，我们讨论了日本的安灯制度：工厂工人有责任检查产品质量，并有权叫停生产线。但这一职责需要他们主动承担。抱怨容易（在很多时候，抱怨是一种宣泄），做点什么就难了，但也没有多难。主要的障碍是接受做大蛋糕的思维，不要认为自己受困于此。有时候，提出建议不需要费太大力气。许多成功的创新都来自员工的设想——在产品方面的创新，有便利贴；在制造工艺方面的创新，有啤酒企业新比利时取消纸隔板；在政策方面的创新，有制造商巴里－韦米勒的员工建议每个人都轮着无薪休假，以免公司裁员。

虽然公民有义务发挥所具备的能动性，但公司也有义务激发公民的能动性。公司可以借助员工和客户的集体智慧创造可观的价值，可有时却不屑于尝试。一如弗雷德里克·泰勒认为施密特缺乏动力、不聪明一样，高管们有时也认为客户只想索取（通过购买公司产品）、不愿回馈。一些公司在网站上留下了供客户投诉的表单，但却没有建议表单。高管们隐晦地假设客户采用的是分蛋糕的思维——客户联系公司只为了要求赔偿，而不是想提出对双方都有利的设想。

这些假设是不正确的。因此，对领导者来说，第一步是不再将员工和客户视为自私自利的个体，而是将其视为公民——社区中富有创造力、合作精神和共情的成员。接下来的挑战是寻找能鼓励其、引导其公民能量的方法，激发他们的天性。我们在第八章讨论过现在有许多公司把员工视为合作伙伴，还有公司把客户也视为合作伙伴。巴塔哥尼亚唯有相信客户会花时间修补其产品，才有可能发起"共同针线倡议"。乐高的"大使项目"将客户视为自己研发部门的扩展。更广泛地说，新公民项目等组织与公司合作，释放了客户的公民潜力。

现在，我们来看看政策制定者或对政策有看法的选民怎样帮忙做大蛋糕。

政策制定者

监管是政策制定者支持蛋糕经济学的一个途径。这里的"监管"应从广义上来理解，也即任何"监管"或约束行为的方式。它不仅包括立法，还包括行为准则，比如《尽责管理准则》。

监管尽管可以发挥积极作用，但往往也会产生意想不到的后果。我们将首先讨论设计监管政策、措施等时需要多加注意的一些重要事项；接下来将带着这些认识，介绍几种监管发挥作用的方式。

做大蛋糕的思维

做大蛋糕的思维强调疏忽不作为之过的重要性。但监管最为有效的是处罚疏忽不作为之过——对没能创造价值的公司施以处罚是极为困难的。监管不仅无法减少疏忽不作为之过，反而导致它们的增加。公司在努力不犯错的时候，很可能会忽略创新。

2017 年 12 月，应英国政府的要求，英国投资协会启动了一项登记规定，要求将在股东投票（如高管薪酬议事表决或董事选举）中支持率低于 80％的公司记录在案。它的用意是点名批评那些提出遭到投资者反对的提案的公司。考虑到点名批评带来的污名，人们将这一做法通俗地称为"罚站"，公司的领导者们自然希望避免被列入其中。

但这种"一振出局"的规则有碍于创新。失败既可以是创新带来的结果（因为创新可能会失败），也可以是带来创新的原因（因为从失败中吸取教训，可以为日后的创新提供指导）。如果一家公司提议发起薪酬改革，但"只"得到了 75％的支持，它可以听取投反对票的投资者的担忧。实际上，登记规定出台之前就存在的反馈循环，似乎运转得很不错。在薪酬议事表决上得票率低于 80％这一阈值的公司，次年平均将支持率提高了 17 个百分点。[5]马修·萨伊德（Matthew Syed）称这种思维为"开环思维"（严肃对待担忧并做出回应），与"闭环思维"（认为投资者肯定是错的，并不顾一切地继续推进）相对应。

此外，这样的登记规定到底想要达到什么目的，也不甚清晰。即便批评公司真的有什么好处，我们应该批评的也是那些没能创造社会价值的公司。如果将薪酬提案遭到否决的情况登记在案有价值，那么一家公司只有在连续两年支持率较低时才应被列入。这给了公司回应投资者担忧的机会，并允许反馈循环发挥作用。

证据强于轶事

证据可以从两方面指导监管。证据的第一个作用是有助于诊断问题的严重程度，甚至可用于判断是否需要解决方案。监管有时是对少数"坏苹果"做出的下意识反应，哪怕一车苹果中的大部分是新鲜的。

1982 年，班迪克斯（Bendix）的首席执行官威廉·艾吉（William Agee）在公司被收购后遭到解雇，但拿到了 410 万美元的"金色降落伞"。丢了工作反而拿到报酬，这让公众大为愤慨，要求政府采取行动。为回应这一个别案例，1984 年，美国国会对超过薪资 3 倍的"金色降落伞"征收高额税率。这项法律规定实际上反倒增加了"金色降落伞"的应用——它提醒首席执行官们遭到解雇有可能换来报酬，这就让他们主动提出要获得"金色降落伞"。此前，这本来是一种少见的现象，但到了 1987 年，1 000 家最大的公司中有 41% 提供"金色降落伞"，1999 年更是上升到了 70%。从前提供"金色降落伞"的公司还将其提高到首席执行官薪资的 3 倍，因为监管规定暗示这是一个可以接受的水平。[6] 还有的公司为了规避监管，提高了首席执行官的薪资。

乍一看，上述意想不到的后果似乎不是这一法律设计导致的。但这件事带来的教训普遍适用。监管总是会产生意想不到的后果——而公司要么会规避监管，要么会直接参考监管的上限，采取与之齐平的做法。这样的结果类似医学干预的副作用。在医学上，诊断先于治疗。只有在病情严重时，病人才应该接受侵入性手术，承受它带来的所有副作用。因此，只有当大量公司普遍存在某个问题时，我们才应该施加监管，同时承受监管带来的所有副作用。

证据的第二个作用是指导问题的处理，因为潜在的解决办法可能已经有其他国家尝试过。提议进行极端的改革会让你被称赞为革命者，但如果没有证据证明改革有效，它便是冒险之举。事实上，研究可能会揭示与直觉相悖的结果。2016年，特蕾莎·梅（Theresa May）在竞选英国首相时宣布，她有意提高薪酬议事表决权的约束力，使之不再仅具备咨询性质，从而让投资者获得更大的控制薪酬的权力。[7]但里卡多·科雷亚（Ricardo Correa）和乌格·勒尔（Ugur Lel）研究了全球11个实施薪酬议事表决权法律的国家，发现不管是在降低高管薪酬上，还是在将高管薪酬与绩效更紧密地联系在一起上，咨询性投票都比约束性投票更有效。[8]尽管看似出人意料，但这一结果其实很合乎逻辑：如果反对票具有约束力，投资者说不定不愿意投票反对薪酬方案，从而引发更大的混乱。

事实上，就任首相几个月后，特蕾莎·梅便就此事发起了磋商，磋商中提出的相关担忧让她放弃了提高薪酬议事表决权的约束力的计划。这种对证据的反应值得称赞。选民们经常抨击政客们对其所提的政策在立场上发生一百八十度的大转弯。但听取担忧比忽视矛盾证据的闭环思维要好得多。如果政客们无法展开磋商并在其后放弃一些设想，他们有可能最初就不会提出设想——这便是疏忽不作为之过。要不然，他们可能会罔顾新发现的一切证据，固执地坚持事先计划好的行动路线。

有形与无形

由于有形指标便于核实，监管机构让公司对此负责要容易得多。比方说，监管机构可以起诉一家公司未能达到某一指标（如未支付最低工资）或漏报某一指标（如欺诈性地披露收益）。

但对有形指标的关注存在两大风险。首先是看重数量甚于质量。

数量是有形的，质量是无形的，监管可能会改善前者，而使得后者恶化。美国 2003 年的一项法律规定，投票属于共同基金的受托责任[9]——结果，许多基金最终选择听从投票顾问的建议，而不是自己做研究。没有根据的投票可能比根本不投票更糟糕。同样的道理，印度要求大公司至少将 2% 的利润用于企业社会责任。然而，开支的数额固然可以核实，但开支的质量——是否符合倍增原则、比较优势原则和实质性原则——却无法验证。如果把钱用到其他地方可带来更多的价值，那么，光是把钱用在不恰当的地方，就是在让蛋糕缩小。

其次是看重服从甚于承诺。监管可能会导致公司遵守政策所强调的有形指标，而不是对其精神做出承诺。一些公司兴许意识到了第四章讨论的员工满意度带来的好处。如果没有监管，公司会努力提高方方面面的满意度。但披露薪酬比率可能会使得它们把重点放在薪酬比率上，而忽视其他无形的方面，如工作条件或在职培训。监管还传达了这样一个信息：提高员工满意度对公司来说成本很高，需要通过监管来强迫公司这么做。这反过来会使得公司尽量按照规定的最低标准行事。

事前与事后

监管的目的是在采取行动后纠正问题。但这样做，有可能会削弱公司最初采取行动的动力。

第七章列举了若干限制股票回购的提议。一如前文的讨论，这些提议并未得到证据的支持，相反，证据显示回购通常与更高的长期价值相关。另一个问题是限制股票回购对发行股票这一事前激励会造成什么样的影响。限制回购会阻碍公司最初筹集资金。如果公司不再需要这笔钱，它会对股票回购这一方法进行评估：通过回购股票返还这笔钱，从而减少未来需要支付的股息。如果法律禁止回购，公司可能一开始便不会发行股票，从而导致投资减少。打个比方，一位公民偏爱每月全额偿还信用卡债务、降低利息的做法。如果只允许他偿还最低额度，那么他最开始就不会使用信用卡，从而减少花钱。

类似地，我们在第六章讨论过锁定股东的政策。这种政策不光没有得到证据的支持（证据显示，退出是一种有效的治理机制），而且忽视了对投资事前激励的影响。如果管理层破坏了价值，对投资者参与没有反应，投资者必定会看重退出这一选项。如果没有退出这一选项，那么他可能一开始就不愿意投资。2018 年，英国议会在对外包公司卡瑞林展开的破产调查中发现，早在 2014 年，投资者就试图与管理层接触，但由于管理层提供了误导性信息、董事会没有做出回应而未能成功。[10]于是，许多人在它破产前就卖出了股票，这为客户保住了数百万英镑的资金。若不能卖出股票以及避免重大损失，投资者一开始恐怕就不会购买股票。

系统思考

对特定商业行为的批评，有时忽视了它们在宏观上发挥的更大作用。依托专利，一种药物能带来可观的利润，但正如默克公司首席执行官肯尼斯·弗雷泽在第三章中所强调的，为弥补药物开发失败造成的损失，这些利润是必要的。"忠诚"政策会妨碍投资者在成功参与一家公司后重新配置资金，从而转向另一家公司——ValueAct 在改造奥多比之后就是这样做的。

系统思考也很重要，因为在改革一个领域之前不先改革另一个领域很可能没有效果，甚至会产生破坏性——如果前一个领域仅仅是症状，后一个领域才是根本问题，情况尤其如此。糟糕的薪酬设计往往是投资者参与无效导致的症状。假设里卡多·科雷亚和乌格·勒尔没有发现咨询性薪酬议事表决权比有约束力的投票更有效。即便如此，倘若投资者是在自身所掌握信息不充分的条件下投票（由于持股太少，获取充分的信息不值得），那么要是投票具有约束力，薪酬决策恐怕会变得更糟糕。

一刀切

最后一点担忧是，监管一般是一刀切的。印度要求大公司将至少2％的利润用于企业社会责任还带来了一个问题：各个公司的最佳支出数额并不相同。对于投资机会很少的成熟公司，合适的数字可能是2％以上。公司虽然仍可以超过最低标准，但如果监管给人留下了"投资仅仅是合规行为，并不符合公司长期利益"的印象，那么它们就不会这么做。其他公司兴许在核心业务上有大量投资机会，2％的硬性规定只会让资金从这些做大蛋糕的项目上分散开来。还有一个例子。1993 年，美国总统比尔·克林顿（Bill Clinton）试图将高管薪酬限制在 100 万美元以内，高于这一门槛的奖励不得从公司税中扣除（除非与绩效有关）。但什么是"过度"，也因公司而异。在一个竞争激烈的行业中，许多公司可能都在为首席执行官展开竞争，如果是这样，一家大公司的首席执行官拿 200 万美元或许就是公平的（因为有才能的领导者可以发挥重大作用）。而在处于竞争不激烈行业的小公司，50 万美元说不定就合适了。上述监管规定导致高管薪酬同质化：不管公司的规模或竞争动态怎样，高管薪酬低于 100 万美元的公司会把薪酬提高到恰好为 100 万美元[11]，而薪酬高于 100 万美元的公司则会把薪酬降低到 100 万美元。

与其制定一套一刀切的薪酬标准，监管机构或许还可以决定 100

家最大公司中的每一家达到什么样的薪酬水平是公平的。但即使监管机构有资源来实施这一设想，其在激励或信息方面大概也不完善。首先，监管机构不太可能与蛋糕保持一致。它可能会受到公司为高薪酬开脱的游说，或是受到公众的游说，从而不惜牺牲价值创造来打压高薪酬。相比之下，大型投资者既关心蛋糕的大小，也关心它的分配，因为这两者都会影响投资者的回报。其次，股东、董事、薪酬顾问比监管机构更了解首席执行官的劳动力市场和薪酬设计。[12]

诚然，市场在激励和信息方面也并不完善。薪酬顾问可能存在冲突，投资者可能并不掌握充分的信息。故此，监管当然要发挥作用，但目的是改善市场参与者的动机和信息，而不是凌驾于他们之上。那么，在讨论了监管的局限性之后，我们现在来讨论它将怎样帮忙做大蛋糕。指导监管的一条良好原则是：是否存在市场失灵，且监管机构能否改善这种市场失灵？基于这一原则，我们现在来看看监管能通过哪几种方式发挥作用。

信息

如果一家公司一味地分蛋糕，投资者、员工和客户便会离开，并以此种形式成为最终的监管者。至关重要的是，他们的评估可以包括无形的维度，并根据公司的情况进行调整。这就要求各成员了解情况，而监管可以通过强制披露相关信息来提供帮助。1998年以来，挪威要求各公司报告其环境影响和环境缓解活动；巴西、丹麦、印度、马来西亚、新加坡、瑞典和英国等国家也规定或建议了更普遍地披露社会影响。[13]监管机构还能够确保尽可能地在可比基础上进行信息披露——例如，所有资产管理者应报告扣除费用后的绩效。

监管协调的不是报告方法，而是报告的主题。联合国的可持续发展目标确定了世界各国到 2030 年要实现的 17 个目标。重要的是，可持续发展目标并没有规定一家公司应该怎样实现一个特定的目标，也并未建议对每个目标给予同等的重视——公司怎么看待这些目标的优先次序应取决于其宗旨。相反，可持续发展目标为公司提供了一种可在报告时使用的共同语言，以解释它们是否会对各目标做出贡献以及怎样做出贡献。这就为成员提供了进行比较的基础，让它们可以理解公司为实现自己最看重的目标做了些什么。

例如，达能的宗旨是"通过食物把健康带给尽可能多的人"，而沃达丰的宗旨是"建立数字社会，促进社会经济进步"。故此，虽然两者都可为联合国提出的可持续发展目标做出贡献，但重点不同。达能的优先事项之一是"零饥饿"（可持续发展目标的第二个），它通过生产安全和富有营养的食物来支持这一目标。尽管"零饥饿"不属于沃达丰的核心关注点，但该公司仍可通过提供技术和移动支付服务，提高农民的生产力，进而做出贡献。这表明，有不同宗旨的公司可以采取不同的活动，从而为一个共同的目标做出贡献。然而，公司不能本末倒置——它不应为了实现更多的可持续发展目标而发起行动。相反，它们应该把重点放在符合倍增、比较优势和实质性原则的活动上，并在事后通过对照可持续发展目标加以报告。

政策制定者可以提供一种共同的语言，以对其他领域的报告进行协调。为了增强投资者尽责管理报告的可比性，监管机构可以设计出一系列统一的尽责管理主题，比如高管薪酬、资本配置和气候变化。此后，投资者可以强调其优先考虑的主题，并解释对每个主题采取了什么样的独特做法。投资者可能会利用薪酬议事表决权来改进高管薪酬事宜，利用资本配置来参与公司，并从那些未对气候变化采取行动的公司撤资。

请注意，披露更多并不一定就更好。有形指标可能不完整，容易遭到操纵，或是鼓励人们只关注被披露的指标。因此，禁止或不鼓励某些信息的披露或许也应该是监管的作用之一。自 2015 年 11 月起，欧盟不再要求公司提交季度报告，但许多公司仍在这样做。政策制定者可以更进一步，制定一项"不遵守就解释"条款，即默认公司不应发布季度报告，除非它解释这么做的理由。此外，我们在第八章中已经讨论论过，这个问题不仅适用于财务指标，也适用于非财务指标。强制披露非财务数据，可能会使公司为了完善这些数据而牺牲非财务绩效的定性衡量标准——比如为了创造就业机会，忽视就业质量。

外部性

开明股东价值和蛋糕经济学的一个关键区别在于，奉行前者的公司不考虑外部性。此事可通过监管来解决。

最简单的（通常也是最有效的）解决方案是，禁止负外部性大于各方收益的实践，并强制公司采取正外部性大于各方成本的实践。这方面的例子包括关于环境、就业和人权的若干法律，如禁止使用童工、强制符合健康和安全要求。这样就避免了"逐底竞争"，即一家分蛋糕的公司可以削减成本，赶在做大蛋糕的公司通过投资获得回报之前将它挤出市场。公司若违反规定，不仅会遭到罚款，高管也会受到处罚。我们在第五章提到的威廉·麦奎尔因抬高自己的薪酬，不得不偿还联合健康保险公司 4.68 亿美元，而且 10 年内他都不得担任上市公司的高管或董事。安然的几名高管因欺诈或隐瞒与安然财务状况相关的信息而被捕入狱。在这两起案例中，高管欺骗了投资者。对损害利益相关者的行为，也应施加类似的制裁。尽管英国公司法规定，董事"必须……考虑到"利益相关者，但还没有哪个董事因未能做到此事而受罚。[14]

还有一些行为既会产生负外部性，也会给社会带来益处（如航空旅行），因而没有道理完全禁止。这时的解决办法是，对受其外部性影响的物品赋予产权，这样公司就会考虑这些外部性，并将外部性与收益进行权衡。例如，政府可以赋予公民呼吸清洁空气的权利，或者，赋予公司有限排放污染的权利。一旦这些权利可以交易，在减排方面具有相对优势的国家便可以将自己的排放权卖给不具备此种优势的国家。一些地区的碳排放就采用了这一制度。[15]

监管机构还可以对产生负外部性的行为征税。2019年1月，《华尔街日报》发表了史上最大规模的经济学家公开声明，这一声明由包括27名诺贝尔奖得主和4名美联储前主席在内的3 500多名美国经济学家签署，主张征收碳排放税。所得税款可用于补贴能产生正外部性的活动。为了鼓励创新，许多国家提供研发信贷，从而在企业投资于研发的时期，减少其应缴税款。在第六章中我们强调，衡量创新的成功不是根据投入（研发支出），而是根据产出（如产生的专利数量）。有11个欧盟国家设立了"专利箱"——对来自知识产权的收入减税，对进行了成功创新的企业进行补贴，而不是依据创新支出进行补贴。

政府监管最适用于能够明确衡量的议题（如碳排放）。故此，政府在环境因素上发挥的作用可能比在社会议题上发挥的作用更大。有些社会问题，如禁用童工和最低工资，可以强制执行；但另一些问题，如赋权、投资和奖励态度，就难处理得多。这就是为什么我们在本书中始终强调企业负责任的案例。政府当然扮演着重要角色，但重新设定企业宗旨需要企业和投资者的共同承诺，企业和投资者不能仅仅是照章办事。

再分配

我们已经讨论过做大蛋糕的最和谐结果是帕累托改进，即一些成员有所得，同时没有任何成员有所失。但我们强调了帕累托改进是极少见的情况，因为大多数行动都涉及权衡取舍。虽然做大蛋糕的企业会尽可能地补偿决策所导致的输家，但不管怎么说仍然可能会有输家。

光靠企业很难创造出帕累托改进。Engie 在关闭黑兹尔伍德发电厂时，参与了拉特罗布河谷工人转移计划。但这是因为维多利亚州政府一开始就制订了这一计划——如果拉特罗布河谷的其他发电厂雇用黑兹尔伍德发电厂的前员工，便可获得政府补贴。

政府可以利用通过再分配做大蛋糕的活动所产生的收益和损失，协助创造帕累托改进。第五章讨论了税收在将高额回报再分配给可扩展技能（而不仅仅是首席执行官的能力）中所发挥的作用。在这里，我们要讨论通过支出政策实现的再分配。技术这种力量能做大蛋糕，但若不采取补救行动，就会减少个人分到的份额。如第八章所述，渣打银行新加坡分行推出了 SkillsFuture@sc，助力员工培养能扩展但不会被取代的技能。该举措的灵感来自新加坡政府的未来技能项目——旨在为公民在职业生涯的各个阶段提供持续的培训。[16] 每名 25 岁以上的新加坡公民都会收到 500 新元（折合 370 美元，还会定期补充至足额），以参加当地的或网上的课程。SkillsFuture@sc 还免费为公民提供建议，如职业指导和个性化技能提升计划，使其了解具体的工作岗位需要哪些技能。

另一种做大蛋糕但加剧不平等的活动是自由贸易。自由贸易带来了更多的商品，让消费者受益；它还带来了更廉价的生产资料，让不少行业受益。但成千上万的工人和公司在来自外部的竞争面前损失惨重，还有更多的员工因离岸外包而遭到淘汰。美国贸易调整援助（TAA）是一项对雇员进行再培训、帮助他们找到新工作的计划。[17] 一般来说，很难找到因果证据说明此类举措的效果，因为政府在推出这些举措的同时往往还会采取其他措施解决失业问题。此外，只有一部分工人有资格参与政府的此类计划，而他们跟没有资格的工人兴许有着不同的技能。说不定，是这些技能上的差异决定了未来的就业结果。

本·海曼（Ben Hyman）用一种巧妙的方法来确定因果关系。[18] 如果一家公司的销售额因进口或离岸外包下降，为此遭到解雇的工人就有资格参加贸易调整援助计划。但这种资格的评估是主观的，取决于人的判断。本发现，有些审查员很严格，接受的申请始终偏少，而有些审查员则很宽容。申请人分配到严格的还是宽容的审查员，是一件很随机的事情，但这对他是否能被纳入贸易调整援助计划有重大影响。本指出，贸易调整援助计划能让一名工人此后 10 年的累计收入增加 5 万美元。这些回报的 1/3 来自更高的工资，其余则来自找到工作的概率更大。

丹麦的两个郡在推出就业激活项目时采用了资格随机分配的做法。如果公民在 2005 年 11 月至 2006 年 3 月期间失业，且他的生日是任意月份的 1 日至 15 日之间的日子，他便有机会参加一个指导他寻找并申请工作的项目，这个项目还会监测他的申请努力，为他提供技术、社交和语言技能培训。而出生于每个月 16 日及之后的人就没有资格加入该项目，从而成为对照组。由于工人的出生日期对其未来的就业能力没有影响，符合资格和不符合资格的工人在就业结果上出现任何差异便可以归因于该项目。布莱恩·克劳·格雷沃森（Brian Krogh Graversen）和扬·范·乌尔斯（Jan van Ours）发现，该项目将工人持续失业时间的中位数缩短了 18%。[19]

财务知识

比再培训成年人更有效的做法是教育年轻人。大多数政府正确地认识到，科学、技术、工程和数学等理工类教育，以及计算和读写等核心技能，对未来的就业能力至关重要。但财务知识是一项保障公民长期财务未来的关键核心技能。怎样编制预算，怎样有效进行节税储蓄，复利的作用，以及简单的个人财务经验法则（如首先偿还信用卡债务），诸如此类的指导可对公民的财务稳健性产生深远的影响。这反过来也有助于解决不平等问题——财富的不平等不仅源于收入的不平等，还源于人们的消费、借贷和储蓄方式。

此外，财务知识可以防止客户免遭分蛋糕的公司利用。一些信用卡公司提供较低的"引诱"利率，一旦客户上钩，利率便会大幅飙升。不懂财务知识的客户，可能不知道除了"引诱"利率之外还应注意哪些地方。茹洪（Hong Ru）和安托瓦妮特·舒娅（Antoinette Schoar）发现，美国信用卡发行商针对受教育程度较低的客户提供较低的"引诱"利率，但对违约金、滞纳金和超限费方面收取更高的利率。[20]与此相关的是，财务知识是促进公民参与的关键。如果工人们理解了自己用养老金进行投资时会发生什么（他们怎样获得了影响公司的能力），便有可能激励他们向养老金供应方表达自己的非财务目标，并敦促后者对追求这些目标负责。

竞争

竞争在蛋糕经济学中扮演着几种重要的角色。它对管理者加以约束，使之难以追求个人私利，比如把钱浪费在不相关的收购活动上。有了竞争，如果一家企业剥削其利益相关者，员工、供应商和客户便可投入竞争对手的怀抱。相比之下，市场力量使得企业可以对消费者提高价格，降低工人的工资，恶化对供应商的条件，这助长了分蛋糕的行为。事实上，埃夫·本麦勒赫（Effi Benmelech）、尼泰·伯格曼（Nittai Bergman）和金贤胜（Hyunseob Kim）的研究表明，本地雇主集中对工资有负面因果效应。[21]

垄断权力造成的定价扭曲不仅伤害了利益相关者，还导致资源配置不当。在完全竞争条件下，企业对产品的要价不能超过生产成本。因此，客户的私人成本等于社会生产成本。如第三章所讨论的，这使得客户在做出购买决定时要考虑社会面临的机会成本。但垄断会导致溢价，即价格大大超过生产成本。因此，哪怕客户可以从产品中获得大于生产成本的价值，他也可能不会购买，做大蛋糕的交易并不会发生。由于促进竞争的政策已有广泛的报道，我建议读者参阅相关资料。[22]

消除扭曲

如果监管造成扭曲，市场就会失灵。因此，消除现有法律法规无意中导致的扭曲，是政策制定者创造价值的一种方式。

我们已经讨论了披露规定带来的扭曲。扭曲的第二种来源是税收制度。如前所述，克林顿取消了 100 万美元以上薪酬的税收抵扣，但《美国国内收入法典》第 162（m）条认为"与绩效有关"的形式除外。奇怪的是，该法典并不认为限制性股票与绩效有关，因为股票的数量并不取决于绩效——尽管它们的价值显然与绩效相关。但绩效股确实很重要，哪怕存在第五章中讨论的问题，董事会仍然倾向于授予高管此类股票。[23]请注意，此种扭曲带来的影响远远超出了税收。监管机构将限制性股票贴上与绩效无关的标签，妨碍了董事会和投资者支持限制性股票。

2017 年，特朗普的《减税与就业法案》将第 162（m）条扩展到 100 万美元以上的所有薪酬形式（即 100 万美元以上的薪酬形式均可享受税收抵扣）。这在无意中产生了有利于消除上述扭曲的效果。现在，董事会可以选择能够带来最长期价值创造的薪酬结构，无须思考怎样的薪酬结构在税收上最为优惠。

最严重的税收扭曲说不定还会影响公司的融资选择。在几乎每个国家，债务利息都可以从公司税中扣除，但股票收益却不能。这种不对称的待遇完全不合理。[①] 有证据表明，这使公司倾向于使用债务融资[24]，这增加了破产风险——而公司破产会带来负外部性：员工失去工作，供应商丧失收入，客户得不到售后支持。

现在，债务融资有很多好处。它使得股东和高管能够集中持股，故此产生创造价值的强烈动机。[25][②]政策制定者不应打压公司举债，而应消除公司为了避税（而不是为了做大蛋糕）选择债务融资所造成的扭曲。一种选择是将适用于债务的税收抵扣扩大到股权。比利时从 2006 年起开始这样做，的确导致公司减少了举债行为。[26]另一种选择是取消债务的税收抵扣，并降低公司税，从而让总体税收负担大致不变。

---

① 一种解释是：债务成本高，因为创始人必须支付利息；股权则不然，因为他不必支付股息。这种观点是错误的——股权持有人损失了将资金投资于其他地方的机会，这一机会成本必须得到补偿。

② 假设有一家公司，其资产为 1 亿美元，没有债务，首席执行官可以从自己的财富中拿出 100 万美元对它进行投资。此时，他拥有 1% 的股权。如果同一家公司有 50% 的债务融资（即使用债务融资 5 000 万美元，使用股权融资 5 000 万美元），那么首席执行官使用同样的 100 万美元对它进行投资，现在可得到 2% 的股权。

最佳实践

监管的最后一个作用是传播最佳实践。如果市场力量能够完美发挥，则不需要这样的角色。一家公司如果采用了不良做法，就会绩效不佳，被逐出市场。成员们会注意到不良实践（比如效率低下的董事会结构），主动离开。但市场力量并不能完美发挥。绩效不佳的公司可以通过市场力量生存下来，而且成员们可能不具备评估董事会结构的专业知识。

监管有助于传播最佳实践，但应该认识到，这些最佳实践可能并不适合每一家公司。故此，最有效的传播方式是通过软性的准则而非硬性的立法。"不遵守就解释"条款可以实现所需的平衡，多个国家的公司治理准则和尽责管理准则都有相关规定。[27]这些是公司应当遵循的指导方针，如果公司选择不遵守，就需要解释原因。本书中的若干设想都可以通过"不遵守就解释"条款来实现，如用离职后持有一定时间方可兑现的限制性股票奖励领导者、赋予投资者宗旨议事表决权、不公布季度收益等。

除了正式规范，监管机构还可以扩大最佳实践的接触人群，以对其进行传播。2017年11月，英国发起了"做企业"（Be the Business）行动，以解决其生产率问题。[28]它提供了有关数字化、员工敬业度和规划等各类主题的文章和"小技巧"，还建立了企业可以分享最佳实践的社区，以及开展全国性的小企业领导者导师项目。

最后，政策涉及的范围远不只监管，还包括教育、培训和资助研究等其他手段。可做大蛋糕的政策，列举起来无穷无尽，而且超出了本书范畴。这里，对于其他手段，我们只讨论一个例子：为小企业融资。这是因为小企业在蛋糕经济学中扮演着许多角色；它们强化竞争；

它们投资也更多，因为随着企业老化，增长机会往往会变少。此外，政策制定者可以对小企业融资附加条件，确保它们一开始就采用做大蛋糕的思维。请注意，还有其他许多方式可支持年轻企业，比如税收优惠、减少官僚作风，这些已经在其他地方有过论述。[29]我们着重讨论融资，因为小企业缺乏规模，没有有形资产，也没有筹集大量资金的过往记录，对于它们来说，融资是一项特别的挑战。

政府或政府机构可以直接为小企业提供资金——如德国北莱茵-威斯特法伦州发展银行，它是北莱茵-威斯特法伦州的国家发展银行兼欧盟的欧洲投资银行。[30]政府或政府机构还可以为公民提供税收激励，比如英国的企业投资计划、法国的马德林条款（Madelin Provision）和德国的投资促进局。较之为所有小企业提供资金，还有一种更激进的解决方案——只针对"宗旨明确"的小企业提供资金或税收优惠。这一设想在理论上很有吸引力——公众只支持那些能产生强烈正外部性的企业。但在实践上，它的主要挑战在于，如何评价一家企业是否"宗旨明确"，这是高度主观的。企业有可能不遗余力地说服政府相信自己在为社会创造价值（如通过撰写大量的报告），而不是真正投入到为社会创造价值当中。

这些挑战兴许并非不能克服。政府本来就需要根据是否服务于公共利益，从主观上判断一家组织是否具有慈善性质。认定一家企业"宗旨明确"，可能也是类似的。关键在于，政府所提出的报告要求，绝不能超出宗旨明确的企业应该做到的限度。第八章可能会是一份有用的指南——一家企业应阐明自己的宗旨，解释打算怎样将宗旨植入内部，并详细说明将跟踪哪些指标以验证践行宗旨的情况。此后，它只要每年向政府报告这些指标即可。

宗旨明确的企业说不定已经在这么做了，但不是所有企业都知道最佳实践。如果是这样的话，报告要求就不再是烦琐的文牍事务，而变成了有益的推动。由于企业文化很难改变，从一开始就鼓励企业认真思考自己的宗旨是什么，怎样将它付诸实践，怎样衡量进展，就显得尤为重要了。

影响者

现在，我们来看看影响者（如媒体、智库和被视作专家的人）在做大蛋糕中发挥的作用。前面已经探讨过的适用于政策制定者的两点注意事项也适用于影响者，以及有可能受影响者的意见左右的公民。（另外四点注意事项既适用于影响者，也适用于政策制定者。）

做大蛋糕的思维

影响者有助于追究企业未能创造价值的责任。但激起公众的愤怒更容易获得影响力，因此一些人可能会聚焦于企业创造了多少利润、首席执行官拿到了多高的薪酬。由于分蛋糕的思维盛行，许多读者可能认为薪酬和利润必定要以牺牲其他利益相关者为代价。

例如，人们经常批评高管薪酬过高，却并未考虑领导者是否创造了长期价值。类似地，让我们回想一下第七章讨论的哈门那回购事件。大多数文章关注的是回购交易使首席执行官拿到了 168 万美元的奖金。但它们忽略了另一个事实：此举为长期投资者创造了约 9 600 万美元的价值，故此首席执行官拿到的奖金并没有以投资者为代价。

除了对分蛋糕、缩小蛋糕的企业进行"点名批评"，影响者还掌握着"点名表扬"做大蛋糕的企业的力量。这展现了一幅更为平衡的商业图景，应该能够减少公众的不信任。影响者没有责任减少企业理应承受的公众对它的不信任。但不管企业是应该得到公众的信任，还是理应受到公众的怀疑，影响者都有责任准确地描述企业。

"点名表扬"做大蛋糕的企业，可鼓励公民对其进行投资、购买其产品和服务或为其效力，也为其他企业树立了志向高远的榜样。它还给了领导者信心，让他们相信：把目光从利润目标转向改变世界，自己的企业最终可能会更加成功。

证据强于轶事

影响者可以通过对主题发表立场分明的观点而产生影响力。一篇声称回购一定是好事的报纸文章，只要有着明确的标题，便会引得回购支持者分享和引用。一位认为回购绝对是坏事的专家会因这一立场而出名，每当有记者想要发表一篇反驳回购的文章，就会去采访他。影响者发表片面的观点却无须承担责任，因为读者往往会认为一个议题不是好就是坏，这种心理倾向叫作"分裂"、"黑白思维"或"两极化思维"。再加上"确认偏误"（指的是人更容易接受支持自己现有看法的观点，不管它是好是坏，同时无视任何与自己看法相矛盾的观点），这会变得更加复杂。

呈现片面观点的一种方式是讲故事。故事既强大又危险。说故事强大，是因为它们生动，能让一个主题变得更加鲜活，因此比统计数据更容易为人们所记住和复述。而且，你还可以专门选择一件轶事，以最直白的方式阐释你想要阐释的东西。我承认，我特意针对第七章挑选了哈门那回购事件，因为在这个故事里，要是没有回购，首席执行官就刚好达不到每股收益目标，有了它就正好达到了目标。但也正是因为这种强大的力量，故事也很危险。哪怕一个结果在整体上并不成立——领导者并不利用股票回购来实现每股收益目标，但你总能找到反例来说明它成立。

影响者当然不应放弃讲故事。如果文章建立在回归系数的基础上，那它会无比枯燥，没法影响任何人。但如果故事能就一个大规模现象给出真实的例子，它就特别有价值——如若不然，故事就会产生误导作用。故此，影响者应当遵循的一条原则是，不要从故事中推导出普遍的观点，除非还能引用大规模的证据来支持该观点。

但光是从故事转向证据还不够。跟轶事一样，你总是可以精心挑选一项研究来阐释你想阐释的东西。现有研究质量差异很大是一个主要问题。有些研究存在基本的方法论错误，比如我们在第五章中看到的对首席执行官激励的错误计算；有些研究发现的是相关性，却声称找到了因果关系。故此，在衡量证据时关键要看它的质量和严谨性，而不是看研究的结论我们是否喜欢。

影响者应该怎样评估一项研究的质量，又不必深入研究和审查其方法论（这需要专业知识，非常耗费时间，且不切实际）呢？以下有5个便于提出也便于获得答案的问题：

1. 这项研究真实存在吗？

这个问题似乎显得很荒唐——难道答案还能是"不"吗？可实际上有好几篇文章都是基于作者的研究新闻稿写出的，而研究本身并不存在。例如，一家颇具影响力的报纸发表了一篇文章，题为《英国首席执行官比欧洲同行挣得多》，副标题则是"研究还未能发现更高的薪酬与更好的绩效之间存在联系"。但这项研究压根就不存在。然而，由于确认偏误，大众不加批判地接受了此文并将之广泛传播。

有时，研究确实存在，但却是删减版——它可能只描述了结果，而没有说明方法论。如果一项研究声称负责任的公司绩效更佳，那么它必须解释自己是怎么衡量负责任的。关键是要有能力仔细审查研究所用的方法论，因为我们对研究结果的信任程度取决于负责任的测量是否可靠。第四章讨论了一些研究只简单地询问领导者有多负责任，这显然值得怀疑。

2. 这项研究基于实际数据吗？

这个问题似乎也很荒唐。但许多研究并不是基于实际数据，而只是简单地询问人们的观点。一项研究可能会报告"70％的投资者认为财务激励不会影响首席执行官的绩效"。这跟使用数据来研究激励是否真的会影响首席执行官的绩效有很大的不同，正如第五章引用的研究所采用的做法。当然，调查有助于了解人们的观点——但影响者应该意识到，这些研究只报告了人们的观点，而不是实际发生的事情。

与此相关的是，数据必须实际支持这项研究所提出的主张。一家咨询公司就其研究发布了一篇新闻稿，题为《英国顶级公司首席执行官的薪酬待遇极大地阻碍了创新》。但研究并未包含任何关于创新的数据。它收集了首席执行官薪酬方案的数据，指出其中包含了奖金，并假设奖金会阻碍创新。①

3. 研究是否发表在经同行审阅的顶级期刊上？

许多研究是由专业服务机构的从业人员进行的。从业者的研究具有重要价值，我在本书中也引用了许多此类研究。从业者往往比学者更容易接触到数据，而且是统计数据的最佳来源。但学者在分析统计数据之间的关系上有着特别的专长——区分因果关系和相关性，并提出其他解释。重要的是，学术研究必须经过严格的同行审阅，以检验其科学准确性。这不仅针对执行过程中出现的诚实失误，也针对蓄意

---

① 出于第五章所述的原因，奖金阻碍创新似乎说得过去。但奖金会促使公司上下团结起来，在包括创新在内的多个层面加以改进，也是说得过去的。

偏误，比如一家制药公司资助了一份关于自己所产药品的报告，或一名学者声称发现了一桩丑闻并借此出名。顶级的期刊采用最高的标准，审稿人是世界顶尖专家，95％的稿件会遭到拒绝。没有遭到拒绝的5％的稿件也不会立刻接受，相反它们会进入"修改后重新提交"状态。审稿人会标明作者需要解决的问题，哪怕进入了下一轮，稿件仍可能遭到拒绝。一篇论文在初稿完成后用了5年时间才得以发表，这样的情况并不少见。这对作者来说是一项艰难的任务，但有助于确保发表的结果是正确的。一如导言中的讨论，一篇关于薪酬比率的论文经过同行审阅，修正了方法论之后，结论彻底改变了。

严格的同行审阅过程至关重要。一份自称"经同行审阅的期刊"还远远不够，因为审阅标准的质量差异极大。分析机构卡贝尔（Cabell's）曾编撰了一份黑名单，将超过1.4万份期刊列为"掠夺性"期刊，因为它们声称经过同行审阅，实际上却并没有。借助可免费获取的最佳期刊名单（如英国《金融时报》50强期刊榜单）即可轻松核实期刊的质量——非学术界人士就能做到这一点。

同行审阅并不完美——人总会犯错。有时，他们会接受草率的论文，拒绝优秀的论文。但经过检查总比未经检查好。我听过一些未曾经历过同行审阅流程的影响者把"发表偏误"挂在嘴边，把它视为许可证，这样他们就可以忽略论文是否已经发表，想引用什么样的研究就引用什么。他们控诉说，期刊只发表支持传统正统观点的论文，比如只关注股东价值。

发表论文的过程根本不是这样的。身为期刊编辑，我们希望发表能改变人们思考方式的新颖论文。衡量期刊声誉的主要指标是其文章被人引用的次数。任何新领域的第一篇论文都会被大量引用；而在成熟领域里发表的第十篇论文，引用次数就寥寥无几了。顶级期刊有高达95％的拒稿率，关键原因并不在于大多数论文有问题，而在于它们没有对知识做出足够新颖的贡献——它们主要是在重复我们已经知道的东西。事实上，贯穿本书，我们讨论了许多在顶级期刊上发表的学术论文，它们都支持跳出股东价值最大化，以及转向社会价值创造的理念。

我提出这些观点并不是要为学术界辩护。学术界有许多方面可以加以改进。但说期刊没有动力发表挑战传统智慧的新颖论文，并不属于此类。[①]

4. 作者的资历是怎样的？

当然，每一篇论文最开始都处于未发表状态。我们怎样判断一篇新论文的质量呢？我们要仔细审查作者的资历。他们所在的机构是其中的一个相关因素，我们可将它与顶尖大学排行榜（可免费查阅）进行比较。这不是精英主义，只是希望运用最好的证据。我们会更认真地听取来自西奈山医学院的医学意见，而不是一家从未听说过的医院的意见。

这当然不是说顶尖机构所做的研究总是正确的，其他机构所做的研究一定是错误的。因此，第二个因素是作者在顶级出版物上发表论文的记录，这很容易查找，因为几乎所有学者都会在自己的网站上公

---

① 对于这个问题，有一点值得提醒：有少数从业者的研究或许在质量上足以放到学术期刊上发表，但从业者无意这么做，因为学术发表不是他们的目标。政府或监管机构委托咨询机构进行的研究就是一个例子。必须要弄清楚研究是为提供信息而进行的还是为宣传而进行。为此，你要这样问：如果研究发现了相反的结果，该组织仍会公布这项研究吗？例如，许多咨询机构会发表研究，表明负责任的公司绩效更佳（因为这一主张对它们的品牌有好处），但如果结果相反，它们就不会发表相关的研究报告。一些咨询机构对负责任采用了自设的指标，故此有着特别强烈的动机来证明自己所用的指标"管用"。另外，即使这个问题的答案是"不"，也并不意味着论文有问题，但必须谨慎对待。

布个人简历。事实上，我们会仔细审查作者的资历。不过，这也并不是说发表过大量论文的作者始终是正确的。在评估证据时，作者资历只是考虑因素之一，就像公司的品牌名称是做出购买决定的考虑因素之一，人们就读的大学是企业做出招聘决定的考虑因素之一，是应聘者的敲门砖。下面是一个很有用的问题：如果同一名作者在资历未变的情况下进行同样的研究，只是所得结果相反，我们还愿意相信它吗？

还有一点很关键：要仔细审查作者是否在相关领域具备资历。这有助于避免"光环效应"问题，即一个在某一领域有专长的人，在不相关领域也被看成专家。例如，通用电气前首席执行官杰克·韦尔奇说过一句广为引用的话，他说股东价值是"世界上最愚蠢的想法"[①]。韦尔奇当然是一家大企业里有影响力的首席执行官，但他并没有研究股东价值定位对企业总体绩效的影响——而股东价值定位对企业总体绩效的影响是一个值得进行学术研究的问题，与商业领导力无关。即使是学术研究人员也可能会忍不住谈论自己专业知识范围以外的问题；一些医生宣称找到了消灭冠状病毒的神奇疗法，哪怕他们的背景不是病理学或流行病学。这对负责任的企业来说尤其是个问题——因为这是一个热门话题，许多夸夸其谈的人想跟风谈论它；由于确认偏误的普遍存在，你很容易靠着说出公众想听的话来出名。故此，如果有人自称以研究负责任的企业为专业，我们应仔细检查他是否在经同行审阅的顶级期刊上发表过论文，而不要被他在其他领域拥有的专业知识所蒙蔽。

---

① 此外，韦尔奇的话经常被人断章取义。他的原话是"从表面上看，股东价值是世界上最愚蠢的想法"。他认为，股东价值应该是一种结果，而不是最终目标，正如蛋糕经济学所描述的。

5. 还有其他解释吗?

第五个指标是作者的研究结果是否还有其他解释。还是那句话,检查这一点不需要你是学术界人士,因为大多数替代性解释都建立在常识的基础上,并不纠结于方法论的技术细节。读者可以问问自己,结果有没有可能来自反向因果关系的驱动(是员工满意度提高了企业绩效,还是企业绩效提高了员工满意度?);又或者是遗漏变量导致的(ESG 股票在新冠肺炎疫情期间表现出色,是因为技术打败了能源吗?)。我经常在领英上分享以负责任的企业为主题的学术论文,持支持和否定态度的都有。如果我分享的文章所得的结果与公众意见相悖,就会有不少评论指出其他的解释——所以,想出不同的解释当然是可行的。但如果论文证实了当前的想法,人们就会不假思索地接受它。

重要的是,弄清是否存在其他解释不需要太长时间。一篇学术论文的导言(通常是 4~6 页)应该是自成一体、无关技术。它的目的是给出论文的所有要点(包括它怎样处理不同的解释),无须读者深入研究论文的实际内容和技术方法。不管是对已发表的还是对未发表的论文,都可以提出这个问题。大多数未发表的社会科学论文可以从社会科学研究网络(SSRN)网站(www. ssrn. com)上免费获得。即便论文发表在付费期刊上,发表前的版本通常也可以在 SSRN 上找到。

这五个问题可以帮助影响者评估以研究为基础的报告是否值得信赖。最后,我们想给出三个提示,以帮助公民判断影响者所援引的作为支持的研究在可靠性上如何。给公民的第一个提示和给影响者的一样:检查文章中所引用的研究是否真实存在。

第二个提示与第一个相关:浏览引用的研究,核实它是不是真的揭示了文章所声称的要揭示的内容。例如，英国下议院特别委员会①发布的《高管薪酬报告》称，"关于首席执行官个人对公司绩效的影响，证据最多只能算是模棱两可"，并在脚注中引用了"亚历克斯·爱德蒙斯教授"向高管薪酬调查人员提交的证据。然而，我没有任何证据表明这一点。就"首席执行官个人的影响"，我最接近的一句话是，"对于获得高股权激励的首席执行官，公司每年的绩效比获得低股权激励的首席执行官高 4%～10%，研究人员做了进一步的检验，暗示两者是因果关系，并非仅仅是相关关系"，一如文中讨论的。这表明首席执行官对公司的确有着重大影响。公民个人核实原始信息来源可能很麻烦，不过，fullfact.org 等网站可代为查证。

第三个提示是询问文章是否平衡。每一个商业议题或经济议题几乎都存在两面性②，故此影响者如果提出一个极端的立场，可能会故意只选择支持其立场的研究，并有意识地排除已知的矛盾证据，或拒绝寻找此类证据。因此，公民应该特别警惕"毫无疑问""证据确凿"等毫不含糊的说法。我们之前看到，有影响者声称，"ESG 战略的出色表现毋庸置疑""有明确证据表明，首席执行官的高薪酬跟绩效并无紧密相关性"，但这两种说法都不正确。对片面观点保持警惕，公民不仅能让自己更知晓内情，还可以敦促影响者展示完整情况。

例如，挪威主权财富基金是一家有影响力的机构，因为它是受人尊敬的投资组织，其他机构纷纷效仿。2017 年 4 月，该机构发布了一份关于首席执行官薪酬的意见书。此后，它又发表了几篇与负责任企

---

① 该委员会仅提出政策建议，对政策的制定具有影响力，但并不直接制定政策。

② 社会科学里的几乎每一个议题都存在两面性，因为很难完美地证明某件事——一如讨论过的，证据并非放之四海而皆准。不过，这样的证据在物理学中是有可能找到的，只对一方面进行证明的文章是可靠的。

业相关的主题文章。在所有这些文章中，它不仅呈现了支持其立场的论证，也呈现了反对其立场的论证。收录后者提高了挪威主权财富基金的可信度，因为这表明它谨慎斟酌了另一方面的情况，才形成了自己的立场，而不是误打误撞得来。承认你所持立场的潜在弱点，并不是在示弱，而是在展现优势。

本章小结

- 公民有着能动性，即改变企业运营方式的力量。虽然很少有人会是政策制定者，但所有人都可以通过自己的选民身份影响政策。同样，很少有人是影响者，但所有人都因自己分享的和忽视的观点发挥着影响力。几乎人人都是投资者、员工和客户。

- 和投资者一样，员工和客户都可以监督（根据企业为社会创造的价值来进行选择）和参与。各级员工都可以对他人采用赋权、投资和奖励的态度。他们能够向上管理，大胆地提出和尝试新想法。客户可以通过购买决定或产品反馈向企业施压，要求其改变行为。

- 监管可以解决外部性等市场失灵问题，也可再分配做大蛋糕带来的收益，帮忙传播最佳实践。但它也有局限性。在阻止胡作非为之过的同时，它也可能会削弱企业承担风险的主动性，加剧疏忽不作为之过。它通常是一刀切的，并不会针对企业的具体情况进行调整。因此，特别有效的做法可能是"不遵守就解释"条款，要求披露信息，使成员能够做出知情决定。

- 影响者可以扮演重要角色，将人们的注意力吸引到缩小蛋糕的行为上，并"点名表扬"做大蛋糕的企业。

- 只陈述问题的一个方面，特意挑选一个能生动说明其观点的故事，会更容易获得影响力。但影响者的目标应该是传播真相，即只有在能够得到大量严格证据支持的情况下，才用故事来阐述一个普遍的观点。

• 影响者的受众应该当心确认偏误，即倾向于接受支持自己观点的观点。他们应该为最严谨的学术期刊发表的研究给予特别的权重，因为这些研究来自在相关领域有很强资历的研究人员。人们应更信任那些能展现议题正反两方面的影响者。

第四部分

宏观图景

第十一章　更广泛地做大蛋糕

——国家和个人层面上的双赢思维

本章讨论的是，除了在商业中所发挥的作用，本书的核心观点（做大蛋糕思维的力量；疏忽不作为之过的重要性；倍增、比较优势和实质性原则）可以怎样应用于更广泛的社会情境。本章还承认了蛋糕经济学与其他在不同背景下发展起来的观点存在相似性。

我们将首先从一条一般性原则入手，它跟本章中讨论的许多应用都相关。

两性之争——合作的价值

我记得自己小时候最大的爱好是下国际象棋。我爸爸很小就开始教我，5岁时我就第一次参加了巡回赛。我喜欢比赛，但最难过的地方（尤其是对于一个5岁小孩来说）是输棋。输掉重要比赛后，我经常哇哇大哭。最终，我总算学会不再哭。上学之后，我还加入了英格兰青年象棋队。不过，上大学之后，我放弃了这项兴趣，转向了一些社会接受度更高的活动。

不过，从小下国际象棋让我在本科经济学专业里最喜欢博弈论这一主题。它利用博弈来模拟现实生活中的情形，跟下国际象棋一样，不同的玩家追求自己的利益，比如两家企业在同一个行业内竞争、管理层与工会谈判、两国的贸易战。这些博弈不仅出现在学术型教材中，也出现在现实生活当中——企业有时会利用战争博弈研讨会来说明有可能出现的情景。

博弈论中最著名的博弈大概要数因徒困境了，人们经常用它来模拟行业卡特尔。但还有一个著名的博弈，叫作"两性之争"，它与蛋糕经济学更相关。安和鲍勃需要决定晚上去哪里约会。安想去看芭蕾舞表演，鲍勃想去看拳击比赛。（唉，经济学教材从来不以政治正确出名。）但安和鲍勃也都想一起参加同一种活动，而不是各自行动。他们的"收益"（即从不同选择中得到的幸福感）如表 11.1 所示。

表 11.1　安和鲍勃的收益类别

		鲍勃	
		芭蕾舞表演	拳击比赛
安	芭蕾舞表演	5，1	0，0
	拳击比赛	0，0	1，5

每个列有数字的单元格都先给出了安的收益，其后是鲍勃的收益。如果两人去参加不同的活动，两人的收益均为 0。如果两人都去看芭蕾舞表演，安得到 5 单位的幸福感，鲍勃得到 1 单位的幸福感。如果两人都去看拳击比赛，安得到 1 单位的幸福感，鲍勃得到 5 单位的幸福感。

最佳结果是什么呢？有两种可能——要么都去看芭蕾舞表演，要么都去看拳击比赛。总收益是 6 单位的幸福感，所以，一起参加同一种活动，较之两人单独参加不同的活动做大了蛋糕。尽管两人参加不同的活动更为平等（两者的收益都是 0），但在这里，很少有人会认为平等比创造价值更重要。

安和鲍勃应该参加同一种活动，这不成问题。棘手的地方是，到底选择芭蕾舞表演还是拳击比赛？两人可能会为如何分蛋糕（参加什么活动）而争吵不休，忽略了最初的目标是要一起参加同一种活动。安说自己已经买了芭蕾舞表演门票（这或许是一种讨价还价的策略）。用博弈论的术语来说，她承诺要选择"芭蕾舞表演"。对鲍勃来说，理性的做法是也选择"芭蕾舞表演"，这样，他能得到 1 单位的幸福感，而选择"拳击比赛"只能得到 0 单位的幸福感。

但人类并不总是理性的。鲍勃可能认为这不公平，因为安的收益更多，所以他想用去看拳击比赛来惩罚她。这一下，安也只能得到 0 单位的幸福感，故此惩罚是成功的——但他同时也成功地惩罚了自己，也只得到了 0 单位的幸福感。

在冷静的局外人看来，鲍勃的行为似乎很疯狂。但人们经常选择让蛋糕缩小的结果。他们陷入了和我下棋时一样的非赢即输的思维，一心想着打败别人。通过让别人输，他们认为自己自动赢了。但现实生活并不像国际象棋一样是一种零和博弈。对方玩家不是你的对手，而是盟友。双方都可能输，也都可能赢，这取决于你是否选择做大蛋糕。

人们在实际中会怎么进行"两性之争"博弈呢？经济学家研究了一个变量更为丰富的版本，即最后通牒博弈。在这里，安得到 10 美元，并提出分给鲍勃一些。如果鲍勃同意分成，双方将都得到提议的金额。如果鲍勃不同意，两人什么也得不到。这跟两性之争一样，只不过安有一系列的选项（从 0～10 美元的任何数字）可供选择——不再只有"芭蕾舞表演"和"拳击比赛"两种选择。

对鲍勃来说，理性的做法是，不管安怎么分配他都接受。哪怕安提议给他 0.01 美元，自己保留 9.99 美元，鲍勃也应该接受。虽然这不公平，但总比什么也得不到好。但人们做过上千次这项实验，在实践中，鲍勃连 3 美元都会拒绝。[1]他非常在意平衡，宁可把蛋糕缩小到 0，也不愿意安得到的比自己的多。

虽然最后通牒博弈只是一项实验，但人们在现实生活中也经常这么做。现在，我们就来看看这些情况。

国际贸易

本书中的比较优势原则建立在著名的比较优势定律之上，这一定律是由经济学家大卫·李嘉图（David Ricardo）针对国际贸易首创。假设有两个国家——美国和英国；两种商品——电视机和电脑。英国有 12 名工人，美国有 14 名工人。每名工人能生产的产品数量如表 11.2 所示。

表 11.2 每名英国工人和每名美国工人的生产的产品数据

	电视机	电脑
英国	3	1
美国	4	3

人们需要多种产品。一户家庭更乐意拥有一台电视机和一台电脑，而不愿意拥有两台电视机却没有电脑（或者反过来，拥有两台电脑却没有电视机）。我们可以用一种简单的方式来描述对多样性的需求，即国民幸福总值是所生产的两种产品里数量较低的那一种。

让我们首先假设完全闭关锁国的情况：国家之间不进行贸易往来。

英国分配 3 名工人生产电视机，剩下的 9 名工人生产电脑。每种产品各生产 9 台，故此英国的国民幸福总值为 9。[2]美国分配 6 名工人生产电视机，8 名工人生产电脑，每种产品各生产 24 台，国民幸福总值为 24。两国的国民幸福总值为 33。

现在让我们来看看开放贸易后的情况。比较优势定律认为，每个国家都应该把重点放在相对而言自己更擅长生产的产品上。这条定律的好处在于，即使从绝对数字来看一个国家所有产品的生产率都较低，但它仍然会在其中一种产品上有着相对较高的生产率。在这里，英国在生产电视机和电脑上的效率都较低（3<4，1<3）。但它在电视机上的相对生产率更高。如果英国把一名工人从生产电脑重新分配为生产电视机，那么每少生产一台电脑，就可多生产 3 台电视机。如果美国进行这样的重新分配，那么，它每少生产一台电脑，就可生产4/3＝1.333 台电视机。

因此，英国应该将工人从生产电脑重新分配到生产具有相对优势的电视机上。12 名工人现在可生产 36 台电视机。美国重新部署了 13 名工人，可生产 39 台电脑，只有一名工人在电视机加工厂工作，并生产了 4 台电视机。两国共生产了 40 台电视机和 39 台电脑，国民幸福总值达到了 39。从国民幸福总值的角度看，贸易带来的收益是 6。

一如"两性之争"博弈，这多出来的 6 单位收益该怎么分配并不清楚。英国可以只向美国提供 22 台电视机，换取 14 台电脑。最终，它每一种产品的数量均为 14，国民幸福总值为 14。美国拥有 26 台电视机和 25 台电脑，国民幸福总值为 25。如表 11.3 所示，较之闭关锁国状态，英国的国民幸福总值增加了 5 单位，美国增加了 1 单位。一如在"两性之争"博弈中，两人都去看拳击比赛，鲍勃得到 5 单位的幸福感，安得到 1 单位的幸福感。

表 11.3 没有贸易和有贸易时两国的国民幸福总值

	没有贸易，生产和消费		有贸易，生产		有贸易，消费	
	电视机	电脑	电视机	电脑	电视机	电脑
英国	9	9	36	0	14	14
美国	24	24	4	39	26	25

美国也可以进行强硬的讨价还价，要求英国提供 26 台电视机，但自己提供 10 台电脑。最终英国每种产品的数量均为 10，国民幸福总值为 10。美国拥有 30 台电视机和 29 台电脑，国民幸福总值是 29。所以，现在美国增加了 5 单位的国民幸福总值，英国增加了 1 单位的国民幸福总值——类似"两性之争"中两人都去看芭蕾舞表演。

在这两种情况下，贸易收益都不平等。但还跟"两性之争"一样，最重要的一点是蛋糕已经做大了——双方的境况都比闭关锁国时要好。这并不是说这些国家应该忽视收益应怎样分配——分配非常重要。但当务之急应该是两国进行合作，这样才能有所收获，接下来判断怎样分配。

在现实中，国家有时会陷入"分蛋糕"的思维。英国可能觉得美国从贸易中获得了 5 单位的国民幸福总值，因此认为自己一定损失了 5 单位的国民幸福总值——但它没有意识到，自己也从贸易中获得了 1 单位的国民幸福总值。又或者，英国认为，设置贸易壁垒可使美国分到的蛋糕块变小，进而使自己所得的蛋糕块变大——但它没有意识到，整个蛋糕变小了，两国分到的蛋糕块也都会变小。这通常被称为"贸易战"。2018 年 8 月，美国总统特朗普在推特上说，"关税的效果好得超了任何人的预期。过去 4 个月以来，中国市场下跌了 27%"[3]。如果我们假设贸易政策的目标是损害别国，那么的确如此；在战争中，你的对手输了，你就赢了。[4]但在贸易战中，让你的对手输，往往意味着你也在让自己输。

到目前为止，我们把英国看成一个单独的实体。但有一点很重要：收益的划分不仅在英国和美国之间进行，也在不同的英国公民之间进行。在英国，谁真正从贸易中获益了呢？

从理论上说，社会的所有成员有可能都获益了。英国公司总体上实现了更高的销售额，因为它们现在专注于制造具备比较优势的产品。它们可以付给员工更高的工资，回报给投资者更多的利润。最大的受益者可能是客户。政客们常常认为贸易只会给精英们带去好处——也就是能够卖出更多产品的公司，以及这些公司的老板和投资者。但贸易也使得普通公民获得了更廉价且更优质的产品。只有当英国消费者偏爱美国电脑甚于国产电脑时，美国才能出口电脑。从贸易中受益的客户不仅包括公民，也包括因买得起高品质生产资料而有所收益的公司。关税让国内公司跟外国公司竞争时处于劣势，因为外国公司可以自由获得这些生产资料。

但在实践中，虽然总体来说投资者、员工和客户获益了，但并不是每个人单独获得了收益——就像对于一家公司来说，蛋糕可能变大了，但利益相关者个人可能遭受了损失。电脑制造商不可能突然转向生产电视机。它们可能会破产，损害投资者的利益。它们的员工也会有所损失——虽然创办起了新的电视机生产企业，但电脑工人或许不具备制造电视机的技能，或许不愿意搬到新公司所在地。

这类裁员固然令人痛苦，但跟国内竞争条件下发生的情况并无太大不同。如果总部位于伦敦的公司"老牌电脑"效率低下，而总部位于曼彻斯特的公司"城堡电脑"进入市场并将其挤出，"老牌电脑"的员工们就会丢掉饭碗。如果他们不愿意搬到曼彻斯特，又无法在伦敦的其他公司里谋得职位，他们就会失业。"老牌电脑"输给了国内（而非国外）的竞争对手，但这对减轻失业的痛苦来说无济于事。不光效率低下会让公司衰落，技术的变化也有同样的作用，比如柯达因数码相机的兴起而没落。

因此，国际贸易造成的失业只是一个更普遍问题的例子。如果因为技术或偏好发生变化，或出现了更高效的竞争对手（不管来自国内还是国外），公司的产品不再有需求，就会出现冗余。这不会减轻失业带来的痛苦。那些因进口而失业的人，不会因为其他人因技术而失业获得安慰。但这确实意味着，政府应优先解决普遍的问题，而不是把贸易造成的失业视为唯一问题。解决失业问题不在本书的探讨范围之内，但我们在第十章中讨论的提高工人的再就业能力（教育、学徒制和再培训项目等）、鼓励创办新企业的政策，对失业工人会有所帮助（不管导致他们失业的原因是什么）。

就业

针对国际贸易的分蛋糕观点（即对产品的需求是固定的，因此外国公司实现的销售是以牺牲国内公司的销售为代价）与针对就业的分蛋糕观点相似。这通常被称为"劳动总量固定"谬论：工作岗位是固定的，移民获得工作岗位后会抢走国内公民的饭碗。但工作岗位的数量并不是固定的。最显而易见的是，移民会花掉收入，这直接创造了就业，形成了税款，并带给政府创造工作岗位的资源。

更重要的是，虽然人们通常将移民看作国内工人的替代，认为前者抢走了原本属于后者的工作，但许多工作岗位是互相补充的。雇用移民担任某一特定职位，可能会创造若干与该职位相关的新工作岗位。

有了移民项目经理，建筑公司会雇用国内的建筑工人；有了移民建筑工人，建筑公司会雇用国内的项目经理。这两种类型的雇佣都会让人力资源或采购部门产生额外的员工需求。

这并不意味着移民政策不该受到限制。对于本就有着大量国内工人的职业，雇用移民进行替代的情况更可能出现。可对于国内供应稀缺的职业（如英国的工程行业和医疗行业[5]），雇主雇用移民尤其可能增加对互补性岗位的招聘，同时改善雇主的绩效。

"劳动总量固定"谬论不仅被用于对移民的态度上，也被用于对技术的态度上。人们对后者也有着类似的思维——有待完成的工作总量是固定的，所以任何由机器承担的工作都减少了人类的工作岗位。跟移民一样，技术和劳动力在某些情况下确实互相替代，但更多的时候，它们是互相补充。领导者需要仔细思考怎样重新定义工作岗位，不要再执着于那些可以被技术取代的工作岗位，而要着眼于那些可以为技术提供补充的工作岗位，或是那些人类具有比较优势的工作岗位，比如人际关系。重新定义通常很棘手，但有做到的可能。

2016年，在TED讲演《自动化会夺走我们所有的工作吗》中，麻省理工学院经济学教授戴维·奥特（David Autor）指出，尽管在20世纪70年代自动柜员机开始普及，但1970年美国有25万名银行出纳员，今天却有50万名，其中2000年以后新增10万名。自动柜员机可以取代过去出纳员要做的一些工作，比如存款和取款，但这使得出纳员可以从事更复杂的工作，比如为客户就金融产品提供建议，这种工作需要极高的人际互动和信任。不仅出纳员因从事更使人有成就感的工作而获益，自动柜员机也降低了银行新设分行的成本。1988—2004年，城市地区的分行数量增长了43%，创造了数千个新的工作岗位，抵消了每家分行所需出纳员数量减少的事实。[6]

2018 年，日本副首相麻生太郎同样强调了将技术视为帮手（技术是做大蛋糕的合作伙伴而非竞争对手）的重要性："西方的思维方式是'机器人会偷走我的工作'，但在日本机器人将减轻普通人的负担。"[7]技术能够帮助人们完成一些对人类来说太过危险的任务，比如清理泄漏的石油或高温灭火——故此，两者不是替代关系。哪怕是对于高技能工作，根据技术重新定义工作岗位也是大有必要的可行之举。人工智能或许能够诊断癌症，但只有人类才能以富有同理心的方式传达这一消息，并讨论预后和治疗方案。

为了让领导者能够对工作岗位重新下定义，他们需要灵活的劳动力大军。这就要求企业和政策制定者培训公民以使其掌握技术无法替代的技能（这样技术就不会替代人类），以及怎样使用技术（从而让技术成为一种补充，提高人类的生产力），比如新加坡的"SkillsFuture"项目。这种方法不只是将技术视作威胁，更把它看作机遇。奥特指出，19 世纪和 20 世纪之交，拖拉机和其他技术进步严重威胁了美国的农业就业。美国政府采用了激进的举措，将义务教育的年龄提高到 16岁。因为此举创造出了拥有高技能的灵活劳动力，大量投资获得回报。许多行业涌现出了很多当前最大的雇主，这在当时无法预见。同样，我们不知道未来会出现什么样的行业，但我们知道，不管劳动力日后会从事什么工作，通用技能都能帮他们做好准备。

较之此前的技术变革，人工智能可能带来了更大范围的威胁，但应对这些变革带来的挑战并不是什么新鲜事。用奥特的话来说，"如果你仔细想想，你会发现过去 200 年里的许多伟大发明都是为了取代人类劳动而设计的"。他说，计算机是一项改变游戏规则的创新，但它带来的是对工作岗位的重新定义，而不仅仅是取代传统工作岗位。从打字机转向文字处理软件后，打字员纠正错误更方便了，这提高了生产力，减少了用于打字的工作时间。然而，打字员并未因此遭到解雇，相反这让他们的工作内容变得更丰富，他们成为需要承担更多责任的秘书或行政助理。事实上，在计算机使用率高的行业（如工程），工作岗位的增长速度要快于不使用计算机的行业（如制造业），这表明计算机并没有替代人。[8]

不是每一个被技术替代的员工都能在公司内部获得重新安置。故此，前文提到的促进外部重新安置的政府政策也至关重要。

宏观经济政策

宏观经济学有时用"做大蛋糕"这一说法来论证增加国家整体财富比对财富进行再分配更有利于公民，尤其是不富裕的公民。故此，政策制定者应主要关注经济增长。

与通常的看法相反，这并不意味着依赖自由市场、将政府干预控制在最低限度。相反，只要再分配政策同样支持经济的增长，它仍将扮演重要角色。免费医疗或大学教育，或向穷人提供这些方面的补贴，极大地提高了那些原本负担不起此类投资的公民的生产能力。然而，在使用这种宏观经济政策时，务必要当心为了再分配而进行再分配的态度，因为这么做有可能会降低最初创造财富的动力。

蛋糕经济学虽然强调"做大蛋糕"的重要性，但它也认识到社会福祉不仅取决于蛋糕的大小，还取决于对它的分配。因此，与"做大蛋糕"的宏观经济政策相对，蛋糕经济学认为，为了再分配而进行的再分配也有可能不乏可取之处（比如对高收入群体征收高收入税），哪怕存在抑制效应，只要不严重即可。如图 2.2 所示，领导者可能更偏爱分配更平均的小蛋糕，特别是如果实质性利益相关者的境况变得更好。

但最重要的区别在于，在"做大蛋糕"的宏观经济政策下，蛋糕代表财富，政策制定者的目标是创造财富。在蛋糕经济学中，蛋糕代表社会价值，领导者的责任是创造社会价值，而利润只是其中一块蛋糕。

人际关系动态

现在，我们将蛋糕的概念应用到个人之间的互动上，而不限于公司或利益相关者。最接近的例子或许来自史蒂芬·柯维的著名作品《高效能人士的七个习惯》（*The 7 Habits of Highly Effective People*）。[9] 他谈到了稀缺思维，跟分蛋糕思维一样，假设可供分配的资源或幸福总量是固定的。如果一个朋友取得了个人或职业上的成功，你会嫉妒——兴许觉得留给你自己的幸福没那么多了。如果一名同事完成了一项交易，你会担心下一次晋升属于他而不是你。正如政治讽刺作家 P. J. 欧鲁克（P. J. O'Rourke）所说，"在这个零和的世界里，幸福只有那么多"。它背后的设想是，如果我们让那些生意兴隆、事业有成的人笑不出来，我们其他人就会咧嘴笑。这跟"枪打出头鸟综合征"相关，即人们嫉妒他人的成功，哪怕这并不会减少你自己的成功。

与稀缺思维相对的是富足思维，它认为资源和幸福总量是无限的，没有必要嫉妒别人。但富足思维与蛋糕经济学的一个关键区别是，富足思维认为资源天然是无限的。做大蛋糕的思维强调，所有人都可以通过努力工作与合作分到做大后的蛋糕。[10] 就像投资者和利益相关者是做大蛋糕的盟友，而不是要将自己的份额最大化的对手，同样地，同事是确保企业成功的盟友，而不是晋升的竞争对手。

假设安和鲍勃是"跳羚"公司不同部门的负责人。如果安跟鲍勃合作，为鲍勃的部门完成一项交易，这就跟安与鲍勃合作参加"两性之争"博弈一样。鲍勃获益最多，因为这项交易增加了他部门的利润。但哪怕安获益较少，她仍然有所得。通过为公司带来业务，她可促进公司蓬勃发展，公司进而可为她的部门提供更多资源。安和鲍勃的主要任务是为"跳羚"公司做大蛋糕，并确保本公司领先于主要竞争对手"猛狮"公司，而不是让各自的部门成为"跳羚"公司内部的最佳选手。

在自然界，狮子的跑动速度使它追不上跳羚，根本抓不到它。所以，狮子会等着一群跳羚互相争斗，之后再抓一只。"争斗"指的是不光影响另一个部门，也影响整个组织的行动。在两位首席执行官候选人当中，甲素质更高，但鲍勃可能会因为乙有更大的概率青睐自己所在的部门而支持乙。一名教授可能会因为新教员最符合自己的研究利益而力主聘请此人，罔顾他素质低下。一名运动员可能会反对球队签新运动员，因为此举意味着自己不再是队里的明星选手。在所有这些例子中，员工都只看到了自己的那一份，而没有看到整个蛋糕。

故此，领导者的责任是设计有助于创造双赢局面的奖励和评估系统。当鲍勃得到5单位的幸福感时，安得到1单位而非−1单位，这很重要。如果安持有"跳羚"公司的股份（如第五章所提倡的），又如果评估体系明确地将她对鲍勃的支持考虑在内，而不是将她的绩效与鲍勃的进行比较，那么就会出现前一种情况。与此相对的做法是，据说哈佛大学的法学院会告诉新生，"看看你的左边，再看看你的右边，因为年底之前你们中有一个人就不在这儿了"。这样的零和论调促成了稀缺思维。

就算安和鲍勃是朋友或熟人而不是同事，蛋糕经济学的原则同样适用。在《付出与索取》（*Give and Take*）一书中，社会心理学家亚当·格兰特（Adam Grant）研究了三类人。[11]"付出者"帮助别人，不计较自己最终能否受益，类似做大蛋糕的领导者。"索取者"尽可能地利用他人，类似分蛋糕的领导者。"互利者"帮助那些有望带来长期利益的人，类似践行开明股东价值的领导者。亚当指出，从长远来看，付出者实际上更成功——尽管实现个人成功从来不是他们慷慨大方的动机。但他强调，付出不应该是分散的、不受约束的，正如做大蛋糕的公司不应该不受约束地投资一样。

思维

除了与他人的关系（人际领导力），蛋糕经济学的设想在你与自己的关系（个人领导力）中也有所体现。心理学家卡罗尔·德韦克（Carol Dweck）在《终身成长》（*Mindset*）一书中，将固定思维和成长思维视为两种不同的个人发展态度。固定思维认为一个人的能力取决于基因。他在某项活动上要么有天赋，要么没有。如果他没有天赋，就注定会失败，所以努力工作没有意义。如果他有天赋，就注定会成功，所以没有必要努力工作。

相反，成长思维认为能力是可以通过努力来扩展的。这种思维类似于做大蛋糕思维，尽管前者不涉及在不同成员中分蛋糕的内容。认为蛋糕可以扩大的设想，既带来了"各方都能获益"的鼓励，也带来了共同努力做大蛋糕而非只关注自己眼前那一份的责任感。通过成长思维，认为自己的能力可以扩展，既会带给你鼓励，也会赋予你努力提高个人能力的责任感。

然而，与天赋带来的成就相比，通过努力取得成就常常被人嗤之以鼻。人们会给努力学习的孩子贴上"读死书""拼命读"的标签，仿佛努力是一件耻辱的事。我上中学的时候，成绩分为两部分：分数是从 9（最好）到 1（最差），努力程度是从 A（最努力）到 D（最不努力）。最令人垂涎的成绩是 9D，因为它暗示你是个天才——无须努力就获得了成功。

我上本科的时候，在牛津大学墨顿学院参加学生会竞选。因为我学的是经济学，我竞选财务职位就不足为奇了。当选后召开第一次大会，开幕动议提出墨顿学院学生会的正式立场是反对学费。通常负责主持会议的是学生会主席，但她是这项动议的发起人。于是，主持会议的责任落到了副主席肩上，但他又反对这项动议。（不必担心我们委员会出现"跟风思考"的问题。）财务是第三个重要职位，突然之间我被推到了主持会议的位置上。当初竞选财务职位的时候，我从没想过要当众发言，相反我满心以为会度过平和的一年——签发支票、做做电子表格就成了。

对我来说这是一场灾难。我太害羞了，无法有效地主持，尤其是在一屋子固执己见、精气神儿十足的学生面前——很多时候，他们不光"生气十足"，还十足"生气"。我的表现糟糕透顶。到下一次开会时，同学们甚至提议设立一个新的职位，叫"大会主席"，让那个人来主持以后的会议，这样大家就用不着再忍受不胜任的我了。这一动议遭到否决，但对我来说仍然有一条容易的出路。虽然按照传统，主持会议的是最高级别的学生会委员，但章程并未做此硬性规定。如果我是个持有固定思维的人，认为自己天生不擅长当众讲演，可把责任推脱给第四顺位的人。但我决定要在这件事上付出努力，哪怕主持会议让我不舒服。那一年，在主席和副主席都不方便主持会议的时候，我多次担任会议主席，最终变得勉强称职了。

但我仍然只是勉强称职。我知道自己还有很大的进步空间，也为自己还有进步的可能而受到鼓舞，所以研究生毕业后，我立即加入了麻省理工学院公共演讲俱乐部。有些同学认为该俱乐部对母语人士毫无意义，因为你要么天生就具备演讲能力，要么就没有——只有非母语人士才有发展潜力。在第一次会议上，我冷不防地被点名加入"餐桌话题"的练习，要求是就一个话题即兴发言。有人问我："一位女士和一位女性有什么区别？"我回答得磕磕巴巴，因为我根本不擅长即兴思考。但是，尽管知道每次开会都会出现"餐桌话题"的环节，也有可能冷不防地被点名参加，我还是不懈地参加俱乐部的活动。

时光飞逝，在沃顿商学院担任助理教授的第一年，我参加了由杜克大学和北卡罗来纳大学联合举办的一场会议。我上台陈述了我写的一篇关于大股东的研究论文。事后，杜克大学教授约翰·格雷厄姆（本书提到了他的研究）找到我，对我说："你的陈述真棒。你在这方面一定下了不少功夫。"我有些气馁，我真希望他说的是"陈述真棒。你一定是个天生的讲演高手"。换句话说，我希望他给我的成绩是9D，但那又是唬人的，因为我根本不具备天赋（从而满足我的虚荣心）。我得以做出条理清晰的演讲，唯一的途径是：虽然一开始我完全不胜任，但墨顿学院学生会允许我继续主持会议；麻省理工学院公共演讲俱乐部帮我不断发展；我还花了很多时间来排练，我把陈述录下来并反复回放，尽管我很想骗自己说我不需要再花时间准备了。

拥抱失败

本书反复出现的一个主题是，避免胡作非为之过的初心有可能导致更严重的疏忽不作为之过。就企业而言，疏忽不作为之过意味着放弃了为社会创造价值的机会。因为害怕失败，企业不愿推出新产品；因为担心带来失业、遭到媒体的反对，企业不愿实施新技术。就个人而言，疏忽不作为之过意味着放弃了个人发展的机会。

我在英国长大，家里人度假主要是到英国的海边堆沙堡。十来岁的时候，我家养了一只金毛猎犬，全家会去湖区或约克郡山谷漫步。在前往麻省理工学院攻读博士学位前，我从来没有滑过雪。

麻省理工学院每年1月都有一个"独立活动期"。与常规课程不同，这些活动会就课外主题举办大量的免费讲座和研讨会。我参加了有关棒球击球和巴西柔术的课程，还参加了巴以冲突和美国种族关系等侧重于思考的课程。"独立活动期"结束时，研究生会组织了一次滑雪旅行。我以前从未滑过雪，但我的朋友们都要去，再加上活动期间学到的其他宝贵技能可用来壮胆——比如怎样给某人来个令他窒息的绞技（但愿我永远用不上），我也决定试试。我先在新手坡上了一堂初级课，之后来到了佛蒙特州走私者山口（这里是美国的滑雪胜地）。

身为数字狂，我喜欢找到衡量成功的指标，并通过对照观察自己是否获得了进步。最简单的衡量方法是我摔倒的次数。我上午记下了自己摔倒的次数，同时单独记录下午摔倒的次数。如果我下午摔倒的次数比上午少，那就是进步了。如果我星期六上午摔倒的次数比星期五上午少，那也是一种进步。

但我很快就想出了一种操纵统计数据的方法——正所谓"击中靶心却错过重点"。避免摔倒最简单的方法是只在最容易的滑雪道上滑，这是一种疏忽不作为之过——一种更为严重的过错，因为它错失了挑战自己的机会。就算我逼自己从绿色（容易）滑雪道转移到蓝色（中等）滑雪道，我也能很快从蓝色滑雪道中找出最容易的那几条，只在上面滑雪。就算我尝试开展"对照实验"，在同一蓝色滑雪道上滑雪，尝试减少摔倒的次数，我也会多转弯以降低速度从而避免摔倒。没有"失败"是我对成功的定义。每天结束的时候，我们回到小屋里享受热乎乎的饮料，也会彼此询问滑得怎么样。朋友们谈的是尝试新的滑雪道或跳台带来的刺激——哪怕最终失败了；我则兴奋地告诉他们，我下午摔倒的次数比上午少（当然，我会像一个优秀的麻省理工学院学生一样，按比例计算统计数据，以考虑到上午和下午时间长度的不同）。

我滑雪的目标是不摔倒。但这太傻了。人们不是为了不摔倒而开始滑雪的，而是为了滑雪带来的刺激——正如领导者不应该将"好年份"定义成"没有负面新闻报道"，企业不应该用"没有客户投诉"来衡量新产品的成功。幸运的是，在滑雪之旅的最后一天，我终于领悟了滑雪的真正目的。我决定尝试"雪蛇"，这是迄今为止我遇到的最难的蓝色滑雪道，除了像名字暗示的那样弯弯曲曲之外，它表面还覆盖着冰层。那天上午，我摔倒了无数次。但每次摔倒都教会了我一些东西——我试着精确地锁定自己在摔倒前做了些什么，是什么导致了失败。这种反馈循环每次都让我做得更好，直到最后，我得以安然无恙地从"雪蛇"上滑下。

拥抱失败的重要意义远不只怎样从滑雪之旅中获得最大的乐趣，它的适用范围要广得多。任何重大的个人或职业发展机会——尝试当众演讲、转向新的职业、申请内部晋升、参加第一次5千米赛跑——都要求你具备失败的意愿。自己申请内部晋升是件很难保密的事。如果你没能成功，同事会认为你还做得不够好。有人或许会觉得你提出申请本身就是个自大的举动。在5千米赛跑中，总有一些人落在最后，有些人甚至没能跑完全程——而且比赛结果很容易在网上搜索到。一如企业，人同样不可能顺利达到自己设定的每一个目标——如果可以，那说明他设定的目标不够高。一如2008年J. K.罗琳在哈佛大学毕业演讲上所说:"生活不可能没有一点失败,除非你生活得万般小心,而那也意味着你没有真正在生活。这样的话,有些失败注定要发生。"[12]这种注定要发生的失败,就是疏忽不作为之过。

失败的意愿不光在事前有价值,在事后也有价值,因为有了失败我们才能学习。我们在第十章中讨论过,在就薪酬议事表决时投出反对票,能告诉企业投资者反对些什么——一如在滑雪道上摔倒帮助我看清自己犯了什么样的错误才导致失去平衡。作家马修·萨伊德借用飞机上记录飞机运动和驾驶舱对话的黑匣子[13],将这种思维方式命名为"黑匣子思维"。有了黑匣子,当局就可以调查飞机失事的原因,并协助预防将来发生灾难。

黑匣子思维是令人痛苦的。把失败归咎于外部环境(这种行为叫作"自我归因偏误"),比自己承担失败的责任要使人轻松许多。5 千米赛跑的成绩差,你可以怪比赛前一星期工作使你突然更忙碌。企业也喜欢把绩效糟糕归咎于外国竞争对手或"短期"投资者。

不愿承认错误并从中吸取教训的部分原因,在于社会对待失败的态度。我们经常玩"找茬"游戏——抓住别人做错的事,然后指出。萨伊德说:"我们应当赞扬彼此的尝试,赞扬所进行的实验。如果我们只赞扬对方把事情做对了、做得很完美、做得无懈可击,那么我们就是在无意识地暗示不失败就成功是有可能做到的,无须跌倒就能攀上高峰。"

就算没有其他人可以充当你的替罪羊,但你知道失败要怪自己,打开黑匣子仍然令人不快。看到自己当众讲演的视频或是听到自己唱歌时的录音,人们会感到别扭。但正如医学界众所周知的那样:先诊断再治疗。找出自己的不足是根除它们的唯一方法。

人们常常把马尔科姆·格拉德威尔(Malcolm Gladwell)的畅销书

《异类》（*Outliers*）解读为：累计达到 1 万个小时就足以掌握一项技能。但书中引用的安德斯·艾利克森（Anders Ericsson）及其合著者的研究，实际上得出的结论更为微妙。[14] 重要的不只是花在活动上的时间，更是研究人员口中的"刻意练习"。根据他们的定义，"刻意练习"指的是"与绩效有着极强相关性、要付出很大的努力，而内在乐趣相对较低"的活动。刻意练习是令人不舒服的，因为它涉及推进你有可能失败的困难任务，接着审视自己的失误。艾利克森仔细阅读了柏林一所音乐学院小提琴专业学生的日记，比较了最优秀的学生（日后加入德国顶级交响乐团）和普通的学生（日后成为老师）。令人惊讶的是，两组人花在音乐上的总时间——包括团体练习、自娱自乐（独奏或与他人一起）、上课或表演等活动——并无差异。最大的差异在于，最优秀的学生花了更多的时间在单独练习上。另一些研究人员发现，下棋的能力跟独自学习下棋的时间密切相关，而与下棋的总时间无关。[15] 所以，重要的是你单独练习的时间。另一项研究发现，优秀的花样滑冰选手在自己尚未掌握的高难度跳跃和旋转动作上花的时间更多，普通选手则把更多时间花在自己已经达到完美的常规动作上。[16]

虽然我之前学习滑雪时也陷入了避免摔倒的心态，但由于之前下过国际象棋，因而从摔倒中吸取教训对我来说更加自然。下国际象棋时，你要记录下每一步棋。因此，每下完一盘棋，我一般就会跟刚才的对手一起搭伴学习。我们会重下这盘棋，互相教对方还有哪些地方可以做得更好。当我还是个小孩子的时候，记录棋局很容易，只需要铅笔和纸就够了，但记录其他活动就困难得多。那时候，我们没有防水智能手机可以录下自己的游泳动作。如今，我们有了记录和回放自己在任何活动中存在的弱点的技术，只不过很多时候我们缺乏这种思维。

服务

贯穿本书，我们一直在强调企业应该怎样为社会服务——但它不应该忽视利润、毫无节制地这么做。第三章介绍了倍增、比较优势和实质性三大原则，以指导领导者是否要对利益相关者进行投资。

同样的原则也可以指导公民为他人服务。他可能会收到很多请求，比如担任非营利组织的志愿者、举办无偿的公益演讲，或给朋友的孩子提供职业建议。但他不应忽视这些活动对自己时间的影响。正如这些原则可以在资源有限时指导投资决策，它们也可以指导人们在时间有限时怎样有效地提供服务。

让我们从类似倍增原则的例子开始。对企业来说，这意味着采取一项行动，该行动为利益相关者创造的价值大于企业付出的成本。就服务而言，这涉及赠送价值不对等的礼物——你采取的行动为接受者创造的价值超过了你付出的成本。[17]我们在这里使用了一个不同的术语，因为把服务视为赠送的礼物能改变我们对它的态度。通常，服务是被动的。当同事发起以慈善目的的挑战活动需要赞助时，慷慨的人会掏出钱包；如果朋友搬家需要帮忙，慷慨的人会伸出援手。但主动服务、思考我们能送给他人什么样的礼物对其更有价值，是一种很不一样的思维方式。

上大学的一天晚上，我吃了一顿平平常常的比萨晚餐。我们点的比萨太多了，朋友斯蒂芬要求打包。我以为他会把比萨带回家，第二天冷着吃——许多学生都这么做。但他带着我们在牛津走了一圈，把比萨分给了无家可归的流浪者。

现在，每一块比萨都是一份价值不对等的礼物，对无家可归的流浪者比对大学生更有价值。但这个故事的重点还不在这里。斯蒂芬不光把比萨分给了无家可归的人，还跟他们交谈。无家可归者是我们通常会忽视的人——为了避免他们大胆地向我们求助，我们会尽量避免跟他们进行眼神接触，更不乐意跟他们交谈。斯蒂芬把他们视为人类同胞，送给了他们一份价值不对等的礼物。我还记得他把最后一块比萨送给了一位女士。斯蒂芬问她叫什么，20 多年后，我仍然记得这个名字：珍妮丝。哪怕是在珍妮丝运气最好的日子里，有许多人往她的咖啡杯里扔硬币，兴许也没人问过她的名字。斯蒂芬却这么做了。

在新冠肺炎疫情期间，许多公民都送出了价值不对等的礼物。就像负责任的领导者一样，他们问自己："我手里有什么？"——他们拥有哪些对别人比对自己更有价值的资源？对一些人来说，时间就是这样的资源。公民们在志愿服务平台"援助之手"（SpareHand）上注册，跟有困难的邻居结成对子，为后者购买生活必需品。对另一些人来说，金钱是这样的资源。一位朋友在当地咖啡店预购了 100 杯咖啡，为咖啡店提供了流动资金。对还有一些人来说，"言语"是这样的资源，虽然跟具体"行动"或财务捐赠比起来，人们常常认为"言语"空洞无物。但给自我隔离的人打一通电话，或是向超负荷工作的送货司机表示真挚的感谢，跟斯蒂芬询问珍妮丝名字的举动一样有力量。

做大蛋糕的思维对这种行为来说同样关键。在别人求助时，优秀的公民会伸出援手——他们会帮朋友搬家、出钱赞助同事的半程马拉松。卓越的公民则会在没有人求助时主动思考自己可以提供什么样的帮助，不断寻找做大蛋糕的途径，不光参与问题的解决，还参与问题的发现。

现在让我们转向比较优势原则。我们往往认为，你亲自参加一线活动才是服务的终极形式，比如到流浪者收容所帮忙。但正如我们在

第八章中强调的，追求卓越是最好的服务形式，只有在我们具备比较优势的活动中才最有可能做到卓越。如果你擅长记账，那么为流浪者收容所管理账目比到收容所服务更有效。

最后，（内在）实质性原则强调的是为我们特别看重的利益相关者服务。虽然这似乎显而易见，但人们很容易投身到性质严重或公众感知度高的议题当中。流浪者收容所看起来比你学校的慈善基金会更有价值，但如果你感觉跟自己的学校存在更强烈的纽带，后者或许对你更具实质性。

将这些原则应用于服务这样的事情似乎显得过分公式化，因为服务应该是自然而然、发自内心的举动。但这样做会带来自由。你可以问心无愧地拒绝服务请求，因为你知道在相应的领域还有其他人比你更有才干、更有激情。通过这样的方式，你可以专注于三条原则重叠的最佳位置，在你深切关心的领域帮助他人，产生深远的影响。

塑造文化

企业社会责任往往通过减少负外部性聚焦于"不作恶"，而本书的主题之一是通过创造正外部性强调"积极行善"的重要性。本书的第二个主题是能动性的力量，即公民个人对大企业施加影响的能力。这两个主题是互相关联的——上一节讨论的服务行为，可以改变氛围、激励他人采取同样的行为，从而产生倍增效应。

2020年4月，英国因新冠肺炎疫情进入封锁状态后不久，上尉汤姆·摩尔爵士（Sir Tom Moore）开始在自家花园里绕圈步行，为英国国民保健署筹集资金。他希望在24天后、自己100岁生日时能筹到1 000英镑，但最终却超过了3 000万英镑。更重要的是，他的努力鼓舞了整个国家，也鼓励其他人筹集资金或帮助有困难的邻居购买生活必需品。从更小的层面说，听到朋友或同事注册了"援助之手"也会鼓励其他人这么做。

何以如此呢？要说过去每个人都很自私，在新冠肺炎疫情期间却突然都变得无私起来，这不大可能。实际上，是少数公民的行为释放了其他人内在的但有时在沉睡的利他精神。一个人哪怕只激励了几个朋友为他人服务，也能让这些人影响到自己的熟人，最终创造转折点。

这一概念能应用到新冠肺炎疫情之外的许多情境。公民可以"成为恒温器，而非温度计"——也就是塑造文化，而不是单纯地反映文化，一如恒温器控制温度，而温度计只能测量温度。一些企业似乎十分残酷，竞争激烈，而且这种文化根深蒂固，简直不可能改变。可要说所有员工（或者至少是大多数员工）都残酷无情，这不太可能。相反，说不定存在一群"沉默的大多数"愿意合作，只是他们因少数高管的行为受到压制，不愿发声。但哪怕是一名初级员工的行为，也有可能激活这一沉默的大多数。

创意服务部有时也叫图形部，或许是投资银行待遇最差的部门了。分析师（银行家中的级别最低者）把 Powerpoint 演示文稿标注后，交给该部门员工去执行——例如，将一些数据转换成饼图。分析师经常会因为后者没有按自己的想法做而对着他们大喊大叫——哪怕这通常是因为分析师自己解释得不够清楚。如果我从创意服务部收到了高质量的工作结果，我会打电话给前台，要求跟为我工作的图形设计师说说话，向她表示感谢。我并不想刻意地当着众人做这件事，但因为我资历太浅，没有自己的办公室，我的办公桌就摆在办公场所正中央，所以，其他分析师会听到我打的电话，他们自己也会向创意服务部表示感谢。因此，即使是部门中级别最低的人也可能出人意料地拥有影响文化的力量。

职业选择

做大蛋糕的企业受其宗旨而非利润驱动，但它最终会因为把蛋糕做大而赚到利润。同样的道理也适用于你的职业选择。选择践行个人宗旨而非有利可图的职业道路，不光最终能让公民变得更有成就感，也会让公民在经济上更成功。这最后一节主要针对的是即将开始职业生涯或打算转行的读者。但就算读者并不打算换工作，而是希望在当前职位上获得权衡不同优先事项的灵活性，这一节也可能是有价值的。[18]

苹果公司是一家由宗旨驱动的做大蛋糕的企业，我们以它为例。然而，可以说苹果公司创始人乔布斯最著名的演讲却是以个人宗旨为主题。2005年，他在斯坦福大学的毕业讲演中解释说："你向前展望时无法将这些点点滴滴连接起来，只有回首时才能看清来龙去脉。因此，你要相信这些点在你的未来终将连接起来。你一定要去相信些什么——你的直觉、命运、生活、因缘等，什么都可以。这个过程从未辜负我，而是让我的生活变得截然不同。"

做出职业选择的一种方法是把它简化为工具性计算。在大学毕业后决定从事什么工作的时候，不仅要考虑这份工作当前的薪酬水平，还要考虑它将怎样为你将来的职业生涯打开大门。在金融科技行业工作的起薪可能比在投行低，但前者未来的上行空间可能更大。在决定加入哪一家非营利组织的董事会时，根据非营利组织的公众知名度和其他董事会成员的影响力，想一想哪一家组织能最大限度地提升你的形象。换句话说，你在规划未来的职业道路——你未来的点，它们中的每一个都是通往下一个点的垫脚石。

但这种方法在实践中并不总是奏效，因为很难看出一块垫脚石接下来会通往何处。乔布斯主张采取一种违反直觉、看似短视的方法，也就是感觉哪块石头正确就踩到哪块上，就算你不知道它会把你带到什么地方，站到石头上说不定也很美好。维克多·弗兰克（Viktor Frankl）在《活出意义来》（*Man's Search for Meaning*）一书中写道："不要以成功为目标。你越是瞄准它，把它当成靶子，你就越会错过它。因为成功就跟幸福一样，是无法追求的；只有当人投身于比自己更宏伟的事业的时候，又或者只有当人向另一个人妥协的时候，成功才会以意想不到的副作用或副产物的形式出现。"[19]

基于宗旨选择职业的设想众所周知，近乎陈词滥调。但它依旧显得不现实，脱离实际。说它不现实是因为：当你是苹果公司的首席执行官时，你拥有数十亿美元的身家，这样的说教听起来也不错；但大多数人要养家，要偿还贷款，他们不能无忧无虑地追求宗旨，忽视经济动机。但我们将指出，一些备受公众诋毁的赚钱职业也可能蕴含着深刻的宗旨。说追求个人宗旨不切实际，是因为许多人不知道自己的宗旨是什么。但我们可以通过在第八章中介绍的定义企业宗旨的框架，把这个概念变成某种具体的、可执行的东西。

回想一下，企业的宗旨包含两个要素：基于实质性原则，它因什么人而存在；基于比较优势原则，它为什么存在。这两个要素也适用于确认公民的个人宗旨。

"什么人"相对容易确定。个人无法借鉴业务实质性，但可以借鉴内在实质性——也就是说，公民特别希望为哪些利益相关者服务。一位律师可能认为难民比公司更重要，故此选择进入人权领域而非公司法领域。关心环境的人可以为慈善机构工作、从政，或是加入一家对环境有实质性影响的公司并意图改变它。但"什么人"还留下了许多未解答的问题。假设你把"什么人"定义为儿童，那么为儿童服务的方式有很多：儿科、教育和社会工作。至于"为什么"就更复杂了，我们会把重点放在这方面。

"为什么"建立在比较优势原则的基础上，涉及天赋和激情。前者相对容易识别，识别后者则要困难得多。"追求激情"似乎和"为宗旨服务"一样模糊不清——如果你根本不知道自己的激情是什么，又怎么能做到追求激情呢？对于某些职业来说，激情可能是显而易见的。我们很容易就能想象出，罗伊·瓦杰洛斯小时候在听到默克公司的化学家在他家的小餐馆里谈论开发药物时会受到什么样的鼓舞，进而选择了与科学相关的职业。但对于其他行业，比如食物配送和运输，激情就没那么明显了——尽管我们在第八章中讨论过，这些行业同样能为社会创造可观的价值。

在这里，我们同样可以创建一个框架，将"追求激情"这样的理想主义建议分解成具体的东西。假设你已经决定你选择服务的"什么人"是企业，因为你相信企业是一股对社会有益的力量（内在实质性），你将怎样为企业服务呢？在这里，我们不使用直接到企业工作而是选用金融和咨询职业来说明这一框架，因为在人们眼里，后两种职业尤其是没有宗旨感的。

这个框架包括三个问题。第一个问题是：你认为10年后你会在哪里？乍一看，这跟"追求激情"一样老套，没有新鲜感。大多数人认为自己知道答案——或许是投资银行的董事总经理、咨询机构的合伙人、私募股权基金的负责人。但这个问题并未要求你从职位的角度看自己会在哪里。它问的是什么会让你心动，什么能让你早晨醒来后斗志昂扬，你的生活会是什么样的。一份职业如果真正能让人感到有成就感，那么它便跟你做了什么无关，而在于你是谁。很多人的确爬到了顶峰。但很多人在出发时并没有花时间思考过这个问题，故此等他们到达峰顶时，他们才意识到自己爬错了山。

让我们再说得具体些。假设你想成为一家投资银行的董事总经理或咨询机构的合伙人（这是你的工作头衔）。你是谁呢？——你是一位值得信赖的顾问。你的客户会带着自己最棘手的问题来找你。也许他们遇到了财务困难，想问你他们是应该发行股票、举债、削减股息、卖掉一个部门，还是把整家公司卖掉。他们相信你能给出最适合他们的建议，而不只是为了让自己赚到最多的酬劳。

只有当你想要成为一名值得信赖的顾问时，你才选择进入投资银行业或咨询业。或许，每当朋友遇到问题需要直言不讳的建议时，他们就会来找你。人人都知道你会告诉对方他们需要听到的东西，你不会只顺着他们的心意说，而且你是个能保守秘密的人。你喜欢用这种方式为朋友服务。或者，在大学的学习小组里，你总是愿意跟没能把个人分内事情做好的小组成员进行艰难的对话。别人觉得这样的对话使人难堪，但它对你来说就像第二天性一般。如果是这样的，你就是那种应该进入投资银行业或咨询业的人。

再比如说，你希望自己日后的工作头衔是私募股权基金的负责人。你是谁呢？——你是一名投资者，一个发现了被低估的资产的人。被低估的资产是持有者所不喜欢的，所以他们想要卖掉它们。你从这些被低估的资产上看到了别人没看到的潜力。你愿意用自己的钱来践行自己宣扬的理念，并对其进行投资。你投入的不仅仅是金钱，还有用于扭转被低估的资产的方向的时间和精力。在办公室之外，这些被低估的"资产"可能是人——比如失业者（你可以花钱资助他参加就业培训项目），也可能是本地的孩子（你可以在学校设立奖学金来资助他)。你不只把钱投到他们身上，你还通过出任学校的理事来脚踏实地地为他们服务。在一支业余运动队里，你兴许愿意指导一名没法立刻上场的新队员，而不是任她坐在候补的冷板凳上，让她感觉自己不受欢迎而离队。所有这些投资都需要耐心，但不是人人都有耐心——许多最优秀的投资者，比如彼得·林奇和杰夫·乌本，都愿意从长远角度来考虑问题。

只有当你真正想要成为一名投资者的时候，即如果你的激情在于找到被低估的资产（包括业务和人员），并与其合作，发挥其潜力，你才会去做私募股权投资者。如果你的激情更多地在于发现被低估的资产，而非扭转其局面，那么经营共同基金，通过监督而不是参与来实现尽责管理，你可能会更有成就感。

第二个问题是：你在业余时间做些什么？你自愿选择做的事情传达了你的激情所在。这个问题看似不现实，因为许多人都喜欢运动或音乐，但不太可能成为职业运动员或音乐家。但消遣所蕴含的信息远比你想象的要丰富。

对金融感兴趣的学生最常问我的问题是：进入职场时选择卖方还是买方？对大多数人来说，买方是首选。还在投资银行工作的时候，我的梦想是猎头找我加入私募股权机构。在销售和交易领域，你渴望对冲基金有一天找到你。选择买方对很多人来说是合适的。但和人们通常想的不同，还有更多的人把宗旨扎根于卖方，因为他们的激情在于销售，而消遣透露出他们的激情所在。

一些商学院的学生在假期放弃了探索新世界的机会，长途跋涉地回到自己的祖国。为什么呢？因为他们喜欢在自己的国家做"推销"。一些人担任运动队队长，教新人从事相应的运动。教学与销售有许多相似之处——两者都涉及用清晰的语言解释复杂的概念，让它引人入胜。还有一些人或许不在运动队里当队长，而是在运动队里打球，或是在乐队演奏。这涉及"部落主义"的一个要素：成为小团队里的一员，真切地关心每一名团队成员，并带着自己的部落一同上路。歌手布鲁斯·斯普林斯汀（Bruce Springsteen）卖出了数百万张唱片，在麦迪逊广场花园表演过无数次，曾有人问他是什么在不断激励他。他回答说，是跟乐队的萨克斯手克拉伦斯·克莱蒙斯（Clarence Clemons）一起登上舞台。每当克拉伦斯表演萨克斯管独奏时，哪怕布鲁斯一声不吭，周围也没有掌声，他仍会为自己能跟克拉伦斯同台演出感到自豪。克拉伦斯去世后，布鲁斯在为他致悼词时说："站在克拉伦斯身边，就像是站在这个世界上最酷的坏小子身边。你自豪，你坚强，你激动，你为可能发生的事情、为你们在一起能做到的事情欢笑不已。"

这就是身为卖方带给你的东西。就像一支巡演的乐队，或是一支在客场比赛的球队，你以卖方身份带着自己的团队（你的部落）向客户推介。有一天，你可能会领导这支团队，你不再亲自完成整场推介，而是选择一名分析师或助理来进行部分陈述。她表现得很好。就像布鲁斯看着克拉伦斯独奏时的感觉，你也会收获同一种自豪。[20]

第三个问题是：你的价值观是什么？价值观指的是你生活的中心，你的目标将怎样触及他人的生活，以及你希望自己被人记住的东西。在《品格之路》（*The Road to Character*）一书中[21]，戴维·布鲁克斯（David Brooks）将之称为"悼词价值观"，因为你会希望人们在为你致悼词的时候说出它们——与此相对的是可以放在个人介绍里的"简历价值观"。在明确了什么对你来说最重要之后，你可以找到一份大致符合这些价值观的工作。哈佛大学经济学家格里高利·曼昆（Gregory Mankiw）写道："幸福生活的奥妙是找到你喜欢做的事，再找个掏钱让你做这些事的人。"

乍一看，这似乎完全不现实。有一种流行的观点认为，最赚钱的职业也是最没有价值的职业，但我们已经指出这是一种不公平的讽刺论调。一如为社会服务的企业能赚到钱，许多报酬丰厚的职业与一些备受赞美的价值观并行不悖。

"你永远可以相信我会说真话"这一价值观，与咨询这一职业是相吻合的。在银行业或咨询业工作的一个潜在缺点是它的等级制度森严。但对于那些恪守"我将永远尊重权威"价值观的人来说，这不是缺点，反而是极具吸引力的地方，因为他们欣赏清晰的指挥链条。这就是为什么我有一些出身于军队的学生往往喜欢咨询业的等级制度。但另一些人的价值观是"我总是想要拥有自己做老板的自由"，这样的人或许从一开始就发现难以融入咨询这一行业。

在史蒂芬·柯维的《高效能人士的七个习惯》一书中，习惯二是"以终为始"。柯维建议，不仅要确定你的宗旨，还要把它写进个人的使命宣言中。奥普拉·温弗瑞（Oprah Winfrey）的使命宣言是："做一名教师，以擅长激励学生为人所知，让他们成为比自己所想象的要好的人。"维珍集团的创始人理查德·布兰森爵士（Sir Richard Branson）的使命宣言是："在人生旅途中寻找乐趣，从（自己犯过的）错误中学习。"如果读者希望有更多的例子可供参考，从网上就能很容易地找到其他人（包括许多普通人）的使命宣言。

正如企业的宗旨涉及权衡取舍，个人的宗旨也涉及权衡取舍。使命宣言必须简短，不能事无巨细地一一涉及。使命宣言中未提到的内容，其优先次序默认靠后。但使命宣言越是简洁，也就越是有助于培养柯维关于时间管理和优先次序的习惯三："要事第一"。故此，个人的宗旨不仅可以指导职业转换，还可以指导你在当前职位上应该专注于什么职责。如果你的使命宣言面面俱到，它就无从指导优先次序——类似企业的宗旨里包含了所有利益相关者。

我把自己的职业宗旨定义为"用严谨的研究影响商业实践"。这是对传播和创造知识的承诺，不光传播自己的研究，也传播别人的研究。但这一承诺也暗示我不会做另一些事情，比如回应媒体的请求，就一般经济话题发表评论。即使我能根据更宽泛的经济直觉提出一些看似有道理的说法，即使提出请求的是老牌媒体，我也不会这么做——除非我有具体的研究专长。它还意味着我不能像从前那样参加太多的学术会议和研讨会，虽然我很喜欢，但这会让我每天没有足够的时间跟企业互动。我的合著者说不定能够同样高效地展示我们的合作成果，而我的比较优势可能来自其他地方。

宗旨将企业成员联结在一起，激励其不光履行合同要求，更要使眼界跳出这一范畴。它鼓励企业成员为社会创造价值，为人类繁荣做出贡献，而不去计较自己最终是否会受益——但通常，企业反而会因此收获更多利润。宗旨还激励公民将工作视为事业，不光为了谋生，更为了内心的召唤而展开追求。然而，宗旨往往能推动人实现更大的成功。他不再把工作看成干活，而是看成一个机会，借此利用个人才干解决自己激情所在的问题，从而付出远超雇佣合同要求的努力。宗旨是高远的抱负，但并不虚无缥缈，企业和公民都应向自己提出具体的问题，明确自己的宗旨并付诸实践。

本章小结

• 博弈论表明，虽然合作能让各方的境况都变得更好，但合作带来的收益有可能是不平等的。对平等的看重有可能导致玩家拒绝合作、缩小蛋糕，哪怕他的处境因此变得更糟。

• 现实生活中有许多情况是双赢局面。你应当把其他玩家视为盟友，而非对手。

• 比较优势定律认为，所有国家都能从国际贸易中获益，哪怕是生产率较低的国家。但过分看重平均分配收益可能会使得各国限制贸易，对方国家亦还以颜色，最终所有国家的境况都变得更糟糕。

• 与贸易一样，技术既有可能导致大量失业，也有可能为包括工人在内的所有人做大蛋糕。要实现后一种局面，领导者必须重新定义工作岗位，从被技术取代的岗位变成可以与技术形成互补关系的岗位，而且政府需资助终身教育。

• 在人际关系动态中，通过合作提高企业绩效往往会让所有部门受益，哪怕有些部门比其他部门获益更多。领导者的责任是设计出能为员工创造双赢局面的奖励和评估体系，鼓励做大蛋糕所需的合作。在工作情境之外，就长期而言帮助别人的"付出者"会更成功。

• 正如做大蛋糕的思维认为蛋糕是可以变大的，成长思维认为你的技能集合也可以扩展——但必须依靠刻意练习。

• 不应该把"成功"定义为"不失败"。恰恰相反，如果我们要避免疏忽不作为之过，那么设定足够高远的目标后，我们就应期待失败，并通过从失败中吸取教训来实现成长。

• 在服务方面，倍增原则主张赠送价值不对等的礼物，即这份礼物对接受者的价值大于付出者付出的代价。比较优势原则意味着公民无须始终扮演最前线的角色。实质性原则认为，公民应就自己认为最重要的议题提供服务，而不是为公众认为最有价值的议题服务。结合起来看，这些原则带来了有选择地参与服务活动的自由，公民不必迫于压力接受所有的请求。

• 个人在塑造文化方面的力量比人们通常认为的要大得多。一个人的行为能激活"沉默的大多数"——也就是有着相似价值观但之前觉得自己是少数的人。公民可以把自己视为能影响温度的恒温器，而非被动反映温度的温度计。

• 公民应该基于宗旨选择职业，并将财务回报视为副产品，就跟企业一样。宗旨取决于内在实质性和比较优势，而激情是其中的源泉，这也跟企业一样。

• 激情不是一个含混模糊的概念，你可以用三个问题把它变得更为具体：你认为 10 年后你会在哪里（从你是谁的角度来阐述，而不是从你做什么的角度）？你在业余时间做些什么？你的价值观是什么？

结　语

在本书开篇，我们就承认了资本主义所面临的严重危机。在数百万公民的眼中，这是一场被人操纵的游戏。企业的存在是为了让高管和投资者中饱私囊，他们对工人的工资、客户的福祉或气候变化不屑一顾。经营企业或投资基金的幸运儿们认为没有必要做出改变，因为他们受到市场力量的保护，可以通过游说进一步巩固自己的地位。更糟糕的是，许多人没有看到责任的改变，因为他们自欺欺人地认为自己的社会责任是追求利润最大化。

这就是我们遭遇危机的原因。公民和政治家不再只寄希望于系统的自我改革——许多人相信它在本质上早已崩溃。他们认为，我们需要一套新的系统，故此提出了一些严肃的建议，通过拆分或国有化大企业、规范高管薪酬、股票回购和从股东手中夺取企业控制权，推翻我们所知的资本主义。

但这样的改革可能会大规模减少企业对社会所做的许多积极贡献。将资本主义视为敌人，或许在选举中会大受欢迎，围绕一个共同的对头也便于动员选民，但这么做也是在放弃与企业合作、利用它为社会造福的大量机会。这还忽视了利润所扮演的关键角色，比如为普通公民的储蓄提供回报、为企业对员工的投资提供资金，或鼓励领导者全力以赴推行新创意。因此，我们需要的是一种既适用于企业也适用于社会的解决方案。

　　这就是本书的主题。这样的解决方案是存在的——更重要的是，它就来自当前的系统，而无须对未知的前途疯狂押注。它使用经同行最严格审阅的期刊上的严谨证据作为支持，辅之以成功将其付诸实践的具体例子——这并不仅仅是一个抽象的概念。因此，基于资本主义和社会所面临的重大挑战，我们是有真正的希望的。

　　这一解决方案就是"做大蛋糕"的思维。如果企业以为社会创造价值为首要宗旨，那么它并不会牺牲利润，也不会重新分配大小不变的蛋糕。相反，它会扩大自己所创造的总价值，让投资者和利益相关者都受益。实际上，长期而言，这种方法通常比最大化股东价值的尝试更有利可图。因此，即便没有监管，没有公众的抗议，领导者也应自愿采用这一思维。创造社会价值不是被迫采取的防御举措，也不是简单的"值得"——它是良好的商业。得出这一结论靠的不是一厢情愿的想法，而是高质量的证据：要抵达利润的沃土，请沿着宗旨的道路前进。

　　做大蛋糕的思维为企业带去了自由，因为在进行长期投资时，企业可以不再计算对利润的影响——这种计算往往徒劳无功，因为影响很难预测。但做大蛋糕的思维也是有针对性的，而不是自由放任。我们提供了一些领导者可以遵循的原则——利用它们来辨别哪些项目可以推进、哪些项目应该暂行回避。宗旨不仅是一份崇高的使命宣言，而且提供了明确的方向，帮助我们做出棘手的决定。这是领导者贯彻行动的承诺，哪怕它涉及要关闭一个盈利颇丰的部门。宗旨还要求领导者报告进度，借此施以问责。

　　正如一家做大蛋糕的企业的宗旨是为社会创造价值，整个社会也有责任将做大蛋糕的思维植入企业。投资者可以通过尽责管理发挥重要的作用——深刻理解一家企业的长期价值，在其他人急于退出时坚持下去，但要是碰到企业押上了自己的未来，那么不管短期利润多么诱人，也不要害怕卖出或参与。员工也有力量和责任确保宗旨渗透到基层，自行开展创新。不管企业的产品多么具有吸引力，如果员工不认同企业的价值观，则员工仍有可能离开。公民可以对政策制定者施加影响，要求后者采取基于证据的改革方法，将企业的收益和成本都考虑在内。

重大的变革业已发生。尽管仍然有一些备受瞩目的分蛋糕的企业案例，但仔细考察所有证据可以发现，也有其他许多企业正悄悄地为所有成员创造价值。企业把员工视为合作者，真正实施可持续发展政策，对具有实质性的利益相关者加以投资，最终会获得更多的长期利润。企业让领导者成为长期所有者，能向投资者和利益相关者交付更大的价值。投资者投票支持旨在让利益相关者受益的提案，最终自己也会受益。

因此，任何接受做大蛋糕思维的企业或投资者都不是在逆流而上、孤军奋战。相反，他/它们正搭乘着证据的东风，加入一场更广泛的行动；同路者们严肃地对待各自的社会责任，尝试进行真正的改变。他/它们不必完全相信统计数据和回归系数，但是可以受其指导，向那些鼓舞人心的榜样学习。我们看到默克公司早在 20 世纪 40 年代就开发出青霉素来拯救患者的生命，哪怕当时并没有明确的利润来源；如今，它每年还向全世界最贫穷的 3 亿河盲症患者捐赠异阿凡曼菌素。我们了解到沃达丰率先为没有银行账户的人提供移动支付服务，让 19.6 万个肯尼亚家庭摆脱贫困。我们看到，巴克莱银行关闭了一条价值 10 亿英镑的收入线，CVS Health 停止销售价值 20 亿美元的产品，只因为这些收入线和产品不符合它们自己的宗旨。

这些似乎是高尚的榜样，值得效仿。不是所有人都有力量开发出可以获得诺贝尔奖的药物，推出一项新技术，或是关闭整条业务线。但只需持续不断地加入少量面粉，就能做大蛋糕。啤酒企业新比利时一开始只是简单地承认自己对环境造成了负面影响，这激发了员工思考怎样减轻这些影响。玛莎百货报告自己对不同利益相关者造成的影响，并设定了目标，让利益相关者围绕共同的事业团结起来。伟尔集团没有改变自己的宗旨宣言或商业模式，而是认识到了根据长期回报奖励领导者、同时让全体员工分享其成功的重要性。

除了这些例子，还有一些有影响力的大型组织允许企业和投资者分享最佳实践，构建框架以促成讨论和改革，并在行业或整个经济层面携手实施变革。"聚焦长期资本"这一组织设计了一份路线图，指导企业和投资者之间就长期议题展开对话。企业联盟"心怀宗旨的企业"运用最佳学术证据，为公司治理、高管薪酬和尽责管理设计了切实可行的改革。新成立的"价值报告基金会"正在为报告社会绩效协调框架和标准。《联合国负责任投资原则》合作平台、加拿大善治联盟和英国投资者论坛帮助股东不再把彼此视为有待击败的基准，而是为了共同利益集体参与。"新公民项目"与企业合作，发动客户履行公民责任，资源日益丰富，发展势头也很强劲。

当今，企业的领导者处在一种特殊的位置上：因为技术和企业的全球影响力，他们比任何时期都有更强大的力量为社会创造价值。今天，运作基金的投资者也拥有比以往任何时期都更多的资金和更强势的股东权利，要求企业对践行宗旨和交付利润负责。公民也拥有远超以往的更强的能动性，我们有能力组织行动、为企业提供公共反馈——在个人层面上，我们也会寻求互动上的双赢。运用这些力量来创造一种造福整个社会的资本主义形式，取决于我们所有人的共同努力。我们有证据的支持，有榜样的激励，有相关的工具可付诸实践。让我们把这一愿景变成现实。

行动建议

这一部分提供了根据本书观点采取行动的实用建议。我将这些建议分为针对领导者、董事会、投资者和公民这几大类。由于书中的许多原则适用于社会中的多种成员，一些观点会出现不止一次，而散落在本书不同部分的观点也有可能适合某一种特定的成员。

领导者

定义企业的宗旨

·以比较优势原则为指导，描述你的企业为什么存在——它存在的理由，以及它在世界上所扮演的角色。以实质性原则为指导，解释你的企业因什么人而存在——哪些利益相关者最为重要。

·确保你的宗旨是有针对性且有选择性的——也就是说，它不会尝试为所有人做所有的事，承认进行权衡取舍的必然性以及它在导航方面所发挥的协助作用。要认识到，宗旨的力量来自它有意识地省略了一些东西。

·征求员工和外部利益相关者（如客户）的意见。一旦设定了宗旨，就要保证它清晰明确，但不僵化，允许它根据条件的改变而演进。

就怎样实现宗旨进行沟通

·拟定一套广泛的指标，跟踪企业是否在推进其宗旨。为每一个指标设定长期目标，并报告进度。如果某些指标容易受到操纵或造成误导，要有意识地判断不对其进行跟踪。

· 用叙述的方式来强化数字的意义和背景。例如，解释为什么某些指标偏离了目标，采取了哪些补救措施；介绍企业在招聘、留住和培训高质量员工方面所做的努力，从而对员工人数和流动率数据进行补充。

· 从没有人情味的单向报告，转向人与人之间的双向沟通。召开投资者会议，邀请员工和外部利益相关者参加"议事"大会，让所有人都能看到你在为实现宗旨承担责任，也让所有人分享想法。

将宗旨植入企业

· 仔细审视企业战略是否与宗旨相一致。每一种主要产品或服务是否真正在为社会创造价值，生产这些产品或提供这些服务是否给一些利益相关者造成了不必要的伤害？各项业务是否仍然具备比较优势，还是仅仅因历史遗留原因而保留了这些业务？

· 根据宗旨校准企业的运营模式和文化。尤其是对实现宗旨的核心过程，要在质量上毫不妥协。检验文化契合度在招聘、晋升和留任决策中所扮演的重要角色。

· 跟踪员工、团队和项目在宗旨相关层面的绩效。确保这些信息在员工评估和奖励中发挥重要作用。把这些数据分享给员工，让他们能够做出更好的决定。

培养追求卓越和创新的精神

· 确保企业不仅通过辅助性的"企业社会责任"活动来服务社会，更要通过在核心业务上追求卓越来服务社会。将人手、财务资源和时间分配到企业具备最大比较优势并影响最具实质性的利益相关者的业务上。

·将卓越标准应用到投资决策上。如果经济和社会回报平平，就叫停现有项目，也不启动新项目。将资金重新分配到你的核心业务上，又或者，如果已经抓住了所有优质投资机会，那就把资金支付给投资者。

·认识到疏忽不作为之过的严重性。不断努力改进，勇于承担风险，尝试未经检验的设想——尤其是，如果这些设想能满足社会需求，哪怕它们收入的来源尚不明确。多问问"我手里有些什么？"——也就是我的企业拥有哪些资源和专业知识，怎样用它们来服务社会。确保员工拥有创新的自由——无须过多批准，也不必担心失败。

把利益相关者视为企业的合作伙伴

·赋予员工决策权，坦然接受这可能导致的胡作非为之过。把员工视为创意的源头，而非仅令员工执行你的创意。调动客户履行公民职责的潜力——例如，积极征求其意见，或与之合作，减少你的企业对环境造成的影响。

·对员工的技能和福祉进行投资。预测哪些员工有可能因技术或竞争而遭到取代，主动对其进行再培训。监测员工的身心健康，必要时提前采取行动。创造出一种文化，让所有管理者（包括你自己在内）都发自内心地考虑到额外工作给团队造成的影响。

·考虑授予所有员工股份，让他们从财务上成为企业的合作伙伴，享受企业成功带来的果实。

董事会

以主人翁意识看待企业的宗旨

·将宗旨视为董事会全体成员的责任。如果企业有宗旨宣言，可以考虑让所有董事会成员签署。

·考虑设立董事会下属委员会，负责与企业宗旨相关的重大议题，如创新、人力资本或环境影响。

·确保会议议程中有可观的时间分配给宗旨，确保战略考察日与宗旨挂钩。

监督企业宗旨的实现

·管理层在提交任何重大决策以供批准时，要求其解释该决策怎样符合企业的宗旨。严格评估两者是否相符。

·考虑到企业当前的比较优势和不同利益相关者的实质性，核实企业的宗旨宣言如今是否仍然切题，而不是沦为了历史遗迹。

·仔细审视企业用来衡量进展的指标，确保这些指标是相关的。跳出指标与领导者进行对话——指标背后的趋势是什么，领导者特别希望在哪些方面加以改进。让他们举例说明，在什么样的情况下宗旨使他们做出了不同的决策。

让领导者成为长期所有者

·授予领导者必须长期持有（甚至退休后也需长期持有）的股权。根据行业周期，以及领导者的行为对股票价格产生全面影响所需要的时间，确认持有期限是适当的。

·在首席执行官大规模兑现股权期间，要当心潜在的短期行为——如未能启动新项目一类的疏忽不作为之过，以及削减投资等胡作非为之过。

·淡化基于定量目标的复杂奖金，考虑取消有可能导致短期主义的股权绩效条件。

定期与投资者接触

·定期与投资者会面（而不仅仅是在危机时期）是理所当然的事。将投资者视为创意的来源，而非挑战（而且，这些挑战需要企业做出回应）的源头。确保与投资者召开的部分会议没有高管在场，以便投资者直言不讳地表达他们对领导者绩效的看法。

·与高管共同举办"尽责管理与战略论坛"，所有大型投资者都可参加。确保这些活动侧重于战略、创新、人力资本开发等长期因素。

·积极寻找与宗旨一致的投资者，并考虑给予投资者宗旨议事表决权。如果投资者获得这一表决权，务必要确保这次投票只是与投资者就宗旨展开更广泛对话所带来的一个结果。

了解企业的基层情况

·通过有组织的拜访，到企业的基层去，与来自不同地方、不同层级的员工交谈。了解企业有哪些地方让他们感到振奋，哪些地方让他们觉得沮丧。

·如果企业有零售客户，可对零售渠道进行暗访，亲自考察客户体验。

·将利益相关者小组的见解作为个人拜访的补充，从而更广泛地捕捉客户和员工等关键利益相关者的看法。确保将了解到的情况转化为行动。

投资者

投资者和董事会一样,对企业进行监督。故此,董事会的许多行动也适用于投资者。此外,由于有的投资者本身也是企业,所以许多针对领导者的行动要点也同样适用于投资者。本节针对投资者提供定制化的额外观点。

定义宗旨和尽责管理方法

· 定义宗旨——你怎样为储蓄者创造长期回报——以及你的尽责管理方法。要意识到,更多的尽责管理并不一定更好;相反,要确保你的尽责管理方法与宗旨及比较优势相一致。

· 在参与方面,明确你的优先参与重点,以及你打算怎样追求它们——如通过投票、私人会面或公开的激进行动。

· 在监督方面,强调你将特别审查的绩效层面。制定撤资政策,说明什么会使得你卖出所持股票。

将尽责管理植入投资过程

· 如果基金是主动管理型,确保每一头寸都是基于信念而持有——你要么相信它的长期前景,要么相信自己可以扭转局面——你持有它不是因为它是基准的一部分。

· 授予基金经理其所管理基金的可观份额,并要求其持有数年。

· 为尽责管理投入大量资源,并将其整合到投资过程中。确保投票和参与由尽责管理团队和基金经理共同领导,而不是将它们委托给前者。

沟通尽责管理的实施情况

·选择与你的尽责管理政策相关的指标（如你的投票记录，包括你多少次投票反对企业内部政策、多少次没有采纳投票顾问给出的建议），并加以报告。有意识地选择不报告某些可能存在误导性的指标，并解释你为什么不报告它们。

·进行叙述性报告——例如，你怎样确保将尽责管理整合到投资过程当中，怎样激励基金经理。提供参与或撤资的案例研究。

·在资产所有者和资产管理者之间定期召开会议，讨论尽责管理的绩效。确保资产管理者了解资产所有者的具体尽责管理目标和期待。

践行知情投票

·考虑拟定内部投票政策，由利益相关者圆桌会议或咨询委员会提供信息，并予以公布。要预见到内部政策可能不适用于哪些情况，确保在这些情况下不会默认按政策行事。

·拟定使用投票顾问的政策。确保其建议只是进行投票所需的一部分意见，尤其是在需要进行战略判断的情况下。理解投票顾问的评估方法，知道何时应该谨慎对待其建议。

·将投票视为参与工具，即更广泛参与过程的一部分。呈交提案前应向管理层表达关切，而不是在提案进入议程后才投票表示反对。把你投票的理由告知管理层，如果合适的话，也告知公众。

与高管和董事进行例行沟通

·定期与投资者会面（而不仅仅是在危机时期）是理所当然的事，还要确保这样的会面秉持宗旨，而非单纯的"活动"。要把此类会面看成就长期因素进行的双向对话，提供见解，也要在信息上互通有无。不可事无巨细地插手企业的日常运营。

· 让其他投资者也参与进来，把他们看成合作伙伴，而非要打败的基准。如果可行，可考虑加入集体参与组织。投身于全行业参与——比如，鼓励某个行业的所有企业报告特定指标。

· 设定一套参与失败后的升级机制，如撤资或公开对抗。一定要保证这只是最后的手段，但会在恰当的时候使用。

监督企业的长期价值

· 确保交易决策不是基于短期收益，而是基于对企业长期价值的评估。使用 ESG 指标来构建投资的理由（但不是唯一的理由）。要意识到，社会绩效的许多关键维度无法量化，需要通过与管理层会面来补充数据。

· 要保证坚持持有股票是一个主动做出的决定，而非默认的决定。评估企业是否在为社会创造长期价值，如果没有，要么参与，要么撤资。

· 考虑成立外部咨询委员会，以协助评估需要专业知识的无形因素。运用这些见解来指导特定股票和一般主题的投资，如哪些行业应增持、哪些应回避，以及参与时应优先考虑哪些主题。

公民

身为员工，不管职位如何，都要意识到自己的能动性

· 对向你汇报工作的员工进行赋权、投资、奖励。哪怕你是团队中资历最浅的员工，在与其他部门互动时也要践行这样的态度。

• 意识到自己的能动性比你想象的要大得多。不要让正式的岗位描述限制你的思路，要大胆提出并尝试新设想。对上管理：勇于提问——为什么某件事一定要以特定方式完成？这件事能不能做得更好，或者根本不必做？让上司意识到还有其他工作和非工作需求会占用你的时间，以减少倦怠风险。

• 愿意离开（或一开始就不加入）一家与你的价值观不符、对参与没有反应的企业。

身为客户，采用公民思维，而非消费者思维

• 确定你的价值观，确保它们对你的购买决定将产生重大影响。为方便起见，可借助价值观比较网站和应用程序。

• 把自己视为企业的一员、客户群体的一分子。向企业或客户评论网站提供建设性反馈，包括改进建议。考虑参加一些活动以改变企业的行为。

• 带着负责任的主人翁意识，在购买产品后进行参与——如参加企业发起的回收或修复破损产品的活动。

利用现有的最佳证据了解信息

• 利用"做大蛋糕"的思维来评估一家企业（如以潜在客户或员工的身份），不要用"分蛋糕"的思维。不要光从投资者或高管收入的角度着眼，也要思考这些收入是不是为社会创造价值带来的副产品。

• 当心确认偏误。认识到（几乎）所有议题都有两方面，主动寻找与你观点相反的论点或证据。更加相信平衡的观点而非片面的观点。

• 当心"研究表明……"这句话。在相信一项研究之前，先看看它是否已经发表。如果已经发表，要看它发表的期刊是否属于最严谨

的出版物，还是位列黑名单的出版物。如果尚未发表，要审查作者的资历，比如他所在机构的质量或他从前的工作记录。

身为监管者或选民，先诊断，后治疗

· 在通过或支持一项法律法规之前，先调查一个问题是大规模存在，还是仅限于少数高调的个案。运用上述指导原则对大规模证据进行严格的评估。

· 想一想潜在政策是否已经有其他地方在实施，并借助最严谨的证据审查其效果。身为选民，支持那些采用循证方法的政治人物。

· 在看到一项法律法规的时候，想一想企业会不会为了遵守它而参与操纵，或为了避免违反它而抑制创新。评估该法律法规是能帮助所有企业创造社会价值，还是会对某些有着特殊情况的企业产生反效果。

在日常生活中实践蛋糕经济学的原则

· 在谈判或人际交往中寻求"双赢"结果。要认识到，对方有所得时，你并不见得会有所失。

· 要意识到你的能力并非固定不变，而是可以通过刻意练习（尽管它会让人感到不舒服）来发展。勇于尝试，乐于失败，也乐于在失败后审视失败。

· 在服务时要寻求赠送不对等的礼物，这些礼物给接受者带来的价值大于你所付出的成本。有勇气拒绝不符合倍增、比较优势或实质性原则的要你提供服务的请求。

附录 A

第三章通过苹果公司投资健身房的简单例子来说明倍增原则。本附录解释了怎样将该原则应用于更复杂的案例。所使用的框架由社会影响咨询机构布利吉斯潘和睿思基金开发，布利吉斯潘的克里斯·埃迪（Chris Addy）、迈克尔·柯林斯（Michael Collins）和迈克尔·埃策尔（Michael Ertzel），以及睿思基金的玛雅·科灵格（Maya Corengel）在《哈佛商业评论》上发表的一篇文章及相应案例中对这一框架做了描述。[1] 它包括六个步骤，我们将在下文中使用相同的数字来说明教育科技公司 EverFi（由睿思基金投资）运营的两个项目。这两个项目分别是"酒精教育"和"避风港"，前者旨在防止大学生酗酒，后者旨在教育学生减少性侵犯。

1. 将有多少公民受到影响？

酒精教育项目：220 万名学生

避风港项目：260 万名学生

假设男女比例相同。

2. 估计将为这些人带来多大的社会收益

在这里，你将使用评估举措效果的研究结果。理想的研究是"随机对照试验"，将统一接受了"处理"的人和未统一接受"处理"的

"对照组"（在这一组中，是否接受"处理"是随机的）进行比较。第十章提到的布莱恩·克劳·格雷沃森和扬·范·乌尔斯所做的研究就是随机对照试验的一个例子，在该研究中，是否有资格参与就业激活项目取决于公民的生日。

酒精教育项目：一项随机对照试验发现，该项目减少了 11% 的酒精相关事件，即减少了 220 万×11%＝24.2 万起事件。评估挽救的生命更为棘手。美国国立卫生研究院发现，每年 1 200 万名大学生中有 1 825 人死于酒精相关原因，死亡率为 0.015%。因此，减少 24.2 万起酒精相关事件，至少可以挽救 24.2 万×0.015%≈36 人的生命。①

避风港项目：一项研究发现，面对面的性侵犯课程，让女性实施的性侵犯减少了 19%，让男性实施的性侵犯减少了 36%。每年有 10.3% 的男大学生和 2.5% 的女大学生遭遇性侵犯。故此，这就相当于减少了 130 万×10.3%×19%＝25 441 起女性性侵犯事件，130 万×2.5%×36%＝11 700 起男性性侵犯事件。总计减少了 37 141 起性侵犯事件。

3. 估计这些社会收益带来的经济价值

接下来是将这些社会收益转化为经济价值。用钱来衡量生命和性侵犯等结果看似冷酷，但大有必要。如若不然，你就无法将拯救生命和减少性侵犯等项目的社会收益，与提高儿童识字率或为女性赋权等项目进行比较。

---

① 这是一个下限，因为大学生饮酒相关事件的死亡率可能比大学生的整体死亡率要高。

酒精教育项目：美国交通部估计，一个人的生命价值是 540 万美元。[①] 故此，拯救了 36 人的生命，带来了 36×540 万美元＝1.94 亿美元的经济价值。

避风港项目：美国国立卫生研究院估计，一起性侵犯事件造成的健康、法律和经济损失为 16 657 美元，故此，减少的 37 141 起性侵犯事件价值 37 141×16 657 美元＝6.19 亿美元。

4. 按不确定性进行调整

上述计算基于先前研究的结果。然而，这些研究可能缺乏内部效度：它们揭示的兴许只是相关性而非因果关系，尤其是如果参加一个项目是出于人的主动选择而非随机分配。例如，选择参加性侵犯项目的人可能还会采取其他措施来减少遭遇性侵犯的风险，所以你不能把性侵犯的减少完全归因于该项目。此外，这些研究还可能缺乏外部效度：先前的研究可能针对的是不同的国家、不同的环境（农村或城市）或不同的项目。

如果内部效度或外部效度不完善，判断应该"削减"多少预计收益就是一门艺术而非科学了。这里的框架包含内部效度和外部效度的六条标准，你可以对其进行主观打分。得分总结如下：

酒精教育项目的得分是 85%，因为它使用的是随机对照试验。得分不是 100% 是因为，随机对照试验只显示该项目减少了酒精相关事件，并未涉及死亡人数。故此，经概率调整的收益为 85%×1.94 亿美元＝1.65 亿美元。

---

① 人们或许会认为生命是无价的。但并非如此：我们出于经济或内在收益的考虑，有意识地做出降低预期寿命的行为——例如，人会参加危险活动，也会在犯罪率较高的城市或国家工作；此外，公路的速度限制也不全都是每小时 20 英里。生命无价意味着每一个决定都是为了最大限度地延长预期寿命。

避风港项目的得分为 55%。这一分数较低，因为该研究不是随机对照试验：是否参与该项目是出于个人选择。此外，研究针对的是面对面的项目，而"避风港"是在线项目。故此，经概率调整的收益为 $55\% \times 6.19$ 亿美元 $=3.40$ 亿美元。

5. 估计最终价值

上述计算估计的是项目在未来 5 年的收益。然而，这一收益可能会持续到 5 年以后，这就是所谓的项目的最终价值。为计算最终价值，你需要评估收益（受影响的人，第 1 步）在 5 年后持续减少的可能性，以及对这些人的影响（第 2 步）在 5 年后持续减少的可能性。根据这一定性评估，要对项目打 $5\% \sim 25\%$ 的折扣。假设两个项目都存在合理的不确定性，可以打 20% 的折扣。此时计算的最终价值如下：

酒精教育项目：第 5 年的收益估计为 4 770 万美元（请注意，由于收益会随着时间的推移而增加，这个数字并不是用第 4 步得到的1.65 亿美元除以 5）。故此，未来 5 年的收益是 $4\ 770/1.2 + 4\ 770/1.2^2 + 4\ 770/1.2^3 + 4\ 770/1.2^4 + 4\ 770/1.2^5 = 1.43$ 亿美元。

避风港项目：第 5 年的收益估计为 9 470 万美元。最终价值为$9\ 470/1.2 + 9\ 470/1.2^2 + 9\ 470/1.2^3 + 9\ 470/1.2^4 + 9\ 470/1.2^5 = 2.83$ 亿美元。[①]

---

① 计算的技术说明：布利吉斯潘和睿思基金的方法通过使用折现因子 1.2 来纳入20% 的折扣，把这里的 20% 当成资本成本来处理。如果是我的话，我会使用另一种方法。资本成本只应该受到系统性风险的影响——这些项目的收益会随着经济状况而变化，但这是不太可能的。即使睿思基金是风险中性的，它仍将考虑收益可能不会持续的事实，所以这不应该是一种改变分母的"风险因子"。相反，折扣应该用来"减小"分子，跟第 4 步里的不确定性一样。所以，我会这么算：$4\ 770 \times 0.8 + 4\ 770 \times 0.8^2 + \cdots + 4\ 770 \times 0.8^5$。参见 Richard Brealey，Stewart Myers，Franklin Allen，et al.，Principles of Corporate Finance. New York：McGraw-Hill Education，2022。

6. 加总收益并与成本进行比较

酒精教育项目：1.65 亿美元（前 5 年，来自第 4 步）＋1.43 亿美元（最终价值，来自第 5 步）＝3.08 亿美元。

避风港项目：3.40 亿美元（前 5 年，来自第 4 步）＋2.83 亿美元（最终价值，来自第 5 步）＝6.23 亿美元。

接着，将这些总数与各项目的成本进行比较，以评估是否满足倍增原则。

显然，进行这些计算需要做一些假设。但是，一直在实践的标准净现值也需要用到假设。与标准净现值一样，对社会净现值的计算，你可以进行敏感性分析，以检验不同假设的影响。

附录 B

本附录对第九章做了扩充，提供了关于集体参与框架的进一步细节。

《联合国负责任投资原则》合作平台促进了关于 ESG 议题的集体普遍参与，如改善碳披露、实施反腐败政策或不从冲突地区采购矿产。会员投资者在平台上发布一个议题，希望就此议题参与特定企业，并邀请其他会员支持自己。这可能包括签署并呈交给企业的联名信，支持股东提案，或在与管理层的对话中联合力量。埃尔罗伊·迪姆森、奥古扎·卡拉卡斯和李希研究了 1 671 次集体参与，发现成功的集体参与提高了资产回报率，带动了销售增长。[2]这呼应了他们另一项研究的发现（见本书第六章），即大型投资者的环境和社会参与提高了利润和股价。尽管这两项研究中的参与都旨在为利益相关者创造价值，但投资者也从中获益。

另一种集体参与的媒介是加拿大善治联盟。它与《联合国负责任投资原则》合作平台有两点主要区别。加拿大善治联盟关注的是公司治理议题（如实施回拨条款或薪酬议事表决），而不是环境或社会议题。主导与公司对话的是善治联盟本身，而非其成员。[3]克雷格·多伊奇（Craig Doidge）、亚历山大·戴克（Alexander Dyck）、哈米德·马哈穆迪（Hamed Mahmudi）和亚扎姆·维拉尼（Aazam Virani）发现，加拿大善治联盟的组建导致善治联盟成员大量持股，故此该联盟最有可能参与。[4]

英国投资者论坛就资本配置、战略和生产率等议题协调集体专门性参与。由于投资者对这些议题的看法取决于自身所掌握的关于公司的私密信息，故此英国投资者论坛精心构建了一个框架，以确保投资者不会在无意中泄露私密信息。[5]与加拿大善治联盟类似，主导参与的是该论坛（而非投资者），很多时候投资者并不知道还有其他哪些投资者正跟自己共同参与。

例如，2015年7月，英国投资者论坛代表了英国零售商Sports Direct的12名投资者，他们共同持有该公司33％的独立股份，并对公司的治理和雇佣实践感到担忧。集体参与多为私下沟通。但由于缺乏进展，2016年8月，该论坛公开要求对这些实践进行独立审查。次年1月，Sports Direct同意了这一要求。此后，投资者因担心Sports Direct的工作实践可能在服装行业普遍存在，便发起了一次全行业参与。

除了为解决特定问题而进行参与，英国投资者论坛还鼓励投资者和公司展开对话。高管们经常哀叹电话财报会议和年度股东大会的讨论通常只涉及短期利润——但高管们可以有所作为，改变现状。英国投资者论坛建议公司与大型投资者举行"尽责管理与战略论坛"，讨论长期议题；会议议程样本可在其网站上找到。例如，劳斯莱斯2016年举办的活动讨论了其研究计划、新客户产品和削减高层人员的计划。这些活动与第八章讨论的首席执行官投资者论坛类似。

投资者也可以在正式的协调机制之外开展合作。2018 年 5 月，LGIM 召集了 60 名全球资产管理者和资产所有者，其管理的资产总额超过 10 万亿美元。LGIM 在《金融时报》上发表了一封公开信，要求油气行业采取更多的行动履行《巴黎协定》中关于气候变化所做的承诺。

注 释

导 言

[1] Jim Puzzanghera, 'A Decade after the Financial Crisis, Many Americans Are Still Struggling to Recover', Seattle Times (10 September 2018).

[2] 'World's 22 Richest Men Have More Wealth than All the Women in Africa', Oxfam (20 January 2020).

[3] World Bank, 'Poverty and Shared Prosperity 2020' (2020).

[4] International Labour Organization, 'Safety and Health at the Heart of the Future of Work' (2019).

[5] Guillaume P. Chossière, RobertMalina, AkshayAshoket al. , 'Public Health Impacts of Excess NOx Emissions from Volkswagen Diesel Passenger Vehicles in Germany' (2017) 12 Environmental Research Letters.

[6] Trucost, 'Natural Capital at Risk: The Top 100 Externalities of Business' (2013).

第一章

[1] Bethany McLean, 'Everything You Know about Martin Shkreli Is Wrong-Or Is It?', Vanity Fair (February 2016).

[2] Andrew Pollack, 'Drug Goes from $13. 50 a Tablet to $750, Overnight', New York Times (20 September 2015).

[3] Heather Long, 'Here's What Happened to AIDS Drug that Spiked 5, 000%', CNN Business (25 August 2016).

［4］谢克雷利称，这一封闭的分销系统在图灵购买达拉匹林之前的两三个月就已经实施了，而且并不是他自己要执行的。然而，在实际收购前的几个月图灵就已经对达拉匹林产生了兴趣。由于制药企业 Impax 并未采取过封闭的分销系统而图灵采取了，故此，有可能是该公司为了迎接即将到来的卖出而选择了这一做法。哪怕事情不是这样，图灵在收购后也并未取消这一做法。

［5］Nicola Woolcock, 'University Lecturers to Strike as Students Sit Summer Exams', The Times (9 March 2018).

［6］'University Strike Talks Resume after Twitter Skirmishes', BBC (6 March 2018).

［7］Forbes Healthcare Summit，December 2015.

［8］同上。

［9］'Protection Racket: CAB Evidence on the Cost and Effectiveness of Payment Protection Insurance', Citizens Advice Bureau (September 2005).

［10］Zlata Rodionova, 'The 7 Most Shocking Testimonies from Workers at Sports Direct', The Independent (22 July 2016).

［11］Ben Chapman, 'Workers Facing Destitution as Factory Set to Close Within Days Unless Philip Green's Fashion Empire Pays for Existing Orders', The Independent (24 June 2020).

［12］Business & Human Rights Resource Centre, 'COVID-19 Apparel Action Tracker' (2020).

［13］'A Conversation with Roy P. Vagelos', Annual Reviews Conversations (2011).

［14］Bonnie J. Davis and Cindy Kluger, 'Onchocerciasis and Its Control: Report of a WHO Expert Committee on Onchocerciasis Control' (1995) 89 Geneva: World Health Organisation 1 - 104.

［15］Ushma S. Neill, 'A Conversation with P. Roy Vagelos' (2014) 124 Journal of Clinical Investigation 2291 - 2292.

［16］Paul Hond, 'Doctors without Debt', Columbia Magazine (Fall 2018).

［17］Michael Useem, The Leadership Moment (New York: New Rivers Press, 1998).

［18］Kimberly Collins, 'Profitable Gifts: A History of the Merck Mectizan Donation Program and Its Implications for International Health' (2004) 47 Perspectives in Biology and Medicine 100 – 109.

［19］例如，2012 年 6 月 28 日，彼得·卡洛夫（Peter Karoff）在《斯坦福社会创新评论》（*Stanford Social Innovation Review*）上发表了一篇题为《企业社会责任第一规则：不伤害》（CSR Rule ♯ 1：Do No Harm）的文章。谷歌的行为准则也包含了著名的相关短语"不作恶"。

［20］索尼"马维卡"是无胶片的电子相机，但还不是数码相机，因为图像是以模拟扫描线（类似于电视画面）的形式保存的。

［21］Matt Vella, 'Every 60 Seconds, Apple Makes More Money than You Do in a Year', Time (20 March 2014).

［22］Phil Mullan, 'CSR: The Dangers of "Doing the Right Thing"', Spiked (31 March 2014).

［23］Alex Edmans and Bruce Bolger, 'Can Stakeholder Capitalism Save Capitalism? First We Must Define It', Forbes (26 August 2020).

［24］Joseph A. DiMasi, Henry G. Grabowski and Ronald W. Hansen, 'Innovation in the Pharmaceutical Industry: New Estimates of R&D Costs' (2016) 47 Journal of Health Economics 20 – 33. 以 2013 年美元计算，该数字为 28.7 亿美元。

［25］Adi Ignatius, 'Businesses Exist to Deliver Value to Society', Harvard Business Review (March-April 2018).

［26］Ronald H. Coase, 'The Problem of Social Cost' (1960) 3 Journal of Law and Economics 1 – 44.

［27］Vilfredo Pareto, 'Il Massimo di Utilità Dato Dalla Libera Concorrenza' 9 (1894) Giornale degli Economisti 48 – 66.

［28］Sandra J. Sucher and Shalene Gupta, 'Layoffs that Don't Break Your Company', Harvard Business Review (May-June 2018).

［29］Edelman, 'Edelman Trust Barometer 2020' (2020).

［30］Kantar Futures and American Express, 'Redefining the C-Suite: Business the Millennial Way' (2017).

［31］PwC and AIESEC, 'Tomorrow's Leaders Today' (2016).

第二章

[1] Milton Friedman, 'The Social Responsibility of Business Is to Increase Its Profits', New York Times Magazine (13 September 1970).

[2] Global Justice Now, '69 of the Richest 100 Entities on the Planet Are Corporations, Not Governments, Figures Show' (17 October 2018).

[3] Michael C. Jensen, 'Value Maximisation, Stakeholder Theory, and the Corporate Objective Function' (2001) 7 European Financial Management 297-317.

[4] Ocean Tomo, 'Intangible Asset Market Value Study' (2020).

[5] 有人对《财富》1 000 强公司的首席执行官进行了调查，发现他们所用的贴现率为 12％，高于债务或股权所要求的回报率。参见：James Poterba and Lawrence H. Summers, 'A CEO Survey of U. S. Companies' Time Horizons and Hurdle Rates', Sloan Management Review (Fall 1995).

[6] 经济学家约翰·凯（John Kay）把这称为"迂回"原则，即目标最好是在无意中实现的。参见：JohnKay, Obliquity: Why Our Goals Are Best Achieved Indirectly (London: Profile Books, 2011).

[7] Steven Levy, 'Inside Apple's Insanely Great (or Just Insane) New Mothership', Wired (16 May 2017).

[8] 最终成为获得美国批准的药物研究和制造商。

[9] Jean-ClaudeBuffle, Dossier N … comme Nestlé: Multinationale et Infanticide: le Lait, les Bébés et … la Mort (Paris: Alain Moreau, 1986).

[10] 'U. S. Tobacco Profits Soar Despite Drop in Number of Smokers', NPR (24 April 2017).

[11] Rob Davies, 'How Big Tobacco Has Survived Death and Taxes', Guardian (12 July 2017).

[12] 哪怕股东是一家机构，它最终也几乎都是代表公民在管理资金。

[13] Oliver Hart and Luigi Zingales, 'Companies Should Maximize Shareholder Welfare Not Market Value' (2017) 2 Journal of Law, Finance, and Accounting 247 – 274.

[14] The Forum for Sustainable and Responsible Investment, 'Report on US Sustain-

able, Responsible, and Impact Investing Trends' (2016).

[15] Global Sustainable Investment Alliance, 'Global Sustainable Investment Review' (2018).

[16] Samuel M. Hartzmark and Abigail B. Sussman, 'Do Investors Value Sustainability? A Natural Experiment Examining Ranking and Fund Flows' (2019) 74 Journal of Finance 2789 - 2837.

[17] Center for Climate and Energy Solutions, 'Weathering the Storm: Building Business Resilience to Climate Change' (2013).

[18] Carbon Disclosure Project, 'Major Risk or Rosy Opportunity: Are Companies Ready for Climate Change?' (2019).

[19] Stephanie M. Tully and Russell S. Winer, 'The Role of the Beneficiary in Willingness to Pay for Socially Responsible Products: A Meta-Analysis' (2014) 90 Journal of Retailing 255 - 274.

[20] Rüdiger Bachmann, Gabriel Ehrlich and Dimitrije Ruzic, 'Firms and Collective Reputation: The Volkswagen Emissions Scandal as a Case Study' (2017).

[21] European Court of Auditors: 'The EU's Response to the "Dieselgate" Scandal' (2019).

[22] John Elkington, '25 Years Ago I Coined the Phrase "Triple Bottom Line". Here's Why It's Time to Rethink It', Harvard Business Review (25 June 2018).

第三章

[1] Adi Ignatius, 'Businesses Exist to Deliver Value to Society', Harvard Business Review (March-April 2018).

[2] Michael Kranish, 'Warren Decries Stock Buybacks, High CEO Pay', Boston Globe (14 June 2015).

[3] Hiroko Tabuchi, 'Layoffs Taboo, Japan Workers Are Sent to the Boredom Room', New York Times (16 August 2013).

[4] Angelo Mozilo's testimony in SEC investigation, 9 November 2007.

[5] Connie Bruck, 'Angelo's Ashes', The New Yorker (29 June 2009).

［6］'Daewoo：GM's Hot New Engine'，Bloomberg（29 November 2004）.

［7］虽然部分损失来自向被收购企业（为前所有者创造收益）支付了过高的价格，但就算减去这些收益，社会的净价值损失也为 1 340 亿美元。

［8］Sara B. Moeller，Frederik P. Schlingemann and René M. Stulz，'Wealth Destruction on a Massive Scale? A Study of Acquiring-Firm Returns in the Recent Merger Wave'（2005）60 Journal of Finance 757-782.

［9］Leila Abboud，'The fall from favour of Danone's purpose-driven chief'，Financial Times（17 March 2021）.

［10］澳大利亚能源市场委员会预计明年将增长 16％。

［11］这项研究专门针对董事的职责，但由于董事监督高管，对高管也有影响。European Commission（2020）：'Study on Directors' Duties and Sustainable Corporate Governance'.

第四章

［1］Joshua D. Margolis and James P. Walsh，'Misery Loves Companies：Rethinking Social Initiatives by Business'（2003）48 Administrative Science Quarterly 268–305.

［2］Marc Orlitzky，Frank L. Schmidt and Sara L. Rynes，'Corporate Social and Financial Performance：A Meta-Analysis'（2003）24 Organization Studies 403–441.

［3］Alex Edmans，'Does the Stock Market Fully Value Intangibles? Employee Satisfaction and Equity Prices'（2011）101 Journal of Financial Economics 621–640.

［4］Alex Edmans，'The Link between Job Satisfaction and Firm Value，with Implications for Corporate Social Responsibility'（2012）26 Academy of Management Perspectives 1–19.

［5］Russell A. Hill and Robert A. Barton，'Psychology：Red Enhances Human Performance in Contests'（2005）435 Nature 293.

［6］Andrew J. Elliot，Markus A. Maier，Arlen C. Moller and Jorg Meinhardt，'Color and Psychological Functioning：The Effect of Red on Performance Attainment'（2007）136 Journal of Experimental Psychology：General 154–168.

［7］例如，可参见：https：//youtu. be/ippgKYA5nJk by Robert Maltbie，Managing

Director of Millennium Asset Management。

[8] Robert Novy-Marx, 'Predicting Anomaly Performance with Politics, the Weather, Global Warming, Sunspots, and the Stars' (2014) 112 Journal of Financial Economics 137 - 146.

[9] Rolf W. Banz, 'The Relationship between Return and Market Value of Common Stocks' (1981) 9 Journal of Financial Economics 3 - 18; Clifford S. Asness, Andrea Frazzini, Ronen Israel et al. , 'Size Matters When You Control Your Junk' (2018) 129 Journal of Financial Economics 479 - 509.

[10] 好市多并未申请进入最佳企业榜单，但人们普遍认为好市多是一家不错的雇主。例如，2017 年《福布斯》将它评为美国最佳雇主。

[11] Aaron Taube, 'Why Costco Pays Its Retail Employees $ 20 an Hour', Business Insider (23 October 2014).

[12] Amy Tsao, 'A Showdown at the Checkout for Costco', Business Week (28 August 2003).

[13] Nina Shapiro, 'Company for the People', Seattle Weekly (9 October 2006).

[14] Ann Zimmerman, 'Costco's Dilemma: Be Kind to Its Workers, or Wall Street?', Wall Street Journal (26 March 2004).

[15] Ingrid Smithey Fulmer, Barry Gerhart and Kimberley S. Scott, 'Are the 100 Best Better? An Empirical Investigation of the Relationship between Being a "Great Place to Work" and Firm Performance' (2003) 56 Personnel Psychology 965 - 993.

[16] Frontline, 'Is Wal-Mart Good for America?' (16 November 2004).

[17] Wayne F. Cascio, Costing Human Resources: The Financial Impact of Behavior in Organizations (Cincinnati, OH: South-Western, 2000).

[18] Daniel H. Simon and Jed DeVaro, 'Do the Best Companies to Work for Provide Better Customer Satisfaction?' (2006) 27 Managerial and Decision Economics 667 - 683.

[19] 限于篇幅，这些结果未在论文的最后出版版本中报告。

[20] Claes Fornell, Sunil Mithas, Forrest V. Morgeson Ⅲ and M. S. Krishnan, 'Customer Satisfaction and Stock Prices: High Returns, Low Risk' (2006) 70 Journal of Marketing 3 - 14. 该指数的三个组成部分分别是客户的期望、感知质量和感知价值（质量相对于价格）。

〔21〕 Jeroen Derwall，Nadja Guenster，Rob Bauer and Kees Koedijk，'The Eco-Efficiency Premium Puzzle'（2005）61 Financial Analysts Journal 51－63.

〔22〕 Mozaffar Khan，George Serafeim and Aaron Yoon，'Corporate Sustainability：First Evidence on Materiality'（2016）91 Accounting Review 1697－1724. 他们研究了控制企业特征后KLD分数的变化。

〔23〕 Michael Halling，Jin Yu and Josef Zechner，'Primary Corporate Bond Markets and Social Responsibility'（2020）.

〔24〕 Robert Eccles，Ioannis Ioannou and George Serafeim，'The Impact of Corporate Sustainability on Organizational Processes and Performance'（2014）60 Management Science 2835－2857.

〔25〕 Jennifer Thompson，'Smart Beta Funds Pass ＄1trn in Assets'，Financial Times（27 December 2017）.

〔26〕 Jen Wieczner，'How Buying Stock in the "Best Companies to Work for" Helped This Investor Crush the Market'，Fortune（9 March 2017）.

〔27〕 KarlLins，Henri Servaes and AneTamayo，'Social Capital，Trust，and Firm Performance：The Value of Corporate Social Responsibility During the Financial Crisis'（2017）72 Journal of Finance 1785－1824.

〔28〕 阿尔伯克基等（Albuquerque et al.，2020）发现，在环境和社会方面得分高的企业绩效更优，但德默斯等（Demers et al.，2020）发现，如果控制了其他变量，这类企业的绩效并不见得更优。丁等（Ding et al.，2020）发现，企业社会责任得分减轻了新冠肺炎疫情对股票回报的影响，但其统计显著性水平为10%（即这种联系纯属偶然的概率为10%）。一般而言，学界认为一个结果的显著性水平要达到5%才可靠。Rui A. Albuquerque，Yrjo Koskinen，Shuai Yang and Chendi Zhang，'Resiliency of Environmental and Social Stocks：An Analysis of the Exogenous COVID-19 Market Crash'，（2020）9 Review of Corporate Finance Studies 593-621；Elizabeth Demers，Jurian Hendrikse，Philip Joos and Baruch Lev，'ESG Didn't Immunize Stocks Against the COVID-19 Market Crash'；Wenzhi Ding，Ross Levine，Chen Lin and Wensi Xie，'Corporate Immunity to the COVID-19 Pandemic'，Journal of Financial Economics（forthcoming）.

〔29〕 Philipp Krüger，'Corporate Goodness and Shareholder Wealth'（2015）115 Journal of Financial Economics 304-329.

［30］ Caroline Flammer，'Corporate Social Responsibility and Shareholder Reaction：The Environmental Awareness of Investors'（2013）56 Academy of Management Journal 758-781.

［31］ 所引用的损失是从事件发生之日到下个月的最低价格。

［32］ 针对 HCC 保险公司的提案是在 2007 年 5 月 10 日表决的；针对李尔的提案是在 2006 年 5 月 11 日表决的。

［33］ Ronald W. Masulis and Syed Walid Reza，'Agency Problems of Corporate Philanthropy'（2015）28 Review of Financial Studies 592-636.

［34］ Ye Cai，Jin Xu and Jun Yang，'Paying by Donating：Corporate Donations Affiliated with Independent Directors'，Review of Financial Studies（forthcoming）.

［35］ Luc Renneboog，Jenke Ter Horst and Chendi Zhang，'The Price of Ethics and Stakeholder Governance：The Performance of Socially Responsible Mutual Funds'（2008）14 Journal of Corporate Finance 302-322.

［36］ Luc Renneboog，Jenke Ter Horst and Chendi Zhang，'Socially Responsible Investments：Institutional Aspects，Performance，and Investor Behavior'（2008）32 Journal of Banking and Finance 1723-1742.

［37］ Brad M. Barber，Adair Morse and Ayako Yasuda，'Impact Investing'（2021）. 139 Journal of Financial Economics 162-185.

［38］ James Kynge，'The Ethical Investment Boom'，Financial Times（3 September 2017）.

［39］ Dina Medland，' "From Stockholder to Stakeholder" Means "No" to Short-Termism for Better Results'，Forbes（15 September 2014）.

［40］ Lauren Cohen，Umit Gurun and Quoc Nguyen，'The ESG-Innovation Disconnect：Evidence from Green Patenting'（2021）.

［41］ 'Apple "Failing to Protect Chinese Factory Workers"'，BBC（18 December 2014）；'Life and Death in Apple's Forbidden City'，Guardian（18 June 2017）.

［42］ 'Amazon Warehouse Workers Skip Bathroom Breaks to Keep Their Jobs，Says Report'，The Verge（16 April 2018）.

［43］ Harrison Hong and Marcin Kacperczyk，'The Price of Sin：The Effects of Social Norms on Markets'（2009）93 Journal of Financial Economics 15-36.

［44］ Alex Edmans，Lucius Li and Chendi Zhang，'Employee Satisfaction，Labor

Market Flexibility, and Stock Returns around the World' (2021).

第五章

[1] Julia Finch, 'Bart Becht's £90m Pay Packet. I Need a Lie-Down', Guardian (7 April 2010).

[2] Jill Treanor, 'Cillit Bang Boss Bart Becht Takes Home £90m', Guardian (8 April 2010).

[3] Finch, 'Bart Becht's £90m Pay Packet'.

[4] Andrew Trotman and Amy Wilson, 'Reckitt Benckiser Shares Slump after Chief Bart Becht Announces Retirement', The Telegraph (14 April 2011).

[5] Paul Sonne, 'Reckitt's CEO to Step Down', Wall Street Journal (15 April 2011).

[6] Treanor, 'Cillit Bang Boss Bart Becht Takes Home £90m'.

[7] Morten T. Hansen, Herminia Ibarra and Nana von Bernuth, 'Transforming Reckitt Benckiser', INSEAD Case Study 04/2011-5686 (2013).

[8] Maggie Urry, 'Reckitt's Strongly Flavoured Essence', Financial Times (21 January 2008).

[9] 2000 年员工总数为 18 900 人，2010 年为 27 200 人。2011 年巴特辞职时，这个数字已经增长到 37 800 人。然而，2010 年至 2011 年的增长主要是由于收购了 SSL International 和 Paras Pharmaceuticals，因此本书引用了 2010 年的数据。

[10] 出自利洁时 2012 年的年报。

[11] 例如，《每日邮报》2010 年 4 月 8 日的一篇文章的标题声称，巴特"**一年便将 9 000 万英镑收入囊中**"（黑体字为原文所示）。

[12] 股价上涨使期权的现金价值增加了 7 400 多万英镑，股票价值增加了 500 多万英镑（四舍五入后总数为 8 000 万英镑）。技术说明：巴特的期权最初是按"市场平价"授予的，也就是说，股份必须上涨它们才有价值。因此，其"内在价值"在授予时是零。如果授予后股价没有上涨，期权在行权时价值会减少 7 400 万英镑（即巴特将到手 0 而不是 7 400 万英镑）。然而，授予期权时的"经济价值"大于 0——也就是说，授予后股价有可能上涨，所以期权是有价值的。因此，期权经济价值的增加少于 7 400 万英镑。

［13］巴特捐赠的金额超过了他兑现的金额，因为他先花钱行使期权（即花钱把期权变成股份），接着又捐赠了股份。

［14］Rupert Steiner,'Biggest Paycut in History as Cillit Bang Boss Loses £74m', Daily Mail（30 March 2011）.

［15］AFL-CIO Executive Paywatch.

［16］1 月 4 日俗称"肥猫星期三""肥猫星期四"等，取决于 1 月 4 日是当年的星期几。

［17］Rob Du Boff,'What Is Just When It Comes to CEO-to-Average Worker Pay?', Forbes（10 October 2017）.

［18］Yaron Brook and Don Watkins,'When It Comes to Wealth Creation, There Is No Pie', Forbes（14 June 2011）.

［19］Chris Philp,'Restoring Responsible Ownership: Ending the Ownerless Corporation and Controlling Executive Pay'（2016）.

［20］House of Commons Report on 'Executive Rewards: Paying for Success'（20 March 2019）.

［21］Alex Edmans, Xavier Gabaix and Dirk Jenter,'Executive Compensation: A Survey of Theory and Evidence' in Benjamin E. Hermalin and Michael S. Weisbach（eds）, Handbook of the Economics of Corporate Governance（Amsterdam: Elsevier, 2017）, 383-539.

［22］PwC,'Executive Pay in a World of Truthiness: Facts and Myths in the Pay Debate'（2017）.

［23］2015 年 11 月 19 日在乔治城大学的讲话，参见：www. presidency. ucsb. edu/ws/index. php? pid＝117517。

［24］此类研究的例子可参见：Daniel M. Cable and Freek Vermeulen,'Stop Paying Executives for Performance', Harvard Business Review（23 February 2016）。关于相应的反驳，可参见：Alex Edmans,'Performance-Based Pay for Executives Still Works', Harvard Business Review（23 February 2016）。

［25］StevenKerr,'On the Folly of Rewarding A, While Hoping for B'（1975）18 Academy of Management Journal 769-783.

［26］Dirk Jenter, Egor Matveyev and Lukas Roth,'Good and Bad CEOs'（2018）.

［27］ Morten Bennedsen，Francisco Pérez González and Daniel Wolfenzon，'Do CEOs Matter?'（2010）.

［28］ 按资产运营回报率衡量并按行业调整后的盈利能力下降了 0.7%，而平均水平为 5.63%。

［29］ Edmans et al.，'Executive Compensation'.

［30］ 表现优于壳牌、雪佛龙、埃克森和道达尔。

［31］ Sheffield Barry，'6 Steps to Hire an Effective Compensation Consultant'（2017）.

［32］ Benjamin Bennett，J. Carr Bettis，Radhakrishnan Gopalan and Todd Milbourn，'Compensation Goals and Firm Performance'（2017）124 Journal of Financial Economics 307-330.

［33］ 即便是从业绩股来看，虚线（股票价值）显示：利润超过 60 亿英镑时，它的增长幅度小于利润低于 60 亿英镑时的下降幅度，同样妨碍了承担风险的良性行为。

［34］ Adair Morse，Vikram Nanda and Amit Seru，'Are Incentive Contracts Rigged by Powerful CEOs?'（2011）66 Journal of Finance 1779-1821.

［35］ 员工薪酬中股票所占的比例应该更低，这样员工的财富就不会因为绩效不佳而面临风险。

［36］ E. HanKim and Paige Ouimet，'Broad-Based Employee Stock Ownership：Motives and Outcomes'（2014）69 Journal of Finance 1273-1319. 他们认为，小型广泛的股权计划（少于流通股的 5%）更有可能被用于奖励，因为它们带来的收购保护作用不大，也不会增加太多现金储蓄，而大型股权计划有更大可能是别有用心的。

［37］ Yael V. Hochberg and Laura Lindsey，'Incentives，Targeting，and Firm Performance：An Analysis of Non-Executive Stock Options'（2010）23 Review of Financial Studies 4148-4186.

［38］ Treanor，'Cillit Bang Boss Bart Becht Takes Home ￡90m'.

［39］ 采用长期激励计划之前支付的最高金额为首席执行官薪资的 250%。伟尔集团转向限制性股票后，它以股票形式支付 125% 的薪资，50% 的折扣就是这么来的。折扣率因个案而异，取决于之前采用的绩效条件有多严格。

［40］ House of Commons Business，Energy and Industrial Strategy Committee，'Corporate Governance：Third Report of Session 2016－17'（5 April 2017）.

［41］这些公司包括苏格兰皇家银行、伟尔集团、Pets at Home、Card Factory、翠丰集团（Kingfisher）、金融服务公司 Hargreaves Lansdown，以及住房和社会护理提供商 Mears Group。

［42］Lynn S. Paine and Federica Gabrieli，'The Weir Group：Reforming Executive Pay'，Harvard Business School Case Study 9-319-046（2018）.

［43］Sanjeev Bhojraj, Paul Hribar, Marc Picconi and John McInnis, 'Making Sense of Cents：An Examination of Firms that Marginally Miss or Beat Analyst Forecasts'（2009）64 Journal of Finance 2361-2388.

［44］Securities and Exchange Commission，'SEC Charges Former Countrywide Executives with Fraud'（4 June 2009）.

［45］Alex Edmans, Vivian W. Fang and Katharina Lewellen, 'Equity Vesting and Investment'（2017）30 Review of Financial Studies 2229-2271.

［46］Caroline Flammer and Pratima Bansal，'Does Long-Term Orientation Create Value? Evidence from a Regression Discontinuity'（2017）38 Strategic Management Journal 1827-1847. 作者将所有主张根据长期绩效标准奖励高管的提案包括在内，例如通过限制性股票、限制性期权和长期激励计划。他们并没有单独报告这些不同要素的结果。

［47］一项专利的质量由它被引用的次数来衡量。创新能力由与公司现有专利的距离来衡量。

［48］Norges Bank Investment Management，'CEO Remuneration Position Paper'（2017）.

［49］Christina Starmans, Mark Sheskin and Paul Bloom，'Why People Prefer Unequal Societies'（2017）1 Nature Human Behavior 0082.

［50］Sabrina T. Howell and J. David Brown，'Do Cash Windfalls Affect Wages? Evidence from R&D Grants to Small Firms'（2020）.

［51］Olubunmi Faleye, Ebru Reis and Anand Venkateswaran，'The Determinants and Effects of CEO-Employee Pay Ratios'（2013）37 Journal of Banking and Finance 3258-3272.

［52］Holger M. Mueller, Paige P. Ouimet and Elena Simintzi，'Within-Firm Pay Inequality'（2017）30 Review of Financial Studies 3605-3635.

［53］Ingolf Dittmann, Maurizio Montone and Yuhao Zhu，'Wage Gap and Stock Returns：Do Investors Dislike Pay Inequality?' (2021).

[54] Ethan Rouen, 'Rethinking Measurement of Pay Disparity and Its Relation to Firm Performance' (2020) 95 The Accounting Review 343-378.

[55] Steven N. Kaplan and Joshua Rauh, 'Wall Street and Main Street：What Contributes to the Rise in the Highest Incomes?' (2009) 23 Review of Financial Studies 1004-1050.

[56] Reuel Golden, The Age of Innocence：Football in the 1970s (Cologne：Taschen, 2014).

[57] Xavier Gabaix and Augustin Landier, 'Why Has CEO Pay Increased So Much?' (2008) 123 Quarterly Journal of Economics 49-100.

[58] Xavier Gabaix, Augustin Landier and Julien Sauvagnat, 'CEO Pay and Firm Size：An Update after the Crisis' (2014) 124 Economic Journal 40-59.

[59] Maggie Baska, 'One in Four Top Bosses Have Taken a Pay Cut in Wake of Covid-19, Research Reveals', People Management (15 April 2020).

第六章

[1] 'Jeffrey Ubben：The Evolution of the Active Value Investment Style', www. youtube. com/watch? v＝cbFBQAm75ew.

[2] Stephen Jones, 'Adobe Systems Incorporated：Adobe Signs Standstill Agreement with ValueAct Capital', MarketScreener (12 May 2012).

[3] Brian Barrett, 'Adobe Finally Kills Flash Dead', Wired (25 July 2017).

[4] Tekla S. Perry, 'Photoshop Creator Thomas Knoll on Subscription Software and What's Good for Engineers', IEEE Spectrum (30 January 2017).

[5] 我出示2017年的数据是为了强调：第一，在ValueAct出售其所持股份后，这种改善并未逆转（有悖于短期主义的担忧）；第二，重组需要时间才能取得回报。2016年，营收为58亿美元，员工人数为15 700人，税收为2.66亿美元。

[6] 希捷科技安排了第二轮大宗交易，即希捷科技现有的一位（未披露的）投资者将其所持股份出售给ValueAct，而不是ValueAct从公开市场上购买（如果希捷科技没有伸出橄榄枝，ValueAct可能会从公开市场上购买）。

［7］Peter Georgescu, Capitalists, Arise!: End Economic Inequality, Grow the Middle Class, Heal the Nation (Oakland, CA: Berrett-Koehler, 2017).

［8］AlonBrav, WeiJiang, Frank Partnoy and Randall Thomas, 'Hedge Fund Activism, Corporate Governance, and Firm Performance' (2008) 63 Journal of Finance 1729-1775.

［9］Lucian A. Bebchuk, Alon Brav and Wei Jiang, 'The Long-Term Effects of Hedge Fund Activism' (2015) 115 Columbia Law Review 1085-1155.

［10］Paul Singer, 'Efficient Markets Need Guys Like Me', Wall Street Journal (19 October 2017).

［11］Alon Brav, Wei Jiang and Hyunseob Kim, 'The Real Effects of Hedge Fund Activism: Productivity, Asset Allocation, and Labor Outcomes' (2015) 28 Review of Financial Studies 2723-2769.

［12］Bebchuk et al., 'The Long-Term Effects of Hedge Fund Activism'.

［13］Brav et al., 'The Real Effects of Hedge Fund Activism'.

［14］作者们还研究了衡量劳动生产率的另一种方法，即每工时增加值（销售额减去原材料成本）。他们发现了类似的结果。

［15］Brav et al., 'The Real Effects of Hedge Fund Activism'.

［16］Alon Brav, Wei Jiang, Song Ma and Xuan Tian, 'How Does Hedge Fund Activism Reshape Corporate Innovation?' (2018) 130 Journal of Financial Economics 237-264.

［17］Hadiye Aslan and Praveen Kumar, 'The Product Market Effects of Hedge Fund Activism' (2016) 119 Journal of Financial Economics 226-248.

［18］Nickolay Gantchev, Oleg Gredil and Chotibhak Jotikasthira, 'Governance under the Gun: Spillover Effects of Hedge Fund Activism' (2019) 23 Review of Finance 1031-1068.

［19］Yazho Ellen He, Kahraman Bige and Lowry Michelle, 'ES Risks and Shareholder Voice' (2020).

［20］Martin Lipton, 'Dealing with Activist Hedge Funds', Harvard Law School Forum on Corporate Governance (6 November 2014).

［21］2018 年 5 月 9 日下议院关于卡瑞林的报告。

［22］Kai Ryssdal, Bridget Bodnar and Sean McHenry, 'Why Bill Ackman Sees Activist Investing as a Moral Crusade', Marketplace（31 October 2017）.

〔23〕 John Plender, 'Cash-Hoarding Companies Are Still a Problem for Japan', Financial Times（12 November 2017）.

〔24〕 David Yermack, 'Shareholder Voting and Corporate Governance'（2010）2 Annual Review of Financial Economics 103-125.

〔25〕 Morningstar, 'Active Share in European Equity Funds'（2016）.

〔26〕 根据 1940 年的《投资公司法》（Investment Company Act），"多样化"共同基金（在其投资组合中占 75%），对任何一种证券的投资不得超过 5%，所持有的任何一家公司的投票权不得超过 10%。

〔27〕 Nickolay Gantchev, 'The Costs of Shareholder Activism: Evidence from a Sequential Decision Model'（2013）107 Journal of Financial Economics 610-631.

〔28〕 例如，欧盟的《另类投资基金经理指令》（Alternative Investment Fund Managers Directive）要求将至少 40% 的可变薪酬（如果可变薪酬特别高，则为 60%）推迟至少 3～5 年。此外，新成立的对冲基金往往承诺在头 3 年至头 5 年将激励费用再投资于该基金。

〔29〕 Marco Becht, Julian Franks, Colin Mayer and Stefano Rossi, 'Returns to Shareholder Activism: Evidence from a Clinical Study of the Hermes U. K. Focus Fund'（2008）22 Review of Financial Studies 3093-3129.

〔30〕 Elroy Dimson, Oğuzhan Karakas and Xi Li, 'Active Ownership'（2015）28 Review of Financial Studies 3225-3268.

〔31〕 Steven N. Kaplan, 'The Effects of Management Buyouts on Operating Performance and Value'（1989）24 Journal of Financial Economics 217-254.

〔32〕 Frank R. Lichtenberg and Donald Siegel, 'The Effects of Leveraged Buyouts on Productivity and Related Aspects of Firm Behavior'（1990）27 Journal of Financial Economics 165-194.

〔33〕 Josh Lerner, Morten Sorensen and Per Strömberg, 'Private Equity and Long-Run Investment: The Case of Innovation'（2011）66 Journal of Finance 445-477.

〔34〕 Jonathan Cohn, Nicole Nestoriak and Malcolm Wardlaw, 'Private Equity Buyouts and Workplace Safety', Review of Financial Studies（forthcoming）.

〔35〕 Shai Bernstein and Albert Sheen, 'The Operational Consequences of Private Equity Buyouts: Evidence from the Restaurant Industry'（2016）29 Review of Financial Studies 2387-2418.

[36] Ashwini Agrawal and Prasanna Tambe, 'Private Equity and Workers' Career Paths: The Role of Technological Change' (2016) 29 Review of Financial Studies 2455-2489.

[37] Cesare Fracassi, Alessandro Previtero and Albert Sheen, 'Barbarians at the Store? Private Equity, Products, and Consumers' (2020).

[38] Ian R. Appel, Todd A. Gormley and Donald B. Keim, 'Passive Investors, Not Passive Owners' (2016) 121 Journal of Financial Economics 111-141.

[39] Dawn Lim, 'Index Funds are the New Kings of Wall Street', Wall Street Journal (18 September 2019).

[40] Fatima-Zahra Filali Adib, 'Passive Aggressive: How Index Funds Vote on Corporate Governance Proposals' (2019).

[41] Ronald W. Masulis, Cong Wang and Fei Xie, 'Agency Problems at Dual-Class Companies' (2009) 64 Journal of Finance 1697-1727.

[42] 'The Death of Daewoo', The Economist (19 August 1999).

[43] 双重股权结构使得梅森拥有 20% 的投票权，而另外两位联合创始人合计拥有 38% 的投票权，这才逼得梅森离职。

[44] Vicente Cuñat, Mireia Giné and Maria Guadalupe, 'The Vote Is Cast: The Effect of Corporate Governance on Shareholder Value' (2012) 67 Journal of Finance 1943-1977. 这些治理提案旨在改善投资者权利、董事会结构或投票程序。

[45] Jonathan B. Cohn, Stuart L. Gillan and Jay C. Hartzell, 'On Enhancing Shareholder Control: A (Dodd-) Frank Assessment of Proxy Access' (2016) 71 Journal of Finance 1623-1668.

[46] 具体而言，一名投资者（或一群投资者）至少持有公司 3% 的股份，且至少持有 3 年，便可在公司的代理投票中提出自己的董事候选人，而不必单独发给其他股东。

[47] Allen Ferrell, Hao Liang and Luc Renneboog, 'Socially Responsible Firms' (2016) 122 Journal of Financial Economics 585-606.

[48] K. J. Martijn Cremers, Lubomir P. Litov and Simone M. Sepe, 'Staggered Boards and Long-Term Firm Value, Revisited' (2017) 126 Journal of Financial Economics 422-444.

〔49〕Peter Lynch, Beating the Street (New York: Simon & Schuster, 2012).

〔50〕如果首席执行官在兑现期权时出售大量股票,那么哪怕是短期的股价下跌也会让其财富减少,这在第五章中讨论过。

〔51〕John R. Graham, Campbell R. Harvey and Shiva Rajgopal, 'The Economic Implications of Corporate Financial Reporting' (2005) 40 Journal of Accounting and Economics 3-73.

〔52〕请注意,投资者迅速拒绝并不意味着收购对社会有害。在这次收购的推动下,联合利华进行了战略评估,最终卖掉了人造黄油部门,进行了股票回购,并以更高的利润率为目标,所有这些都得到了投资者的积极响应。股票回购与联合利华声称卡夫的出价低估了该公司的说法一致。我们将在第七章进一步分析回购的低估动机。

〔53〕2015 年 7 月在纽约大学的演讲。

〔54〕Lazard 集团 2015 年的主题演讲: Shareholder Expectations: The New Paradigm for Directors。

〔55〕Alex Edmans, 'Blockholder Trading, Market Efficiency, and Managerial Myopia' (2009) 64 Journal of Finance 2481-2513.

〔56〕例如,可参见: Qi Chen, Itay Goldstein and Wei Jiang, 'Price Informativeness and Investment Sensitivity to Stock Price' (2007) 20 Review of Financial Studies 619-650; Alex Edmans, Sudarshan Jayaraman and Jan Schneemeier, 'The Source of Information in Prices and Investment-Price Sensitivity' (2017) 126 Journal of Financial Economics 74-96。认为股票价格汇集了数百万投资者意见的观点,是诺贝尔奖得主经济学家弗里德里希·冯·哈耶克(Friedrich von Hayek)首创的。

〔57〕Philip Bond, Alex Edmans and Itay Goldstein, 'The Real Effects of Financial Markets' (2012) 4 Annual Review of Financial Economics 339-360.

〔58〕Marco Becht, Julian Franks and Hannes F. Wagner: 'The Benefits of Access: Evidence From Private Meetings with Portfolio Firms' (2021).

〔59〕David Solomon and Eugene Soltes: 'What Are We Meeting For? The Consequences of Private Meetings with Investors' (2015) 58 Journal of Law and Economics 325-355.

〔60〕Michael E. Porter, 'Capital Disadvantage: America's Failing Capital Investment System' (1992) 70 Harvard Business Review 65-82.

〔61〕 Vivian W. Fang, Thomas H. Noe and Sheri Tice, 'Stock Market Liquidity and Firm Value'（2009）94 Journal of Financial Economics 150-169.

〔62〕 Sreedhar T. Bharath, Sudarshan Jayaraman and Venky Nagar, 'Exit as Governance: An Empirical Analysis'（2013）68 Journal of Finance 2515-2547.

〔63〕 Alex Edmans, Vivian W. Fang and Emanuel Zur, 'The Effect of Liquidity on Governance'（2013）26 Review of Financial Studies 1443-1482. 似乎有两种相互冲突的效应在发挥作用。一方面，较高的流动性使出售股票变得更容易；另一方面，它意味着给定的股票出售对股票价格的影响较小，因此对首席执行官的约束较小。然而，另外两种效应强化了第一种效应——较高的流动性鼓励投资者进行监督（因为投资者知道，如果自己发现了负面信息，可以卖掉更多股票），并鼓励投资者在一开始就购买大量股票。

〔64〕 Xuemin（Sterling）Yan and Zhe Zhang, 'Institutional Investors and Equity Returns: Are Short-Term Institutions Better Informed?'（2009）22 Review of Financial Studies 893-924.

〔65〕 Lubos Pastor, Lucian A. Taylor and Robert F. Stambaugh, 'Do Funds Make More When They Trade More?'（2017）72 Journal of Finance 1483-1528.

〔66〕 Paul Brockman and Xuemin（Sterling）Yan, 'Block Ownership and Firm-Specific Information'（2009）33 Journal of Banking and Finance 308-316; Brian Bushee and Theodore Goodman, 'Which Institutional Investors Trade Based on Private Information about Earnings and Returns?'（2007）45 Journal of Accounting Research 289-321; Wayne Mikkelson and Megan Partch, 'Stock Price Effects and Costs of Secondary Distributions'（1985）14 Journal of Financial Economics 165-94; Robert Parrino, Richard Sias and Laura T. Starks, 'Voting with Their Feet: Institutional Ownership Changes around Forced CEO Turnover'（2003）68 Journal of Financial Economics 3-46; Myron Scholes, 'The Market for Securities: Substitution Versus Price Pressure and the Effects of Information on Share Prices'（1972）45 Journal of Business 179-211.

〔67〕 Barry Baysinger, Rita Kosnik and Thomas Turk, 'Effects of Board and Ownership Structure on Corporate R&D Strategy'（1991）34 Academy of Management Journal 205-214; Peggy Lee, 'A Comparison of Ownership Structures and Innovations of U. S. and Japanese Firms'（2005）26 Managerial and Decision Economics 39-50.

〔68〕 Brian Bushee, 'The Influence of Institutional Investors on Myopic R&D Investment

Behavior' (1998) 73 Accounting Review 305-333.

［69］Philippe Aghion，John Van Reenen and Luigi Zingales，'Innovation and Institutional Ownership' (2013) 103 American Economic Review 277-304.

［70］一些指数型基金必须持有标准普尔 500 指数。许多主动型基金将标准普尔 500 指数作为基准，因此拥有其若干只股票以降低绩效不佳的风险。

第七章

［1］Karen Brettell，David Gaffen and David Rohde，'Stock Buybacks Enrich the Bosses Even When Business Sags'，Reuters (10 December 2015).

［2］William Lazonick，'Profits without Prosperity'，Harvard Business Review (September 2014).

［3］Matt Egan，'Congress Could Give Bank Shareholders a ＄53 Billion Gift'，CNN Money (16 April 2018)；Jillian Ambrose，'Shell Kick-Starts £19bn Windfall for Patient Shareholders'，The Telegraph (26 July 2018).

［4］Chuck Schumer and Bernie Sanders，'Schumer and Sanders：Limit Corporate Stock Buybacks'，New York Times (3 February 2019).

［5］关于拉宗尼克的论证和统计数据的基本缺陷，可参见：Jesse Fried and Charles C. Y. Wang，'Short-Termism and Capital Flows' (2019) 8 Review of Corporate Finance Studies 207-333。

［6］例如，苹果公司有一家全资子公司 Braeburn Capital，该公司管理着 2 440 亿美元的资金，并投资于股票和其他证券。更广泛地说，达钦等 (Duchinet et al.，2012) 发现，标准普尔 500 指数成分股公司拥有 1.6 万亿美元的非经营性金融资产，其中 40％是公司债券、抵押贷款证券和股票等高风险金融资产。Ran Duchin，Thomas Gilbert，Jarrad Harford and Christopher Hrdlicka，'Precautionary Savings with Risky Assets：When Cash Is Not Cash' (2012) 72 Journal of Finance 793-853.

［7］David Ikenberry，Josef Lakonishok and Theo Vermaelen，'Market Underreaction to Open Market Share Repurchases' (1995) 39 Journal of Financial Economics 181-208.

［8］Alberto Manconi，Urs Peyer and Theo Vermaelen，'Are Buybacks Good for Long-Term Shareholder Value? Evidence from Buybacks around the World' (2019) 54 Journal of Financial and Quantitative Analysis 1899-1935.

［9］以 146.21 美元的平均价格回购，直至达到 5 亿美元，相当于回购了 342 万股。再将此数值乘以股价收益 28.10 美元（174.31 美元－146.21 美元），得到近 9 600 万美元。

［10］Lenore Palladino and Alex Edmans，'Should the US Rein in Share Buybacks?'，Financial Times（9 December 2018）（emphasis added）。

［11］感谢马蒂亚斯·克伦伦德（Mathias Kronlund）教授向我介绍了这一经验法则。

［12］Gustavo Grullon and Roni Michaely，'The Information Content of Share Repurchase Programs'（2004）59 Journal of Finance 651-680。

［13］Amy K. Dittmar，'Why Do Firms Repurchase Stock?'（2000）73 Journal of Business 331-355. 过剩资本是由现金持有量或超出投资机会的现金流来衡量的。

［14］Alon Brav，John R. Graham，Campbell R. Harvey and Roni Michaely，'Payout Policy in the 21st Century'（2005）77 Journal of Financial Economics 483-527.

［15］风险资本基金中 23.2％的资金来自企业和公共养老基金，12.6％来自家族私人理财机构，30.8％来自其他投资者（如捐赠基金、保险公司和投资银行），它们都持有大量的公共股权。其余的风险资本融资是由私募股权基金提供的，这些基金本身也由其他机构投资者部分持有。Andreas Kuckertz，Tobias Kollmann，Patrick Röhm and Nils Middelberg，'The Interplay of Track Record and Trustworthiness in Venture Capital Fundraising'（2015）4 Journal of Business Venturing Insights 6-13.

［16］Huaizhi Chen，'Capital Redeployment in the Equity Market'（2018）.

［17］Fried and Wang，'Short-Termism and Capital Flows'.

［18］www. selectusa. gov/financial-services-industry-united-states.

［19］Joseph W. Gruber and Steven B. Kamin，'Corporate Buybacks and Capital Investment：An International Perspective'（2017）.

［20］Fried and Wang，'Short-Termism and Capital Flows'. 由作者提供 2019 年的更新数据。

［21］Amy Dittmar and Jan Mahrt-Smith，'Corporate Governance and the Value of Cash Holdings'（2007）83 Journal of Financial Economics 599-634.

［22］WeiLi and ErikLie，'Dividend Changes and Catering Incentives'（2006）80 Journal of Financial Economics 293-308.

〔23〕S&P Global, 'S&P 500 Buybacks Decline 55.4% to ＄88.7 Billion; Significant Reductions Expected to Continue in Q3 2020' (15 September 2020).

〔24〕Murali Jagannathan, Clifford P. Stephens and Michael S. Weisbach, 'Financial Flexibility and the Choice between Dividends and Stock Repurchases' (2000) 57 Journal of Financial Economics 355-384.

〔25〕Benjamin Bennett, J. Carr Bettis, Radhakrishnan Gopalan and Todd Milbourn, 'Compensation Goals and Firm Performance' (2017) 124 Journal of Financial Economics 307-330.

〔26〕Alex Edmans, Vivian W. Fang and Allen H. Huang, 'The Long-Term Conse-quences of Short-Term Incentives' (2021).

〔27〕'Stock Buybacks and Corporate Cashouts', speech by Robert J. Jackson (11 June 2018).

〔28〕最后一次回购交易是在 2007 年 5 月进行的。

〔29〕Heitor Almeida, Vyacheslav Fos and Mathias Kronlund, 'The Real Effects of Share Repurchases' (2016) 119 Journal of Financial Economics 168-185.

第八章

〔1〕'M-Pesa Documentary', https：//youtu.be/zQo4VoLyHe0.

〔2〕沃达丰通过肯尼亚顶尖的移动网络 Safaricom 推出 M-Pesa，前者持有后者 40% 的股份。

〔3〕Tavneet Suri and William Jack, 'The Long-Run Poverty and Gender Impacts of Mobile Money' (2016) 354 Science 1288-1292.

〔4〕UNICEF (2017), https：//data.unicef.org/topic/child-health/pneumonia/；ht-tps：//data.unicef.org/topic/child-health/diarrhoeal-disease/.

〔5〕Sandy Cairncross, Caroline Hunt, Sophie Boisson, Kristof Bostoen, Val Curtis, Isaac Fung and Wolf-Peter Schmidt, 'Water, Sanitation and Hygiene for the Prevention of Diarrhoea' (2010) 39 International Journal of Epidemiology i193－i205.

〔6〕2019 年拉里·芬克致首席执行官的信。

〔7〕PwC and AIESEC, 'Tomorrow's Leaders Today' (2016).

[8] Deloitte, 'The 2016 Millennial Survey: Winning over the Next Generation of Leaders' (2016).

[9] Gallup, 'How Millennials Want to Work and Live' (2016).

[10] 该美国子公司后来在 1917 年成为一家独立公司，也就是第一章中提到的默克公司［在北美的官方名称是 Merck & Co., 在其余地区的正式名称是 Merck Sharp & Dohme（MSD）］。而总部仍在德国的前母公司则为 Merck KGaA。

[11] 默克将其他制药企业视为青霉素生产研究的合作者而非竞争对手，它与施贵宝（Squibb）和辉瑞达成了分享所有发现的协议。它把发现结果告知施贵宝和辉瑞是符合这一协议的。然而，如果是其他企业面对这样重大的发现，兴许会尝试寻找漏洞来退出协议。此外，默克还与其他并未签署最初协议的企业分享了调查结果，如雅培和Lederle。

[12] www.historynet.com/penicillin-wonder-drug-world-war-ii.htm. 这个数字是诺曼底登陆日到德国最终投降期间接受青霉素治疗的士兵的估计人数。

[13] Paul Gompers, Will Gornall, Steve Kaplan and Ilya Strebulaev, 'How Do Venture Capitalists Make Decisions?' (2020) 135 Journal of Financial Economics 169-190.

[14] Jordan Crook, 'Warby Parker, Valued at $3 Billion, Raises $245 Million in Funding', TechCrunch (27 August 2020).

[15] 在弗里德曼执笔的时候，这样的宗旨可能是有意义的，因为当时许多人认为企业公司只应该为投资者服务。如今，企业对利益相关者负有责任这一点已经广为接受，因此只有在具体说明企业特别针对哪些利益相关者提供服务以及打算怎样为其服务时，宗旨才有意义。

[16] 克雷格·格罗舍尔的领导力播客（Leadership Podcast）。

[17] Claudine Gartenberg, Andrea Prat and George Serafeim, 'Corporate Purpose and Financial Performance' (2019) 30 Organization Science 1-18.

[18] 管理层的明确表态是通过以下两个问题来衡量的："管理层清晰表达其期望"和"管理层对组织的发展方向和怎样向其迈进有明确的看法"。

[19] Alex Edmans, Mirko Heinle and Chong Huang, 'The Real Costs of Financial Efficiency When Some Information is Soft' (2016) 20 Review of Finance 2151-2182.

[20] 恩斯特伯格等（Ernstberger et al., 2015）发现，欧盟《透明度指令》（Transparency Directive）导致企业减少投资，在短期内改善了经营绩效，但从长期来看却降低

了绩效。克拉夫特等（Kraft et al.，2015）发现，在美国，从年度报告变成半年度报告、从半年报告变成季度报告，导致了投资的下降。Jürgen Ernstberger，Benedikt Link，Michael Stich and Oliver Vogler，'The Real Effects of Mandatory Quarterly Reporting'（2017）92 Accounting Review 33-60；Arthur G. Kraft，Rahul Vashishtha and Mohan Venkatachalam，'Frequent Financial Reporting and Managerial Myopia'（2018）93 Accounting Review 249-275.

［21］'Following the Footprints'，The Economist（2 June 2011）.

［22］Focusing Capital on the Long-Term，'Driving the Conversation：Long-Term Roadmaps for Long-Term Success'（2019）.

［23］KKS Advisors and CECP，'The Economic Significance of Long-Term Plans'（2018）.

［24］对于"薪酬表决权"，政策投票通常具有约束力——对不遵守政策的领导者，公司不能支付其薪酬。由于很容易客观地评估实际薪酬是否遵守了特定的政策，具有约束力的投票是可行的。而对于"宗旨议事表决权"，政策投票是建议性的，因为很难客观评估公司是否遵守了政策（如是否"充分"改善了员工的生活）。

［25］Oliver Hart and Luigi Zingales，'Companies Should Maximize Shareholder Welfare Not Market Value'（2017）2 Journal of Law，Finance，and Accounting 247-274.

［26］道德通信员一般由员工志愿者在本职工作之外担任。道德通信员一般都相当资深，能得到领导和同事的信任，并分布在公司各级岗位上。

［27］一个理由可能是，签署者已经在为利益相关者和股东服务，因此不需要改变方向，但一项研究发现，它们在财务和ESG方面的绩效落后于同行，可参见：Aneesh Raghunandan and Shiva Rajgopal，'Do the Socially Responsible Walk the Talk?'（2020）。

［28］Lynn S. Paine，'Sustainability in the Boardroom'，Harvard Business Review（July‐August 2014）.

［29］Financial Reporting Council，'Corporate Culture and the Role of Boards：Report of Observations'（2016）.

［30］与上市公司的董事不同，我没有法律责任。任何自愿考虑采用工人董事的公司都必须仔细考虑其法律责任。

［31］Frederick W. Taylor，The Principles of Scientific Management（New York and London：Harper & Brothers，1911）.

[32] 施密特的真名是 Henry Noll。

[33] 富国银行 2010 年年度报告。

[34] Daniel M. Cable, Alive at Work: The Neuroscience of Helping Your People Love What They Do (Cambridge, MA: Harvard Business Review Press, 2018).

[35] Forbes, 'Why New Belgium Brewing's Employees Once Turned Down a Bonus to Invest in Wind Power Instead' (15 December 2015).

[36] 虽然普遍认为这句话出自圣-埃克苏佩里，但它只出现在他 1948 年出版的 *Citadelle* 一书的美国译本当中；法语原文的翻译略有不同。

[37] Gary S. Becker, Human Capital: A Theoretical and Empirical Analysis, with Special Reference to Education (University of Chicago Press, 1964).

[38] 虽然有些雇主资助员工攻读工商管理硕士学位，但作为回报，雇主一般会要求员工毕业后至少返回公司工作一段时间，以确保投资回报。

[39] Amy Goldstein, Janesville: An American Story (New York: Simon & Schuster, 2017).

[40] Katherine Baicker, David Cutler and Zirui Song, 'Workplace Wellness Programs Can Generate Savings' (2010) 29 Health Affairs 1-8.

[41] Joel Goh, Jeffrey Pfeffer and Stefanos Zenios, 'The Relationship between Workplace Stressors and Mortality and Health Costs in the United States' (2016) 62 Management Science 608-628.

第九章

[1] 2009 年，*Walker Review* 就英国金融危机得出的结论是："至少默许股东使用高杠杆的氛围将恶化某些情况下出现的关键问题……当发现自己所投资的银行存在令人担忧的问题时，哪怕是大型基金管理公司，似乎也行动迟缓，单独或合作解决这些问题的效率也有限。"

[2] 截至 2017 年底，有 9 个国家（地区）制定了明确的尽责管理准则，它们分布在欧洲（丹麦，英国）、亚洲（中国香港、中国台湾，日本，马来西亚，泰国）和非洲（南非，肯尼亚）。欧盟《股东权利指令》（Shareholder Rights Directive）要求机构投资者公开披露其尽责管理政策，或解释没有制定尽责管理政策的原因。

〔3〕更正式地说，这些人称为"卖方股票分析师"，因为他们通常为向投资者"兜售"交易理念的投资银行工作。这是相较于"买方股票分析师"而言的，后者是投资机构内部的分析师。

〔4〕旨在通过跨行业资产配置创造价值的主动管理型基金，或旨在通过量化策略创造价值的"智能贝塔"基金，持有大量不同公司的股票是有道理的。不过，这类基金不会声称通过选择个股来增加价值。

〔5〕Ajay Khorana, Henri Servaes and Lei Wedge, 'Portfolio Manager Ownership and Firm Performance' (2007) 85 Journal of Financial Economics 179-204.

〔6〕Christopher P. Clifford and Laura Lindsey, 'Block holder Heterogeneity, CEO Compensation, and Firm Performance' (2016) 51 Journal of Financial and Quantitative Analysis 1491-1520. 他们研究了带有"支点费"（fulcrum fees）的共同基金，即如果基金业绩超过某一基准，年度管理费就会增加。

〔7〕英国投资协会2016年"实践中的尽责管理"（Stewardship in Practice）调查的受访对象。

〔8〕BNP Paribas, 'The ESG Global Survey 2019: Asset Owners and Managers Determine Their ESG Integration Strategies' (2019).

〔9〕Lucian A. Bebchuk, Alma Cohen and Charles C. Y. Wang, 'Learning and the Disappearing Association between Governance and Returns' (2013) 108 Journal of Financial Economics 323-348.

〔10〕David R. McLean and Jeffrey Pontiff, 'Does Academic Research Destroy Stock Return Predictability?' (2015) 71 Journal of Finance 5-32.

〔11〕虽然MSCI收购了KLD，但KLD数据集如今是一套名为MSCI KLD Stats的传统数据库。MSCI现在提供的ESG评级采用了与KLD不同的方法。

〔12〕Florian Berg, Julian Kölbel and Roberto Rigobon, 'Aggregate Confusion: The Divergence of ESG Ratings' (2020).

〔13〕Stephen R. Covey, The 7 Habits of Highly Effective People (New York: Free Press, 1989).

〔14〕Deniz Anginer and Meir Statman, 'Stocks of Admired and Spurned Companies' (2010) 36 Journal of Portfolio Management 71-77.

〔15〕英国投资协会2018年11月进行的"实践中的尽责管理"调查显示，35%的资

产管理者总是告知管理层投反对票或弃权票的原因，60％的资产管理者有时会这样做，6％的资产管理者从不这样做。

［16］John Lorinc，'Stephen Jarislowsky Has Every Right to Say "I Told You So"'，Globe and Mail（25 October 2002）.

［17］David Benoit，'Blackrock's Larry Fink：Typical Activists Are Too Short-Term'，Wall Street Journal（16 January 2014）.

［18］Paul Singer，'Efficient Markets Need Guys Like Me'，Wall Street Journal（19 October 2017）.

［19］Ian R. Appel，Todd A. Gormley and Donald B. Keim，'Standing on the Shoulders of Giants：The Effect of Passive Investors on Activism'（2019）32 Review of Financial Studies 2720-2774. 衡量成功的方法有很多——如活动使得投资者与管理层达成和解（以及和解方案给激进型投资者提供了多少个董事会席位），解除了收购防御，以及公司被卖给激进型投资者或第三方。先前的研究表明，这些结果增加了公司价值。

［20］Nadya Malenko and Yao Shen，'The Role of Proxy Advisory Firms：Evidence from a Regression-Discontinuity Design'（2016）29 Review of Financial Studies 3394-3427. 这项研究使用断点回归来确定因果关系——即并非存在缺陷的薪酬方案使得 ISS 给出负面建议，并导致投资者投出反对票。

［21］Peter Iliev and Michelle Lowry，'Are Mutual Funds Active Voters?'（2015）78 Review of Financial Studies 446-485.

［22］National Investor Relations Institute，'The Case for Proxy Advisor Reform'（8 November 2017）.

［23］Ana Albuquerque，Mary Ellen Carter and Susanna Gallani，'Are ISS Recommendations Informative? Evidence from Assessments of Compensation Practices'（2020）.

［24］Vanda Heinen，Christopher Koch and Mario Scharfbillig，'Exporting Corporate Governance：Do Foreign and Local Proxy Advisors Differ?'（2018）.

［25］第二点不足是，ISS 的方法没有按规模进行调整。小公司通常支付给首席执行官的薪酬较低，绩效通常也优于大公司，因此没能按公司规模进行调整使得薪酬和绩效负相关。更多细节可参见：Tom Gosling，"Shareholding Provides the Key for Linking Pay to Performance"，LinkedIn Pulse（24 October 2017）.

［26］错误的细节可参见韦莱韬悦 2017 年 5 月 31 日的 14A 文件（Schedule 14A）.

［27］Dean Starkman，'A Proxy Advisor's Two Sides：Some Question Work of ISS for Companies It Scrutinizes'，Washington Post（23 January 2006）.

［28］Tao Li，'Outsourcing Corporate Governance：Conflicts of Interest within the Proxy Advisory Industry'（2018）64 Management Science 2951-2971.

［29］投票顾问行业已经自愿采取措施，通过《股东投票研究提供商的最佳实践原则》（Best Practice Principles for Shareholder Voting Research Providers）解决上述问题，该原则强调需要充足的资源，需要对利益冲突加以管理。然而，它们没有充分认识到投票顾问在尽责管理方面的作用。即便投票顾问人手充足，不存在利益冲突，也有可能给出一刀切式的建议。

［30］Kent L. Womack，'Do Brokerage Analysts' Recommendations Have Investment Value?'（1996）51 Journal of Finance 137-167.

［31］Thomas J. Lopez and Lynn Rees，'The Effect of Beating and Missing Analysts' Forecasts on the Information Content of Unexpected Earnings'（2002）17 Journal of Accounting，Auditing，and Finance 155-184.

［32］Steven R. Matsunaga and Chul W. Park，'The Effect of Missing a Quarterly Earnings Benchmark on the CEO's Annual Bonus'（2001）76 Accounting Review 313-332.

［33］Stephen J. Terry，'The Macro Impact of Short-Termism'（2017）.

［34］Eli Amir，Baruch Lev and Theodore Sougiannis，'Do Financial Analysts Get Intangibles?'（2003）12 European Accounting Review 635-659.

［35］Jie（Jack）He and Xuan Tian，'The Dark Side of Analyst Coverage：The Case of Innovation'（2013）109 Journal of Financial Economics 856-878.

［36］低于上个季度水平或去年同期水平，均可定义为悲观。

第十章

［1］这些包括：首席执行官和董事长两个职位合并，董事会成员过多，无独立的审计和薪酬委员会，以及大量的首席执行官薪酬问题。

［2］E. Scott Reckard，'Wells Fargo's Pressure-Cooker Sales Culture Comes at a Cost'，Los Angeles Times（21 December 2013）.

［3］Boris Groysberg，Eric Lin and George Serafeim，'Does Financial Misconduct Affect the Future Compensation of Alumni Managers?'（2020）41 Advances in Strategic Management 293-321.

［4］这些清洁工并非直接受雇于汇丰银行，而是受雇于外包清洁公司 OCS。汇丰银行改变了与 OCS 的合同条款，促成了此次加薪。

［5］2013 年至 2015 年，在英国富时 350 指数成分股公司中，得票率低于 80％的薪酬表决平均了获得 71％的支持。一年后，对相同公司的投票表决平均得票率为 88％。资料来源：PwC，'Executive Pay in a World of Truthiness：Facts and Myths in the Pay Debate'（2017）.

［6］Kevin J. Murphy and Michael C. Jensen，'The Politics of Pay：The Unintended Consequences of Regulating Executive Compensation'（2018）3 Journal of Law，Finance，and Accounting 189-242.

［7］2016 年 11 月的《公司治理绿皮书》（*Green Paper on Corporate Governance*）请受访者就有约束力的薪酬表决权发表看法。政府 2017 年 8 月在对绿皮书咨询的回应中表示，只有 1/3 的受访者支持这一选项。

［8］Ricardo Correa and Ugur Lel，'Say on Pay Laws，Executive Compensation，Pay Slice，and Firm Valuation around the World'（2016）122 Journal of Financial Economics 500-520.

［9］它指的是美国证券交易委员会发布的 Final Rule IA-2106。它确实允许投资者在有充分理由的情况下故意不进行特定投票。给出的例子是"对外国证券进行投票可能涉及额外的费用，如聘请翻译或亲自前往国外对证券进行投票……"

［10］调查发现："该公司的股东们因缺乏可靠的信息而蒙受损失，他们……无法对董事会施加足够的影响，从而改变其前进方向。"

［11］Nancy L. Rose and Catherine D. Wolfram，'Regulating Executive Pay：Using the Tax Code to Influence Chief Executive Officer Compensation'（2002）20 Journal of Labor Economics 138-175.

［12］了解薪酬设计很重要，因为薪酬的适当水平取决于薪酬结构。例如，如果对首席执行官规定的持股期较短，其薪酬就应该相应更低。

［13］PwC，'Making Your Reporting More Accessible and Effective'（2015）.

［14］目前，英国法律允许因"不适宜行为"禁用董事，"不适宜行为"如"允许一家公司在不能偿还债务时继续交易，未能保持适当的公司会计记录，没能向公司总部发

送账目和报表，没有支付公司所欠税款，出于个人利益使用资金或资产"。然而，并未顾及利益相关者并未被归到"不适宜行为"下。

〔15〕Economists' Statement on Carbon Dividends', Wall Street Journal（17 January 2019）.

〔16〕SkillsFuture@sc 是渣打银行对新加坡政府"SkillsFuture"项目的自愿补充。因此，渣打银行的员工不仅可以使用政府提供的 500 新元信用额度参加 SkillsFuture 课程，还可以参加银行赞助的课程。

〔17〕它还资助提高公司国际竞争力的项目。

〔18〕Benjamin G. Hyman, 'Can Displaced Labor Be Retrained? Evidence from Quasi-Random Assignment to Trade Adjustment Assistance'（2018）.

〔19〕Brian Krogh Graversen and Jan C. van Ours, 'How to Help Unemployed Find Jobs Quickly: Experimental Evidence from a Mandatory Activation Program'（2008）92 Journal of Public Economics 2020-2035.

〔20〕Hong Ru and Antoinette Schoar, 'Do Credit Card Companies Screen for Behavioral Biases?'（2016）.

〔21〕Efraim Benmelech, Nittai Bergman and Hyunseob Kim, 'Strong Employers and Weak Employees: How Does Employer Concentration Affect Wages?' Journal of Human Resources（forthcoming）.

〔22〕UK Competition and Markets Authority, 'Annual Plan 2019/20'（2020）; OECD, 'Competition Policy: Promoting Efficiency and Sound Markets'（2012）. 相关学术文献综述可参见：Mark Armstrong and David E. M. Sappington, 'Regulation, Competition, and Liberalization'（2006）64 Journal of Economic Literature 325-366.

〔23〕股票期权也算在内，它存在的问题与绩效股类似。

〔24〕Florian Heider and Alexander Ljungqvist, 'As Certain as Debt and Taxes: Estimating the Tax Sensitivity of Leverage from State Tax Changes'（2015）118 Journal of Financial Economics 684-712.

〔25〕Alex Edmans, 'Short-Term Termination without Deterring Long-Term Investment: A Theory of Debt and Buyouts'（2011）102 Journal of Financial Economics 81-101.

〔26〕Frédéric Panier, Francisco Pérez-González and Pablo Villanueva, 'Capital Structure and Taxes: What Happens When You（Also）Subsidize Equity?'（2012）.

〔27〕例如，《英国公司治理准则》要求董事会指定一名非执行董事为"高级独立董事"。有时候，公司会选择不遵守，并解释说这是因为最近刚任命了若干名非执行董事，公司希望给他们时间，让他们适应自己的角色，再选择其一。

〔28〕起因是英国财政大臣乔治·奥斯本 2015 年请查理·梅菲尔德爵士（Sir Charlie Mayfield）深入调查英国的生产率问题。

〔29〕例子包括：Steve Mariotti, An Entrepreneur's Manifesto (West Conshohocken, PA: Templeton Press, 2015); David Storey, Understanding the Small Business Sector (Andover: Cengage Learning, 1994)。亦可见以下就小企业面临的挑战和促进其发展的方法进行的学术研究：Allen N. Berger and Gregory F. Udell, 'The Economics of Small Business Finance: The Roles of Private Equity and Debt Markets in the Financial Growth Cycle' (1998) 22 Journal of Banking and Finance 617-173。

〔30〕欧洲投资银行经营着一家名叫"欧洲投资基金"（European Investment Fund）的机构。它不直接提供融资，而是通过中间机构。例如，它对风险投资基金和银行进行投资，并提供贷款担保。

第十一章

〔1〕Werner Güth, Rolf Schmittberger and Bernd Schwarze, 'An Experimental Analysis of Ultimatum Bargaining' (1982) 3 Journal of Economic Behavior and Organization 367-388.

〔2〕把一名工人转移到生产电脑上，会让电视机的数量减少，从而使得国民幸福总值降到 9 以下；把一名工人转移到生产电视机上，也会产生类似的效果。

〔3〕2018 年 8 月 4 日。

〔4〕即便你赢得了一场战争，也可能因为战争使用的资源而整体受损。

〔5〕UK Visa Bureau, 'UK Shortage Occupations List'.

〔6〕James Bessen, 'Toil and Technology' (2015) 52 Finance & Development 16-19.

〔7〕Nyshka Chandran, 'Japan, Unlike the West, Is Not Scared of Robots Stealing Jobs, Deputy Leader Says', CNBC (4 May 2018).

〔8〕James Bessen, Learning by Doing: The Real Connection between Innovation, Wages, and Wealth (New Haven, CT: Yale University Press, 2015).

〔9〕Stephen R. Covey, The 7 Habits of Highly Effective People (New York: Free Press, 1989).

〔10〕史蒂芬·柯维所述的第四个习惯——双赢思维强调了谈判中通过合作创造价值的重要性。

〔11〕Adam Grant, Give and Take: A Revolutionary Approach to Success (London: Weidenfeld & Nicolson, 2013).

〔12〕《失败的附带好处和想象力的重要性》(The Fringe Benefits of Failure and the Importance of Imagination)。

〔13〕"黑匣子"其实是橙色的，有助于坠机后找到。

〔14〕K. Anders Ericsson, Ralf Th. Krampe and Clemens Tesch-Romer, 'The Role of Deliberate Practice in the Acquisition of Expert Performance' (1993) 100 Psychological Review 363-406.

〔15〕Neil Charness, Ralf Th. Krampe and Ulrich Mayr, 'The Role of Practice and Coaching in Entrepreneurial Skill Domains: An International Comparison of Life-Span Chess Skill Acquisition' in K. Anders Ericsson (ed.), The Road to Excellence: The Acquisition of Expert Performance in the Arts and Sciences, Sports, and Games (Mahwah, NJ: Erlbaum, 1996).

〔16〕Janice M. Deakin and Stephen Cobley, 'A Search for Deliberate Practice: An Examination of the Practice Environments in Figure Skating and Volleyball' in Janet L. Starkes and K. Anders Ericsson (eds), Expert Performance in Sports: Advances in Research on Sport Expertise (Champaign, IL: Human Kinetics, 2003).

〔17〕这一想法也类似斯图尔特·戴蒙德（Stuart Diamond）在关于谈判的作品《获得更多》(Getting More) 中的"价值不等之物"概念。在谈判中，你应该向对方提供对他来说价值大于成本的东西，这样你就可以要求回报。然而，服务不是从别人那里得到更多，而是给予别人更多。Stuart Diamond, Getting More: How You Can Negotiate to Succeed in Work and Life (New York: Random House, 2012).

〔18〕本节的部分内容受沃顿商学院最著名的教授之一安德鲁·麦特里克（Andrew Metrick）发表的讲演《怎样拥有一份成功而有意义的事业》(How to Have a Successful and Meaningful Career) 所启发。它也是我在核心金融课程的最后一讲"圆满的事业和充实的生活"(Fulfilling Careers and Full Lives) 中的一部分，可见 http://bit.ly/fulfillingcareers。

[19] Victor Frankl，Man's Search for Meaning（Boston，MA：Beacon Press，2006）。

[20] 就买方而言，和所有起步阶段的工作一样，你必须向自己的上司"销售"自己的理念，这就涉及销售。不过，一旦你晋升到高层，就不会再向上级"销售"了，而是偶尔针对投资者举行"销售"会议。如果有人的热情在于销售，那么随着他到达事业最高峰，兴许他会觉得成就感不如之前大。

[21] David Brooks，The Road to Character（New York：Allen Lane，2015）。

附　录

[1] Chris Addy，Maya Chorengel，Mariah Collins and Michael Etzel，'Calculating the Value of Impact Investing.' Harvard Business Review（January-February 2019）。

[2] Elroy Dimson，Oǧuzhan Karakas and Xi Li，'Coordinated Engagements'（2021）。

[3]《联合国负责任投资原则》合作平台有自己的团队，直接领导少数活动，大多数投资是由投资者主导的。

[4] Craig Doidge，Alexander Dyck，Hamed Mahmudi and Aazam Virani，'Collective Action and Governance Activism'（2019）23 Review of Finance 893-933.

[5] 该框架还允许投资者集体参与，而不被视为通过采取一致行动合作发起对一家公司的收购。如需合作收购一家公司，它们可能需要向监管机构备案，甚至进行竞标。

致　谢

　　一如任何一家企业，本书是一项依靠合作实现的事业。首先，我要感谢剑桥大学出版社的编辑瓦莱丽·阿普尔比，感谢她对本书的信心、愿景和评论。我还要感谢她的同事克里斯·伯罗斯和埃莉·莫里亚蒂，感谢他们在营销和宣传方面付出的努力，还要谢谢索菲·罗辛克高效的润稿工作。

　　这是我第一次出版图书，特别感谢丹·凯布尔、亚当·格兰特、林达·格拉顿、萨莉·霍洛韦、威尔·赫顿、弗里克·韦尔默朗和什蒂安·韦斯特莱克与我讨论出版过程。在内容方面，感谢朱迪思·阿伯格、巴伦德·范伯根（安永/包容性资本主义的基础项目）、克劳迪娅·欧肯（瑞银）和多尔卡丝·奥南戈（可口可乐），谢谢他们接受我的采访。此外，还要向乔恩·亚历山大（新公民项目）、戴维·奥特、阿隆·布拉夫、艾玛·布朗（玛莎百货）、安德鲁·库里（凯度集团）、珍妮弗·多尼根（盖洛普）、卡洛琳·弗莱默、卢克·弗莱彻、萨姆·哈茨马克、凯瑟琳·豪沃斯和鲍·奥沙利文（ShareAction）、伊安尼斯·伊奥努、姜纬、金贤燮、娜塔莎·莱塞利耶（欧莱雅）、李韬、罗宾·纳托尔、卡米拉·奥斯本（可口可乐）、迈克尔·帕克、马克·塞利格曼、帕特里克·沙利文和加兰斯·维达特（达能）、温迪·凡·艾克（可口可乐）等一并表示谢意，谢谢他们提供更多的创意、事实、案例和数据。伦敦商学院慷慨地为本书的研究提供了资金。

　　加伊·班、亚历克斯·贝伦加、本·克拉克、迪安·查菲、莫奇·格林-许、里德·哈特曼、马西厄斯·凯勒和特雷弗·扬仔细地阅读了特定章节，给出了意见和建设性批评；迈克尔·布利什、高特·乌尔维特-莫和3位匿名书评人对整本书的评价，让我的手稿受益匪浅。特别感谢蒂姆·鲍林，他贡献了几个重要的例子，故意"唱反调"向我发起挑战；谢谢伊温德·博赫伦，他阅读了每一个字，并提出了数百条宝贵的意见。

我感谢克莱尔·查普曼、威尔·哈顿和多米尼克·罗西，他们不仅直接为本书提出了意见，而且我们在"心怀宗旨的企业"这一项目中的合作为本书的设想带来了灵感。布拉迪·迪尔登对本书的论述影响最大，他阅读了每一段话，有时甚至读了好几遍，以使语言尽可能清晰、流畅和易懂。

有这么多人为本书做出了巨大的贡献，我没法说出哪一个人的贡献最大，但有两个人我不能不提。我很幸运能与汤姆·高斯林合作数年，并将来自学术研究的见解融入实践中。书中的许多想法来自我们在"心怀宗旨的企业"项目和伦敦商学院公司治理中心的合作。汤姆不仅从头到尾完整阅读了初稿，还对初稿的大纲给出了详细的评论，对稿件的最终方向产生了很大影响。我也感谢他提出了"蛋糕经济学"这个说法。

我最初聘请马克·卡纳尔做我的学生研究员，但他对许多章节的贡献非常大，几近于共同作者。一些现实世界的例子都多亏了马克的工作；在其他宏观议题，如原则、框架和整体结构上，他也是无价的传声筒和得力助手。没有他的参与，这本书会大为失色。

除了直接对本书有所贡献的人，还有许多人间接为本书做出了贡献，但这同样重要。我本科和博士的学术导师泽维尔·加贝斯、德克·詹特尔、亚历山大·伦奎斯特、古斯塔沃·曼索、艾伦·莫里森和斯图·迈尔斯激发了我对研究的热情，使我产生了投身于此的渴望。他们，加上我众多的老师、同事和合著者，使我成为更优秀的研究员。我还要感谢许多与我从未有过直接合作的学者，他们的研究让我收获颇多，其中许多人在本书中有所介绍。

　　谈到从业者，我要感谢佩吉·亚当斯、苏西·巴尔奇、阿姆拉·巴利克、克劳迪娅·查普曼、阿什利·汉密尔顿·克拉克顿、迈克·福克斯、苏·加勒德、保罗·乔治、丹尼尔·戈弗雷、安迪·格里菲斯、拉夫林·希克、乔治·利特尔约翰、托尼亚·洛弗尔、克里斯蒂·梅里克、巴克提·米尔昌达尼、安德鲁·尼尼安、马特·皮科克、尼古拉·帕克、本·扬，尤其是保罗·库姆斯，他就成为负责任的企业所面临的挑战和机遇提出了自己的观点。我从与我观点不同的学者及从业者那里学到了很多——包括那些我曾在会议分组讨论中或媒体上与之辩论过的人。是你们一起把本书做成了一个比我自己烤出来的大得多的蛋糕。

　　感谢我的学生研究员尼古拉斯·布里茨（Nicholas Britz）、霍滕斯·莫里森（Hortense Morillion）、阿达马·萨尔（Adama Sarr）和阿尔瓦罗·塞瓦斯蒂安·科特拉·索拉诺（Alvaro Sebastian Cotera Solano），还有罗斯·比尔（Rose Beale）、戴夫·布里厄利（Dave Brealey）、伊温德·博赫伦（Øyvind Bøhren）、埃里克·丹尼尔斯（Eric Daniels）、汤姆·高斯林（Tom Gosling）、克莱尔·海斯·吉梅（Clare Hayes Guymer）、安德鲁·帕里（Andrew Parry）、埃丽卡·塞尔皮科（Erica Serpico）和本·扬（Ben Yeoh），他们对修订版做出了贡献。安德鲁·蒂克尔（Andrew Tickell）仔细阅读了我写的每一个字，研究了若干新例子，向我提出了建设性意见，他的工作为本书增色不少。感谢每一位对本书感兴趣的读者——感谢你们阅读、传播，提供展示和讨论的机会，并给予反馈、提出批评。这些互动和见解让我学到了很多。